语言学前沿与汉语研究

Yuyan Xue Qianyan Yu Hanyu Yanjiu

刘丹青 / 主编

上海教育出版社
SHANGHAI EDUCATIONAL
PUBLISHING HOUSE

作者名录

序——陆俭明：北京大学中文系

导言、第九章、主编——刘丹青：中国社会科学院语言研究所

第 一 章——沈家煊：中国社会科学院语言研究所

第 二 章——张伯江：中国社会科学院语言研究所

第 三 章——方　梅：中国社会科学院语言研究所

第 四 章——沈　阳：北京大学中文系

第 五 章——邓思颖：香港理工大学中文与双语系

第 六 章——李宝伦：澳门理工学院

　　　　　　潘海华：香港城市大学人文与社会科学学院

第 七 章——蒋　严：香港理工大学中文与双语系

第 八 章——袁毓林：北京大学中文系

第 十 章——吴福祥：中国社会科学院语言研究所

第十一章——朱晓农：香港科技大学人文学院

第十二章——王洪君：北京大学中文系

第十三章——蒋　平：香港中文大学现代语言及语言学系

第十四章——麦　耘：中国社会科学院语言研究所

第十五章——谢留文：北京大学中文系/中国社会科学院语言研究所

第十六章——游汝杰：复旦大学中文系

目 录
Contents

序

　　20世纪50年代乔姆斯基(N. Chomsky)生成语法思想和理论的诞生,结束了以布龙菲尔德(L. Bloomfield)为代表的结构主义语言学说一统天下的局面,整个语言研究发生了迅速的、巨大的变革,语言学领域呈现了前所未有的向多元、纵深发展的研究态势,逐步发展形成了形式、功能、认知三大学派,并分别孳生了众多的各分支学派,极大地推进了语言学各个分支学科的研究和发展。新的理论、新的方法层出不穷,甚至可以说让人有点儿眼花缭乱,应接不暇。国际语言研究的巨大变革也极大地推动了汉语研究。语言研究的变革和迅速发展,反映了新时代的发展对语言研究的需要在越来越提升。

　　到目前为止,大家虽然初步认识到,语言,就其本体而言,它是一个声音和意义相结合的符号系统,是一个具有整体性、可分割性、规则性的变动着的结构系统;就其功用而言,它是人类最重要的交际工具,是人类赖以思维的物质外壳,是用来保存、传承人类认识成果和人类文明的最有效的载体。但是,大家也深深感到,目前人类对语言只看到了它冰山的一角,在认识上可以说大大小小的问题多如牛毛。亟需我们加紧对它的研究,首先是要加紧对母语的研究。就现有的认识看,语言研究大致或者说起码有三个目的:第一个目的是对语言里的种种现象,包括语音、语法、词汇、语义等诸方面的种种现象,作出尽可能合理、科学的解释。第二个目的是探索人类语言的共性——形式派所探索的是人类语言句法运算系统上句法操作的共性;功能派所探索的是人类语言不同类型的蕴涵共性(implicational universal),即如果有 p,一定有 q 这样的蕴涵共性;认知语言学所探索的是人的认知活动和社会生活反映到语言结构上的共性,以及人从对客观世界的认知所得到通过言辞把这一认知所得表达出来这一过程的共性;在此基础上加深对个别语言特点的认识。第三个目的是为了应用,我们知道,任何领域的科学研究其最终目的都是为了应用,语言研究也不例外;在当前,语言教学(包括第二语言教学和母语教学,即语文教学),信息科技急需的自然语言处理,国家语言政策的制定和国家为保护本国利益而急需的有关语言的规范和标准,以及各个跟语言有关的其他应用领域,如立法语言和司法语言的规范,等等,都非常需要语言研究成果的支撑。

要实现上述语言研究的三方面目的,起码要做好三件事:

第一件事,要不断挖掘、发现、描写新的语言事实,就汉语来说,包括各个方言和不同历史时期的各个不同层面的语言事实。考察描写语言事实,那种普查式的调查当然需要,但更需要加强对语言的洞察力,开展以问题为驱动、有针对性的语言调查与描写。挖掘、发现、描写语言事实必须实事求是,切忌为了自己结论的需要而回避甚至扭曲语言事实。

第二件事,要不断更新研究分析语言的理论和方法。必须明了,在科学研究领域里,一种理论方法能为学者所认可并采用,是因为它解释或解决了原先的理论方法所不能解释或解决的现象或问题,但这种新的理论方法也并不是对所有现象或问题都能加以很好的解释或解决。因此一个科学研究者,不能满足于已有的理论方法,一定要根据研究的需要不断探求、提出新的理论与方法。这是科学研究得以不断发展的重要条件。

第三件事,就是要及时了解学科前沿理论与方法,以不断拓宽研究者自身的学术视野和科学思路,并力求尽快将它跟自己所进行的具体语言的研究"亲密接触"甚至"零距离接触",以推进自身的语言研究工作。这里必须明了,人类语言的共性决定了在某种语言研究基础上所提出的理论方法对其他语言的研究会有借鉴作用。照抄不误固然不对,拒绝接受更是要不得。

刘丹青先生所主编的《语言学前沿与汉语研究》一书,正是为了让国内读者特别是年轻学子尽早了解语言学及其各分支学科的前沿理论方法及其与汉语研究"亲密接触"的最新进展而编写的。这是一本跨越了语言学众多分支学科的著作,它将对我国学者的语言研究,特别是本族语的研究,起到催化的作用。

本书各个章节,刘丹青在《导言》里已作了全面而又恰如其分的评介,我再要说什么就显得多余了。这里我想借此机会,就当前的汉语研究说点想法。

第一点,上面说了,当今世界存在着形式、功能、认知三大语言学流派。这三个学派,从表面看,彼此确实存在着不小的差异,但是我们不能认为它们是完全对立的，因为语言本身就可以从多个不同的角度去观察、研究、分析、认识它。各派的研究事实上起着互补的作用，使我们更全面、清楚地认识语言。现在的情况显示，彼此正互相吸取，取长补短。这里我想不避重复，再复说一下我先前曾说过的一段话：不只语言研究的历史向我们表明，可以说整个人类科学研究的历史表明，从某种意义上说，科学研究就是盲人摸象，自圆其说。原因就在于客观世界太复杂了，而人们来研究某个事物时，一方面总是出于某种目的，这种一定的研究目的本身就会影响我们对事物的全面认识；另一方面，某个具体的研究者还往往会受到其他种种因素（如当时科学水平的局限、研究者个人水平的局限等）的制约或限制，所以任何一个个人，不管他有多大的学问、多大的能耐，都不可能对所研究的事物，即使是自己研究领域内最熟悉的事物，一下子就认识得一清二楚。科学上一个正确结论的获得，一项新的发现，表面看是某个研究者或某些研究者智慧与勤劳工作的结果，应归功于研究者本人，然而事实上在这一研究成就里凝聚了好几代人各种派别研究者的研究心血。没有先驱者的经验与教训，不可能有今日研究者的科学成就。科学研究是无止境的。这也就是为什么我们老要强调在科学领域内必须坚持多元论的根本原因。

第二点，从当今语言研究的走向来看，有两方面的研究必须给以充分的注意。一个方面是，多层面、多模块之间的互动、接口（interface）的研究，另一个方面是词语特征的研究与描写。

20 世纪 80 年代初，南北几乎同时提出了"三个平面"的问题（南方是胡裕树、张斌等先生，北方是朱德熙先生），这三个平面的思想立刻为汉语语言学界所接受，对推进汉语研究起了很好的作用。但是，正如袁毓林在一篇文章中所指出的，"我们不仅应该分清语法的三个不同的平面，而且应该观察这三个不同的平面之间的互动关系"。这是很有见地的看法，应引起大家重视。无论从理论上来说，也无论从语言应用来说，都极需对语法和语音之间、语法和语义之间、语法和语用之间、语音和语义之间、语义和语用之间、词库结构和句法操作之间等种种互动关系或者说接口问题，以及这种互动所应有的限度和所受到的制约，开展深入的研究。

从 20 世纪 70 年代以来，就语言研究说，一个重要的趋向是逐步重视特征的研究和描写。在语言的理论研究和应用研究上都是这样。先说语言的理论研究，大家知道,在语言研究领域,最早讲特征的是音位学,接着是语义学;语法学里讲语义特征那是 70 年代以后的事了。当时把"语义特征"这个概念术语借用到语法学中,为的是做两件事:一件事,用以解释造成同形多义句法格式的原因;另一件事,用以说明在某个句法格式中,为什么同是动词,或同是形容词,或同是名词,而有的能进入,有的不能进入。发展到乔姆斯基的生成语法理论,特征又给赋予新的含义。我们知道,简约,一直是乔姆斯基生成语法学的一个很重要的原则。从 1957 年的由核心句到非核心句的转换,到 1965 年的从深层结构到表层结构的转换,到上个世纪 80 年代初的 GB 理论,再到最简方案及其近几年的论述——众多的规则和原则逐渐都不要了,最后似只保留了"原则和参数"理论和"X-bar"结构模式;而提出了中心词(head)理论和特征核查(feature checking)理论,以及轻动词理论(light verb)和 VP 空壳理论(VP shells),并注入了新的研究课题——接口(interfaces)的研究。基本的句法运作是从基础部分(即词库)取出带有各种各样有关语义、句法特征的词项,进行来回合并(merge),如能通过特征核查(指中心语跟标示语,中心语跟补足语,在特征上吻合),由此生成的词项组合再去跟音韵接口,跟逻辑语义接口,从而最终生成我们所听到或看到的句子。最近乔姆斯基在 *Linguistic Inquiry* 杂志 2005 年第 1 期上发表的文章(*Three Factors in Language Design*)进一步提出通过所谓"探针(probe)"与目标(goal)的相互核查的办法,来简化原先的"特征核查"。总之,词语的特征的分析和描写放到了非常重要的位置,走上了"大词库,小规则"之路。现在再看自然语言处理与理解这方面的语言应用研究。大家都知道,自然语言处理与理解经历了基于规则的处理策略到基于统计的处理策略的过程,研究工作虽在一步一步向前推进,但都未能取得理想的效果。现在较为普遍地采用了 C. Pollard & Ivag A. Sag 所提出的中心语驱动短语结构文法(Head-Driven Phrase Structure Grammar,缩写为 HPSG),该文法规则都是围绕中心语展开的,而其最基础的、普遍通用的原则是中心语特征原则,同时采用复杂特征(complex feature set)和合一(unification)运算的方法来实行计算机对句子的理解与生成。显然,其基本道理跟乔姆斯基的特征核查是一样的,最终也走上了"大词库,小规则"的所谓"词汇主义"(lexicalism)之路。语言的理论研究和应用研究殊途同归,最终都走到重特征的"大词库,小规则"这条路上去,这恐怕绝非偶然的巧合。

第三点,近30年来,综观整个科学研究,研究方法的基本走向是:

"在已有的研究成果基础上根据有限的事实进行假设→用新的事实加以验证→获得新的结论→再进行新的假设→再用新的事实验证→……"

如此循环往复,从而不断推进科学研究,以获得越来越接近普遍原则的研究成果。各学科领域的发展事实告诉我们,研究要有所突破,科学要有所发展,求实固然需要,假设更必不可少,而且特别在当前假设的观念普遍薄弱的情况下,可能是更需要强调的。科学研究的事实告诉我们,且不说理工科领域内,就是在我们语言研究领域内,无论过去和现在,许多重要的突破也都离不开科学的假设。汉语音韵学里的"零声母"假设,语音学里"音位"的假设,近来拉森(Ri-chard Larson)等人关于"VP空壳理论"和"轻动词理论"的假设,在推动语言研究上都起了非常积极的作用;而乔姆斯基的三项假设——第一,人的头脑里天生有一个语言机制;第二,人类语言具有一致的普遍性的语言规则(即"普遍原则");第三,这种人类语言的普遍性规则是高度概括、非常简明的——更是在全球范围内极大地推动了语言的研究。因此,正如爱因斯坦所说:"科学的创造性工作的重要特色是,先有理论预言某些论据,然后由实验来确认它。"我国研究四维力学的著名科学家刘岳松教授也指出,"奇迹往往从幻境中诞生,世界上哪一项伟大的发明,一开始不都是一幅奇景"(L.岳松《四维力学》,学林出版社,2001)。事实上,就汉语研究来说,已有的结论或看法,都只能说是一种假设性的结论或看法;随着研究的逐步深入,其中有的将会被证明可以确认为定论,而大多数的结论或看法,将会被修正,甚至被完全放弃。因此我们在研究上,必须坚持"继承,借鉴,怀疑,假设,探索,求证"这12个字,这可以说是科学研究能有所突破的必由之路,也是汉语研究能有所突破的必由之路。是为序。

陆俭明

2005年11月18日

于北京成府路蓝旗营寓所

再 版 序 言

　　21 世纪初,伴随中国加入世贸组织的进程,学术上也出现了一个开放的高潮。多家出版社推出了原版加导读的引进版丛书,向国内介绍国际语言学的前沿理论和方法;全国性的语言学暑期班逐渐成形,由海内外专家讲授语言学前沿知识;运用前沿理论方法研究汉语的文章不断涌现。在语言学出版事业中始终走在前列的上海教育出版社,约请我主编一本介绍语言学前沿的专书。我们商定,此书要包括当代语言学的主要学派学说,既要得理论风气之先,做精当系统的介绍,又要广接地气,能展示新理论在汉语研究各领域的有效应用,从而区别于单纯的介绍文章或单纯的个案研究。为接地气,本书优先延请中国内地及香港的学者撰稿。在各位学者的全力支持下,本书于 2005 年顺利面世。出版后颇受学界和读者欢迎,有些学校的语言学博士点定其为专业必读书,有的导师积极推荐学生阅读,也有些作者在自己撰稿的章节基础上形成了更加系统的著述。岁月流逝,此书售罄已久,对此书的需求却一直存在。语言学在这十几年里继续快速发展,而此书所介绍的基本理论和方法基本上仍是当代语言学各个学派的基石,书中记录的前沿理论在汉语各领域的研究,也反映了这些理论的阶段性成果及中国学者对理论本身的推进,至今仍不乏启示作用。现在,上海教育出版社决定再版此书,还有一些外国学者和出版机构准备翻译出版此书。我希望十多年前众多学者合作努力的这一成果,能够继续贡献于国内外学界,也期待听到读者对本书的更多意见,以便共同推动中国语言学稳步发展和走向国际。

刘丹青

2019 年 12 月

导　言

刘丹青

中国现代语言学史有一个奇特的景观——许多汉语研究者，包括很多学术大师和后来的一些重要学者，都曾当过国外语言学著述的译者。我不知道世界上是否还有第二个国家有此景观。请允许我先花一些篇幅，来展示一下这幅景观的一些不完整的片段。

1940年，赵元任、李方桂、罗常培三位合作翻译出版了瑞典汉学家高本汉的《中国音韵学研究》(商务印书馆)，并加了注释和补订。1952年，李荣编译了赵元任1948年的英文新著《国语入门》，以《北京口语语法》为名在开明书店出版。李先生等后来还译了帕默尔的《语言学概论》(商务印书馆1983)，并与吕叔湘先生一起译述赵元任的《通字方案》(1983)。1962年，陆志韦指导其子陆卓元译出萨丕尔《语言论》(商务印书馆)，并写下富有真知灼见的前言和校注。1964年，何乐士、金有景、邵荣芬、刘坚、范继淹合译的弗里斯《英语结构》出版(商务印书馆)。1979年袁家骅等翻译的布龙菲尔德《语言论》作为商务版"汉译世界学术名著"出版，同年又有邢公畹等翻译的乔姆斯基《句法结构》问世(中国社会科学出版社)。次年(1980)，商务印书馆出版了吕叔湘翻译的赵元任《汉语口语语法》(台湾则有丁邦新翻译的该书另一版本《中国话的文法》)。两年后(1982)，高名凯翻译的索绪尔《普通语言学教程》出版(商务印书馆)。1985年，北京大学出版社出版了余志鸿译的桥本万太郎《语言地理类型学》，朱德熙以《高瞻远瞩，一空依傍》一文序之。次年(1986)，吕叔湘82岁高龄之时，出版了与黄国营合译(沈家煊校)的美国斯托克威尔著《句法理论基础》(华中工学院出版社)。再次年(1987)，蒋绍愚、徐昌华合译的太田辰夫《中国语历史文法》面世(北京大学出版社，有2003修订版)。1989年，沈家煊翻译的科姆里(Comrie)《语言共性和语言类型》出版(华夏出版社)。1990年鲁国尧、侍建国合译的薛凤生《中原音韵音位系统》出版(北京语言学院出版社)。1994年沈家煊、周晓康、朱晓农、蔡文兰合译的弗罗姆金等《语言导论》出版(北语出版社)。1995年是语言学译著的大丰年:中华书局出版了江蓝生、白维国合译的志村良志著《中国中世语法史研究》和潘悟云、冯蒸合译的包拟古(Bodman)著《原始汉语与汉藏语》,上海辞书出版社出版了潘悟云、陈重业、杨剑桥、张洪明合译的高本汉《修订汉文典》,语文出版社出版了张惠英翻译的罗杰瑞《汉语概论》。2000年以来,重要著作的翻译仍在继续,如潘悟云、徐文堪合译的蒲立本《上古汉语的辅音系统》(中华书局2000年),石汝杰、岩田礼合译的贺登崧《汉语方言地理学》(上海教育出版社2002)、龚群虎翻译的沙加尔《上古汉语词根》(上海教育出版社2004),等等。虽未翻译整本专著,但翻译了一些重要论文的也是代有其人,如王力译雅柯布森《语音分析初探——区别性特征及其相互关系》,胡明扬译菲尔墨《"格"辨》,陆俭明译梅祖麟《吴语情貌词"仔"的语源》,陆丙甫、陆致极译格林伯格《一些主要与词序有关的语法普遍现象》,张伯江译麦考利(Mc-Cawley)《汉语词类归属的理据》,等等。王士元的两本论文集也是分别由游汝杰等和石锋等集体分篇译出的。还有些学者以另一种方式引介国际上的语言学理论,就是将众多原著的精神经过自己的消化后用中国人更熟悉的方式并配以汉语的举例乃至自己的研究心得来介绍给国内读者。如徐烈炯《语义学》《生成语法理论》(徐先生也译校了很多论文),蒋严、潘海华《形式语义学引论》、石定栩《乔姆斯基的生成语法》,等等。

　　上面只是举例,提到的主要是以汉语研究而不是以外语研究或翻译介绍为主业的"兼职"学者。但这份不完整的名单已很耐人寻味。这里有作为中国现代语言学奠基人和学术大师的诸位前辈,有不同年代在社科院、北大、复旦等机构工作的众多重要学者,译者名单居然还能囊括社科院语言研究所的全部六任所长。语言学翻译这项艰苦而又称不上荣耀的工作,吸引了这么密集的汉语学者群特别是权威学者参与,绝非出于一时兴趣之类偶然原因。译者们肯定深知保持汉语研究大门敞开的重要意义,才以如此大的精力投入这份"兼职",还要以搁下手头的"本职"研究为代价。而这些译著的数辈受惠者,也会在自己的学术成长和研究实践中持久体味到译者们艰苦劳动的价值所在。再看一下这些

"兼职"译者的"本职"成就和他们在汉语研究学术史上的作用地位,不由人不想到他们的"本职"和"兼职"之间的关系,也让人对他们倾力投入这份"兼职"的热情多了一层理解。

春来秋去,斗转星移,而翻译苦差,代有虔敬传人,引介评述,仍是学林善事。当然,新的世纪,新的形势,我国语言学界的开放事业也面临新的需求,新的任务。

随着新一代学人外语水平的提高,有更多的研究者不仅希望从译著之管窥豹身一斑,还有能力通过原著了解相关领域或课题的全豹。这将大大拓展语言学学术开放和交流的广度深度。现在多家出版社推出国外语言学著作的原文引进版系列,正是为了适时满足这一需求。

另一方面,翻译、介绍终是舶来之物。新的理论方法研究路子能否用于、如何用于汉语研究,靠翻译介绍本身不能回答和解决。对于希望在汉语中验证新理论、尝试新方法的学者学子,那些偏重于学派学说来龙去脉的介绍评述,终究难免有雾里看花、隔窗听戏之感。学界呼唤另一种介绍——既能在语言学前沿品尝理论的原汁原味、见识方法的真刀真枪,又能看到新的理论方法与汉语研究的"亲密接触"甚至"零距离接触"。学术的发展也逐渐造就了展示这种"接触"的客观条件。内地的学者现在有更多机会走出去请进来深度接触国际语言学前沿,并进而将新的理论方法与自己的汉语研究实践相结合,也有不少在国外学成的学者回到香港等地从事汉语的语言学研究。比起国外的研究包括汉语研究来,这两批人通常更加了解国内的研究传统,更加知道国内最需要什么理论方法来推进汉语研究,同时也比较了解哪些汉语现象具有更高的理论价值,可以用来推进人类语言普遍理论的建设。这些,为编著新型的(研究型的)理论介绍著作创造了有利的条件。

长期致力于推进中国语言学现代化、科学化、国际化的上海教育出版社,正通过多套丛书加大这种推进的力度,在很多语言学分支学科都有推出相关专著的计划(其中有些作者正是本书有关章节的作者)。但语言学发展相当迅速,而专著写作需要较多的时间。为了让国内读者特别是年轻学子尽早了解语言学前沿与汉语研究"亲密接触"的最新进展,上海教育出版社张荣先生与我接洽,建议我先编一本汇集多个分支领域最新进展的著作,用不同的章节介绍有关学科的情况。为了凸显语言学前沿与汉语研究的接触深度,缩短作者和读者的距离,让读者感受到语言学前沿就在身边,我们商定此书的作者队伍全部由中国内地和港澳地区的学者构成。我欣然从命,也不无担心,因为我在根据自己的想法确定本书章节和拟邀作者后,马上想到"心仪"的各路高手都在教学、研究第一线肩担重任,不知他们能否专为本书之需拨冗撰稿?联系工作却出乎意料地顺利,学者们全都爽快地接受邀请愿意赐稿。于是就有了现在的这本集体之作。当然,同一领域的高手有多有少。限于篇幅限制,高手多的领域,由于联系方便的学者已经允诺了,就不再另请。

下面就从编者的角度对本书的总体追求及各个部分的特点作一些简要说明或导读。

本书希望论及尽可能多的在国际上影响较大发展较快的学派、领域或学说,同时也希望涉及的理论方法在汉语研究中已经有可观的成果或可见的前景。在介绍部分,尽量提供忠实于"原典"的介绍,避免让自己的主观观点扭曲相关理论的精神实质。在与汉语研究的关系方面,希望都有扎实深入的汉语研究作基础,并借助新的理论方法发掘更多的汉语事实和规律,而不是翻译式的"结合"——拍拍脑袋举几个与洋文对应的或仅仅勉强对应的例子;而且我们不反对在研究层面(而非介绍层面)用严苛的眼光对待甚至挑剔外来的理论,以汉语事实和规律的发掘为重,冀能通过汉语事实来检验、修正、改造、完善或超越现有的前沿理论;对于介绍性文献通常谈得较多的学派学科形成发展史、代表人物之类内容,本书原则上从简,而将篇幅用于带有方法方面示范性或实验性的具体研究成果。

功能学派与形式学派是当今世界上影响最大而又呈观点对立的两大学派。虽然形式学派在西方学界势头更大,但在国内,功能语法与汉语结合的研究更为兴盛。本书由沈家煊、张伯江和方梅分别撰稿的第一、二、三章,就是讨论广义的功能语言学与汉语语法研究结合的章节。

沈家煊和张伯江在各自章节中都从语言观上与形式学派的对立谈起,从这两章的语言观阐述部分(第一章的 1~6 节,第二章的第 1 节)的交叉和差异,很可以体察认知语言学和功能语言学的关系。第一章开头简要说明了认知语言学从生成语法中分化出来的过程,体现了它在广义功能语法中一种特殊旁支的角色。但是,比较一、二两章的介绍可知,认知语言学和功能语言学在根本的语言观方面已经确立了很多共识,一起与形式学派形成对垒之势:最核心的是对语言能力先天性和语法自主性(或句法独立性)的质疑。这是两者能够同归一个大学派的坚实的语言哲学基础。在一些更具体的研究理念方面,两者也体现出了不少共同或交叉之处,如相信语言中原型范畴(典型范畴)的普遍性,不追求非此即彼的分类系统;重视语言表达中听说者的主观作用(认知语法中的主观性、主观化和功能语法中对言者、听者视角及两者交互性的重视)、重视语义对句法的制约等、将共时现象与语法化等历时现象结合的研究。进到更具体的研究领域和操作层面,则两者的差异也开始显现。比较一下这两章的后面部分就可以看出,认知语法关注(语言-认知的)"模式",偏向语言系统的静态;而功能语法(尤其是第二章重点介绍的美国西海岸学派)关注(语言运用的)"过程",偏向言语交际的动态。如沈家煊逐一分析的概念的层次、隐喻和转喻、突显、概念的合并与组合,乃至"理想认知模型""构式",等等,似都可以用"模式"来概括。而张伯江强调的言语交际的"交互性"、不同语体(代表不同交际类型)对语法的影响、语法在使用中"浮现"成型的观念,等等,都突出了语言交际的动态。这种差异也造就了两者对语料的不同态度。关注"模式"的认知语法像形式语法一样倚重内省语感测试,包括对星号句的重视,多少体现了它与形式学派的历史渊源。而关注"过程"的功能语法更倚重日常交际的真实语料,喜欢从语篇统计中看问题,并且在研究中讲究语料的语体差异。"认知章"和"功能章"都有大量相当成熟的汉语研究成果做基础。前者显示,认知语言学的几乎每一个基本概念,在汉语中都有过扎实的专题研究,包括该章作者自己的大量成果和张敏等其他学者的研究。而后者所介绍的既有国外功能派主要学者如 T. Givón, S. Thompson 的一些经典成果,也有海内外相关汉语研究的成果,例如施事受事之类语义角色的语用属性、论元结构在语篇中的动态性。两章的内容清楚展示了认知语言学和功能语言学对汉语研究的有力推动和各自广阔的用武之地。

方梅的第三章所依据的篇章语法框架也属美国西海岸功能学派,所以不必重复语言哲学的讨论,作者可以从研究对象和方法的特点直接切入正题。篇章语法应是最体现功能语法特色的分支,讲究完全从真实语篇中研究语法。但国内学界对此领域的了解还比较模糊,有时跟话语分析或会话分析难以分辨。虽然它们都立足真实语篇,但研究旨趣有别。话语、会话分析的目的是要找出话语本身的组织结构规律,而篇章语法是要从语篇组织中寻找、发现语法的由来,解释语法现象的话语来源(所谓"浮现语法"),目的还在研究语法。国内真正从事语篇语法研究者很少,本章作者是这方面成果较突出的一位,读者可以从本章中领略篇章语法的独特魅力,例如对语言材料真实性的追求,对语境的重视,对语体分类的讲究(包括口语体内部独白与对话这样的区别都很重要),对信息结构的重视与系统性分析,对使用频率的重视,对共时语法化的关注。而汉语指称成分的分类与选用、某些句法成分的功能和句法结构的频率,甚至很多词化结构的来历,这些属于共时或历时句法的现象都可以在篇章语法中找到它们的根源或一定的由来。

以乔姆斯基创立的生成语法为代表的形式语法涵盖了句法、音系、语义、语用多个分支学科,本书关于其句法方面设有沈阳和邓思颖的四、五两章,分别围绕生成语法在20世纪80年代形成的"管辖与约束理论"(管约论、GB理论)和90年代提出的"最简方案"展开讨论。两者虽然有所区别,但本质上是同一种理论的不同阶段的修订版,其基本理念和追求并未改变。从两位作者不同角度和风格的介绍中可以看到,对先天的语言能力的强调,对普遍语法的追求,对句法自治(自足、自主)性的坚持,对形式化表述的重视,这些理念在生成语法中是一以贯之的。不同阶段的区别至多在于实现这些目标的具体途径。

沈阳所写的第四章的主体,是用管约论的一些观念方法来研究汉语句法中的一些重要现象,如空语类、移位、题元、同指约束等。乔姆斯基理论从20世纪60年代最先被简要介绍进国内,到80年代以来他的诸多著作被翻译介绍,至今也有近半个世纪。但至少在国内中文学界,坚持借鉴生成语法研究汉语的学者为数仍少,这可能与汉语语法的某些特点难以直接套用生成语法现有框架有关。沈阳在这方面可说是知难而进,这一章集中了他在这方面一些专题成果。

在结合管约论与汉语实际方面,这些专题研究与海外做汉语生成语法研究的做法不尽相同。其努力的重点,不在于如何通过某种解释让汉语的事实尽量与现有管约理论一致,而是在相关框架下首先尽可能发掘汉语事实,例如借鉴空语类的理论来尽量发掘汉语空语类的种类和出现规则;在事实与理论难以十分吻合时,不怕对现有框架做些微调,甚至修改重要的操作规则。例如,为了在缺少主谓一致关系和动宾粘合关系的汉语中确定动词原型结构而提出的三原则,以及针对"动词套合结构"而在题元之外增加的"系"概念(二元双系动词、二元多系动词等)。甚至为了解释某些汉语结构而提出向后移位这一生成语法通常不允许的句法操作。这些"汉化"处理的利弊得失,很值得有关专家和读者们讨论,因为它们事关如何处理理论方法的系统性和如何尊重语言事实这些更基本的问题。

邓思颖的第五章,通过与以往模型(尤其是"原则与参数理论")的比较,重点突出"最简方案"的一些新观念新处理,并讨论这些新的处理对汉语研究带来的启发或推进,是非常前沿的探索。本章说明,最简方案的精髓就在一个"简"字。"简"的含义就是理论的经济性,即"方法上的经济"和"实体上的经济"。最简方案并没有从根本上改变以往模式的处理,而只是对原有分析模式加一些限制,减少不合理的假设和武断繁复的处理,以符合"简"字的要求。因此,现在的生成语法研究,很难简单地划清哪些是最简方案的,哪些是管约论模型的。作者对最简方案在汉语中应用的展示,首先是对某些现象和规则进行新的解释,如从经济性角度发现和解释话题化移位所受的一些限制,包括韵律限制。其次是以他人和作者自己的一些语言方言比较研究为例,遵循最简方案指导下的参数理论,用设立尽可能少的参数来统一解释语言方言之间的诸多句法差异,以收以简驭繁之效,如不同方言之间在小句内语序方面的差异。

李宝伦、潘海华合作的第六章介绍形式语义学内一个很新的分析框架——基于事件的语义学。形式语义学作为形式语法之树的语义学之枝,重点关注与句法有关的语义问题,用数理逻辑的形式化分析来刻画句法结构的语义特征和语义关系,反过来也能深化句法本身的研究。对形式语义学的整体,本章作者之一已有合作专著介绍(蒋严、潘海华2005),本章则集中关注该书中未及细论的事件语义学。"事件"以前在汉语学界基本上不被看作是一个语言学的术语，近年来，汉语语法研究中关注事件类别的论著开始显现，尤其在时体、构式等领域，因为以事件为观测角度可以看到很多单纯从某级语法单位（如 VP、谓语或小句）出发所难以看到的现象和规律。但是，目前内地的研究对事件的关注还是相当初步的，对海外事件语义学方面的最新成果和思路还很少了解，至于对事件的形式化处理还鲜有触及。本章以简明的语言和用例为我们介绍了形式学派的事件语义学的最新成果，特别是谓词的论元结构中"事件元"的添加及处理事件元与其他论元或非论元修饰语之间关系的不同方式给谓词及小句语义关系的形式化处理带来的关键性进展，例如对使役结构、体算子、感知报告等语法现象的研究的推进。两位作者努力将这些新的思路与汉语现象的分析解释结合起来。当然由于汉语学界目前对这些前沿理论还相当陌生，它们与汉语事实更深切的结合还需假以时日，这也是本章作者在结尾处所表达的希望。

蒋严所写的第七章，介绍形式语用学尤其是其中新近发展起来的"显义学说"，同时讨论了这一学说对汉语配价语法研究的推进。语用学是一门年轻学问。"语用"二字有时被一些人用在不严谨的含义上，成为语法研究的杂物箱，举凡句法上说不清的现象，就往里一扔，而未必给出所谓"语用"的确切规律，间或来几句随文释义的特设性解释。蒋严的介绍显示，即便是语用层面的现象，也可以进行系统的分析概括，甚至加以形式化，是谓"形式语用学"。而所谓"显义学说"，是属于"后格莱斯语用学"的关联学派对语用学大家格莱斯（Grice）的会话理论及其后来的"新格莱斯语用学派"的挑战。格莱斯一派的关键之处是区别"直陈义"和"寓义"（或含义）。而关联理论发现，所谓的直陈句，也有很多未说出的可以靠推理扩展而明示出来的意义——显义。作者介绍了显义的特征和种类，分析了显义与原句的各种逻辑关系及其形式化表征。然后本章将汉语配价研究成果与显义理论相结合。汉语中不乏价多位少的包含"隐性配价"的句子，将隐性配价充实为显义的过程就是"显谓"，又称为"语用配价"，而焦点化、话题化在这一框架里也常成为服务于显谓的一种手段——话题或焦点位置可以用来放置因位少而被挤出必要论元位置的成分（这在第四章中属于"动词套合结合"，读者可以比较两种分析法的各自特色）。"显义"学说与汉语配价研究的结合是作者富有创意的前沿性探讨,很值得关注。

　　袁毓林所写的第八章,分析认知科学的成果如何促进汉语的研究并最终服务于汉语的计算机处理。此章对认知科学诸领域的简要介绍,在寻常语言学著作中难以看到、在认知科学著作中又显得庞杂艰深,因作者有针对性的介绍而让语言学人相对容易接受。作者指出"认知"是为在作为器官的大脑和作为人的能力的"心智"之间填补鸿沟而架设(假设)的中介平台,以此解释意象、图式、范畴、原型、命题、脚本、网络等认知结构和记忆、编码、搜索、思维、概念形成、扩散性激活、缺省推理、隐喻投射、语言理解等认知过程。接着作者一方面沟通认知与计算及计算机应用,另一方面沟通认知与语言及语言研究,从而让认知又处在语言与计算机处理的中介位置。作者以空语类为例,介绍了多种角度的认知实验来验证这个语言学概念的存在和人类语言对空语类的处理方式。然后作者把重心转向计算,以实例说明为了让计算机模拟人的认知,语言学可以做些什么,计算语言学应当如何应用语言学成果。本章内容并不与国内外某种单一的现成理论框架直接挂钩,它包含了作者对多门学科的综合与整合,这是本章的特色之处,文末提示为了从事此类研究需做哪些学术准备,也就因此而非常实用。

　　笔者撰写的第九章讨论以跨语言研究为特征的语言类型学与汉语研究的关系。语言类型学常被归入功能学派,也确有不少功能学者从事类型学研究,但有些重要的类型学家并不像功能学者那样与形式学派观念对立(如 John Hawkins),还有些形式学者从事大量的类型学研究(如 Ken Hale)。因此作者认为类型学更多地是以自成范式的领域和方法为特征的学派,以此独立于形式、功能两派。由于本章作者的《语序类型学与介词理论》不久前刚出版,其中已有对此门学科尤其是语序类型学的基本介绍。为避重复,本章着重从方法论和操作性的角度介绍类型学,多为前书中谈得不多或不系统的部分,分为选题、取材、比较、归纳、表述、解释这些步骤逐一介绍。然后作者通过研究实例分析类型学与汉语研究结合的已有收获和广阔前景,既强调类型学可以促进汉语研究之处,也强调汉语研究可以为类型学的发展完善做出特有的贡献。主要讨论的是在前述专著中未谈或少谈的课题和成果,如词类(特别是形容词问题)、形态范畴、状语语序、关系化结构和差比句等。

语法化是目前国内汉语学界的热点领域。早先沈家煊、孙朝奋等开始介绍有关学说和论著时,汉语语法化研究还很薄弱。现在我们已有条件将"原味"引介与本土研究更好地结合,吴福祥写的第十章就适时地担当起这一任务。语法化研究的主要对象是语法的历史演变,但语法的历史演变的研究并非仅有语法化一种路数。因此,当代历史句法学的其他一些方面也纳入了本章的视野。本章显示,语法化理论具有功能语法的学派色彩,如对语法/句法非自主性的强调,对认知、话语、语用在句法中作用的重视,原型范畴观,共时与历时的联系等等;而历史句法学则是一种学科和领域范畴,在理念方法上存在着形式和功能的不同倾向。前者主要从(天赋的)普遍语法和语言习得的角度来思考解释句法历史演变,后者则主要是"语料驱动"的、从语言应用出发来考察历史句法现象。此外也有基于跨语言比较的不同于前两派的理论。本章的内容相当系统,又针对汉语研究现状而突出重点,如结合"了"的虚化强调语法创新(演变的发生)和语法演变(包含演变的发生、扩展、扩散及完成)之别,以实例来分析接触对演变的影响,从语言共性和方言比较角度总结演变的类型特点等。

前面的各章都是以广义的"语法"为中心的内容,接下来的5章则属于广义的"语音"研究的范畴。按当代国际术语的常规理解,"语音学"(phonetics)就是实验语音学,因为已经没有不基于声学、发音或听觉实验的语音学了,因此实际上无须加"实验"二字。考虑到国内的现状和习惯,"语音"仍取其早期理解,不等同于只偏重其可验证的物理、生理属性的 phonetics,所以朱晓农撰写的第十一章标题中仍称为"实验语音学"。以讨论音位和音系的结构性系统性属性为主的学科,国际上称为 phonology,本书按通行常规称为"音系学",王洪君、蒋平所写的两章均属此范畴。其实颇有学者(包括第十一章作者朱晓农)将 phonology(不管其共时历时)就称为"音韵学",而且确有好处,如说特定语言中某个具体音的 phonological feature 或某条规则的 phonological constraint,就不方便称为"音系特征"或"音系限制",而称为"音韵属性""音韵限制"较好。但考虑到"音韵"在汉语学界的强势理解,我们暂时还是把"音韵"一词主要留给历时研究,属本书中麦耘撰写的第十四章的讨论对象。谢留文撰写的第十五章,整体上是讨论方言研究的历史层次分析法的,但其中内容主要涉及语音/音韵的历史层次,所以也是广义的语音研究。

实验语音学长期游离在众多语言学家关注的视线之外。现在条件改善,众多语言学科点在"大兴土木"之时不忘投资建设语音实验室,但人们是否都很清楚实验语音学与语言学其他领域的关系,仍是一个问号。朱晓农撰写的第十一章的一大内容,就是用实例解答这个问题。例如有些语音的共时变异或历时演变,虽然可以用音系规则或公式进行刻画,但本质上仍是描写而非解释,而语音实验却能对这些变化的机理作出落到实处的解释,特别是能够用来统一地解释一些跨语言的共性、倾向和某些不规则的历史现象,如软腭浊爆音的常见空缺和上古群母[g]洪音字并入中古匣母的现象。本章的另一大内容,是说明实验语音学的近期进展所带来的更新语音学术语系统的需求,展示术语更新对深化汉语语音知识的硕大作用。本章最富有作者创意之探索,则是借鉴 Ohala 的方法,用在实验语音学中得到的规律重现汉语历史音变的若干现象或规律。此外,实验语音学对方言学的作用和对形态语义的作用也富有新意(后者其实在音—义关系层面反映了认知语言学所强调的语言的象似性)。

王洪君所撰写的第十二章讨论生成音系学理论,这是生成语法之根在音系学树上结出的果实。生成音系学历经经典生成音系学和非线性音系学两个阶段,现在音系学虽已被认为进入了优选论时代,但作者指出生成音系学至今仍有其重要的学术价值,这也是本书设立此章的原因所在。生成音系学在汉语研究中成果较丰富,因此本章对有关理论方法的介绍与汉语的分析紧相交融,展示了生成音系学框架对于揭示汉语事实和规律的重要作用及需要修正补充的一些观点。例如,生成音系学注重区别纯音系层面和音系与词法句法接面,因而能对众说纷纭的普通话中元音音位和儿化韵等作出更加一致而简单的处理。再如区别于表层结构的深层音系结构能够更好地反映与历史音韵和方言的联系。作者也介绍评说了在韵律模块说、韵律层级说影响下汉语音系研究的重要发现,包括作者和张洪明等对韵律词枢纽作用普遍性的质疑或修正,作者强调了韵律字这级单位在汉语中的作用,也介绍了陈渊泉的不同方言不同变调域的发现。此外,还从音系学角度比较评说了语音的各种声学分类、生理分类以及语音特征的偶值与非偶值的各自作用和优劣。

蒋平撰写的第十三章讨论从生成音系学中脱胎出来的新理论模型——优先论。优先论出身于形式语言学,主要关注领域为音系学,其方法又在向形态和句法等其他领域扩展。细读本章后不难体会到,优选论在坚守形式化、规则化处理的形式语言学追求之同时,其理论观念和方法操作方面也融会了不少语言类型学的理念、方法特征和成果。其输出限制不再像生成音系学的生成规则那样非此即彼不可违背,而是每条限制都可违背,差别只在各限制条件的排列顺序。优选论也更好地照顾到了语言之间的类型差异——限制条件是人类语言共性,排列顺序却可以因语言而异。限制的可违背性和排列顺序的可变异性好像都体现了优选论的"柔性"一面,但这种柔性也换来了另一些方面的更强的刚性——不但比较之后除合格输出项以外的每种候选项都有一种违背会被定性为"致命",即输出不合格,而且各项限制条件都用说一不二的命令句和禁止句表示,如"每个音节都要有声母""不准有韵尾"等,排斥带条件的或只属于倾向性的表述。优选论的这些特点使该理论值得形式、功能、类型各派学人都加以关注。本章不但以普通话上声变调的实例分析等展示优选论的实际操作程序,而且以广州话的词内音变、借词的语音规则、形态重叠的语音规则等实例分析或成果简介展示了优选论的广阔应用领域及前景。

汉藏历史比较语言学是一个大领域,麦耘所撰的第十四章集中讨论该学科对汉语上古音韵研究的作用。诚如本章所示,汉语的历史音韵研究,自中古音以降可以靠文献与现代方言比较两条腿走路,但上古音研究能倚仗方言比较处甚稀,长期主要靠文献一条腿,而很多问题在这一条腿之下难以有望解决,于是作者从逻辑和学理角度论证了引入汉藏比较视野的合理性和必要性,具体回答了一些人对这一研究领域和范式的置疑(如不同年代间材料的可比性,对语言同源关系与同源词对应关系的所谓循环论证的认识)。考虑到汉藏语言间分化时间之久及汉字的非标音性质,作者并未低估这一探索的难度和假设性,但本章也以回顾、列举和分析显示,汉藏语比较本身和它对汉语上古音分类及构拟的启发这些方面的成果,已经使人们对上古音的音类和音值有了相对更为确切、具体而可信的认识,部分同行正在形成一些重要共识,如数目(5~6)和音值接近的元音系统,Cl/Cr复声母(C代表辅音)的存在,二等韵带 l/r 类介音,s-前缀的使动用法及凝固后的音韵表现等。作者也冷静、客观而具体地指出了现有研究的诸多不足之处,例如去声带 -s 尾还需解决一些问题,某些形态构拟尚缺乏相应的语义解释等,还提出了今后应加强的方面,如所谓"关系词"的区分(同源词?借词?)、汉藏语各语言语音、形态的类型学研究,民语界与汉语史界的交流等。

与本书多数章节不同,谢留文撰写的第十五章所讨论的"历史层次分析法",主要是在汉语方言的研究中发展起来的一种新的学说,它正在成为很多方言学者的共同思路,也有望对语言关系的一般理论作出特有的贡献,因为复杂的层次现象无法用语言分化和语音演变等历史比较语言学的原有思路来分析和解释。本章简要追溯了这一分析法的历史由来:从赵元任、罗常培最先对文白异读的关注,到罗杰瑞(Jerry Norman)较早用"层次"一词来分析闽语中更加复杂的情况,到潘悟云提出"历史层次分析法"这个概念和更多学者从事实和理论两方面深化对层次的认识。本章综合诸家论述,参照王福堂的定义将层次分为同源层次(方言内的滞古层、音变层等)和异源层次(共同语、外方言及底层等外来层次)两大类,同时排除了不属于层次问题的异读现象(如同形异读、训读、误读、避讳)。本章在同源层次、异源层次(包括底层)、两类层次的并存、接触对层次的影响等方面,都介绍了一些有启发性的研究实例,作者从中总结了层次分析的一些方法特征,也分析了它的一些局限,并展望了层次分析法广阔的应用前景。

方言学和社会语言学在中国被视为两个不同的学科,游汝杰撰写的本书第十六章则重在突出两者内在的统一性,期望用社会语言学的新范式来推进汉语方言学的发展。作者分别勾勒了欧美中方言学的发展史和社会语言学的兴起过程,指出了方言学在三地的渊源特色:欧洲的历史比较语言学背景和方言地理学特色、美国的结构主义描写学派背景和中国的描写学派加音韵学(尤《切韵音系》)背景。在描写语言学和社会语言学相比较的基础上,介绍例示了社会语言学区别于描写方言学的方法特色,如分层随机抽样调查、统计定量分析等,剖析了现行方言学调查手段的局限,如以单个发音人代表整个方言难以反映方言内部实际上存在的很大差异。作者更强调的则是方言学和社会语言学研究对象的一致性和长远目标的一致性——揭示人类语言演变的机制。据此,作者倡导以社会语言学范式作为汉语方言学新的发展阶段,同时也指出,汉语方言的存在状况与欧美有显著差别,发展作为汉语方言学新阶段的社会语言学应有自己的重点,而描写方言学作为方言学的基础仍有长期存在的必要。

从上面的介绍可见,本书是一本跨越了众多分支学科的著作,它能够在较短的时间内完成,完全得益于诸位作者的倾力投入,而这种投入的背后动力则是作者们对推动中国语言学快步发展的共同责任感。为使各个章节有更接近的风格、更加符合编写的宗旨、更好满足读者的需求,作者们与编者之间进行了非常融洽的合作,不少章节都几经修改,有些作者在交稿后仍是自己多次修改,在内容、材料、引证、结构、表达、体例等方面尽量不断改进、完善、"刷新"。作为主编我对此非常感激。为了让本书整体上具有原创性,除了个别章节曾单独发表以作全书的预告,本书各章基本上都是首次发表。当然,由于本书涉及的领域广泛、内容前沿、写作编辑时间比较短暂,而学界的需求又不容我们长久地推敲锤炼下去,因此书中难免有不当之处,恳请海内外方家和广大读者不吝指正,我和作者们都将无尽感激。

我们要特别感谢陆俭明先生和沈家煊先生。年届七旬的陆俭明先生一贯以开放胸怀支持语言学新理论新方法的介绍和应用,在本书启动之初他就表示大力支持并欣然承诺书成后赐序。沈家煊先生作为上海教育出版社《最新西方语言学理论译介丛书》的主编,不但积极支持推出本书的计划,而且亲撰一章为本书增色。上海教育出版社梁玉玲责编为本书编辑出版费了许多心力。博士生陈玉洁负责整合、校对浩繁的参考文献。本书编撰工作也得到了国家社科基金重点项目(03AYY002)的资助。一并顺此致谢。

我们希望此书能为中国语言学的稳步持久发展助一臂之力,但毫不指望此书"流芳百世"。当书中的"前沿"多半成为我国学界的常识或被更好的理论方法(包括中国学者创造的理论方法)换代时,本书就可以隐身而退了。我们期待着这一天的到来。

第一章

认知语言学与汉语研究

沈家煊

1. 从"生成语义学"到"认知语义学"

"认知语言学"是对"生成语言学"的反动。在"认知语言学"出现之前,有一些原来从事"生成语言学"的人提出了"生成语义学"(generative semantics),他们认为表层句子形式的底层应该是一个语义结构而不是一个句法结构。语义结构包括施事、受事、与事、工具、目的这样一些语义角色或语义格。但是到底有多少个这样的语义格众说纷纭,随意性很大,这使得 C. Fillmore 最终不得不放弃他的"格语法"。"生成语义学"一度采用的传统的"语义成分分析法"也遭到批评,例如将英语的动词 kill 分析为 cause to become not alive,可以解释"I almost killed him"(我差点儿杀死了他),这个句子因副词 almost 在语义结构中插入的位置不同而存在歧解:

I almost caused him to become not alive. (已动了杀他的念头,但没有实行。)

I caused him almost to become not alive. (已向他开枪,但没有击中。)

I caused him to become almost not alive. (已击中他,但没有击中要害。)

但是问题在于,kill 的词义实际并不等于 cause to become dead:如果我的花盆放在阳台上,刮大风时掉下去砸死了他,这种情形只能说"I caused him to die",不能说"I killed him"。

有些"生成语义学家"于是另起炉灶,提出了"认知语义学",主张表层句子形式的底层是一个概念结构。概念结构包括的概念角色的数量不再是随意的,而是从认知上限定的,如 R. Langacker 限定两个最基本的"射体"和"陆标"(tra-

jector 和 landmark），L. Talmy 限定两个最基本的"凸体"和"衬体"（figure 和
ground）。另一方面，概念角色又要比语义角色具体，例如充当主语的"射体"
（或"凸体"）是具体的"偷窃者"或"抢劫者"，而不是笼统的"施事"。另外，像
kill 和 cause to become dead 两个词语因为在人的心目中形成的是两个不同的
"意象"，所以属于两个不同的概念结构。

　　以"认知语义学"为基础，"认知语言学"认为，语言不是直接表现或对应于
现实世界，而是有一个中间的认知构建（cognitive construction）层次将语言表达
（expressions）和现实世界（reality）联系起来。在这个认知中介层，人面对现实世
界形成各种概念和概念结构。现实世界通过这个认知中介层"折射"到语言表
达上，语言表达也就不可能完全对应于现实世界。举个简单的例子，现实世界
中墙角并没有明确的边界，我们无法划出一条界线来确定墙角的范围，但是在
语言表达上我们仍然说"一个墙角"和"在墙角里"，这是因为在认知上我们把
墙角"视为"一个有边界的事物，"墙角"因此是一个"有界"概念。这个"视为"
现在有一个专门的术语，叫做"识解"（construal）。

2. "心寓于身"的认知观

　　"认知语言学"的哲学基础是体验哲学，是一种"身心合一"或"心寓于身"
（embodiment）的认知观。按照这种观点，心智和思维产生于人跟外部世界的相
互作用，在这个相互作用的过程中人通过自己的身体获得经验，这种经验用"体
验"称之最为恰当。例如，婴儿通过呼吸、进食、排泄而体验到"里"和"外"的概
念对立，通过不断地抓起玩具又放下的身体动作而体验到"控制"和"被控制"
的概念对立。人的整个概念系统都植根于知觉、身体运动和人在物质和社会环
境中的体验。"心寓于身"还有一层意思是概念和概念系统的形成要受人类身
体构造的制约，例如人对各种颜色的分辨很大程度上是由人体视网膜的生理构
造决定的。

　　这种认知观跟"身心分离"的认知观相对立。按照"身心分离"说，心智和
思维独立于人与外部世界的相互作用，也不受人类身体（如知觉系统和神经系
统）的任何限制。人的心智和思维就是通过逻辑规则操纵一些抽象的符号，就

像计算机操纵抽象的符号一样。这些符号跟客观世界的事物有直接的、约定俗成的对应关系,这就是符号的全部意义,或者说符号的意义跟人对客观世界的"体验"无关。

3. 语言不是一个独立模块

"认知语言学"认为人的语言能力依附于人的一般认知能力,语言能力跟一般认知能力没有本质上的差别,语言能力的发展跟一般认知能力的发展有极为密切的联系。汉语跟英语一样存在"辩论就是战争"(Argument is war)这样一个隐喻,例如有这样一些词语:

论**战** **争**论 辩**护** 论**敌** 抨**击** **打笔仗** 理论**战线** 唇枪舌剑 舌**战**群儒 入室操戈 大张挞伐 人身攻击 批评的**武器**

这表明,我们不仅用战争来谈论辩论,我们在实际辩论中就是有胜有败,把辩论的对方视为敌手,我们在辩论中的所作所为在很大程度上是受战争这个概念支配的。因此,通常认为是一种特殊语言现象的"隐喻"其实不仅仅是语言行为,而是一般行为,受一般认知能力的支配。同样,"转喻"作为一种语言能力也跟一般认知能力分不开。说"回到原单位,看到的尽是新面孔",用"新面孔"而不用"新四肢""新躯干"来转指"不熟悉的新人",那是因为人一般都是靠观察脸相而不是靠观察别的身体部位来识别人的。

这两个例子说明,语言能力在人的心智中并不自成一个独立的部分,而是依附于一般认知能力。因此这一假说不妨称作"语言能力依附说",跟"语言能力独立说"相对立。按照"语言能力独立说",语言能力在人的心智中自成一个独立的部分,语言能力并不依附于一般的认知能力,跟一般认知能力有本质的差别。

4. 句法不是一个独立模块

"认知语言学"不仅认为语言不是一个独立模块,在语言内部,句法也不构成一个独立模块。最好用两个例子来说明。拙文《正负颠倒和语用等级》(1995b)说明,在极性词语(如下面例子中的"一""最难的"等)表达周遍意义时,由肯定句变为否定句或由否定句变为肯定句(称为"正负颠倒")后会出现三种异常:(1)句法不合格(标为 *),(2)语义上失去周遍义(标为?),(3)语用上不合适(标为#)。

(1)　一字不识　　　　*一字识

　　　见一个爱一个　　*见一个不爱一个

(2)　最难的题他也会做　　?最难的题他也不会做

　　　最便宜的他也买不起　?最便宜的他也买得起

(3)　连看电影也不感兴趣　#连看电影也感兴趣

　　　连民办大学也想上　　#连民办大学也不想上

这三种异常其实有一条统一的认知原则贯穿其中,那就是:否定极小量等于否定全量,肯定极大量等于肯定全量。这条原则在语法中的体现程度不一样,或者说是"语法化"的程度不一样,于是"正负颠倒"就造成三种异常现象:(1)的语法化程度最高,(3)的语法化程度最低,(2)介于两者之间。可见(1)这种所谓的句法现象并不是完全独立的现象。

拙文《跟副词"还"有关的两个句式》(2001b)讨论下面两个句子中的副词"还":

小车还通不过呢,就别提大车了。

平面几何还不会呢,就别提立体几何了。

我们指出这个"还"具有语用意义,是在表达说话人的主观态度,即说话人认为语境中的一个小句(如"大车通不过")所提供的信息量不足,而添加"还"的小句(如"小车通不过")才提供足量的信息。过去认为句法是独立的,句子在句法的基础上作出语义解释,再放到一定的语境中得出句子实际表达的意思。但是这两个"还"字句表明,句法处理本身就离不开"还"字的语用意义,语境也不是事先摆在那儿的,而是根据"还"字和整个句式的意义来选择的,例如下面两句分别选择的语境是"旅行方向由东向西"和"旅行方向由西向东":

开封还没有到呢,就别提洛阳了。

洛阳还没有到呢,就别提开封了。

可见,在表达和理解语句时,句法、语义、语用三者并没有明确的分界,而是我中有你、你中有我,三者交织在一起。

5. 主客观结合的语义学

传统的语义学是一种客观主义的语义学,认为语义就是使语句表达的命题成真的必要充分条件,或称"真值条件"。然而"认知语言学"认为,语义不仅仅是客观的真值条件,还跟人的概念结构和概念结构的形成过程有直接的关系。"横看成岭侧成峰",客观上是同一座山,由于人的观察角度的变化就形成两个不同的心理意象。这种观点可以称作"主客观合一"的语义观,跟"主客观分离"的语义观相对立。

"意象"(image)是"认知语言学"中一个极其重要的概念,它是指对一个客观事物或情景由于"识解"方式的差别——凸显的部分不同,采取的视角不同,抽象化的程度不同,等等——而形成的不同的心理印象。举例来说:

a. 姑姑送一只花猫给小莉。

b. 姑姑送[给]小莉一只花猫。

客观情形都是姑姑把一只花猫送给小莉,但由于说话人观察的方式不同,凸显的部分不同,就形成两个不同的"意象",可以图示如下:

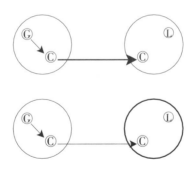

(G = 姑姑,C = 花猫,L = 小莉)

箭头表示"花猫"的转移路径,粗黑线代表凸显的部分,a 句凸显的是花猫的转移过程,b 句凸显的是小莉对花猫的占有。

再看下面三个英语句子:(引自 Talmy 2000,vol.1:5.5)

She climbed up *the fire ladder* in five minutes. (段,有界)

Moving along on the training course, she climbed *the fire ladder* at exactly midday. （点）

She kept climbing higher and higher up *the fire ladder*. （线，无界）

梯子当然是两头有界的事物,但是近看为"段",远看为"点",特近看为"线",这是"远视/近视"(distal perspective)作用的结果,好比拍照推远和拉近镜头得到不同的效果。远看时梯子被"识解"为(be construed as)一个点;特近看时,观察者的注意力只集中在梯子的中间部分上,梯子被"识解"为两头无界的"线"。

拙文(2002a)将"处置"这个与把字句有关的传统语义概念区分为"客观处置"和"主观处置"两种:

客观处置:甲(施事)有意识地对乙(受事)作某种实在的处置。

主观处置:说话人认定甲(不一定是施事)对乙(不一定是受事)作某种处置(不一定是有意识的和实在的)。

把字句表达的语法意义是"主观处置"而不是"客观处置",这有利于解释许多过去无法解释的现象,还能对过去提到的把字句的各种语法语义特点作出统一的说明。例如:

她看了他一眼,他居然就上去打她。

?她把他看了一眼,他居然就上去打她。

客观上看人一眼,被看的人并没有受任何损害,但主观上就不一定。用了把字句"她把他看了一眼"就有了"他"是受损者的意味,与后面的"居然"不匹配。这是把字句的主观"移情"作用。

*我吃了野菜。　我吃过野菜。

我把野菜吃了。　*我把野菜吃过。

过去说把字句的谓语动词必须是复杂的,但是为什么同为复杂形式的"吃了"和"吃过"会有以上的对立?"V过"只是客观地报道曾经发生一个事件(我吃野菜),"V了"则是在叙述一个过去事件的同时还表示出说话人的视角:说话人从"现在"(即说这句话的时刻)出发来看待这个事件,把它跟"现在"联系起来,比如说,因为吃了野菜,现在肚子不舒服。这是把字句体现主观"视角"的作用。

近代汉语:把渔船都赶散了　都赶散了渔船

　　现代汉语：把渔船都赶散了　　＊都赶散了渔船

近代汉语和现代汉语"都"总括宾语时可以出现的位置有差别。近代把字句和动宾句并存时，显然是把字句的主观性强于动宾句，把字句是说话人强调宾语完全受影响；现代只能用把字句，说明原来作客观叙述的现在也要用把字句来表达，因此说把字句的主观性减弱了。这就是说，从近代汉语到现代汉语，"把"字表示处置的主观性已有所减弱。一种表达主观性的形式用久了其作用会减弱，于是需要有新的形式来表达这种主观性，这是普遍规律，也是历史上处置介词经常兴替的原因之一。

6. 典型范畴和基本层次范畴

　　传统的范畴观认为范畴都是离散范畴，每个范畴有自己的"界定特征"，符合某些"界定特征"的就成为某一范畴的成员，反之则不然。"界定特征"为范畴所有成员所共有，因此范畴内部各成员的地位是均等的。"认知语言学"则认为人建立的范畴，包括语法范畴，大多是"典型范畴"而不是离散范畴。范畴不能靠"界定特征"来界定，范畴与范畴之间的边界是模糊的，一个范畴内部各成员的地位是不均等的，有的是范畴的典型成员，有的是非典型成员。例如，麻雀、燕子、喜鹊等是"鸟"这个范畴的典型成员，鸵鸟和企鹅则是非典型成员，"鸟"因此是个典型范畴。语法范畴跟其他范畴一样也是典型范畴，这个观点大家已经比较熟悉，这里不再详细介绍。特别可参看的是袁毓林《词类范畴的家族相似性》一文（1995a），他以确凿的事实证明，要想找出为这个词类所有而为其他词类所无的语法特征，这实际是做不到的，汉语的词类因此也是典型范畴。

　　汉语的词汇中也存在"基本层次范畴"，例如：

甲：你布兜里装的什么？

乙：苹果。

　　水果。

　　国光苹果。

在通常情形下，乙对甲的回答是中间一层的"水果"。在"动物—狗—京巴儿狗""水果—苹果—国光苹果""家具—沙发—转角沙发"这样的等级中，"狗"

"水果""沙发"属于"基本层次范畴"。

基本层次范畴是认知上优选的范畴,最引人注目。基本层次范畴最适合人的认知需要,这在心理上有以下三方面的原因。

(1)异同平衡:作为基本层次的范畴,其内部成员之间有足够的相似点,而它与其他类别的成员又有足够的相异点。

(2)完形感知:基本层次范畴的各个成员有共同的整体形状,便于作"完形"感知。

(3)动作联系:基本层次范畴总是跟人的特定动作相联系,例如"猫"和抚摩联系,"花"和采摘联系。

7. 象似性

语言的结构与人所认识到的世界的结构恰好对应,这种对应具有广泛性和一再性,不可能是偶然的巧合,这就是语言的"象似性"(iconicity)。"认知语言学"注重语言的"象似性",认为语言的"象似性"程度要比我们过去所想象的大得多。戴浩一论证汉语词序和事件的时间顺序之间具有广泛的象似关系,这已经为大家所熟知,例如"我在马背上跳"是我先在马背上然后跳,"我跳在马背上"是我先跳然后在马背上。

张敏(1998)一书集中探讨名词短语中"的"字是否能隐去的规律。例如:

我的爸爸   我爸爸

我的书包   *我书包

一般认为这是"可让渡"与"不可让渡"的领属关系造成的区别,"我"对"书包"的领有是可以让渡的,而"我"对"爸爸"的领有是不可让渡的,这里体现的是距离象似原则。但是汉语里又有如下情形:

我爸爸   *我鼻子

*张三爸爸   牛鼻子

"我"对"爸爸"和"鼻子"的领有都是不可让渡的,为什么会有以上对立? 张敏论证在汉语里,无"的"和有"的"的名词短语的区别是"称谓性"和"非称谓性"的区别(对汉人来说这是意义重大的)。对人意义重大的个体特质在认知上足

够明显,可以用一个专名来称谓。例如:

> 我们学校　　*我们学校(＝北大)有三千多所。
>
> 我们的学校　我们的学校有三千多所。
>
> 他爸爸　　　他爸爸(＝张三)其实不是他的爸爸。
>
> 他的爸爸　　?他爸爸(＝张三)其实不是他爸爸(＝张三)。

用专名来称谓的概念,其组成成分之间的距离最小。因此,汉语是在更广的范围里体现距离象似原则。这条原则还体现在各类成分充当修饰语的名词短语里,读者可以自己去体会下面例子中的对立:

> *好一本书　　　*好的一本书　　好好的一本书
>
> *好那本书　　　?好的那本书　　好好的那本书
>
> *脏一件衣服　　*脏的一件衣服　脏兮兮的一件衣服
>
> *脏那件衣服　　脏的那件衣服　　脏兮兮的那件衣服

8. 转喻和隐喻

上面第 3 节讲语言不是一个独立的模块时已经提到"认知语言学"对隐喻和转喻的看法。这里再分别举两个例子。拙文(1999b)认为汉语中"的"字结构(包括"NP 的"和"VP 的")能否转指中心名词的"转指"现象实际上也是一种认知上的"概念转喻"。针对以下的转指现象:

> 经理的(外套)　　　*经理的(身份)
>
> 小王的(书包)　　　*小王的(爸爸)
>
> 词典的(封皮)　　　*词典的(出版)
>
> 中国的(河流)　　　*中国的(长江)
>
> 托运的(行李)　　　*托运的(手续)
>
> 到站的(火车)　　　*到站的(时间)
>
> 他赞成的(意见)　　*他提出的(意见)
>
> 白的(衬衫)　　　　*雪白的(衬衫)
>
> 健康的(孩子)　　　*健康的(问题)

我们提出一个"转喻/转指的认知模型"如下:

1）在某个语境中,为了某种目的,需要指称一个"目标"概念 B。

2）用概念 A 指代 B,A 和 B 须同在一个"认知框架"内。

3）在这同一"认知框架"内,A 和 B 密切相关,由于 A 的激活,B(一般只有 B)会被附带激活。

4）A 要附带激活 B,A 在认知上的"显著度"必须高于 B。

5）转喻的认知模型是 A 和 B 在某一"认知框架"内相关联的模型,这种关联可叫做从 A 到 B 的函数关系。

限于篇幅,这里不能详述。关于"激活"或"扩散激活"的概念,还可参看袁毓林《一价名词的认知研究》(1994a)。

拙文(2003a)是运用"概念隐喻"来说明汉语里各种复句表达的语义关系,例如下面三个用"如果……就"表达的复句分别属于"行""知""言"三个概念域:

（1）如果明天下雨,比赛就取消。[行域]

（2）如果比赛取消了,昨天就下雨来着。[知域]

（3）如果比赛真的取消,太阳就从西边出来了。[言域]

"如果"一词引出的充分条件在三个域中的性质可以这样来表述:

（1）行域：p 的发生是 q 发生的充分条件。(如果 p,那么 q)

（2）知域：知道 p 是我得出结论 q 的充分条件。(如果知道 p,那么我推断 q)

（3）言域：状态 p 是我声称 q 的充分条件。(如果 p,那么我声称 q)

重要的是,"知域"和"言域"的语义关系是从"行域"的语义关系通过隐喻"投射"形成的。这三个既有区别又有联系的概念域还可以用来解释其他许多过去难以解释的语法和语义现象,不仅是解释复句的语义关系。

9. 理想认知模型

"理想认知模型"(Idealized Cognitive Models,简称 ICM),或者叫"认知框架"等,是人根据经验建立的概念与概念之间的各种相对固定的关联模式,对人来说,各种 ICM 是"自然的"经验类型。说其"自然",那是因为它们是人认识自身的产物,是人与外界交互作用的产物,一句话,是人类自然属性的产物。人还凭这样的 ICM 来给新的经验分门别类。作为主观的心理构造物,ICM 跟客观实际不完全一致,总是要比客观实际简单。这样的 ICM 是一个个心理上的"完形"(gestalt)结构,其构成成素以及它们之间的联系在我们日常经验中反复地同现。作为"完形"结构,ICM 的一个重要特点是整体大于部分之和。"完形"还比它的构成成素在认知上更简单,更容易识别、记忆和使用。

　　例如"整体—部分"就是一个最基本的 ICM,拙文(2000c)用它来解释以下的语法现象:

　　(1) 茶壶的把儿　　　这种茶壶的把儿

　　　　*把儿的茶壶　　　这种把儿的茶壶

　　(2) 书桌的抽屉　　　大书桌的抽屉

　　　　*抽屉的书桌　　　大抽屉的书桌

　　(3) 住房的卫生间　　两间住房(合用)的卫生间

　　　　*卫生间的住房　(带)两个卫生间的住房

我们把这种"NP 的 N"的构式看作"参照体—目标"构式,其中的 NIP 是我们建立与目标 N 的心理联系的参照体。这里"茶壶"和"把儿"、"书桌"和"抽屉"、"住房"和"卫生间"之间都存在"整体—部分"的关系。一般情形下,整体比部分显著,而充当参照体的事物必须显著。作为整体的一部分的事物要充当"参照体"必须"专指化":"茶壶"泛指各种茶壶,"这种茶壶"专指一类茶壶;"抽屉"泛指各种抽屉,"大抽屉"专指一类抽屉;"卫生间"泛指各种数量的卫生间,"两个卫生间"专指一定数量的卫生间。从信息论的角度讲,"专指化"的目的是提高"信息度"和"显著度"。茶壶一般总是带把儿的,书桌一般总是带抽屉的,住房一般总是带卫生间的,这些属于常识的"整体—部分"关系已经成为 ICM。如果告诉别人茶壶带把儿,书桌带抽屉,住房带卫生间,那等于没有提供什么信息,因为这些信息是大家默认的。然而告诉别人茶壶带某种形状的把儿,书桌带某种大小的抽屉,住房带一定数量的卫生间,提供的就不仅仅是默认信息。

　　"施事-动作-受事"也是一个基本的 ICM。第 8 节提到"VP 的"转指中心名词的规律,"开车的"可以转指"司机","他开的"可以转指"汽车",但是"开车的"和"他开的"都不能转指"时间、地点、原因、方式"等。原因就在于,"昨天夜里老王因为兴奋在高速公路开着他的宝马车飞驶"这个事件在人心目中的 ICM 就是"人开车",它包括施事和受事,但是不包括时间、地点、原因、方式等。下面的图形我们一般都把它看作是一个小圆部分地覆盖了另一个大圆,虽然实际被覆盖的不一定是一个圆,而是一个比圆复杂的图形。按照"完形心理学",圆是一个"完形",一个"好"图形,而比圆复杂的图形不是。同样,"施事-动作-受事"是一个"完形","开车的"所"覆盖"的是这个完形的一部分。(参看拙文《"转指"和"转喻"》(1999b))

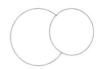

ICM 有具体和抽象的差别,也有简单和复杂的差别。像"整体—部分"、"容器—内容"和"在……之上"这样的 ICM 是比较抽象和简单的,它们也叫"意象图式"(image, schema)。像"买卖"和"在海滩上"是比较具体和复杂的 ICM,它们也叫"场景模框"(scene, frame)。像"上饭馆"和"乘飞机"包含前后相继的若干事件,也是具体复杂的 ICM,它们也叫"事件程式"(scenario)。

10. 凸显

从认知心理上讲,凸显的事物是容易引起人注意的事物,也是容易记忆、容易提取、容易作心理处理的事物。"认知语义学"对概念结构的分析与传统语义学的不同之处就在于注重概念角色或语义角色的凸显情况。上面已经多次提到概念的凸显,这里再集中举几个例子。英语动词 steal 和 rob,汉语动词"偷"和"抢"在句法上的差别如下:

(1) Tom stole 50 dollars from Mary.

Tom robbed Mary of 50 dollars.

*Tom stole Mary of 50 dollars.

*Tom robbed 50 dollars from Mary.

（2）　*张三偷了李四　　*张三把李四偷了　　*李四被张三偷了

　　　 张三抢了李四　　　张三把李四抢了　　　李四被张三抢了

传统语义学在分析语义结构时只分出施事、受事、夺事这样一些语义角色，"偷"和"抢"的语义结构是一样的，因此无法解释以上现象。拙文《说"偷"和"抢"》（2000a）用"概念结构"取代"语义结构"，用"概念角色"取代"语义角色"，"概念角色"有凸显与不凸显的差别：

　　"偷"［**偷窃者**　遭偷者　　**失窃物**］

　　"抢"［**抢劫者**　**遭抢者**　抢劫物］

黑体代表凸显的概念角色。遇到偷窃事件，失窃物是注意的中心：一个人在公共汽车上被偷了钱包，人们首先问他丢了多少钱。而遇到抢劫事件，遭抢者是注意的中心，人们首先关心他的人身安全。

　　这里的规律是，就角色的隐现而言，非凸显角色可以隐去，即没有句法表现形式；凸显角色不一定可以隐去，要有句法表现形式，例如上文汉语例（2）。认知上的理据是：看得见的东西比看不见的显著。

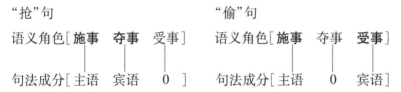

　　就角色充当近宾语还是远宾语而言，非凸显角色可以充当远宾语，凸显角色不一定可以充当远宾语，例如上文英语例（1）。认知上的理据是近的事物比远的事物显著。

再举一个动结式"追累"的例子：

（1）张三追累了李四了。

  a. 张三追李四,李四累了(有使成义)

  b. 张三追李四,张三累了(无使成义)

  c. *李四追张三,张三累了

  d. 李四追张三,李四累了(有使成义)

(2) 李四被张三追累了。

  (只有释义 a)

(1) 是个主动句,有 a,b,d 三种释义,排除 c;变为被动句(2)之后 b 和 d 的释义也被排除。拙文(2004a)的解释是:在概念结构中主语和宾语分别为"凸体"和"衬体",在通常情形下"凸体"比"衬体"凸显,这是主动句,在特殊情形下,凸显状况会发生倒转,这是被动句的情形。这种凸显状况发生倒转的情形在认知心理上并不少见,例如:

这个图形一般凸显的是两个三角形(凸体),中间的空白是背景(衬体),但是改变注意的方式可以把凸体和衬体颠倒过来,凸显方形中间的空道,两个三角隐退为背景。正是概念角色的凸显状况决定了主动句和被动句不同的释义,限于篇幅,这里不便详述。

  在一个"场景模框"中,也可以凸显其中的某些成分和消隐另一些成分。借用计算机操作的术语,可以把凸显某些部分称作"开视窗"(windowing)。当前打开哪一个视窗,也就是把注意力集中于哪一个方面。下面的例子表明打开的一个个视窗是木箱"移动路径"的不同部分:

  飞机货舱里的大木箱——

单个视窗

  a 开首视窗:掉出飞机。

  b 中间视窗:掉入空中。

  c 结尾视窗:掉落大海。

复合视窗

    a + b <u>开首 + 中间</u>：从飞机掉入空中。

    a + c <u>开首 + 结尾</u>：从飞机掉落大海。

    b + c <u>中间 + 结尾</u>：从空中掉落大海。

    a + b + c <u>开首 + 中间 + 结尾</u>：掉出飞机从空中落入大海。

11. 概念的合并和组合

概念结构中的概念可以合并（conflation）和组合（composition），不同的语言或方言之间，或者一种语言的不同历史时期，概念合并和组合的方式会有差异。拙文（2003b）讨论这个问题。

    瓶子漂出岩洞。

    "The bottle floated out of the cave."

这个句子的概念结构表达一个"运动事件"：瓶子漂出岩洞。按照 Talmy（2000）的分析，一个运动事件由四个概念要素组成：

    凸体（Figure）：指一个运动物体，它相对于另一个物体（衬体）而运动 the bottle

    衬体（Ground）：指一个参照物体，另一个物体（凸体）相对它而运动 the cave

    运动（Motion）：指运动本身 move

    路径（Path）：指凸体相对衬体而运动的路径 out of

另外还有一个代表运动"方式"或"原因"的概念，但是这个概念不是必需的。在这个汉语句子里，"运动"和"方式"两个概念合并后显现为一个动词"漂"，"路径"单独由"出"表示。

    La botella salió de la cueva flotando.

    "The bottle exited from the cave, floating."

在这个对应的西班牙语句子里，"运动"和"路径"合并后显现为一个动词"salió"（exited），"方式"单独由 flotando 表示。

    英语、德语、俄语、Atsugewi 语和汉语属于同一种类型，法语、日语和西班牙语属于同一种类型。

再看以下例子：

wake = 叫醒

kick = 踢着（zháo）

kill = 杀死

open = 开开

cure = 治好

break = 打破

像"叫醒"这样的事件可以看作空间运动事件的隐喻引申，"把他叫醒"是"使他进入醒的状态"，"他"是凸体，"醒（状态）"是衬体。上面的例子表明，英语"运动"和"衬体"两个概念要素合并在一起显现为单个动词 wake，而汉语这两个要素没有合并，但是组合在一起的。英语和古汉语很相像，古汉语的"污"现在要说成"弄脏"，"杀"现在要说成"杀死/弄死"。

概念要素的组合有松有紧，例如：

a. 张三递给李四一块西瓜。

b. *张三切给李四一块西瓜。

　张三切一块西瓜给李四。

a 句表明运动"递"和路径"给"这两个概念组合紧密，b 句表明运动"切"和"给"这两个概念组合松散。这也符合我们关于"给予"的"理想认知模型"："递"和"给"两个动作是同时发生的，而"切"和"给"两个动作是先后发生的。这里体现的也是一种"距离象似"：组合紧密的概念在显现形式上也组合紧密，组合松散的概念在显现形式上也应该组合松散。

12. 构式：整体大于部分之和

"认知语言学"认为，由语素组合成的词、各种短语、单句和复句等等都是大大小小的"构式"（constructions），都是形式和意义的结合体。一个"构式"是一个心理上的"完形"，其整体要大于部分之和，构式的意义因此不能完全靠其组成部分的意义推导出来。例如：

轮椅 ≠ 轮 + 椅

有意思 ≠ 有 + 意思

黄金时间 ≠ 黄金 + 时间

为什么不试一试?(建议)≠ 疑问 + 否定

说是这么说。≠ 说 + 是 + 这么说

小车通不过,还提大车? ≠ 小车通不过 + 还提大车?

句式是最典型的"构式",拙文《句式和配价》(2000b)说明确定动词"配价"时不考虑句式意义所造成的问题:

(1) 他扔我一个球。　他吃我一个桃儿。

(2) 王冕死了父亲。　他家来了客人。

这两个句式一个是表示"予取"的双宾语句,一个是表示"得失"的领主属宾句(主语是"领有"一方,宾语是"隶属"一方)。按照传统的配价语法,有人认为"扔"和"吃"这样的动词是二价动词,这就无法说明为什么它们在双宾语句里能直接跟三个名词性成分发生联系。如果说它们就是三价动词,这又有悖于我们的直觉:从这些动词本身的词义来说不像是三价动词。有人用"兼价"或"变价"来解决,说它们既是二价动词又是三价动词,或说本来是二价动词,但在双宾语句式中是三价动词;"扔"作为二价动词没有给予义,作为三价动词有给予义。这样就得承认有两个"扔",一个是二价的"扔",一个是三价的"扔",至少得承认"扔"有两个义项,一个表示给予,一个不表示给予。这样做的代价比较大,因为这样的动词不是一个两个,为数还不少,一一标明有两个义项使系统变得过于复杂。更重要的是这仍然违背我们的直觉,任何一部词典都不会在"扔"下另外列出一个表示给予的义项。这种处理方式的问题在(2)这样的领主属宾句上同样存在。

我们将配价看作是句式的属性,例如"他扔我一个球"属于三价句式,跟"他送我一本书"一样有三个论元,尽管动词"扔"的词义只涉及两个参与角色。同样,"王冕死了父亲"属于二价句式,跟"他丢了一枚戒指"一样含两个论元,尽管动词"死"的词义只涉及一个参与角色。

不同的句式有不同的句式意义。例如"王冕死了父亲"是二价句式,而"王冕的父亲死了"是一价句式,前者强调王冕因父亲去世而损失惨重,而后者只是表明王冕的父亲去世这一事实。这可以从下面的例句中看出:

（3）王冕七岁上死了父亲。

　　 ?王冕七十岁上死了父亲。

显然这是因为古稀之年父亡不像幼年丧父那样是个重大损失。同样,"他来了两个客户"是二价句式,而"他的两个客户来了"是一价句式,前者的整体意义有"获得"的成分,来客户是有所得,后者没有这个意思。这可以从下面的例句中看出:

（4）他来了两个客户。

　　 ?他来了两个推销员。

13. 语法化的认知动因

"语法化"（grammaticalization）主要是指实词虚化,即实词变为语法功能成分的过程。语法化的机制一般认为有两种,一种是重新分析（reanalysis）,一种是类推（analogy）。从认知的角度来看,重新分析是概念的"转喻",类推是概念的"隐喻",因此语法化的背后有认知动因在起作用。举例如下:

英语连词 since 由表示时间到表示原因,这个虚化的过程如下:

a. I have read a lot *since* we last met.（时间）

b. *Since* Susan left him, John has been very miserable.（时间/原因）

c. *Since* you are not coming with me, I'll have to go alone.（原因）

a 里的 since 表示时间,在 b 这样的上下文里,since 有了"先发生的事是后发生的事的原因"这一隐含义,这个隐含义的产生是靠转喻:时间上先发生的事件转指相继事件发生的原因。在 c 里这个表示原因的隐含义已经固化,取代了原来的时间义,于是 since 实现了重新分析。上下文或语境在重新分析或转喻的过程中起着至关重要的作用。

隐喻也是语法化的动因,可考察汉语以下两个句子中的"许"字:

a. 我不许他回家。

b. 他许是回家了。

a 里的"许"表示"允许、准许",b 里的"许"表示"或许",即说话人的推测。后者是从前者虚化而来的,这个虚化过程靠的是类推和隐喻。

　　许 a(允许):表示某人做某件事情不受阻碍。

　　许 b(或许):表示说话人做某个论断不受阻碍。

都是"做 X 不受阻碍",但"许 b"比"许 a"意思虚一些,用前面第 8 节区分的"行域"和"知域"来说,"许 a"属于具体的行域,"许 b"属于抽象的知域。从具体的概念"投射"到相似的抽象概念,这正是"隐喻"的性质。

　　有人认为,转喻是虚化的最重要的机制,它贯穿于虚化的全过程,而隐喻机制只在虚化的初始阶段起作用,这个阶段实词只是变为比较虚一点的实词,还没有变为真正的虚词或语法成分(如"山<u>脚</u>""<u>背</u>阳""桥<u>头</u>""门<u>面</u>")。他们认为,这是因为隐喻需要有比较具体的"意象-图式",它们在实词中更易获取。有许多被认为是通过隐喻实现的虚化,在他们看来实际都是转喻机制的作用。例如,英语的助动词 may 和汉语的"许"字一样也由表示"允许"虚化为表示"或许",一般认为这是隐喻的作用,但是按他们的观点,表"或许"的 may 和表"允许"的 may 都是由表"客观可能"的 may 通过转喻虚化而来的。从英语历史上看,

　　3e ar a sleper ynsly 3e, that mon *may* slyde hider.

　　"You are so unwary a sleeper that someone can sneak in here."

　　"你睡觉睡得死,有人能偷偷进来。"

这句里的 may(能)既有主观估计(表"或许")的意思,又有"客观可能"(表"能够")的意思,两种意思并存,这是转喻才会出现的情形。这两个意思之间存在着推导关系:如果一件事客观上有可能性,那么主观上多半可以作这样的估计。

14."认知语法"的概括性

　　前面第 4 节所举的例子很好地体现了"认知语法"的概括性。含有极量词表示周遍意义的句子,它们在"正负颠倒"之后发生句法、语义、语用三种异常现象,对这三种异常"认知语法"认为有一条统一的认知原则贯穿其中,那就是:

否定极小量等于否定全量,肯定极大量等于肯定全量。显然这条原则对句法、语义、语用三个平面的并行现象作出了概括,具有较强的概括性。

拙文(1995a)表明,认知上"有界"和"无界"的概念对立在汉语名词、动词、形容词三大实词类上都有类似的体现。事物在空间有"有界"和"无界"的对立,动作在时间上有"有界"和"无界"的对立,性状在程度或量上有"有界"和"无界"的对立。"有界"和"无界"本来是空间领域的概念,但人可以通过"概念隐喻"的方式将这种对立"投射"到时间领域和性状领域。事物"有界"和"无界"的对立在语法中的反映就是名词有可数和不可数的对立,修饰名词的量词(classifiers)有个体量词和非个体量词的对立。凡是有数量修饰语的名词组都是有界名词组,例如"两条鱼""四桶水""好些人",而通指性的光杆名词不指称个体事物,因而是无界的,例如"(抽)烟""(乘)车""(喝)水"。有界动作在时间轴上有一个起始点和一个终止点,例如"(把鱼)盛碗里"代表的动作,开始盛是动作的起点,鱼到碗里是动作的终点。相反,"盛(鱼)"代表的动作没有一个内在的终止点,因而是无界的。汉语里性质形容词代表的性状在程度上是无界的,例如"白"是对各种程度的白的概括,代表一个不定的"量幅",而状态形容词代表的性状在程度上是有界的,例如"雪白"只是"白"这个量幅上的某一段或某一点。"有界"和"无界"的对立可以统一解释如下跟数量词语有关的语法现象:

*盛碗里鱼	盛碗里两条鱼
*飞进来苍蝇	飞进来一只苍蝇
*捂了孩子痱子	捂了孩子一身痱子
*雪白衣服	雪白一件衣服
*干干净净衣服	干干净净一件衣服
*白一件衣服	白衣服
*干净一件衣服	干净衣服

左列各式不成立都是由于"有界"成分和"无界"成分的不匹配造成的,例如有界动作"盛碗里"和无界事物"鱼"不匹配,有界性状"雪白"跟无界事物"衣服"不匹配,无界性状"白"和有界事物"一件衣服"不匹配;而右列都是互相匹配的

情形。这是"认知语法"能够打破不同词类范畴的界限,对不同词类的并行现象
作出概括的一个实例。

就语法研究的目标而言,如果说"认知语法"强调的是概括性,那么"生成语
法"强调的是生成性。这可以用下面的例子作简要的说明。

　　a. 我在院子里种几棵花儿。　　b. 我给张老师写一封信。

　　c. 我种在院子里几棵花儿。　　d. 我写给张老师一封信。

"认知语法"认为,a 和 b 属于同一句式,都是介词短语位于谓语动词前,c 和 d
属于同一句式,都是介词短语位于谓语动词后。两个句式代表不同的心理意
象,表达很不一样的意义,互相之间也不存在转换或派生关系。虽然一句用的
是介词"在",一句用的是介词"给",但是可以用统一的原则(如"顺序象似"原
则)加以概括(参看拙文 1999a)。在"认知语法"看来, a 和 b 之间、c 和 d 之间
的相似性要大于 a 和 c 之间、b 和 d 之间的相似性。而在"生成语法"看来,a 和
c 之间、b 和 d 之间的联系要更密切一些,一句是从另一句通过转换派生出来
的。"生成语法"强调了语法的生成性,但是失去了概括性。

15. 解释和预测

"认知语言学"认为,形式和意义之间的关系既不是完全任意的,也不是完
全可以预测的,而是一种"有理据的约定俗成"(motivated conventions),对语法
结构因而可以作出充分的解释,但是只能做到不完全的预测。

第 10 节针对动词"偷"和"抢"的种种语法现象,我们用概念角色"凸显"的
区别作出了统一的解释,具有较强的概括性。但是形式和意义之间往往是部分
的对应、不完全的对应,我们也就只能对语法现象作出部分的、不完全的预测。
这种部分的、不完全的预测可依靠一个单向蕴涵式来表达:

$$X \rightarrow Y$$

这个单向蕴涵式的含义是:"如果 X 为真,那么 Y 也为真,反之则不然。"对
"偷"和"抢"的语法现象可以建立如下的单向蕴涵式:

$$凸显角色 \rightarrow 非凸显角色$$

这个单向蕴涵式含义就是:一种语言的句子中如果凸显角色可以作远宾语,那

么非凸显角色也可以作远宾语,反之则不然;一种语言的句子中如果凸显角色可以隐去,那么非凸显角色也可以隐去,反之则不然。

前面第 8 节和第 9 节提到"的"字结构转指中心名词的种种语法现象,我们用一个认知上的"概念转喻模型"作出统一的解释,具有较强的概括性。但是我们仍然只能做到不完全的预测,具体说,在那个概念转喻模型中,凸显的概念才能用来转指不凸显的概念,而语境能改变概念的凸显程度,例如:

(1) a. *我的眼睛大,她的不大。

　　 b. 我的眼睛比她的大。

(2) a. *瑞宣的手很热,她的冰凉。

　　 b. 瑞宣的手碰着了她的,冰凉。(四世同堂)

(3) a. *开车的时间变了,到站的也变了。

　　 b. 到站的和开车的时间都变了。

虽然都是比较对照,但两个"的"字结构(如"我的"和"她的")在 a 句里分处在两个小句中,在 b 句里共处在同一小句中。两个成分处在一个单句中要比分处两个小句的距离近(指实际距离和心理距离),因此一个对另一个的影响力大,容易影响另一个的凸显度。

我们虽然不能绝对预测一定的语境是否一定能允许某一转指,但我们也可以用一个单向蕴涵式作出较弱的预测:对(1)~(3)而言,如果 a 这样的句式允许转指,那么 b 这样的句式一定也允许转指,反之则不然。

语言研究不可能做到完全预测,这是语言学这门科学的研究对象的性质所决定的。凡是复杂和开放的系统都无法做到充分的预测。语言是一个复杂系统,是许许多多方面和因素互相作用和综合的结果。复杂系统永远也不可能达到均衡的状态,它总是处在不断展开、不断转变之中。如果这个系统确实达到了均衡状态或稳定状态,它就变成了一个死的系统。语言也是一个开放系统,处于不断的演变之中,语言的形式和意义之间因此是一种不完全的对应的关系。跟气象科学、进化科学、地质学和天文学一样,语言学虽然不能做到完全的预测,但仍然不失为一门科学。

第二章
功能语法与汉语研究

张伯江

功能语法的"功能"两个字,指的是语言作为人类交际工具的"功能"。语言因为交际的目的而存在,语言的结构也是在交际使用中磨合成形的,这是功能主义的基本信念。于是,功能语法的方法,为人们观察语言、研究语言提供了一个特别广阔的空间。不管是要了解语法形式的来历和未来变化,还是要探讨语法现象的实质,或是要关心语法的实际应用,功能语法都是恰当的途径。

功能语法考虑的所有问题,可以用一句话概括,那就是"语法何以如此(how grammars come to be the way they are)"的问题。而这恰恰是形式语法学者并不引导人们去考虑的,因为这在他们看来是属于人的天赋的。

形式派语法学者把语言看成一个封闭的系统,这个系统是由结构原则控制的,自身具有一致性和简明性。他们的工作就是在这样的前提下,寻求对系统组织的解释;而功能派语法学者则宁愿把语言看成一个开放的系统,他们认为语言的内部远远不是完美组织的,我们所能看到的那些组织形式,其实都是产生于语言的生态环境中。所谓语言的生态环境,指的就是语言的交际功能,服务于人们日常交际和互动的功能,以及它所负载的全部的认知属性、社会属性和生理属性。功能语法学者的工作就是在语言的这种生态环境中,试图讲清形式和功能之间的关系,揭示出功能影响语法结构这一现象的本质,换句话说就是从语言系统的外部寻求对语言现象的解释。

本章不可能全面地介绍功能语法的所有理论主张和方法,也不可能详尽讨论功能语法运用于汉语研究的所有问题,只是尽笔者所知,介绍美国西海岸功能学派为代表的一些学者的功能语法理念(本章第 1、2 节),同时结合汉语研究实例讨论几个笔者认为值得重视的方法问题(第 3 ~ 5 节)。值得阅读的评介功能语法源流及学术理念的文章有以下这些:陈平(1987a),廖秋忠(1991a、1991b),陶红印(1994),Thompson(1992),Noonan(1999);评述功能语法在汉语研究中的应用的,可以参看 Tai,Thompson & Biq(1996),Biq(2000),屈承熹(2001)等;形式主义学者对功能语法的评介可以参看 Newmeyer(1999,2003),徐烈炯(2002a)。

1. 功能主义的语法观

自从 20 世纪 60 年代初期开始,句法分析成为语言研究中最为活跃的领域,在生成语法的促动下,乐观的学者们相信语法现象迟早都能够从结构方面获解。而 20 世纪 70 年代后兴起的功能学派的核心任务之一,就是试图证明,那些一度相信纯然属于结构方面的论题,事实上也都是为功能因素所限制的。在功能语法学者眼里,说一不二的句法规律远远没有形式派学者所认为的那么多。这一节里我们就系统介绍一下功能语法学者在一些基本的语言观上跟形式主义者的对立。需要说明的是,功能语法是个松散的学派,各家在不赞成"句法自主"这一点上是相同的,但在其他一些问题上观点并不完全一致。这里拿来跟形式语法观点做对比的,我们选取的是在理论语言学界影响比较大的"美国西海岸功能语法"作为代表。

1.1   如何看待"语言运用"的价值?

形式主义者区分了"语言能力(linguistic competence)"和"语言运用(linguistic performance)",认为这两个概念清楚地划分出了说话人嘴里说出的东西。语言能力是理想化的语言概念,是语法模式所能概括的;而语言运用就不那么好把握了,它包含了太多杂乱无章的东西,让人无从下手。

功能语法学者不认为有这样的严格区分存在,凡是说话人嘴里说出的东西都应该当做语言研究的对象。这是因为,说话人在实际说话的时候,总是要考虑一些现实的社会因素,要考虑听说双方的互动因素,要考虑听话人脑子里已经知道什么、不知道什么,要考虑听话人能够从我说出的话中辨识出什么信息、获得什么新的信息,要考虑到听话人的记忆限度,等等。一旦考虑了这些因素,说话的时候词语和句法都要做什么样的选择或调整？这是很值得关心的事情。所以，形式学者所说"语言能力属于说话人的语言知识，是稳定的；语言运用是社会因素对语言行为的影响，是常变的"，是一种割裂了语言结构及其动因的说法，语言的包装和安排根本就是出于社会因素的考虑的，说话人的语言知识无异于说话人的语言行为。

1.2　语言结构是绝对由"规则"控制的吗？

形式派把语言结构看成是由规则控制着的。他们强调语言结构中最能体现出"自主性（automatic/arbitrary）"的那些方面，也就是最充分语法化了的那些方面。他们不否认语言使用中的"创造性"，但是认为创造也是由规则负责的，因为人们能够应用同一套规则把旧有的形式组合成新的、他以前从没听到过的句子。出于这样的观点，他们就难免要漠视我们日常语言生活中经常发生的"成块儿地"学习陌生词语和学习惯用语的事实。

而功能派既然把语言看成根据实际运用不断调整的，那么，我们用起来得心应手的这个语言工具不过是个连续体，所谓的"语言结构"也不过是对这个连续体的一个概括而已。在这个连续体的一端，是些不可违背的规律，比如英语里冠词永远不能放在名词的后边、汉语里数词必须在量词之前等。在连续体的另一端是，有些规律只能应用于极少数形式上，而不是所有同类形式上，比如说，汉语有些形容词可以直接修饰名词，好像这是个比较自然的规律，但是考察大量语言事实以后就会发现，不能直接修饰名词的形容词好像还更多些（沈家煊 1997）；又如，英语里人们常说不同的动词对现在分词和不定式有选择规律，如可以说 enjoy swimming，不可以说 enjoy to swim，但是 like 却不受这个限制，既可以说 like swimming，也可以说 like to swim，细节的差异打破了规律的绝对一致性。

人们能够自然地接受熟语、固定组合、不规则形式，乃至所谓"句干（sentence stems）"，以及短时记忆片断（memorized chunks），这些都不一定是句法规则在起作用。所以，在功能语法学者看来，在这个连续体的这一端到那一端，整个跨度上任何一处都存在概括的可能。从经验上说，看不到"语法系统是先天地被规则控制的"这一假说的证据。表现为"规则"的只是这个连续体的一端。

控制着日常语言行为的,只是说话中表现出的那些倾向性的规律。

语法,可以看作是不断从话语型式中"浮现(emerging)"的东西。

1.3 语言的天赋性问题

形式学派把语言看成是一种与生俱来的能力,是与其他认知行为和社会行为无关的。他们注意到,小孩在生长环境中所能接受的语言输入是极其有限的,小孩从身边的环境中学习语言的机会也不是太多,但他们到了一定的年龄却很快能够比较成熟地运用语言规则,显示出一种天然的对语言结构的掌握能力,如此复杂结构的快速习得,不用"天赋说(innateness hypothesis)"简直就没法解释。

功能语法学者认为,"天赋说"的提出,实际是对寻求语言规律解释工作的一种逃避。有很多证据显示语言行为的许多方面是跟人类认知的其他方面紧密相关的,比如说:人的记忆的惊人能量,概念的范畴化(categorization),语法的象似性(iconicity),"凸体-衬体"的认知图式(figure-ground),解决问题的方式(problem-solving),推理方式(inference)等等。(参看本书第一章)因此,几乎没有理由可以让我们假定语言能力是独立的和纯属天赋的。

1.4 形式化(formalism)

对于形式派来说,形式化是至关重要的。任何分析如果不实现形式化,并且纳入一个合适的模式(model)里,都不是一个完全的分析。所以,他们总要把一个现象的解释落到实处,落到操作层面。

功能学派认为,形式化的做法,对于理解语言现象常常是很具启发意义的,也是有用的一种工具。但功能派学者不对形式化这件事本身感兴趣,不认为形式化是语法研究工作的终极目的,不认为形式化等同于理论。他们认为,就我们目前所发现的语言事实来说,为之建立一个形式化的模式还为时过早,因为我们所占有的语言事实少得可怜,语言学还是一门年轻的科学。

1.5 对语言共性的看法

对语言共性的探索是当今语言学各个流派共同的兴趣,形式语法和功能语法学者都有一种强烈的愿望,那就是尽量全面而深入地发现跨语言的语法规律概括。所不同的是,形式句法相信人们先天具备了一套普遍的语法原则,这些原则配有一定的参数,个别语言之间的差异不过是这些参数的不同设立而已。在功能语法学者看来,这样的说明方式是近乎武断的处理。功能派学者认为,从本质上说,语法是在实际运用中由认知方式、社会需求和话语交互作用等因素的促动下形成的,人类谈话中遵从着共同的认知基础,遵从着共同的交际策略,这些方面既是相通的,那么由此需要而产生出的语法表现也必然显示出共性来。本章第 3 节所介绍的 Thompson(1998)关于"否定"和"疑问"两个范畴的研究,就是很好的说明,不同语言中两种范畴的表现方式看上去千差万别,实质上却是遵从着同样的话语动因的。

1.6 语料

形式学派和功能学派在选取语料方面的不同做法也是跟他们的语言观密切相关的,形式语法的方法基本是演绎的,而功能语法倾向于归纳法。所以形式语法学者主要是依赖直觉,靠"内省"的方法来寻找语料,相信这样的语料足以穷尽语法的可能形式;而功能语法学者则主张广泛采集现实的语料,尤其是从日常语言使用中寻找语料。他们形象地说:当语言的实际表现就摆在我们面前的时候,为什么不去观察而还要闭上眼睛去想象呢?

1.7 语法的相关模块与划分(modularity and compartmentalization)

语言研究关注语言的不同方面。在形式学派那里,语法所涉及的几个方面是分隔开的:语用学、语义学、音系学等互不相涉——如果一个现象属于"话语"部分,它就是与"音系"这样的部分毫不相干的;如果一个现象属于"语用",它就是与"句法"不相干的。在功能语法学者看来,这样的论断并不被语言事实所支持。就拿主语和动词的"一致关系(subject-verb agreement)"来说,这看上去是个纯粹的句法问题,但是语法史的材料证明,这实际上是话语-篇章现象语法化的结果,而且,在有些语言里这种语法化并没有最终完成,因此很难把句法和话语干干净净地划分为不同的模块。同样的情况是,词汇和语法、句法和形态、语义和语用、韵律和语法等"模块"之间都没有清楚区别;关注它们之间的联系,比关注它们之间的区别有更重要的意义。

1.8 语义问题

形式语法是把意义的分析和语法分开的,"语义"和"句法"分属于不同的模块。他们并非不承认二者之间有关系,但是强调句法和语义必须各自用各自的一套概念、一套术语去考虑,各自都是自足的。他们所研究的"语义",不是世俗意义上的"意义",而特指形式语义学,即用形式逻辑来考虑的语义。

功能语法学者认为,语义和语法结构,都是从话语型式中生出来的,二者是纠缠不清的。语义跟形式逻辑并不直接相关,而是跟人类的文化生活与社会生活紧密相关,语义在人们每时每刻的交往中不停地磨合着;任何一句话,都是在交际中实现它的意义的,根本不存在孤立的"语义表达(semantic representation)"。例如,形式学派学者在研究不同语言的反身现象的时候总会遇到一些不易处理的词(参看 Huang 1994, 2000),即那些在词汇意义上是指向自身的行为的词,Kemmer(1993)分析的"中性语态(middle voice)"现象表明,很多语言里都倾向于有一些特殊动词标记来表示这些意义:(1)身体整饰类动词(wash,shave, get dressed),(2)不改方位的动词(stretch, turn),(3)某些体态变化动词(sit down, get up, kneel),等等。这些所谓的"语法意义"在语言的形式上自成一类,起因并不是逻辑语义,而是社会生活中的意义因素;再如 Mithun(1991)分析的主动性/状态性问题所显示的,任何语言中从主动到被动都是一个语义的连续统,这究竟是语义范畴的区别还是语法范畴的区别,总是很难说清的。重要的是,我们清楚地从这些事实中看到,语法形式更多地映射的是社会生活的结构,而不是形式逻辑的结构。

1.9　范畴的分立性

在形式派的体系里,语言范畴是分立的,经常是这样:一个给定的短语不是名词短语(NP)就是介词短语(PP);一个给定的词不是名词(N)就是形容词(A);一个给定的词不是助词(particle)就是介词(preposition),等等。但是在功能派看来,语言范畴不是分立的,就像其他所有人类认知范畴一样,它们有各自的"原型",范畴之间的边界大多是模糊的。比如说,"走进屋子"这个"进"字,究竟是动词"走"的补足成分还是处所词"屋子"的引介成分? 如果是前者,就应该定性为趋向动词或者助词;如果是后者,则应该定性为介词。事实上,这两种定性都不无道理,也都不全面,因为它本身就包括助词和介词两种性质。这种情况不仅汉语里常见,其他语言里也不少见,O'Dowd 就专门写了一本书讨论

英语里助词和介词的关系问题。(O'Dowd 1998)

从以上九个方面,可以看出功能语法的理论追求。了解了这些以后,我们就不难理解为什么功能语法没有一套相对完整的理论体系,没有相对统一的操作范式,因为这一学派的工作范围是如此的广阔,有待开发的领域还有那么多。

2. 功能语法研究小史

这里简要回顾一下功能语法近三十年来在西方的发展以及我国的相关研究。西方的部分,主要参考了 Thompson(1992)。

2.1　西方的功能语法研究

功能分析作为一个影响较大的语言学流派,是从 20 世纪 70 年代中期开始广为人知,并被冠以"功能主义"的名号的。这个 20 世纪 70 年代形成于美国的功能学派,并不是无源之水,从学术源头来讲,远的,应该追溯到欧洲的布拉格学派的研究;近的,则是美国学者 Dwight Bolinger 和 Wallace Chafe 等人的研究。一般人们把 Mathesius(1930)的研究看作布拉格学派传统的形成标志。(参看朱伟华 1987)其核心兴趣是现在广为人知的"信息流(information flow)"问题,即"旧信息"和"新信息"的区分。具体地说,就是被称作"句子的功能透视(functional sentence perspective)"的观点:把一个句子分析为"主位(thematic)"成分和"述位(rhematic)"成分,前者是听/读者所熟知的,后者不是。述位成分被认为是比主位成分更具有交际动力(communicative dynamism)的成分,承载了句子里更多的交际内容。不仅如此,还特别强调信息性质在前后相连的句子中的变化。在布拉格学派传统里,很多注意力集中在了话语中语法手段和韵律手段的区分。例如,英语被看作一种从句子开头到结尾,交际动力不断增强的一种语言。

Bolinger 是 20 世纪中期活跃在美国语言学界的一位以描写细致著称的学者,他用功能的视点描写了西班牙语和英语的大量语法现象。他不认为仅仅是结构因素决定了语法结构的形成,而更相信是语义因素和语用因素,这一点对后来学者影响最为深刻。他提出的口号"一种形式有一种意义,一种意义有一种形式",已经成为后来功能语法学者的共识。

美国功能学派的兴起萌芽于 20 世纪 60 年代,Chomsky 的生成语法受到重视语义的一些学者质疑的时候。这其中以 Fillmore 和 Chafe 提出的从语义角色出发的解决方案影响最大。与此同时,Greenberg(1978b)对语言类型的调查报告深刻启发了一批志同道合的学者,他们开始把精力投入到语法功能的比较研究中去。Fillmore 的格语法的提出,使语言的比较比以前有了更广阔的天地:过去的类型研究只能简单地把语言归入几个大致的类别,而各个语言里的语法成分难以比较;格语法给人们提供了相同语法功能在不同语言里不同表现形式的比较基础,从 20 世纪 70 年代开始,称之为"共性与类型"的研究方法,成为功能语法的主要工作兴趣。这一时期,举凡语法关系问题,格标记系统问题,时体问题,致使结构问题,条件从句、关系从句问题,形容词问题,等等,都成了跨语言比较的重要课题。

在 20 世纪 70 年代,共性与类型研究方面出现了三部重要文献。第一个是 Dik(1978)的功能语法理论,在这部著作中,那些在语义平面、句法平面和语用平面上相关联的概念成为中心角色;该书给出了一个探索语言共性的功能语法框架。第二个是 Greenberg 等编的 (1978)研究报告,这个在斯坦福大学开展的耗时 10 年的课题是一项前所未有的语言共性研究大项目,成果是广泛的音系共性、形态共性和句法共性的研究报告的汇集。第三个是 Givón(1979),从语用功能和话语功能的视角,广泛讨论了大量跨语言的语法现象。最早的也是最有影响的关于语言共性和语言类型的教材是 Comrie(1981),以及 Mallinson & Blake(1981),一部完备的类型与共性书目(Schwartz 1981)也出版于同一年份。

20 世纪 80 年代,又出现了好几部有影响的类型与共性取向的书,Foley & Van Valin(1984),跟 Dik 的书一样,提出了一个基于大量语言的功能主义的句子结构理论,关系概念是其核心。Givón(1984)是语法的功能/语用观的一部总体导论。Bybee(1985)和 Dahl(1985)二者都是致力于揭示功能方法在形态学方面的作用的,因为形态学的教条曾经被认为是不可挑战的,Bybee(1985)从实质上揭示了种种形态表示法是直接跟它们表达的意义方面相关的;Dahl(1985)是一部完备的时-体系统的类型学研究,确认了世界语言动词系统中为数不多的具有共性的类型。特别值得一提的两部重要文集是:Shopen(1985)和 Nichols & Woodbury(1985),尤其是前者,从跨语言的功能视点出发,对语法中几乎所有重要课题都作了全面的概括,是基础研究不可或缺的参考书。

还有些人在这一时期功能主义语言学的发展中扮演了重要的角色,他们是 Susumu Kuno 和 John Haiman。Kuno 是不多的使用形式句法的术语和论证方式与形式派学者直接对话的功能语法学者,他的许多论文试图证明,某些句法规则是有功能制约的,跟语言过程的认知限制有关;Haiman 则致力于语法"象似性"的揭示。

此一时期功能语言学的另一股势力是在 M. A. K. Halliday 的率领下主要由在美国以外的学者发展的,那就是人们所熟悉的"系统功能语法(Systemic Functional Grammar)"。这个学派的特点是,把语言的社会功能和语用功能、语义功能看作语言的生态环境,在这样的语境里观察语法系统,既关心书面语也关心口语。

在 20 世纪 70 年代和 20 世纪 80 年代初期,美国的另一种研究潮流同样是既与类型学有关又与布拉格学派一脉相承而发展起来的,认为语法是依据话语功能从它所能说出来的场合现出的,这就是以 Hopper 为代表的"动态浮现语法"思想,本章第 5 节将有讨论。

2.2　汉语的功能语法研究

中国的语法研究中也早有重视交际功能的语法思想,跟欧洲的布拉格学派一样,新旧信息问题,篇章中的指代现象等问题,都曾引起语言学家的重视。这方面的先驱是吕叔湘先生。早在发表于 1946 年的关于汉语主语、宾语问题的讨论文章中,他就充分讨论了汉语主宾语位置关系事实上是跟新旧信息原则密切相关的,他认为很多汉语句子都是遵从"由'熟'及'生'"的原则的,或是"把听者的心里已有的事物先提出来,然后加以申说",或是"把听者心中所无的事物暂且捺住,先从环境说起头,然后引出那个未知的事物","总之,是要把已知的部分说在前,新知的部分说在后",并指出这是我们语言心理的一般趋势。(吕叔湘 1946),又如在名词前"个"字作用的讨论和"把"字宾语的讨论中,都对"有定性"和"无定性"等概念作了充分的研讨。可惜的是,这些洞见在其后的三四十年间没有得到充分的重视,直到 20 世纪 80 年代中后期,一些留美学者系统引入了美国功能语法思想时,才重新认识其价值。

20 世纪 80 年代中期中国内地功能语法帷幕的开启,是由"把"字句的讨论引发的。王还对"把"字句宾语"有定性"的质疑(王还 1985),启发了人们对汉语名词短语"有定性"与"无定性"的系统思考。范继淹(1985)对汉语主语位置上的"无定名词"的考察把这个问题的讨论引向深入。1987 年,陈平关于汉语名词短语指称性质的系统讨论(陈平 1987b)不失时机地发表了,这篇文章奠定了此后二十余年间汉语功能语法研究的坚实基础。陈平在加州大学获得博士学位的论文做的是汉语叙述文中指称的引入和追踪问题,1988 年他关于汉语零形回指的研究在国内发表,此前,廖秋忠也曾系统研究过篇章因素对动词宾语省略(1984)、具有框-楔关系的名词的篇章连续性(1986a),以及名词的指同关系(1986b)等现象的制约。这一系列的研究,标志着汉语功能语法研究的全面展开。陈平(1987a)和廖秋忠(1991b)则可以说是最早的对功能语法学术理念的系统阐释。20 世纪 90 年代中国内地的功能语法研究,基本是这种研究取向的延伸。

海外关于汉语的功能语法研究,属于美国西海岸学派的主要是李讷、安珊笛、陶红印、毕永峨等,他们共同的特点是注重话语功能对语法的影响,特别注重口语语料的使用;活跃于美国和中国台湾语言学界的戴浩一偏重于考察认知和语用因素对句法结构和语法成分的影响;在欧洲最有影响的从事汉语功能语法研究的学者是黄衍,他的研究特点与 Kuno 近似,直接涉足形式句法学者关心的反身指代现象等重要课题,在形式句法的框架内论证语用学原则是句法现象的根本解释。

3. 语法成分作用的层次

从这一部分开始,我们选取几个有代表性的方面——语法单位的层级观、语体语法的差异观和论元结构的动态观——结合实例研讨一下功能语法的方法。

功能语法既然是关心交际的,其关注范围当然就不仅限于句子内部,而是语言交际的全部活动中,而传统语法乃至当代形式主义的语法则都是着重研究句子内部的结构的。这是不是意味着功能语法与着重形式的语法之区别仅仅在于工作领域的不同呢? 意义当然不仅如此。功能语法看重语言的交际作用,便从交际事实中发现了一些传统上局限于句子所不能完全概括的语法现象。

3.1 从疑问和否定的不同作用说起

以往的语法描述里,疑问和否定都是作为跟一般肯定句对立的形式看待的,它们的特殊句法一向引人注意。但是疑问和肯定的语法表现各自的根本特性究竟是什么,很少有人追究。S. A. Thompson(1998)根据前人对世界语言广泛调查的材料,归纳出疑问表达的五种方式: (1)动词倒置(inversion);(2)疑问语素(interrogative morphemes);(3)附加问句(tag questions);(4)非语调性语音标记(non-intonational phonological markers);(5)语调(intonation)。这五种手段其实有一个共同的特点,不是在句子的开头就是句子的结尾,或是凌驾于整个句子的语音形式,一句话,都是作用于整个句子的。再看否定形式,同样,根据广泛的调查,世界语言的否定形式不外乎三种: (1)否定助词(negative particles);(2)否定动词(negative verbs);(3)否定词缀(negative affix)。这三种形式全都是直接与句子的核心谓语动词发生关系的。面对这样的事实,Thompson 提出了一个问题: 为什么疑问表示法总是在句子平面,而否定表示法总是在谓语中心? 这似乎很难给出结构角度的解释。

对此,她从功能语法的视角给出了答案。疑问是一种交互性的语言行为,典型的交互式话语形式就是由一问一答构成的。起着提问作用的疑问句,它的作用就是变换话轮(turn taking)。而否定呢,从其本质上说就是关于命题真伪的判断,并不在交互行为中扮演重要角色,它总是用来否定一些不依赖于语境的事件或状态。所以疑问的句法表现总是位于交互行为的基本单位——小句上,所以否定的句法表现总是位于小句的核心——谓语上。至此,功能语法学者第一次从交际的视角,揭示了"疑问"和"否定"是处在不同层面的东西。

汉语"吗"问句的语法化过程正好从历史的角度证明了这两者之间的关系。据蒋绍愚(1994)的介绍,汉语的句末疑问语气词"吗"是从否定词发展来的,以下几个例句代表了发展过程中的几种典型情况:

(1) 吾非爱道于子也,怨子不可予也。(淮南子)

(2) 秦王以十五城请易寡人之璧,可予不? (史记)

（3）世间赢瘦,有剧我者无?（贤愚经）

（4）秦川得及此间无?（唐诗）

（5）锦衣公子见,垂鞭立马,断肠知磨?（敦煌文书）

（6）张眉努目喧破罗,牵翁及母怕你摩?（同上）

（7）这是爆竹吗?（红楼梦）

虽然"不""无""磨""摩""吗"几个字之间还有比较复杂的关系,但汉语历史语法学者对"吗"来自否定词这一点是有共识的。在这个过程中我们看见,当"吗"的前身作为纯粹的否定词的时候,它的句法位置是紧挨着句中主要动词的;当它开始起一定的疑问作用的时候,就有了处于句末的倾向;当它完全变成专职的疑问语气词的时候,就固定在句末位置了。

3.2　现代汉语"了"的不同作用层面

"了"是现代汉语里最重要的语法标记词之一,一般认为它是表示动词的某种语法性质的。关于"了"分为几个语素,"了"的语法意义是什么,汉语语法学界有很多争论,本章对"了"的语法意义,分别认同马希文（1983）、刘勋宁（1988）和 Li, Thompson & Thompson（1982）的概括,我们分别称之为"了$_0$""了$_1$"和"了$_2$"。"了$_0$"是个专职做补语的意义比较实在的成分,北京口语里读音为[lou],意义为"了结",跟某些方言里的"～掉"意思差不多;"了$_1$"是动词的体标记,表示实现;"了$_2$"是用在句子末尾,表示该句话的状态是与某个说话时候相关的。

以下是使用"了$_0$""了$_1$"和"了$_2$"的一些例子:

（8）a.　别吃了$_1$（不要继续吃了）　　　b.　别吃了$_0$（不要吃掉）

（9）a.　吃了$_1$两个菜了$_2$（两个菜都吃到了）

　　　b.　吃了$_0$两个菜了$_2$（两个菜都吃光了）

（10）a.　别吃了$_1$＋啊＝别吃啦　　　b.　别吃了$_0$＋啊＝别吃喽哇

（11）说了$_1$老半天也没解决了$_0$问题/幸亏没扔了$_0$它,今天又用上了$_2$

（12）走了$_1$三天了$_2$～没走三天呢＞走了$_1$没三天[呢]

（13）走了$_0$三天了$_2$～走了$_0$没三天呢＞没走了$_0$三天呢

（14）阿姨上街买菜去了$_2$～阿姨不是上街买菜去了$_2$

我们用表格的形式概括三个"了"的所有特征:

	语音	功能	语义	否定	否定祈使
了$_0$	lou	补语	结束	没～了	别/喝了
了$_1$	le	体标记	实现	没～	别/喝了
了$_2$	le/la	语气词	已然	不是～了	别喝/了

我们从中所看出的明显的规律是：了$_0$意义最为实在，它的作用范围是在具体的动词上，但不一定是句子的中心谓语动词；了$_1$意义较了$_0$虚些，它的作用范围是在中心谓语上，表明句子的时体特征；了$_2$意义更虚些，它的作用范围在整个句子上，表明的是句子命题内容与说话情境之间的关系。从这个例子里，我们再次看到，完全起着交际作用、不影响句子命题内容的成分，倾向于处在句子的外边；跟事件时间意义相关的成分，附着在主要谓语上；仅仅实现词汇性意义的成分，粘在词上。

3.3 现代汉语"的"的不同作用层面

北京话里同样写作"的"的成分也许涉及不同的语素，按朱德熙（1961）的分析，以下三种情况下的"的"应该是同一个语素，至少是同一个语素的变体：

（15）老王的烟斗

（16）老王买的烟

（17）老王不抽烟的

从普通语言学的观点看，例（15）中的"的"可以看作领属关系标志（genitive marker）；例（16）中的"的"可以看作关系小句标志（relative marker）；例（17）中的"的"可以看作传信范畴标志（evidential marker）。三个例子里的"的"的性质差异可以用下面这个表来概括（为了不致与朱德熙先生提出的有广泛影响的三个"的"语素的称说方式相混，这里就不称为"的$_1$""的$_2$"和"的$_3$"了，而径用例句编号来称说）：

	"的"前成分	功能	作用域
的$_{(15)}$	名词/代词	领属标志	领有者名词
的$_{(16)}$	动词短语	关系化标志	关系化小句
的$_{(17)}$	句子	传信标志	整个命题

作为领属标志的"的"可以说是汉语里具有形态学意义的语法手段,名词、代词只要后边加了这个"的"字,就强制性地成为属格身份;作为关系化标志的"的",则是通过提取句法成分的办法,使谓词性成分体词化的句法手段;而作为传信标志的"的",并不改变原来句子的命题意义和句法结构,只是在句子外边外加一种说话人的态度因素。我们看到的规律性的事实仍然是:完全起着交际作用、不影响句子命题内容的成分,倾向于处在句子的外边;事件结构内部的语义调整,该语法成分附着在主要句法角色上;仅仅实现词汇性意义的成分,粘在词上。

3.4　区分不同层面的根源在于语言的交际功能观

由于功能语法学者惯于选择这样的视点,也就很容易发现类似的事实。如Sweetser 早就明确指出,我们语言中的许多词语可以有歧义地在三个不同的层面上操作:命题内容的层面(propositional content level),认识世界的层面(epistemic world level)和言语行为情景的层面(speech act level)(见毕永峨1989)。不过,这个思想以往首先引导人们去观察的是那些跟情态有关的词语,如关于英语 must 等词的研究,很好地例示了三个话语平面的表现。毕永峨(1989)用这种思想分析了汉语副词"也"的基本语义和引申意义之间的联系,区别了"也"的三种用法:(1)对称性并列;(2)程度性包含;(3)评价性婉转。三种用法分别关系到(1)语段的命题内容;(2)说话人得出假设、推理和推测的认识世界;(3)涉及说话人的说话情景。很好地辨清了不同层次上的不同语义。我们把这种思想再延伸到结构助词"的""了"的观察中,同样得出了新鲜的发现。

功能语法最重要的发现,首先是那些在交际过程中起着表达说话人态度作用的成分;看到这一层以后,就可以进一步理解,其实语言成分的作用范围是有大小不同的。作用范围越小的,功能越具体,句法强制性越强;作用范围越大的,功能和意义越抽象,也就越多地体现出客观意义减弱、主观意义增强的特点。相对比而言,那种强行分开词法与句法、句法与篇章的做法,显然不如功能语法的这种视角能看到更多更全面的语法事实。

4. 不同的语体有不同的语法

4.1 汉语学界重视语体区分的传统

假如汉语也有"数(number)"的语法范畴的话,"现代汉语语法"这个概念,在有些语法学者的脑子里可能是个"单数"的概念,但是在功能语法学者说起这个概念的时候,一定是"复数"的。功能语法学者不认为有哪种抽象的、一致的"语法"存在,不同的语体里有不同的语法。吕叔湘先生曾经对笔者说过:汉语语法规律好像约束力不强,很大的原因是我们总结规律的时候没有区分出不同的语体来,各种不同风格的语言现象摆在一起,得出的只能是最大公约数;如果把各种条件摆出来分别地看,是各有不同的规律的。早在 20 世纪 40 年代,吕叔湘先生就讨论过不同语体的不同特点问题;四十多年后,面对语料混杂带来的语法研究的局部混乱,朱德熙先生更加严厉地剖析了混同语料层次做法的逻辑荒谬,强调无论研究口语还是书面语,都应该把"各个层次都一一弄清楚了",才谈得上整体上的综合性研究(朱德熙 1987)。朱德熙(1986)对"进行""加以"等词的专项研究,目的之一就是"想说明书面语语法研究和口语语法研究应该分开进行,不能混为一谈"。其后,胡明扬(1993)也专门撰文强调这一问题。

陆俭明(1985)是在功能语法理论尚未全面引入汉语研究之前比较好地体现了功能语法"不同语体有不同语法规律"思想的代表作。陆文敏锐地捕捉到现代汉语里意义相同的"去 + VP"和"VP + 去"格式有时并不能自由换着说这个微妙的现象,用结构主义的方法辨析了二者受到的句法-语义制约以后,特别调查了两种格式在不同语体里的分布,发现"去 + VP"倾向于自由地运用于普通话书面语和南方方言,很少用于北京口语,"VP + 去"则是北京口语以及许多北方方言的首要选择,而语体分工带到普通书面语中又继之形成了功能分工。

4.2 功能语法对语体分类的理论认识

功能语法学者把语体分类的语法学意义提到前所未有的高度,他们的看法是:"以语体为核心的语法描写应该是我们今后语言研究的最基本的出发点。任何严谨的语法学家如果打算忽视语体的区别而提出汉语语法的规律必须首先在方法论上提出自己的依据来。"(陶红印 1999)基于这样的认识,"口语-书面语"简单两分的语体分类模式就不能满足研究的需要了。陶红印(1999)介绍了功能语法学者关于语体分类提出的几种角度:传媒(medium)和表达方式(mode);有准备的(planned)和无准备的(unplanned);庄重的(formal)和非庄重的(informal),等等。可以看出,以往的语体分类具有明显的修辞学色彩,而这些分类角度则基本是从语法特征考虑的。

功能语法学者一直具有比较明确的语体意识,他们的一些经典研究,如Hopper(1979)、Hopper & Thompson(1980)就是着眼于叙事体结构中前景(foreground)和背景(background)的对立,进而阐述了及物关系(transitivity)的相应语法表现,这样的工作,都是在明确区分语体的前提下进行的。近年来,他们更多的是着重于观察自然口语(spontaneous speech)中的语法表现。对比 Hopper & Thompson(1980)和 Thompson & Hopper(2001),可以读到侧重点完全不同的相同结论:前者总结出高及物性特征总是伴随在叙述语体的故事主线上;后者则发现低及物性特征是日常对话的常态,语言是人们用以表达态度、传达情感的主要工具,而不主要是用来叙述事件。

4.3　口语中叙述语体与对话语体的差异之例

同样是无准备的自然口语,叙事和对话也有鲜明的差别。陶红印(2002)和方梅、宋贞花(2004)同样是针对口语关系从句的研究,都是取样于无准备的自然口语的转写材料,都是采取对关系从句的分布作穷尽统计的方法,但是得出的结果却很不相同。首先,陶文发现,叙事体口语中出现最多的关系从句是表示时间的,其次是指人的,再次是指物的;方、宋文则发现,对话体口语中出现最多的关系从句首先是指物功能的,其次才是指时间和指人的。陶文的解释是,叙事篇章中时间从句主要是起着标志情节转移作用的,情节转移是叙述中最重要的,所以这类从句出现的最多;方、宋认为:叙事语体的过程性和事件性决定了指时间类关系从句使用频率高,而对话语体的现场性和评论性决定了时间类从句不是高频用法。第二,指人的关系从句不论在叙事中还是对话中都是重要的一类,但是,陶文指出叙事体中其首要功能是追踪人物,其次是引进人物,再次是命名人物;方、宋文则发现,对话体中关系从句的首要功能是命名人物,其次是追踪人物,再次是引进人物。第三,他们的文章还显示了叙事体不容许非现实时间状态的表达,而对话体常有非现实时间状态表达的特点。这些同样都是两种语体"过程性"和"评论性"的对立使然。

4.4 书面语中"把/将"功能差异之例

国内外学者呼吁重视语体差异对语法影响的人,大多是强调应该更多地重视口语研究。但是语体区分的观念,也理所应当地对非口语现象有更深的理解和分析,朱德熙(1986)就是书面汉语研究的一个很好的例证。下面再讨论两个跟"把"字句有关的现象。陶红印(1999)发现,语法论著中讲到"把"和"将"的区别总是说"将"字句只用在书面语上。但陶文对不同的书面语的考察发现,在报纸社论一类文章中"将"与"把"的比例是 1∶20;而在菜谱、说明书一类文字中,"将"与"把"的比例超过 2∶1。这似乎不能用庄重与非庄重的区别来解释,陶文的解释是说明性文字是操作性的文体,要求简练,所以选择了更接近文言的形式"将"。沈家煊(2002a)认为,"把"字句的语法意义是"主观处置",表示主观处置也是"把"字句兴起的动因,如果在语言的共时平面上有数个处置介词并存,它们的使用频率和主观性程度肯定是不一样的。《老残游记》的语言事实证明了"将"字主观意义衰落、"把"字主观意义增强的事实。现代汉语里"将"字用法进一步萎缩,它的最合适的使用场合恰恰就是在主观意义几乎弱化为零、客观意义为主的菜谱、说明书一类文体中。

4.5 通指意义的语体适用性之例

另一个跟"把"字句书面用法有关的例子是"无定宾语"问题。"把"字句的宾语倾向于使用有定形式,但无定形式似乎也不少见。陶红印、张伯江(2000)对实际语料调查以后发现,书面语中无定"把"字宾语使用频率最高的表达功能并不是表示不定指(indefinite)的,而是表示通指(generic)的。这是不是现代汉语无定式"把"字句的原型语义呢? 陶、张选取了现代书面汉语中极为典型的一种独立于特定语境之外的语体——词典的释义语言,进行了一项典型考察。结果发现,在《现代汉语词典》的释义语言中,所有"把一个 N"形式都是表通指的。词典释义讲的都是一般情况,很少有较多的上下文,更没有特定的说话情境,这种语体应该是最清楚地凸显了句式的无标记意义。近年来越来越多的语法学家相信,通指意义主要是来自句子意义,而不是词汇语义;非事件性的谓语、一般性而非个体性的命题陈述决定着名词成分的通指属性(刘丹青 2002)。选择语境依赖性最低、普遍意义最强、个体色彩最弱的词典释义语言来检验"把 + 无定名词"的本质意义,可以说是在合适的语体里寻找合适的功能。

5. 动态的论元结构观

5.1 "用法先于语法"的语法观

1987 年,功能语法的代表人物 P. Hopper 发表了一篇题为《浮现语法》(*Emergent Grammar*)的文章,明确区分了"语法先于用法"和"用法先于语法"两种语法观。前者把语法看作先于经验的逻辑性的结构,后者把语法看成动态的、在使用中逐渐成形的。其实"语法的非稳定性"观点是功能主义者自始至终一以贯之的观点,这时更加明确地把动态的观点跟"句法自主"的观点区分开来了。"浮现(emergent)"这个概念,主要是用于跟"(个体)发生(ontogenesis)"相区别的,"(个体)发生"原是生物学上的名词,指从单细胞发育成完整的个体、直至死亡的过程,强调内在的自发性,主要是基因调控下的发育和衰老;而语法的"浮现观"则不认为语法结构的变化是一种内在的、自发的、结构内自主的现象,这可以说是一种"结构化(structuration)"的观点,认为语法不是事先就存在的,而是在语言的动态使用过程中一些经常性的用法通过量变到质变的过程产生或"浮现"出来的。平时我们所面对的"词""短语"等语言单位,与其看成是固定的状态,不如看成是动态的过程;那些看似稳定的状态不过是语言在不停地进行系统重组过程中的任意一个截取点而已。语言从来不是铁板一块,没有什么凌驾于一时一地具体使用过程之上的所谓"自足的""句法、音系"等语言现实;相反,语言是大量异质的"构式(construction)"的集合,每个构式都是跟其使用的语境密切相关的,且总是根据实际的使用来调整和改造着自己的形式。

"动态浮现"的观点既然明确地对立于把语法看成一个固定的共时系统的经典语法观,而把语法结构看成在话语力量驱动下不断做出的反应,那么,就必然特别关注语言使用的频度,关心使用频率是如何影响了语言形式的。在活的、现实使用中的语料中观察语法结构频率影响下的变化,尤其是论元结构的动态性,是近些年来功能语法的一个热点。

5.2 "及物性"的动态浮现观

每个动词自身的特点决定着它的论元结构特点,不同的动词有不同的论元结构,根据动词自身的语义就可以预测出它能或不能在句子里实现什么样的论元结构,这可以说是经典的语法理论里的共识。Hopper & Thompson 在(1980)一文中指出"及物性"实质上是一个程度问题,传统语法的基本概念——及物动词和不及物动词——实际上是不容易划出明确的界线的。尽管这篇文章的观点已经被广泛接受,但人们还是更多地关注文中指出的那些"高及物性"特征,认为那是论元结构的典型例证。时隔 20 年以后,两位作者为了充分阐述他们的论元结构"动态浮现观",再一次把话题集中到 1980 年那篇文章上,Thompson & Hopper(2001)在大规模的口语会话材料中重新检视他们 20 年前提出的那 10 项及物性特征的表现,发现"高及物性"的实例和"低及物性"的实例是非常悬殊的,就拿论元数目来说,只带一个论元的句子远远多于带两个(以及两个以上)论元的句子(分别是 73% 和 27%);带两个及两个以上论元的句子里,低及物性特征也明显强于高及物性特征:在动作性(kinesis)方面,86% 的句子是非行为性的;在体貌(aspect)方面,也有 86% 是非完成体的;在动作的瞬止性特征(punctuality)方面,98% 是非瞬止性的;在对宾语事物的影响力(affectedness)方面,84% 是不对宾语事物产生影响的……更重要的事实是,语料中大量显示的是动词论元结构的不确定性,那些词典里标明的及物动词,如 eat, tell, look, check, drive...,在实际使用中常常是出现在单论元句子里的,这就对传统的论元结构理论形成了挑战。

5.3 高频动词的论元结构变化

汉语动词的配价研究曾经被认为是很有潜力的一项工作,但是随着研究的深入,"不听话"的实例越来越多,其中的规律很难得到满意的解释。功能语法学者认为,其中的规律还是可以通过"动态浮现语法"的方法求解的。陶红印(2000)明确提出了"动态的论元结构假说(the emergent argument structure hypothesis)":第一,频率越高的动词论元结构越不稳定。第二,实际语言运用中所见到的动词经常和典型论元相结合,较少和非典型论元相结合。第三,被扩大的论元结构首先会涉及最接近核心的论元类型。第四,论结构的扩大作为一种重要的结构变化以不妨碍交际为前提,因此在时间上是一个缓慢的过程,在句法构造上有特别标记。第五,句法的变化不排除甚至常常伴随着语义的变化。他经过对现代汉语口语和历史文献中"吃"的普遍用法调查,证明了高频动词"吃"在当代和历时篇章中表现出相当大幅度的结构变异类型,这包括缺乏词类范畴的用法(吃是挺好吃的)以及拥有词类范畴的用法(吃开口饭),既有名物范畴(唯独吃上不太认真)也有动词范畴,有不及物范畴(吃了一天)也有及物范畴,有典型及物结构(动词加典型受事)也有新兴及物结构(动词加非典型受事:吃食堂,吃定息,吃老丈人)。"吃"在实际语料中这些复杂用法,难以纳入过去的论元结构理论系统中,而用这种"动态浮现语法"的方法,不仅可以得到统一的解释,而且还可以描绘出其变化方向,做出一定程度的预测。张伯江(2002b)对高频动词"死"的考察也是一项性质相同的研究,用实际语料的统计描绘出了"死"从前景用法扩充到背景用法,再发展出主体论元后置的结构,进而发展出名物化结构的途径。

5.4   语法角色与语用频率

个别动词的个案研究,是对发生在具体动词身上的论元结构动态性的微观考察;但论元结构这种动态属性对语法系统的影响,是全面而深刻的,乃至在经典语法理论中事关论元结构最重要的角色——施事、受事——身上,都有明显反映。当普遍的语法研究发现"主语、宾语"这样的概念并不具有跨语言的共性基础的时候,"施事、受事"等语义角色成为公认的语法关系支柱。就拿施事角色来说,这原本是个公认比较清楚的概念,D. Dowty(1991)指出施事、受事并非初始概念,认为二者之间是一个连续统; R. D. Van Valin & D. P. Wilkins (1996)进一步分析了理解施事的各种因素,特别强调了语用因素对施事理解的影响:"施事根本不是一个基本的语义角色,而且很少动词实际上词义中要求一个施事论元。而是,大多数动词只是带致效者(effector)论元,它可以在适宜的条件下,在句子语境整体中释义为施事。施事显得重要而具有普遍意义的原因在于多数动词都是带着致效者论元表示行为情景的,这样的论元又经常是人;当这种指人致效者在行为句里高频出现时,默认的语用释义原则就导致句子主语释义为施事了。"张伯江(2002a)详细考察了汉语施事句里主语名词的词汇语义、动词的自主性、句式以及说话人的主观态度,同样表明,多数情况下汉语的施事概念是个语用理解的程度问题。在结构主义语法的背景下,我们曾经分析出"自主动词"和"非自主动词"这样两个动词类别,其中"自主动词"一向被认为是施事者有意的行为,但是现代汉语中的百余个"自主动词"实际使用频率却有高低不同,有趣的是,那些最高频的"自主动词"常常可以有"非自主"的用法,所能出现的论元结构式选择也比较多;而那些低频的"自主动词"却几乎没有非自主的用法,而且论元结构也比较固定。例如,某些高频自主动词其语义指向在某些结构里比较灵活,而低频的自主动词则没有这种表现。例如:

（18）学习:突击队的学习 解读一:"突击队"为施事;解读二:"突击队"为受事

（19）研究:印度人的研究 解读一:"印度人"为施事;解读二:"印度人"为受事

（20）反驳:他们的反驳 "他们"只有施事一种理解,不可能为受事

（21）推荐:老张的推荐 "老张"只有施事一种理解,不可能为受事

如果只是孤立地观察这四个动词,我们会认为它们的配价能力是基本相同的,但是为什么会有这样的表现差异呢？功能语法学者倾向于认为,这是因为四个词在实际使用中的使用频率不同。在一项较为权威的汉语词频统计中显示,"研究"高居高频动词的第 184 位,"学习"居于第 215 位;而"反驳"在普通话的七千多个常用词里,使用频率排在第 6839 位,"推荐"排在第 7003 位。使用频率的差异对应于句法能力的差异,即,在"NP 的 V$_{自主}$"这个格式里,低频的 V$_{自主}$可以准确地预测 NP 为施事,而高频的 V$_{自主}$却不能确定地预测 NP 为施事,也可能是受事。

跟以上对动词施事性研究相对应的受事性研究,得到了类似的结论。姜先周（2005）专题考察了现代汉语高频及物动词和低频及物动词的一系列句法-语义对立,清楚地显示,低频及物动词在实际语料中总是以带受事宾语为常,受事成分也总是表现出受影响性,构成论元结构式的类型也比较固定;而相应的高频及物动词在实际语料中并不以带受事宾语为常,所带宾语语义类型多样,构成论元结构式的类型较丰富,受影响性也不明显。试对比"拴"和"拉"这两个

及物动词,词典中的释义分别有这样的内容:

拴:用绳子等绕在物体上……:把马~在一棵树上。

拉:用力使朝自己所在的方向……:你把车~过来。

在实际语料的考察中显示的结果是,动词"拴"使用把字句的频率远远高于动词"拉"使用把字句的情况;而且,动词"拴"词典释义中的必要语义成分"处所"几乎是强制性地出现在使用"拴"的句子中,而动词"拉"词典释义中的必要语义成分"方向"却极少出现在使用"拉"的句子中。这个现象同样可以从词频角度获解:"拉"的词汇频率统计位置是第 247 位,属于高频动词,而"拴"是第 3465位,频率较低。

黄居仁(2004)利用大规模语料库研究了词频与歧义的关系,发现歧义性与词频具有正相关性。他解释说:"如果把词汇的每次使用比作基因的每次复制,基因产生突变的几率与其复制的次数成正比。也就是说,语言产生歧义,受其使用次数的影响。使用次数愈高,愈有可能产生新用法、新功能。"上面简单介绍的关于自主动词和及物动词的两项研究说明,"施事""受事"这样的基本的论元角色,其本身的稳定性就是受语用因素左右的。至此,Hopper 所提出的"用法先于语法"应该说得到了强有力的事实依据。

6. 结语 语言事实与语法规律

我们读到的汉语语法研究论文里,常看到这样的句子:"语言事实告诉我们……",确实,发现语言事实,从语言事实中发现语法规律,是各个学派语法学者共同的追求。形式学派的学者偏重于使用内省的语言材料,他们认为内省的方式可以发现一些实际语料中永远不会出现的具有深刻启发意义的现象;而功能学派则相信广阔的实际语料天地才是发现语法实质的地方。其实,在关于大脑的自身研究没有取得突破性进展之前,我们也只能在它的外部,靠观察作为人类行为的语言现象来一点点逼近语法实质。人们说出的自然口语是一种行为,内省也是一种行为,只不过前者比后者所能捕捉的事实种类更多,范围更广(见 Meyer and Tao,2005)。而且,功能语法学者所看重的"交际动因影响语法结构"的观点是得到广泛认同的事实,连形式学派的领袖人物 Chomsky 也曾经明确表示：Searle 所主张的"交际的需要影响了语言结构"他完全同意（Chomsky，1975）；最近，形式派学者 Newmeyer 在评价 Chomsky 对语言功能的态度时也说："近来，最简方案以及一系列著作中，他都提到那些移位现象——即移动规则——可能就是为便于语言使用而存在的，既有为了满足分解（parsing）的需要，也有为了信息结构的需求。因此，问题不在于语法是否有其功能动因，而在于哪里有，有多少，以及是否在你的研究工作中把这个放在你关注的中心。"（Newmeyer，2003）我们在这里强调功能语法对汉语研究的重要性，还有一层特别的意义，那就是面对汉语现状而言的。汉语方言的分歧之大人所共知。我国推广普通话，各个方言区的人们得到广泛的交流，已经有了超过半个世纪的历程。今天我们的每个汉语使用者，既未能在"普通话"意义上实现多数人语言习惯的高度一致，同时也不再能保持"方言"意义上的本地纯粹性，现代汉语的使用者更多地表现出的是混杂型特征。这个特征在汉语里的表现远比其他语言显著。在这样的现实面前，如果过于相信自我语感，相信内省的语料，难免会有偏差。现代汉语的实际表现既已糅合着复杂的地域方言和社会方言因素，那么，面对客观的语言材料，使用统计的方法，从而分析出语言的真实面貌，析清语言表现中分歧和统一的种种制约因素，不是更有科学性么？本书中游汝杰先生的文章深刻阐明了社会语言学的语言价值观在认识方言语音系统问题上的意义，让我们看到，即便是语音系统这个语言中最封闭最稳定的部分，也不是铁板一块，何况语法这个公认的开放性系统呢？但就研究现状而言，方言语音系统的社会性差异所受到的重视程度并不低于语法，语法学界对语言事实的差异性的理论认识尚嫌模糊。因此，我们相信，功能语法所倡导的区分语法现象的层次、区分不同的语体、重视语用频率、动态地观察语法的做法，在汉语语法研究中，有广阔的应用天地。

第三章
篇章语法与汉语研究

方　梅

1. 研究理念

篇章语言学是以语言运用为导向的研究,关注交际因素和社会因素对言谈过程的制约和对语言产品的影响。关注交际—社会因素对言谈过程的制约,形成自身独立的一个门类——会话分析(conversation analysis),关注交际—社会因素对语言产品产生的影响,形成自身独立的一个门类——篇章语法(discourse grammar)。

篇章语法分析是以语法范畴为出发点的、针对跨句语法现象的分析。它关注不同语法范畴和语法手段在语篇当中的地位和功能,关注交际互动因素对语言表达方式乃至语法手段的塑造。在一些文献中,尤其是 20 世纪 80 年代前后的文献,话语分析(或语篇分析,Discourse Analysis/Text Grammar)与篇章语法是可互换使用的术语,如 Brown and Yule(1983)所著 Discourse Analysis(参看廖秋忠 1991b,陈平 1987a,Chu 1998,徐赳赳 1995)。

以篇章—功能为导向的语法研究有两个目标。其一是描写,说明使用者如何运用语言形式。语言中存在着大量的表达"内容"相同而表现"形式"不同的表达方式,比如指称一个对象,可以用名词短语、光杆名词,也可以用代词,说话人在怎样的情形下选择使用两种不同的表达方式? 其二是解释,回答"语言结构形式何以如此"。比如代词,人类语言中普遍存在这个范畴,代词的普遍性是由什么机制决定的?

功能语法学家一般从三个方面寻求对所描述现象的解释。第一,认知视角的解释。第二,社会或互动视角的解释。第三,历时视角的解释。这三个方面事实上是相互联系的。功能语法学家认为,语言表达形式的多样性源自交际中不同的功能需求,不同需求之间的相互竞争塑造了语言的结构形式。(Du Bois 1987)

基于上述基本理念,篇章语法研究者特别强调研究对象的自然性,研究自然发生的语言材料(naturally occurring data)——真实的篇章和自然的言谈。不仅重视言谈语境(linguistic context),同时也重视言谈环境(extra-linguistic context),并且强调语言形式的选择不是单向的表达过程,更是一个由交际参与者相互制约的互动过程。基于"语法乃言者着力之码"("grammars code best what speakers do most",Du Bois 1987)这一理念,认为语言成分的使用频率对理解语法结构的动因至关重要。

汉语篇章语法研究的专著近年来有屈承熹的 A Discourse Grammar of Mandarin Chinese(Chu 1998),他的研究范围包括小句(clause)的某些部分、复句以及段落,认为篇章语法跟话语分析(discourse analysis)有以下几个方面的区别:(1)话语分析一般来说注重交际,而篇章语法较注重结构。(2)话语分析既研究口语也研究书面语,而篇章语法在本书中主要考虑书面语。(3)话语语法既强调小句结构语法层次上的话语结构,同时也强调话语层次上的结构。作者还认为,句法在代词化(pronominalization),反身化(reflexivization),体标记(aspect marking)等方面还未得到充分的研究,而这些问题都可以在篇章语法里得到较好的解释。全书共 11 章:(1)引言:语法和篇章;(2)动词词缀:体和篇章功能;(3)篇章中的情态副词;(4)句末小词;(5)信息结构;(6)主从关系(subordination)和前景结构;(7)话题、原形和汉语话题;(8)篇章中的回指;(9)话题链和汉语句子;(10)段落和超段落;(11)结语。(评述可参看徐赳赳2001)这本书一方面吸收了汉语篇章语法的主要成果,另一方面也是作者自己多年研究的总结。其中有关汉语话题的原型分析法、汉语主从关系和前景结构之间的关系、体标记的篇章功能,以及段落和超段落的分析特别具有启发意义。

下面讨论篇章语法研究中的一些主要概念,侧重介绍美国西海岸功能语言学家的研究思想。汉语篇章语法的相关研究仅仅是为说明方便而列举若干,介绍并不全面。

2. 信息流

2.1 名词性成分与认知状态

信息流(information flow)是功能主义语言学家广泛使用的一个概念,功能语言学家认为,语言核心的也是最基本的功能就是将信息由言者/作者传递给听者/读者。不论从言者/作者还是听者/读者的角度看,信息在表达或理解方面的难易程度是不同的。从言者的角度说,要使所言之不同方面处于**注意焦点**(focus of consciousness)或者离开注意焦点;从听者的角度说,要关注对方所述同于或者异于自己的预期和已有知识。在交际过程中,不同的概念在人大脑中的**认知状态**是不同的,信息的传达必然涉及言者与听者的动态认知状态。从言者的角度说,为了使听者关注重要的内容,在处理**旧信息**(即言者认为听者已知的信息)与处理**新信息**(即言者认为听者未知的信息)的时候会采用不同的编码方式。一般来说,言者认为听者已知的信息,编码方式简单;言者认为听者未知的信息,编码方式繁复。这个由简到繁的等级可以表述为:

零形式 > 代词 > 光杆名词 > 代词/指示词 + 名词 >

限制性定语 + 名词 > 修饰性定语 + 名词 > 关系从句

说话人/作者认为受话人/读者能够将一个指称形式的所指对象与其他对象区别开来,他就会采用最为俭省的形式,比如代词,比如零形式。反之,则需要采用较为复杂的结构,比如关系从句。指称结构形式的差异,反映了言者/作者对该成分作指对象信息地位的确认。使用哪一种形式指称一个对象,反映了语言使用者的不同的言语策略。

在交际过程中,不同的概念在人大脑中的**认知状态**是不同的,那些言谈当中已经建立起来的概念处于**活动**(active)状态,是听者已知的信息(或称旧信息)。而有些概念在谈话的当前状态尚未建立起来,不过,受话人可以通过背景知识推知它的所指,这种信息处于**半活动**(semi-active)状态,可以在言谈的过程中被激活,这类成分称作**易推信息**(accessible information)。如果从"新"与"旧"

或"已知"与"未知"这个角度看,**易推信息**处于连续统的中间。

旧信息 > 易推信息 > 新信息

易推信息的理解有赖于受话人的知识系统,大致包括下面几个方面:(1)人类共有知识,如:亲属关系、肢体与人之间的所属关系。(2)言谈场景规定的知识内容,如:谈话现场只有一个钟,可以说"把**钟**拿下来"。(3)说话人和受话人共有的知识,如:"下午的**物理课**不上了。"一个名词性成分的所指对象被受话人理解时,难易程度是不同的。这种难易程度称作**易推性**(或可及性,accessibility)。易于被理解的易推性较强,反之,易推性较弱。指说话人自己易推性较强,而言谈当中的修正内容易推性较弱。

第一人称 > 第二人称 > 第三人称 > 回指性名词 >

已述命题内容 > 现场环境 > 共有知识 > 言谈修正内容

易推性较强的成分,听者/读者对它加以辨识所花的时间相对较短,反之,则时间较长。据陈平(Chen 2004:例[13])介绍,Haviland 和 Clark 一项实验,比如:We got some beer out of the trunk. The beer was warm. 判断 some beer(啤酒)和 the beer(啤酒)之间所指相同所花费时间较短;而在 We checked the picnic supplies. The beer was warm. 这个句子里,要判断 the picnic supplies(野餐物品)和 the beer(啤酒)之间所指相同,花费的时间就比较长。理解时间的长短之别说明,信息的不同活动状态在理解过程中存在差别。

Xu Yulong(1995)对汉语回指的研究把指称表达形式(referring expresses)分成三类:高易推性标记(high accessibility markers),中易推性标记(intermediate accessibility markers)和低易推性标记(low accessibility markers)。零形代词,反身代词,单数指示词看成高易推性标记。当代词和指示名词性词组充当宾语时,它们的所指对象是属于中易推性标记。

如果一个成分的易推性很强,则完全可以采取零形式。陈平(Chen 1986)从篇章结构的角度来研究所指对象(referent)是如何引进汉语的叙述文的,人们又是如何通过各种不同的回指手段进行追踪(tracking)的。研究结果显示,零形回指和其他回指形式的选择主要依赖话语—语用信息。

2.2 轻主语限制与线性增量原则

轻主语限制与线性增量原则是针对句子的编排来讲的。信息结构在句法方面的表现被一些学者归纳为"重心在尾原则"——置复杂的结构在句尾(Leech 1983),以及"轻主语限制"——句子的主语倾向于一个轻形式(Chafe 1994)。就名词性成分来说,轻形式也是一个连续的概念,代词相对较轻,关系从句相对较重。

代词 > 光杆名词 > 代词/指示词 + 名词 >

限制性定语 + 名词 > 修饰性定语 + 名词 > 关系小句

对一个陈述形式而言,无标记模式(默认的顺序)是从旧信息流向新信息。主语以旧信息为常,宾语以新信息为常。Bolinger(1977)把这种倾向概括为线性增量原则。线性增量原则是指,说话的自然顺序要从旧信息说到新信息。随着句子推进,线性顺序靠后的成分比较靠前的成分提供更多的新信息。(引自沈家煊 1998:9.3.2)例如:

(1) *他们一看就懂上面两段古文   上面两段古文他们一看就懂

(2) *一个储蓄所走进一个老头   储蓄所走进一个老头

当核心名词的所指不确定时,就要求修饰成分在核心名词之后。比如英语中形容词作定语一般是在名词之前,但是如果被修饰成分是泛指的,那么,形容词就要在被修饰成分的后面,如:something new, something old, something blue, something borrowed。这种次序是强制性的。汉语里与此类似的情形是下面这种用例。

(3) 你们班里万一有**谁**吸毒的,谁这个瞎搞的,谁携枪的,这谁受得了啊!

(3') *你们班里万一有吸毒的谁,这个瞎搞的谁,携枪的谁,这谁受得了啊!

这个例子里,核心词的所指对象是不确定的,修饰成分必须在后。句子从左到右,信息的重要程度递增。这样的语序,符合线性增量原则,"你们班"的所指最为确定,提供的新信息的量最少,"谁"次之,"吸毒的"最不确定,提供的新信息量最大。因此,可以说,即使在汉语里,修饰成分在被修饰成分之前还是在被修饰成分之后,也是与被修饰成分语义的确定性密切相关的。修饰性成分提供的新信息的量越大,越是倾向于放在被修饰成分的后面。

陶红印通过对汉语"梨子的故事"的研究发现,名词前以"的"字结构为代表的关系从句的主要功能是回指,或追踪语境里已经出现过的对象。换言之,这些成分是不提供新信息的。方梅(2004)的研究表明,口语中提供新信息的关系从句一般要后置,位于核心名词之后,例如:

(4) 你比如说你跟着**那种水平不高的英语老师**,他根本不知道那个纯正的英语发音,他英语语法也不怎么样,你就全完了。(口语材料)

这里所说的轻主语限制与线性增量原则是针对无标记句类的(一般认为无标记句是叙述句),疑问句、使命句等句类更多地受到互动交际模式的影响,在其他语用因素的影响下,有可能突破上述线性原则,而把重要的内容先说出来。比如口语对话中某些成分的"易位"(知道吗**你**?/根本就不知道**我们都**。)(参看张伯江和方梅 1996)

2.3 单一新信息限制和偏爱的题元结构

话语里要传达新信息的时候,说话人会采用一种比较完整或繁复的结构形式表达这个概念。反之,如果说话人要传达的是一个旧信息,通常会采用一种结构比较简单的轻形式。这种现象一方面是经济原则的驱动,更主要的原因是人类认知活动能力的局限性。认知上的局限表现为对每个语调单位(intonation unit, IU)所含新信息的总量有一定限制。

在自然的言谈中,连续的话语实际上是由一连串在韵律上有规律可循的语言片段构成的。**语调单位**就是任何一个自然语调框架内所发出的言语串,是一个相对独立的韵律单位,同时也是一个基本的表达单位。语调单位所承载的信息容量和信息状态,反映了大脑处理信息的过程,是思维过程的外在表现。Chafe(1987,1994)的研究表明,一个语调单位所能传达的新信息通常不超过一个,也就是说,"一次一个新信息"。这被称作**单一新信息限制**(one-new-concept constraint)。

从信息表现功能着眼,名词性成分的新信息表现功能大致可以归纳作:

旧信息 零代词 > 代词 > 名词 > 名词性短语 **新信息**

在口语中,单一新信息限制是制约表达单位繁简的重要因素。如果说话人要传达两个或更多的新信息,就会把它们拆开,使之成为各自独立的语调单位,这也就是我们在口语中常见的添加现象。也就是说,随着言谈的进程,说话人不断地逐个增加信息内容。例如:

（5）我刚买了辆车,日本原装进口的,越野,今年最流行的款式。

相对来说,下面这种长定语的说法可接受性要差得多。

（5'）?我刚买了辆日本原装进口的今年最流行款式的越野车。

单一信息限制可以用来说明小句内新信息的容量。因为每个语调单位的新信息一般不超过一个,如果超过这个限量,就要另起一个表述单元。

单一新信息限制这个语用原则在句法上表现为,小句的题元结构倾向于只出现一个词汇形式的题元名词。词汇题元通常与新信息有关,如:"我爱上了一个上海姑娘"里的"我"是代词;"上海姑娘"是词汇形式的题元。

言谈当中,一个韵律单位与一个小句（clause）大体上是对应的。Du Bois（1987）发现,一个小句内部倾向于只出现一个真正的名词形式的题元。这种"一次一个词汇题元"的格局是高频的小句题元结构,被 Du Bois 称为"偏爱的题元结构"（preferred argument structure）。由于每次所能传达的新信息的量受到一定限制,两个或两个以上的词汇题元出现在同一个语调单位内部的情形极少。这个结论可以看作是对单一新信息限制的句法诠释。

陶红印（Tao 1996）借鉴 Du Bois 的研究成果,通过对汉语口语叙事语体小句论元关系进行研究,发现这个规律同样适用于汉语语调单位与句法结构类型,汉语小句论元格局同样偏爱一次一个词汇题元这样的题元结构。

3. 篇章结构

3.1 话题

"话题"（topic）和"评述"（comment）是一对广泛使用的术语,从言语交际的角度说,"话题"就是"被谈论的对象"（what is being talked about）,而评述是"针对话题所谈论的内容"（what is said about the topic）。如果一个成分 X 被称作话题,它就可以回答"X 怎么样了?"这样的问题。在一些语言中,话题仅仅涉及语用范畴,而在另一些语言中,话题成分具有独立的句法地位（参看徐烈炯

2002）。（关于汉语话题研究,可参看:赵元任 1968, Li and Thompson 1981, Xu and Langendoen 1985,沈家煊 1989,史有为 1995,张伯江、方梅 1996,徐烈炯、刘丹青 1998, Shi 1989、2000,屈承熹 2000,袁毓林 2002,徐烈炯、刘丹青主编 2003）

无论从哪个角度说,话题是一个跨越不同层面的概念。可以仅仅针对单个语句,也可以覆盖一段语篇。前者是**句内话题**,后者是**语篇话题**。

句内话题是句子的谈论对象,汉语里句子的主语一般也同时是话题。这一点已经有很多著作谈到了。值得一提的是,某些句式具有引入话题的功能,但这个成分并不一定在主语的位置上。例如,在下面的例子里,"几个男孩子"在"有"字的宾语位置上,但却是"被谈论的对象":

(6) 这个时候在旁边有<u>几个男孩子</u>出来。<u>有一个男孩子</u>好像打着那个球,有个球跟那个拍子上面连着一条线,这样子哒!哒!哒!<u>其他的小孩子</u>过来帮他。

这种"存现句"在语篇当中常常是引导话题的。

语篇话题是一段语篇当中的主要谈论对象,通常是**言谈主角**。在谈话中提及一个概念,有两种不同的情况。一种情况是,这个言谈对象引进语篇以后,在下文可以用不同的方式追踪它,比如下面例子中的"母亲"。另一种情况是,这个概念出现一次之后,在谈话中就不再提及,比如"袍罩""炕""油盐店"。作为**言谈主角**,一个概念在语篇当中往往多次出现,并且以不同的方式追踪,这是它具有**话题性**的表现。其他那些只出现一次的概念成分,属于**偶现信息**,不具备**话题性**。（关于言谈主角的句法表现,可参看陶红印、张伯江 2000）

(7) **母亲**喝了茶,[1]脱了刚才上街穿的袍罩,[2]盘腿坐在炕上。**她**抓些**铜钱**当算盘用,大点的代表一吊,小点的代表一百。**她**先核计该还多少债,[3]口中念念有词,[4]手里捻动着<u>几个铜钱</u>,而后摆在左方。左方摆好,一看右方(过日子的钱)太少,[5]就又轻轻地从左方撤下<u>几个钱</u>,[6]心想:对油盐店多说几句好话,也许可以少还几个。[7]想着想着,她的手心上就出了汗,[8]很快地又把撤下的钱补还原位。(《正红旗下》)

回指频度和**回指方式**可以作为确定语篇话题的重要参照。比如,上例中的"母亲"有两种回指方式,代词回指和零形回指。代词"她"出现了 3 次,零形回指 8 次。在这段话里另有一个概念——"铜钱"出现了不止一次,在第一次出现之后,又以不同的方式提到,有名词和数词两种表现形式(异形回指:大点的、小点的、几个;同形回指:铜钱;部分同形回指:钱)。对比"母亲"与"铜钱"这两个概念,在谈到"母亲"的时候有两个显著的特点:第一,回指次数相对较多;第二,有大量的零形回指。所以可以肯定"母亲"的**默认值较高**,是默认的"被谈论的对象"。因此,从**回指频度**和**回指方式**上看,"母亲"是语篇话题。

3.2　话题的延续性

话题的延续性是指一个话题成分的影响力度和范围,是话题研究的一个重要方面。话题延续性涉及三个方面:(1)主题的延续性;(2)行为的延续性;(3)话题/参与者延续性。其中以主题的延续性的影响范围最大。可以通过三种方法测量话题的延续性:回数法(lookblack)、歧义法(ambiguity)和衰减法(decay)。(参看 Givón 1983)

话题的延续性可以通过不同的方面表现出来。

(一)　句法位置。

话题成分的默认位置是句子主语的位置,通常主语具备施事和话题双重身份。同时也是**叙述的主角**。因此,一个句子的主语所指的影响范围可以仅仅限于句内,也有可能跨越多个语句。这一点可以从后续句省略主语的频率上得到证明。省略主语的占绝大多数,远远超过其他句法成分。在汉语中,主语位置上的领格名词在延续话题方面地位仅次于主语,表现为,后续句常常承前定语而省。(参看方梅 1985)

(二)　句法结构和修辞结构。

前后语句的结构相似度越高,延续同一话题的可能性越大。

陈平(1987d)发现,零形式要求与它同指的成分距离尽可能靠近,零形式与它同指的成分之间倾向没有复杂的成分插入。同时,零形式的使用也受制于语篇的宏观结构。

徐赳赳(1990)采用 Givón(1983)的测量方法考察代词"他"的延续性,发现

"他"的隐现受制于多种制约,人物制约(单个还是多个),情节制约(故事的发生、发展和结束),时间词制约(有或无),连词制约(是不是连词后位置),结构制约(小句结构是否相同)。

Li and Thompson(1979)对第三人称代词的使用做过一个调查,把一段《儒林外史》叙述当中的"他"全部删除,然后请母语为汉语的被调查人填上他们认为应该有"他"的地方。结果发现,没有两个人的答案完全相同。同时,被删除"他"的几处,只有两个地方半数被调查人认为该用"他",其余的地方,被调查人认为要用"他"的人数不到一半。这个调查说明,汉语中代词的用与不用存在一定的灵活性,真正强制性地要求使用代词的情形不多。

从回指形式来看,形式越轻,延续同一话题的可能性越大。可以概括作:

[零形回指 > 代词回指 > 同形名词 > 指示词 + 名词 > 描写性定语 + 名词]

(8) **马锐**ᵢ是来请求父亲ⱼ批准出去玩一会儿的。但**他**ᵢ没有直截了当地提出请求,而是在饭后[ ]ᵢ主动积极地去刷碗、扫地、擦桌子,[ ]ᵢ把一切归置完了,[ ]ᵢ像个有事要求主人的丫环把一杯新沏的茶和一把扇子递到正腆着肚子剔牙的马林生手里,**自己**ᵢ站在一边不住地拿眼去找爸爸ⱼ的视线,[ ]ᵢ磨磨蹭蹭地不肯走开,[ ]ᵢ没话找话地问:"还有什么要我干的么?"(王朔《我是你爸爸》)

不同的句法形式往往体现不同量级的延续性。**高连续性话题**的句法表现手段可以概括做下面一个连续统:(引自 Givón 1983)

       高连续性话题(coding for most continuous/accessible topic)

零形回指(zero anaphora)

非重读/黏着性代词或语法一致关系(unstressed/bound pronouns or grammatical agreement)

重读代词/非黏着代词(stressed/independent pronouns)

右向出位的有定性名词短语(R-dislocated DEF-NP's)

常规语序下的有定性名词短语(neutral-ordered DEF-NP's)

左向出位的有定性名词(名词性短语)(L-dislocated DEF-NP's)

对比性话题化位移名词(Y-moved NP's)(contrastive topicalization)

　　分裂/焦点结构(cleft/focus constructions)

　　有指无定名词短语(referential indefinite NP's)

　　低连续性话题(coding for most discontinuous/inaccessibile topic)

孙朝奋(1988)的研究表明,话语中主题的重要性与数量词的使用之间存在密切的联系,"一个主题上比较重要的名词短语倾向于用数量结构引进话语"。继陈平一系列有关名词短语的指称属性与篇章功能的研究之后,许余龙(2005)的研究进一步证实,汉语的话题倾向于由一个存现句的宾语引入语篇当中。

3.3　前景信息与背景信息

不同类型的篇章有不同的组织原则。就叙事体而言,它的基本功能是讲述一个事件,它的基本组织形式是以时间顺序为线索的。

一个叙事语篇中,总有一些语句它们所传达的信息是事件的主线或主干,这种构成事件主线的信息称作**前景信息**。前景信息用来直接描述事件的进展,回答"发生了什么?"这样的问题。另一些语句它们所表达的信息是围绕事件的主干进行铺排、衬托或评价,传达非连续的信息(如:事件的场景,相关因素等等),这种信息称作**背景信息**。背景信息用来回答"为什么"或"怎么样"发生等问题。前景信息与背景信息在不同层面上有不同的表现形式。

篇章层面上,故事的叙述主线为前景,其他为背景。高连续性话题往往代表叙述的主角,它所关联的小句或句子的数量较多,构成了叙述的主线——前景信息;反之,低连续性话题相应的陈述表达构成背景信息。典型的低连续性话题是偶现信息成分(名词既不回指前面已经出现过的成分,也不被后面的任何成分回指)充当的话题。例如:

(9)　**我**$_i$从吴胖子家出来,[ ]$_i$乘上地铁。地铁车厢很暖和,**我**手拉吊环几乎站着睡着了,列车到站也$_i$没察觉,过了好几站才[ ]$_i$猛然惊醒,[ ]$_i$连忙下了车。**我**跑上地面,[ ]$_i$站在街上拦出租车。来往的出租车很多,但没有一辆停下来。**我**走过两个街口,[ ]$_i$看到路边停着几辆出租车就上前问。几个司机是拉包月的,一位拉散座的说他要收外汇券。**我**说"知道知道"坐了上去从兜里拿出一沓外汇券给他看。

(10)　平坦的柏油马路$_i$上铺着一层薄雪,[ ]$_i$被街灯照得有点闪眼,偶尔过来一辆汽车,灯光远射,小雪粒ᵢ在灯光里带着点黄,j像撒着万颗金砂。

句子层面上,主句为前景,表达事件过程;从句为背景,表现事件过程以外的因素。如时间、条件、伴随状态等等。例如:

(11) 地铁车厢很暖和,**我**ᵢ手拉吊环几乎站着睡着了,列车到站也[ ]ᵢ没察觉,过了好几站[ ]ᵢ才猛然惊醒,[ ]ᵢ连忙下了车。

小句层面上,连动结构内部,背景在前,前景在后。(参看张伯江2000,方梅2000)例如:

(12) **我**ᵢ跑上地面,[ ]ᵢ站在街上拦出租车。

(13) **我**手拉吊环几乎站着睡着了。

前景信息与背景信息不仅仅是在篇章语义层面的主次有别,两者同时对应于一系列句法—语义因素。Hopper and Thompson(1980)关于及物性问题的讨论曾经对这个问题有过深入的讨论。总体上说,前景信息对应于一系列"高及物性"特征,而背景信息对应于一系列"低及物性"特征。下面是依据他们的文章对低及物性特征对应典型背景信息的句法—语义特征的归纳,前景信息则呈现出与之相反的倾向。

典型的背景信息的句法—语义特征

参与者:	一个参与者
行为/动作表达:	非动作动词
体:	非完成(如"V着/起来")
瞬时性:	非瞬时性(如"有"字句、"是"字句)
意志性:	非意志性(如动词存现句)
现实性:	非现实性(如假设、条件、时间句)
施事力:	低施事力(如非动作动词)
对受事的影响:	受事不受影响(如心理动词)
受事个体性:	受事非个体(如无指名词)

屈承熹(Chu 1998)在讨论汉语的背景信息的时候说,主从关系和信息状态(information status)关系密切,但两者各自处于不同的层次。背景不一定衍推出

旧信息,反之亦然。主从关系是形成背景的常见手段。例如,在违反从背景到前景推进的原则时,从句连词"因为"很明显是表背景。名词化的句子主语是表背景的一种手段,而宾语则通过主要动词的性质来决定其场景性。背景一般由三个语用部件组成的:(1)事件线(event-line);(2)场面(scene-setting);(3)篇幅减少(weight-reduction),三者相互作用。

4. 互动因素

4.1 行进中的语句

言谈过程是一个动态的心理处理(on-line processing)过程。在这个过程中,言谈参与者把不同的人物、观念带入交际空间(discourse universe)。因此,言谈动态过程所出现的种种现象,特别是互动(inter action)交际中的语言现象,往往反映了语言的心理现实性。

典型互动式言谈是会话(conversation)。会话的基本单位是"话轮"(turn)。假设 A、B 两个人对话,说话人 A 传出信息,受话人 B 接收信息。A 和 B 的两句话就是两个相邻的话轮:

A:几点了?(话轮一)   B:五点。(话轮二)

会话以话轮交替的方式(即 A-B-A-B 轮流说话)进行。从说话人停止说话到受话人开始说话,叫话轮转换。负责话轮转换的机制叫"话轮转换机制",它让会话参与者能有秩序地进行话轮转换(也就是有秩序地进行会话)(Sacks,Schegloff and Jefferson 1974)。

近年来,一些学者借鉴会话分析方法,特别关注实际话语中语句的"延伸"现象,将句子在时间轴上逐步产生的过程视为自然语言语句的一个重要动态语法特征。

Lerner(1991)提出"行进中的句子的句法"(the syntax of sentences-in-progress)的概念,建议把句子放到话轮交替的环境中考察。继 Lerner 提出"行进中的句子"的概念以后,Brazil(1995)提出"线性语法"(linear grammar)的概念,特别强调话语中的句子是在言谈过程中逐步递加(increment-by-increment)的。Ford、Fox and Thompson(2002)把那些从句法上看难以归纳为任何一种句法角

色的添加成分称作"延伸增补"(extension increment),并通过三个尺度来确认:

句法尺度:它前面的成分句法上具备完整性,是自足的小句。

韵律尺度:它前面的成分具备独立的句调。

语用尺度:可以独立构成相邻话对的第一部分。

例如下面例子当中黑体字的部分:

(14) Have you been to New Orleans? **ever**?

(15) We could'a used a little marijuana. **to get through the weekend**.

(16) An' how are you feeling? (0.4)**these days**.

他们认为,延伸成分具有下述话语特征:(1)出现在缺少相关接续转换的位置。(2)提供一个可供受话人展开谈话的相关转换点。(3)延续说话人的谈话。从上面的论述不难看出,语法学家对与动态特征的描写和解释越来越多地融入会话分析的视角,希望对这些传统语法不去关心或者不能解释的问题,重新审视,并且给予一个符合语言交际性特征的解释。

长期以来,相关现象在汉语语法研究中被看作"倒装句"(黎锦熙1924)。之后,赵元任(1968)沿用了"倒装句"(inverted sentence)的说法,但同时提出了"追补"(afterthought)的概念,把"追补"跟"未经筹划的句子"(unplanned sentences)一起讨论;并且注意到,先行部分必须是个完整的句子。后续部分语音特征是念得轻、念得快。朱德熙(1982)沿用了"倒装"的提法,但同时也指出,后续部分有补充的意味。指出"这种说法只见于口语。前置的那一部分是说话人急于要说出来的,所以脱口而出,后一部分则带有补充的味道"。陆俭明(1982)深入讨论了"易位句",指出这类句子具备四点特征:(1)重音在前段,后移的部分要轻读。(2)意义重心在前段,后移部分不能作强调的对象。(3)易位的成分可以复位,意思不变。(4)句末语气词不会出现在后移部分的末尾。Tai and Hu(1991)也是从追补的角度讨论这个问题,张伯江和方梅(1996)将这类现象看作重要信息前置的手段。

陆镜光(2000)关于汉语句子成分的后置的讨论开始引入会话分析的视角,成分后置探讨与话轮交替机制中的关系问题。陆镜光(2004)以"行进中的句子的句法"和"线性语法"的观察视角,重新审视关于"倒装句"和"易位句",发现

"移位"的分析角度存在局限性,尤其是很多被认为是"移动"了的成分根本不能找到它的原位。如:

（17）你不是有个游泳池的吗,你家楼下?

（18）我很敏感的,我的鼻子。

因此,陆文认为大量的"倒装句"或"易位句"实际是"延伸句"。**延伸句**是随着时间的延续,逐步递加句子成分的结果。延伸句的成句条件是:（1）主体句必须包含谓语的核心(谓核),而且必须带句末语调或句末语气词;（2）后续语不能有谓核,也不能带句末语调或句末语气词。陆文认为,延伸句应被视为汉语中一种正常的句式。

动态句法分析的方法探讨"完句"的问题。对言谈过程动态特征的研究越来越受到重视。这个领域在早些年多为会话分析（conversation analysis）,而近些年来,也开始受到语法研究者的重视。对自然语句的动态特征的研究成为篇章语法研究的一个新的特点,因为这些动态特征从不同侧面反映了语言的心理现实性。

4.2　句法成分的功能差异

同样是无准备的自然口语,叙事和对话也有鲜明的差别。两种语体的差别主要表现在下述两方面的对立:

第一,过程性与现场性。叙事语体具有过程性,对话语体具有现场性。叙述事件的时候,对过程的描述是以时间顺序为线索的,时间的改换往往带来场景和人物的变换。因此,时间的重要程度大大超过其他因素。但是,对话活动的目的是交换信息和观点,自然,对话语体中,时间因素的重要性退居次要地位。

第二,事件性与评论性。叙事语体具有事件性,对话语体具有评论性。叙事语体在讲述事件过程,而对话语体是在交换信息和观点。对话语体的谈话重心是当前彼此关心的事物,而不是一个事件的过程。因此,以各种方法去描述或限定某个事物,给事物命名、定性就成为谈话参与者着力去做的事情。

陶红印（2002）、方梅和宋贞花（2004）同样是针对口语关系从句的研究,都是取样于无准备的自然口语的转写材料,都是采取对关系从句的分布作穷尽统计的方法,但是得出的结果却很不相同。首先,陶文发现,叙事体中出现最多的关系从句是表示时间的,其次是指人的,再次是指物的。因为叙事篇章中时间从句的作用是标志情节转移,而叙述中情节转移是最重要的,所以表示时间的从句出现得最多;方、宋文则发现,对话体口语中出现最多的关系从句首先是指物功能的,其次才是指时间和指人的。因为叙事语体的过程性和事件性决定了指时间类关系从句使用频率高,而对话语体的现场性和评论性特征决定了时间类从句不是高频用法。第二,指人的关系从句不论在叙事中还是对话中都是重要的一类,但是,陶文指出叙事体中其主要功能是追踪人物,其次是引进人物,再次是命名人物;方、宋文则发现,对话体中,关系从句的首要功能是命名人物,其次是追踪,再次是引进。第三,方、宋的文章还显示,虽然叙事体不容许非现实时间状态的表达,但对话体常有非现实时间状态表达的特点。这些差异同样是叙事语体的"过程性"和对话语体的"评论性"使然。

4.3 句法成分的编码差异

Bernardo(1979)通过对英语"梨子的故事"的研究得出了很有启发性的结论,他根据修饰语和核心语的内容关系区别了两种关系从句,一种是增加信息的(informative),另一类是不提供新信息(non-informative)只起辨识作用。对于修饰成分后置的语言,比如英语,后者倾向为简单形式,前者一般为复杂形式。Payne(1997:326)曾经指出,虽然一般而言,关系从句相对于核心名词的位置与修饰性定语与核心名词的顺序是一致的,但是,后置关系从句却在大量的语言中存在,即这个语言的数量修饰语、形容词修饰语在被修饰名词之前。这种强烈的倾向或许是由于一个普遍的语用原则的作用所致,即把重成分置于小句的靠后的位置,也就是描写性较强并提供新信息较多的成分后置。

其实汉语里就存在 Payne(1997)所说的这类现象。虽然汉语名词性成分的修饰语一般在被修饰成分的前面,如:蓝蓝的天;老李喜欢的曲子。但如果修饰性成分比较繁复,那么,那些线性序列较长的、结构复杂的大块头成分还是倾向于后置,这在口语表达中表现得尤为突出。(参看2.2)

值得注意的是,汉语里修饰性成分同时存在两种不同的组句方式。一种是"的"字结构在名词之后,"的"字结构所指称的内容是被修饰名词所指对象中的一部分,后修饰成分语义上是限制性的。如下面(19)和(20)。另一种方式是用一个含有引导词的小句来说明一个名词成分,如下面(21)、(22)。"他"所引导的小句是对前面名词进行说明、提供新的信息内容,而不是限制被修饰名词的所指范围。两类不同的组句方式,在语义上前者是"限制",后者是"说明"。

(19) **机动车驾驶人**<u>不在现场或者虽在现场但拒绝立即驶离,妨碍其他车辆、行人通行的</u>,处二十元以上二百元以下罚款,并可以将该机动车拖移至不妨碍交通的地点或者公安机关交通管理部门指定的地点停放。(《中华人民共和国道路交通安全法》)

(20) 公安机关对**举报人**<u>提供信息经查证属实的</u>,将给予一定数额的奖金。(新闻)

(21) 你比如说你跟着**那种水平不高的英语老师**,<u>他根本不知道那个纯正的英语发音,他英语语法也不怎么样</u>,你就全完了。

(22) 你站在大街上总能看见**那种不管不顾的人**,<u>他看见红灯就跟不认得似的,照直往前骑</u>,你当警察要爱生气得气死。

值得注意的是,(19)和(20)含"的"的修饰成分置于名词之后代表书面语里允许的组句方式,口语里很难见到;(21)和(22)则代表口语中常见的组句方式,在书面语里很难见到。这种差别特别具有启发意义,后者是口语中"行进中的语法"的体现。(参看方梅2004)

4.4 语义理解取向的差异

与非互动的交际相比,互动交际为主观化和交互主观化提供了更多的可能。

说话人在说出一段话的同时,表明自己对这段话的立场、态度和感情,从而在话语中留下"自我"的印记(参看 Lyons 1977、1982,Finegan 1995,沈家煊2001a),这就是语言的主观性(subjectivity)。如果这种主观性用明确的结构形式编码,或者一种语言形式经过演变而获得主观性的表达功能,称作主观化(subjectivization)。

比如,第一人称复数指说话人自己,用以表现"自谦"。

（23）**我们**认为这样做不够稳妥。

再如，"人家"本来是用作指称说话人和受话人之外的第三方，但是，在对话当中可以指称说话人自己，用以表现说话人的负面情感。

（24）你怎么才到啊！**人家**等了半个钟头了。

（24'）*你这么快就到了！**人家**等了半个钟头了。

交互主观性（inter-subjectivity）指的是说话人用明确的语言形式表达对受话人的关注，这种关注可以体现在认识意义上，即关注受话人对命题内容的态度。更多地体现在交际的社会性方面，即关注受话人的"面子"或"形象需要"。（Traugott 1999）一个语言形式如果具有交互主观性那么也一定呈现主观性。交互主观化总是蕴涵着主观化，一个形式如果没有某种程度的主观化，就不可能发生交互主观化现象。交互主观化与主观化的区别在于，主观化使意义变得更强烈地聚焦于**说话人**，而交互主观化使意义变得更强烈地聚焦于**受话人**。

代词的虚化往往伴随主观化和交互主观化，下面所列举的代词的虚化现象实际都是主观化或交互主观化现象。（参看吕叔湘 1985，Biq 1990b、1991，张伯江和方梅 1996）

代词的交互主观化主要有两个方面：

第一，表现心理距离，关注受话人的心理感受。比如：用包括式代词单指受话人，用来拉近心理距离。

（25）（成年人对小孩）咱们都上学了，哪能跟他们小孩儿争玩具呀。

第二，表现说话人对受话人的期待。比如：第二人称代词"你"不指人，而用作提示受话人关注言者所言内容。

（26）**你**北京有什么了不起的，还不是吃全国，仗着是首都。

人称代词可以出现在不同的语体，但是上述交互主观化现象却是对话语体特有的。与非互动交际语体比较，在互动交际更加偏向言者视角的（speaker oriented）语义解释。

上世纪 80 年代前后，篇章语法分析多以叙事语体为研究对象。90 年代以后，则越来越多地融入会话分析的成果，注重互动（interaction）因素对语言结构的影响（汉语研究的相关评述参看 Biq 1996、2000），互动语言学成为 90 年代以后的一个特别令人瞩目的领域(汉语评述文献：林大津、谢朝群 2003)。

5. 语法的连续性

5.1 共时与历时之间的连续性

功能语言学家认为,句法现象从形成到现状都受到篇章话语因素的制约,句法研究如果不考虑这些因素,势必无法得到理论上富有洞察力的阐释。因为语法是在运用中逐渐成形的、同时也是不断变化的,话语功能需求塑造了"语法"。Givón(1971)在他的一篇题为《历史句法与共时形态》的文章中,通过对班图语的研究发现,作为形态手段的前缀来源于古班图语代词。他进而提出,今天的形态是昨天的句法。他的(1979)On Understanding Grammar 一书通过大量的跨语言材料,将这个思想进一步概括为：语法是篇章的固化,句法化(syntacticization)则是从语用模式向句法模式的转化过程。他把语法形成的过程概括为：

篇章 > 句法 > 形态 > 形态音系 > 零形式

更有一些学者认为,根本不存在相对独立于篇章话语的所谓句法成分和句法规则。1987 年,Paul Hopper 在 Berkeley Linguistic Society 发表非常有影响的文章——《呈现语法》(Emergent Grammar),更加强调语法的动态特性。明确提出,结构和规则由篇章中产生、被篇章塑造,并且始终处于这个塑造过程之中。因此,语法是不断呈现变化的,永远具有不确定性。因此,共时层面范畴和意义所表现出来的连续的变化应是语法化研究关注的焦点所在。这种观点代表了功能语言学家对共时差异与历时演变之间连续性特征的关注,也将语法化研究的视野从单纯的历时视角引导向共时与历时相结合的道路上来。同时,共时差异的不同层面也成为关注的新的热点。大量的研究从共时差异的考察入手,探讨共时平面和历时平面如何交互作用这一问题。

语言成分的去范畴化(de-categorization)是演变的重要阶段。所谓"去范畴化"指在一定的条件下,某一句法范畴的成员失去了该范畴的一些特征的现象。例如"I think..."是英语高频使用的组合,可以出现在句子的不同位置。但是在不同线性位置上,think 的语法表现不同。在主干句谓语动词的位置上,think

有不同的时体变化,也可以与不同的人称搭配,但是,如果出现在句末,think 就会失去它作为动词的某些语法特征。例如:

（27） a. **I think** that the lock has been changed.

　　　 b. **She thought** that the lock had been changed.

　　　 c. The lock has been changed **I think**.

　　　 d. *The lock has been changed **she thought**.

对这种现象的解释是,句末的 think 发生了"去范畴化"。

　　下面以汉语的例子来说明去范畴化的特征:

（一）语义上,以语义泛化或抽象化为前提。例如:

（28） 昨天迟到,今天**又**迟到了。（重复）

（29） 一年**又**一年。（反复）

（30） 那是三伏的第一天,**又**潮湿,**又**没有风。（相关）

（31） **又**不是不努力,是条件太差了。（强调说话人立场）

（32） 看书呢,**又**。（告诉对方"我对你的关注"。对比:又看书哪。）

"又"的核心意义是表示"相同"。例（28）的语义理解是"迟到"这样的事情重复发生,表达一个客观事件,是真实世界中"相同"的行为。例（29）表示"相同"就不完全是客观的。因为客观世界的每"一年"都不一样,这里,真实世界中是否"相同"不重要,重在表现心理认识世界中"相同"。而（30）里"潮湿"和"没有风"客观上是两种不同的状态,用"又"把这两种状态放在一起说,传达的信息是在说话人的认识世界中"相同",即两者同属于"三伏天"的气候特征,这种联系是由说话人的认识建立起来的。如果删除"又",则无法显示这种主观认识。例（31）的"又"并没有直接的客观的关联项,完全是说话人的评价。而（32）这种表达方式离"相同"更远,仅仅表达说话人对受话人的关注。我们把其中的"又"换成"你"（"看书呢,你。"）语句的命题意义不变。例（31）和（32）都可以把"又"删掉,而不改变语句的命题意义。

　　再如,下面的例（33）中,第三人称代词"他"可以指某一类人,表现为"他"与"他们"可以交替使用。

（33） 但是<u>**路学长他们**</u>不同,他不是翻译,他就是做电影的一批人。**他们**是读电影长大的人,或者说读影像更多,对影像更有悟性的人,**他**创作出来的东西会不一样。

(34) **今天的演员**在理论上**他**能知道四十年代、六十年代演员的基本感觉是什么,但**他**有很多时候有露出马脚来的东西,**你**要一点点去提示**他**。

(二)句法形态上,失去原范畴的某些典型分布特征,同时也获得了新范畴的特征。

以数词"一"的虚化现象为例。在北京话里,"一"在已经不同于真正的表数量的"一(个)",由表示数量虚化为不表现数量,经过"去范畴化",产生了不定冠词的解读。表现为:

1)不遵循数词"一"的变调规律,而一概说作第二声。例如"一狮子、一熟人、一老外、一耗子"中"一"后面的名词分别是四个不同的声调,但"一"一概说作 yí,而不随其后的名词的声调变调。这说明,这类"一"有可能是从省略第四声的量词"个"而来。

2)这类"一+名"重音总是在名词上,"一"不能重读。

3)这类"一+名"不能用作跟其他数量成分对比。如果对比,对比项只能是名词的所指对象,而不能与相关的数量形成对比。例如不能说:"我就带了一帮手儿,可是他领了仨。"

4)"一+名"用作无定宾语。例如:我沿着桌子喝**一对角线**,你喝一**中心线**。

使用"一+名词",往往是用在根据谈话者的共有知识不能确认名词所指事物的场合。其中名词的所指事物或在语境中未曾提及,或假定听话者还不熟悉。例如:

(35)"这女的是你妹妹?""不是。""你姐姐?""**一亲戚**。""什么亲戚?""——八杆子打不着的亲戚。"

吕叔湘(1944c)曾指出,汉语里的"一个"具有不定冠词的作用,而且"(一)个"应用的使用范围比不定冠词要广,可以用于不可计数的事物乃至动作与性状,可以用于有定的事物,甚至用于非"一"的场所。"一个"常常省"一"留

"个"。这样的"（一）个"在元代以后就已经很普遍了。现代北京话里，"一"用作不定冠词是近几十年当中发生的。从"一"无论后字如何都保持阳平调这个角度推断，虚化为不定冠词的"一"应是"一个"脱落"个"留"一"的结果。（参看方梅 2002，董秀芳 2003）

（三）在语篇功能方面发生扩展或者转移。

以"这"的虚化为例。指示词的基本用法是指称或区别实体的。但是，我们可以看到一些其他的用法。例如：

（36）"我哭了，实在忍不住了。""你这哭太管用了，所有问题都解决了。"

（37）"您扔这儿砖头哪？""就听'扑通'。""深。""就冲这深……""跳。""不跳。"

(36)的"这"不回指实体，而是回指行为；(37)的"这"不指称实体，而指称属性。这是"这"在语篇功能方面发生了扩展。这种扩展是新的句法范畴产生的基础。（更多相关现象可参看 Tao 1999，方梅 2002）

5.2　高频率使用与范畴的连续性

（一）使用单位与句法单位的错位。

虽然一个语调单位不一定在句法上是一个完整的单位，语调单位和句法单位之间不是一一对应的关系。但是，如果说话人经常地、有规律地把某一类的组织结构放在一个韵律单位之内，说明这些结构从认知角度说，具有一定的心理现实性，在人的知识储备中它们是语言的一种构造单位。

下面的(38)中，"我想"组成一个韵律单位，后面有停顿。如果从句法角度看，这个停顿的位置与句法的构造切分是不一致的。有趣的是，这种现象在很多语言当中普遍存在。人称代词（尤其是第一人称单数）与类认识义动词"想"是一个高频率组合，而且线性位置灵活，动词"想"本身也失去了动词的典型特征。（汉语的研究可参看方梅 2005）

（38）我想，能够经济独立的妇女越来越多，这样的思想破坏得也就越来越快，更多的妇女，参加社会上的劳动，那么，她们在家里的发言权增加了……

（二）使用单位成为句法单位。

　　高频率使用单位有可能固化——词汇化,成为具有独立句法属性的单位。例如,"听说"是现代汉语里表达引语的常用词,但是在清代的材料里,还同时与"听见说"并存着,如:

（39）我听见说,你这几天给宝元栈说合事情了,说合的怎么样了?（清:《谈论新篇》）

而现在这种形式只用在有言者出现的场合,如"听见老王说"。高频使用而导致的词汇化还有很多例子,例如（参看董秀芳,2004）:

X 着:紧跟着（表示时间意义）、接着（表示时间意义）

X 是:总是、老是、要是、别是、怕是

X 说:虽说、就是说、要说、如果说、应该说

　　那些不经常出现的,是一种临时组织起来的,没有凝固的结构。而经常出现在一个语调单位的结构往往是已经储存于说话人大脑中的言谈构成单位,则是高度范畴化的结构单位。

　　就语言以外的知识而言,第一,说出来的话是认知系统的外部表现,任何表现形式都具有它的心理现实性。第二,认知系统的外部表现总是受到其主体经验的强烈的影响,无论是人还是人以外的动物。就语言内的知识而言,范畴的无标记成员多于有标记成员。规则的格式具有较宽的适用面。高频的不规则形式不容易变成规则形式。高频短语都处于语义弱化或泛化状态。

　　"去范畴化"是语言使用者的思维创新,这种创新使用语言中呈现出大量的变异。从共时角度看,这些变异一开始往往是个人的、非正式的、出于某种语用需求而临时创造的。在长期的使用中,某些曾经是个人的、非正式的、临时创造的形式被多数人认可,则成为一种社会的、合语法的、正式的、严谨的规则。语法正是语言使用模式规约化（conventionalize）的产物。这种规约化演变涉及不同层面（引自 Givón 1979）:

　　　　编码层面:无准备的非正式言谈 > 有准备的正式言谈

　　　　个体发生层面:语用模式 > 句法模式

　　　　合法性层面:不合语法 > 合语法

汉语篇章语法研究经历了 20 多年的发展历程,总体上看,大致呈现出两种不同的研究取向,一是以语篇角色(如:背景信息)或语篇现象(如:照应)为切入点,讨论相应的句法表现形式;二是以句法角色(关系从句)或句法范畴(如:完成体/非完成体)为切入点,讨论句法形式的功能动因。前者着眼于篇章结构,后者着眼于句法解释。近年来,随着话语分析研究和对语言主观性研究的深入,汉语篇章语法研究开始关注交际参与者的主观化表现手段,以及交际因素对语法结构的影响和塑造。上述三个方面构成了汉语篇章语法研究的整体面貌,着眼于篇章结构的研究起步较早,而着眼于句法解释和交际因素对语法结构影响的研究相对来说比较薄弱,是特别值得关注的领域。

第四章
"管辖与约束理论"和汉语语法研究

沈　阳

1. "生成语法"和"管辖与约束理论"

"管辖与约束理论(government and binding theory)"简称"管约论"或"GB理论",实际是上世纪50—60年代"转换语法(transformational grammar)"发展到80年代"生成语法(generative grammar)"阶段的别称。讨论这种理论背景下的汉语语法研究,当然应该先了解一下"转换语法"和"生成语法"是怎么一回事,"管辖与约束理论"又是一种什么样的语法理论。这篇短文显然不可能详细介绍这种理论的具体内容,不过我们似乎可以用"普遍语法""句法自治"和"原则与参数"这三个概念来概括这种理论的精髓。

1.1　语法的研究目标:"普遍语法(universal grammar)"

学过点语言学的人都知道,20世纪50—60年代以后,以美国语言学家乔姆斯基(Noam Chomsky)的《句法结构》(*Syntactic Structure*)、《句法理论要略》(*Aspects of the Theory of Syntax*)等重要著作为标志,在语言学界开始形成了一种不但有别于传统语法理论也不同于当时占主导地位的结构语法理论的"转换语法理论"或"转换生成语法理论",这就是当代语言学史上所称的"乔姆斯基革命"。

既然被称作是一场"革命",当然这种理论首先就是在语言研究的目标上带来了十分深刻的转变。这种转变从稍具体点的目标上说,是由过去的偏重"归纳""分解"和"描写"转变为更重视"演绎""生成"和"解释";而从更根本的目标上说,则是由过去的偏重描写和说明"个别的语法现象"转变为更重视寻找或建立"普遍的语法机制"。

前一方面的转变无疑也是十分重要的转变。"归纳、分解、描写"是转换生成语法之前美国"结构理论（structural theory）"的主要研究方法，也可以说是这种理论的主要目标。这些概念在我国汉语语法研究中也曾经产生过并且至今仍然具有着重要的影响。比如像"语料穷尽""成分分类""层次切分""特殊句式""结构句型"等，就是在这种理论背景下形成的一整套成果形式。这些做法当然并不算错，甚至在某种意义上说，结构理论提出在共时层面做归纳、分解、描写研究也是对长期以来只重视历史比较或历时发展研究和只重视词句意义或文化背景阐释的语言学传统的反动，是以往语言研究都还没有过的科学方法论上的一种创新；其高度形式化的分析程序，也确实带来了整个语言研究特别是语法研究的突破性进展。不过转换生成语法却也正是首先在"归纳、分解、描写"这几点上对结构理论提出了全面质疑：一是因为语言材料是无限多和不可穷尽的，即使找到了数量巨大的素材仍然不可避免会有偶然和遗漏，所以语言研究就不能光靠"归纳分析"，而要像其他所有科学研究一样，更重视通过推导和证伪来建立语言的规则。二是因为语言现象的分析如果只是把一个一个结构从话语、句子到词和语素一层一层加以分解就算完事了，那最多只能说是"贴标签"，用处并不大，所以语言研究就不能光靠"分解分析"，而要像其他所有科学研究一样，更重视说明语言结构的构造和形成机制。三是因为对于语言事实"是什么"的详尽描写并不能真正回答语言现象"怎么样"和"为什么"的问题，所以语言研究也就不能光靠"描写分析"，而要像其他所有科学研究一样，更重视解释造成这种现象的原因和预测可能的后果。

如果说上面这种转变还比较容易理解的话，那么转换生成语法理论在另一方面的转变，即所谓的"普遍语法假说"，则似乎有点让人感到不可思议了。因为过去几乎所有的语言研究，特别是结构语法研究，无非是致力于发现某一种语言的个性特点或各种语言之间的不同点，甚至至今语言学界也仍不乏"语言学的目标就是研究某种语言的特点""要建立具有中国特色的语言学"之类的主张。当然谁也不能否认任何语言都有个性特点，否则也就不成其为一种独立的语言了;研究语言的个性特点也是需要的,甚至还是语言研究的基础。但是细想想,转换生成语法理论提出的"普遍语法"其实也并非缘木求鱼。因为只要承认语言有个性和特殊性,也就意味着必须同时承认语言存在共性和普遍性,否则何来语言个性和特殊性呢? 而且事实上也并非转换生成语法理论最早提出"语言共性"甚或"普遍语法"。比如有不少更早些的语言学著作就注意到: 所有的语言都有名词和动词等语类,所有的语言结构都有层次构造,所有的语言都有表示时态的形式,所有的语言都有语序的变化等等。其中像名词、动词这种语类现象是"内容的普遍性",像语序这种结构现象是"形式的普遍性"。转换生成语法的"普遍语法假说"也就正是在这样的基础上建立起来的。当然转换生成语法理论提出的"普遍语法"也并不是说各种语言的所有语法现象都完全一样,而只是假设人的语法知识包含两部分,一部分是各民族语言所特有的,称作"PG(Particular Grammar)",而另一部分则是全人类语言所共有的,才是所谓"UG(Universal Grammar)"。前者是在不同的语言环境中通过学习才掌握的,这部分知识各种语言有所不同,而后者是人类通过遗传先天获得的,即人出生时大脑中就已具有了一定的语言能力,这部分知识人人都一样。这可以表述为:"S_0(初始状态)$\rightarrow S_1 \rightarrow S_2 \rightarrow S_3 \cdots\cdots$(语言环境影响)$\rightarrow S_s$(相对稳固状态)。"这个道理其实并不难懂: 动物没有 S_0,所以不可能会说话,而说汉语的人和说英语的人说不同的话,那只是 S_s 不同,但因为都能说话,所以 S_0 就应该是相同的。语言研究不但要研究 S_s 这种个别语法,也需要研究 S_0 这种着眼于人与动物区别的语言能力的"普遍语法"。由此当然也就不难想见,既然转换生成语法理论要研究的是人类语言的 S_0,那么就既不可能是一种包罗万象的语法大全(因为只管 S_0),也不会是某一种具体语言的语法(因为不管 S_s)。打个比方:就像一个国家的宪法虽然是管各种具体法律法规的基本大法,但是却并不能用来判;法院判案时虽然得用各种具体的法律法规,但同时也不能违背宪法。所以似乎也就可以这样说: 具体的语法是用来"管语言"的,而"普遍语法"是用来"管语法"的,转换生成语法理论要研究的"普遍语法"就是这样一种"语法的语法"。

1.2　语法的核心部分："句法自治(autonomy of syntax)"

前面说转换生成语法理论研究的"普遍语法"是指"S_0",或者说是各种语言中反映语言能力的那一部分东西。那么人类语言中什么东西才可能是相同的或者说才能对任何语言都起作用呢? 不难想到在语言本体的语音、语义、语法以及影响语言的文字、语用、社会、文化等诸多要素中,最容易寻找到不同语言的相似性或者说能共同对语言能力起作用的是"语法",更严格地说是"句法形式"。换句话说,所谓研究 S_0,也就是要把句法形式从语言诸要素中专门拿出来单独研究,而不管这些形式的声音和意义。这种做法看起来似乎不好理解。因为一般都说语言就是通过声音传递信息的,是表情达意的工具,研究语言又怎么能不研究语言的音和义呢? 其实从科学研究的角度看这也没有什么奇怪。再打个比方: 就好像一块石头可以从物理学、化学、地质学三个方面来研究,但也不是不可以只做其中一个方面的研究。只研究语言的形式而不研究语言的声音和意义至少就可以看作是这种情况。

其实转换生成语法理论之前的结构理论在语言分析中也是排除意义的。不过结构理论不研究意义是出于特殊的方法上的需要,因为结构理论最初是从研究完全陌生的美洲土著语言发展起来的,当然就很难从意义研究入手。结构语法分析的主要做法就是从话语到语素进行归纳、分类和描写,找出各个层次的直接组成成分,这些都不涉及意义。而转换生成语法理论也不考虑意义问题,原因则在于前面说过的是为了揭示人类生物遗传的语言能力机制,这就必然要求研究对象必须是语言中起决定作用和能独立运转的部分,并且要能进行形式化的类似数学那样的精密处理。而在语言的各个要素当中当然只有句法形式才可以从人脑的全部认知系统中抽象出来作为一个独立系统,或者说只有句法形式才是一个可以穷尽推导和通过有限手段重复使用而实现的系统。而其他部分,尤其是语义,往往与人们对世界的各种认识即所谓百科知识交织在一起而无法分离出来。所以相比较而言,语言的语义问题既不是一个独立系统(即必须依附于句法结构),也不可能全面研究(最多只能研究其中一部分)。转换生成语法理论把这种专门研究句法结构形式的理念就形象地叫做

"句法自治"。

在这种观念指导下,最初转换生成语法理论建立的语法模型(比如记作 A 模型)就只包括下面(1)表示的"基础部分"和"转换部分"两个规则模块,另外再加上一个"词库"。基础部分主要是通过使用"语类规则"生成"深层结构(deep structure)";然后再使用转换部分的"转换规则"最终生成"表层结构(surface structure)"。这个语法模型的意思就是,人类全部语言的结构就可以看作是经过这样的句法操作程序实现的。

(1) A 模型: 词库——基础部分
　　　　　　（深层结构）
　　　　　　转换部分
　　　　　　（表层结构）

可以举个简单例子来看看语法模型的操作。比如假定有(2)这样三条语类规则(箭头表示左侧的符号可以分解为或推导为右侧的符号,或左侧的符号是由右侧的符号组成的):

(2) 1. SP(句子结构)→NP(名词短语) + VP(动词词组)

　　2. NP(名词词组)→Det(指示词语) + N(名词)

　　3. VP(动词词组)→V(动词) + NP(名词词组)

根据这三条语类规则,另外再通过从词库中调用符合规则中终端符号(即 N、V、Det 这样的最小成分位置)要求的词语,就可以得到(3)这样的深层句法结构形式:

(3) a. 深层结构(词汇前结构):　　b. 深层结构(词汇后结构):

当然如果仅仅做到上面这一步,那转换生成语法跟结构语法还没什么区别,或者说还不够高明。因为采用结构理论对语言片段按照一定规则进行切分和组合分析,得到的也无非是这样的结果。但显然这样的规则描写和生成句子的能力还太弱,因为假如碰到跟(3)不同的结构,比如"足球那个男孩踢(过)"或者"那个男孩把足球踢(了)"等句子,(2)这样的规则就没用了,或者说势必得建立许多新的规则才能处理。所以 A 模型在深层结构之后还建立了"转换规则"来解决这个问题。转换规则跟语类规则不同:语类规则实际是"X→YZ"这样的分支规则,通俗地说就是把左侧的大符号变成右侧的小符号,或者把左侧的符号变成右侧的词语,即箭头左侧符号在右侧不再出现,这是一种"演化"过程。而转换规则是"XY→YX"这样的移位规则,通俗地说就是箭头左侧的符号在右侧必须保留(或至少保留其中一部分),只不过原符号变换了个位置,这就是一种"变化"过程。加上转换规则以后,不但仍然可以通过实际不发生成分转换从(4a)直接输出(4b1)这样的表层结构,当然也就很容易通过成分的位置转换从(4a)构造和形成(4b2)这样的表层结构。例如:

(4) a. 那个男孩踢足球(使用语类规则:得到深层结构)

　　 b1. 那个男孩踢足球(使用转换规则:得到表层结构)

　　 b2. 足球(被)那个男孩踢(使用转换规则:得到表层结构)

上面(3～4)就是通过基础部分使用语类规则生成深层结构,再通过转换部分使用转换规则生成各种实际使用的表层结构的操作过程。当然语类规则可以不止有(2)这三条,转换规则也不只是(4b)这一种。但按照这种思路就不难推论,如果有一定数量并且可以重复使用的语类规则,再加上使用一定的转换规则,那就不但完全可能用数量极其有限的规则生成一种语言中所有的句法结构形式,而且还可以解释不同结构的构造变化和相互联系。

需要注意的是,A 模型的语类规则和转换规则都只是严格的句法规则,使用规则得到的结构也都是句法表达式,其中并没有语义内容。虽然(3～4)都是语义合格的例子,但其实根据语类规则(2),生成"男孩踢足球"是合格结构,生成"足球踢男孩"也是合格结构,因为后一句的毛病属于词语间的意义搭配,这一点语类规则和转换规则是不管的。正因为如此,当时有一句名言就是"语言学－语法学＝语义学",意思就是语义问题不在语法规则之内。这种说法其实并非全无道理。因为句法结构是否合格可以找到严格的标准,比如下面(5)的两个例子虽然在语义上都不通,但(5a)至少语法上合格,而(5b)则因为不符合语类规则而在语法上也不合格。可是语义或者词语搭配上到底是否合格有时就很难确定。比如"足球踢男孩"或者"石头得糖尿病"在特定结构如(6)中就可能是合格的语义表达。例如:

(5) a. Colorless green ideas sleep furiously.

  b. *Furiously sleep ideas green colorless.

(6) a. (我梦见)<u>足球踢了男孩</u>

  b. <u>石头</u>(不可能)<u>得糖尿病</u>

1.3 语法的理论系统:"原则与参数(principles and parameters)"

要真正研究"普遍语法"和坚持"句法自治",当然就还需要进一步解决两个问题:一是语法理论应该"更有用",比如能不能用这些规则解释更多语言现象(包括解释语义现象);二是语法理论应该"更简单",比如能不能再把这些规则抽象或统一起来(包括取消具体规则)。那么转换生成语法理论是如何在这两个方面继续向前走的呢?

从一个方向看,解决"语法理论怎么才能更有用"的问题主要体现在语法模型的变化上。

如果只使用语类规则和转换规则,虽然可以描写和生成所有合语法的句子结构,但也不可避免地会生成如"足球踢男孩"一类句子,虽然这样的句子不是错在句法结构,而是因为词语意义不搭配。但显然理想的语法规则最好也能增加一些语义限制条件来解决此类问题。因此后来有学者就提出了一种修改语法模型的意见,概括说就是"完整的语法理论应包括语义部分。语义规则是解释性的,必须依附于句法规则;语义规则只对深层结构起作用,转换不改变句子结构的意义"。由于其要点是"深层结构决定语义解释",因此被称作"深层结构假说"。转换生成语法理论根据这一假设建立的语法模型,主要是在句法部分(基础和转换)之外增加了语义部分(和语音部分),这也就形成了以后影响很大的"句法、语义、语音"三分的广义语法要素框架。这种语法模型(比如记作B模型)可以表示为:

（7）B 模型：词库——基础部分

（D 结构）——语义规则

转换部分 （语义表达式）

语音规则——（S 结构）

（语音表达式）

虽然 B 模型这种设想一开始雄心勃勃，但很快大家就发现要真正解决语义问题并不容易。一方面如果要解决诸如词语意义搭配的问题，似乎只能通过对词库进入句法位置的词语加以"语义特征限制"。比如要生成"[$_{NP1}$男孩[$_V$踢$_{NP2}$足球]]"这个句子，就要让具有[＋人/＋男性/＋未成年/……]特征的词语进入 NP1 的位置，同样让具有另一些语义特征的词语进入 NP2 或 V 位置，同时也就排除不符合该位置语义特征的词语。这套手续不但十分繁琐（至少语义特征的数量很难确定），而且还不一定管用。另一方面语言事实也证明，语言的意义是多种多样的，而像"主动句—被动句""陈述句—疑问句""肯定句—否定句"等的转换，就都或多或少地会改变或影响句子的意义，这样不但关于"转换不改变意义"的要求做不到，而且如果一定要对句子进行完整的语义解释，就势必要在结构生成和变化的每一步都用语义规则来取代句法规则。正因为如此大家开始认识到语法模型中虽然需要加进语义解释规则，但是语义的口子不能开得太大，否则原有问题没解决，新问题反而越来越多，甚至还会威胁到"句法自治"这一理论根基。为此语法模型就必须加以收缩：一是宁可不要求解决那么多语义问题，也要保住句法的核心地位。换句话说就是重新把大量非系统或者本来想解决但又一时解决不了的语义问题暂时排除在核心模型之外。比如一些跟词语搭配有关的语义问题就放到外围的"词库"中归词汇学研究；另一些跟百科知识有关的语义问题就放到外围的"完全语义部分"中归语用学研究。二是即使在核心系统保留语义部分，也必须限制语义解释的范围。也就是说语法模型只需要一个专门用来解释跟句法结构形式有关的语义现象的"逻辑式部分（logical form）"，只处理如"题元""代词所指"等在结构转换前后都不发生变化的逻辑语义问题就够了。同时由于可以通过在表层结构建立"空语类（empty category）"对应深层结构的句法结构形式（详下文），当然也就可以使得语义解释完全放在表层结构进行，相对于"深层结构假说"，这就是"表层结构假说"。这种语法模型（比如记作 C 模型）就是后来被广泛认可的反映人的语言生成机制的语法模型。比如下面（8）图形的中间部分（即句法、逻辑、语音三块）是语法模型的核心部分，又统称"计算系统"；旁边加括号的部分（即词库、完全语义）是语法模型的外围部分，又叫做"调节系统"：

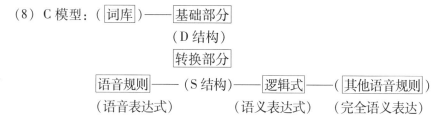

（8）C 模型：（词库）——基础部分
　　　　　　　　　　　　（D 结构）
　　　　　　　　　　　　转换部分
　语音规则——（S 结构）——逻辑式——（其他语音规则）
　（语音表达式）　　　　（语义表达式）　（完全语义表达）

从另一方向看，解决"语法理论怎么才能更简单"的问题主要体现在语法规则的变化上。

前面说语法模型中的各种规则似乎不能处理词语搭配这样的语义问题，但其实这个问题还不算最大，因为语法本来也用不着管那么多。而更大的问题在于语法规则本身。从理论上说一个好的语法应该有两个标准：一是能够生成合格的句子，二是只能生成合格的句子。目前的语类规则和转换规则能大体满足第一个条件，只是规则的数量还太大，比如加个定语要加个规则，加个词缀也要一个规则，被动句要一些规则，疑问句也要一些规则。而目前的语类规则和转换规则还完全不能满足第二个条件。至少所有的规则实际都只是一种正向规则，即只是规定语法能做什么和怎么做，但却没有限制语法不能做什么或者解释为什么不能做，因此也就无法保证排除掉不合格的句子。可见解决语法规则本身的问题更为重要。

怎么解决"语类规则"中这类问题呢？举例说，谁都知道英语中并不存在像"VP→A""NP→P"或"N→NP PP"这样的结构形式，这类规则很荒唐，但是尽管语类规则有很多，却没有一条明确规定不能使用这样的规则。从传统语法看这当然不成其为问题，因为传统语法需要借助语言使用者自己的理解，但从纯形式考虑就必须想办法禁止这样的规则。经过研究发现，可以采用"NP→…

N…","VP→…V…","PP→…P…"等条件来限制语类规则,即规定推导式两侧必须含有相同符号,大的符号必须出现在左侧,最后出现单词;这样把"N、V、P"用变项 X 代表,就可以把这条规则概括成"XP→…X…"。后来在这个基础上又进一步建立了"[XP[Spec. X'[X Comp]]]"的所谓"X 阶标规则(X-Bar condition)",进而保证相同规则可以重复使用。这样一来语类规则就可以只剩下这么一条,而且这条规则不仅可以保证排除各种不合格的结构形式,而且本身也变得极其简单了。

怎么解决"转换规则"中的这类问题呢? 举例说,几乎所有英语语法书和英语教师都会说,英语中构造疑问句就是把所要问的那个词变成疑问词,再把它移位到句首。但实际上这条最基本的规则就不一定管用。比如下面按照这种规则构造出来的一个疑问句就不成立:

(9) a. He can read the book which criticizes John. (他能读得懂批评约翰的书)

→b. *Who can he read the book which criticizes? (他能读得懂批评谁的书)

那么怎么才能堵上转换规则的这种漏洞呢? 比如要是问为什么这个句子的移位形式不对,可能会有几种回答:一是约定俗成;二是意思不通;三是结构复杂;四是定语从句中的成分不能提问。第一种答案显然不能令人信服,类似的句子无穷无尽,怎么约定俗成? 第二种说法道理也不充分,这个句子的意思很清楚,翻译成汉语还是合格的句子。第三种说法也讲不过去,再复杂的英语结构中的成分也还是可以移位和构成疑问句的。只有第四种解释才有点道理,只不过还不够概括,因为很可能不光是定语从句才有这样的成分移位限制。正由于意识到以往语法研究对这一类限制条件注意得太少,所以大家才想到与其研究那些复杂琐碎的移位规则,不如研究在什么情况下不能移位。经过研究发现,英语并列名词结构、左分枝偏正结构、复合名词结构和主语宾语从句结构等,都能对其中成分向句首移位(WH 移位)构成一个封锁区域,就像有人被困在一个孤岛上跑不出来,这样就可以把所有类似的移位限制统称为"禁区条件(Island Conditions)"。在此基础上语法学家们又总结出更概括的限制移位的"邻接条件(Subjacency Condition)",即"在结构式'[…X…[$_α$…[$_β$…Y…]…]]'中,当 α 和 β = NP(名词词组)或 SP(从句)时,Y 不能移至 X 处"。按照这个思路,其实转换规则也就不需要了,即可以假设任何成分 α 在不违反移位限制规则的条件下都可以移位,而且这样的规则就不仅可以保证排除各种不合格的转换形式,而且同样可以变得非常简单。

上面说的"X 阶标规则"和"邻接条件"虽然看起来是对英语语类规则和转换规则的概括和抽象,但很显然,一方面只有这样的规则才更符合语法理论最终要揭示人类语言生成机制的要求,因为假设语法规则就是人类生物遗传的语言能力机制的主要内容,那肯定不应该十分庞杂而应该比较简单;另一方面既然英语中可以找到如此概括抽象的规则,那也就有理由相信一定能找到适用于各种语言的高度抽象但又具有普遍约束力的规则,或者说是限制语法的原则。经验证上述"X 阶标规则"和"邻接条件"实际上就适用于所有的语言,于是"X 阶标(X-bar)""界限(boundary)"就成为两条最基本的语法原则。以后转换生成语法理论又分别建立了"管辖(government)""题元(theme)""格(case)""约束(binding)""控制(control)"等一系列理论原则,这些原则都具有高度的抽象性和极强的解释力,所有语言的句子结构都不能违反这些原则。比如"题元"是说句子结构中每个动词作为结构核心都要支配一定数量和一定位置的名词;"格"是说句子结构中任何名词都必须通过结构形式获得格的允准;"管辖"则进一步统一了指派"题元"和"格"的句法结构形式;至于"约束"和"控制"则主要是从句法形式上解释代词和空语类的语义所指关系。从另一角度看,这些原则又可以分别看作是处理句法现象为主的原则和处理语义现象为主的原则,其中"管辖"是句法原则的代表,"约束"是语义原则的代表,因此采用这些原则的理论就不再称"转换语法",而直接称作"生成语法",或者叫做"管辖与约束理论"了。

采用上面这样一些原则的生成语法理论与早先的转换语法已经差不多完全变了样子。语类规则和转换规则重要性下降姑且不论,主要是在理论系统上发生了两个方面重要变化。一方面,整个理论体系由"规则模式"转变为"组件(module)模式"。也就是说这些原则都可以看作是语法的组件,各自有一套推导程序,各自都可以拆开来单独研究,但是原则与原则之间又是互相作用和彼此制约的,某个原则和某个语言现象并不构成直接联系,而是像搭积木一样,取几个原则可以解释一种现象,另取几个原则又可以解释一种现象,这些原则合起来就构成了牵一发而动全身的系统。另一方面,这样的一些原则也就是所谓能反映人的语言能力和限制人类所有语言的语法范围的"普遍语法"。这些普遍的语法原则各种语言都不能违反,但是不同语言又可以有各自的特点和差异,而后者则只不过是原则之下的一些"参数"罢了。换句话说,"原则"是普遍适用于各种语言的,而"参数"则主要用来说明具体语言的差异。这也就是为什么"管辖与约束理论"也有人更愿意称作"原则与参数理论(principle and parameter theory)"的原因。

上面我们对"管辖与约束理论"的介绍十分简单,没有讨论更多技术细节。那么汉语研究中能不能采用这样的理论和方法呢?下面就结合着汉语研究的一些实例来做些讨论。当然其中同样不可能涉及太多操作技术,无非是通过一些研究成果来体现这种研究取向罢了。

2. "管辖"和汉语原型句法结构形式

"管辖"是管约论的一个重要原则,与"X结构""题元""格"等原则都有密切关系。其基本精神是说,句法结构中有些词语成分(如V),必须管辖另外一些词组成分(如NP)。比如说主语NP和宾语NP就必须受到I(时态成分)和V(动词)的管辖;同时只有受管辖的NP才能充当"题元"和具有"格",这些成分才能组合成合格的句法结构。可以认为管辖原则的主要作用之一就是确定语言中的各种原型句法结构(或者说深层结构)。

2.1 汉语的"动词原型结构"

无论哪种语言,进行成分移位分析和句式构造分析的基础就是要通过一定的成分管辖来建立最小的原型结构形式,汉语当然也是如此。不过英语等印欧语言的原型结构形式比较容易确认,因为这些语言中的动词和名词都有丰富的形态变化。但汉语的语法结构没有主谓一致关系和动宾粘着关系,宾语常常可以省略,可出现在动词前的名词有时甚至可以有一大堆,而且所有的名词有时

都可以没有介词之类的标记,这样一来哪个是真正的主语和宾语,或者说动词的原型结构当然就不好定了。比如下面的例子:

（10）a1. 弟弟吃了   a2. 苹果吃了   a3. 苹果弟弟吃了

b. 这件事 我 现在 脑子里 一点印象 也没有了

可见确定汉语的动词原型结构就需要采取变通的办法解决成分管辖问题,沈阳（1994a/b）提出采用以下（11）的"三原则"来确定动词原型结构中受管辖的主宾语 NP 的原始位置:

（11）动词原型结构由动词（V）和符合下列数量和位置限制条件的名词（NP）组成:

1. 预选 NP 原则: 所有可能出现在结构中的名词性成分都是预选 NP;

2. V 前 NP 原则: 预选 NP 可以在 V 前无标记（unmarked）出现,是 V 前 NP（主语）;

3. V 后 NP 原则: 预选 NP 可以在 V 后有位置（occupied）出现,是 V 后 NP（宾语）。

"预选 NP"的意思是,对于可进入动词结构的 NP 先不作语义角色的限制,也不管有没有介词引导,有一个算一个,并可以考虑最大可能的数量。比如下面同样由动词"洗"构成的结构,（12a）中没有出现一个名词,（12b）却有 5 个名词,那么后者的 5 个名词就都可以先认为都具有预选 NP（即可能充当主语或宾语）的资格。

（12）a. 洗了   b. 昨天 他 在家里 用洗衣机 洗衣服

"V 前 NP"的意思是,对于进入同一结构的预选 NP,其中必须且只能找出一个 V 前 NP,即出现在动词前且不能加上介词（表被动介词除外）的名词,这就是主语。比如下面例子中动词前都只出现一个名词,但只有（13a）中的"他"符合 V 前 NP 条件,因此是主语;（13b～e）中的名词都已有或可加上介词,因此都不是主语。但由于这些结构中实际上都可以再加上一个类似（13a）中"他"的成分,说明这些结构一定还有一个 V 前 NP 的位置。比较:

（13）a. 他洗了那几件衣服

b1. 在车站碰到了朋友   b2. 我（在车站）碰到了朋友

c1. 跟老李商量那件事　　　c2. 我(跟老李)商量那件事

d1. (在)昨晚看了一个电影　　d2. 他(在昨晚)看了一个电影

e1. (对)那事已没什么印象　　e2. 我(对那事)已没什么印象

"V后NP"包含两个意思:一是哪些名词能进入V后NP位置,即能有几种宾语,二是V后能放下几个名词,即能放几个宾语。"哪些能进入"是说,把确定的V前NP排除后所有预选NP只要"能够"出现在动词后,不管哪种语义角色,就都属于V后NP,这就是宾语。比如下面例子中各语义角色类的名词都可以进入动词后,就都可以看作是宾语:

(14) a. 受事宾语: 吃面条/洗衣服　　b. 工具宾语: 吃火锅/写毛笔

　　　c. 结果宾语: 包饺子/写文章　　d. 目的宾语: 考博士/排车票

　　　e. 方式宾语: 吃快餐/存活期　　f. 处所宾语: 去上海/放桌上

"能放下几个"是说,在考虑有多少不同语义类名词能进入V后的同时,还得看动词后有几个NP位置。虽然有时能够出现在V后的名词较多,但V后的位置却是有限的。比如有的动词后一个名词也放不下,就是无V后NP位置的一元动词(记作V^1);有的动词后只能放下一个名词,就是有一个V后NP位置的二元动词(记作V^2);还有的动词后最多可放下两个名词,就是有两个V后NP位置的三元动词(记作V^3)。例如:

(15) a1. 孩子们在游泳。　　a2. 爸爸又咳嗽了。

　　　b1. 他洗了那几件衣服。　b2. 他创造了新的纪录。

　　　c1. 他泼了小张 一身水。　c2. 老师送了我 一本书。

根据以上的"三原则",也就可以得到汉语中三种最小的动词原型结构形式。如(16):

(16) a. V^1 结构: $[_{SP}NP_1V^1]$　　b. V^2 结构: $[_{SP}NP_1V^2NP_2]$

　　　c. V^3 结构: $[_{SP}NP_1V^3NP_2NP_3]$

2.2　汉语的"动词套合结构"

　　上面说过,有时实际结构中出现和可能出现的符合"三原则"条件的名词性成分(特别是V后NP),按照"哪些能进入"得到的V后NP成分很可能会多于根据"能放下几个"得到的V后NP位置。那么怎么处理这种成分多而位置少的结构形式呢。看下面的例子：

(17) a1. <u>他</u>用<u>柳条</u>编<u>筐</u>(柳条编筐)

　　　a2. <u>柳条他</u>编了<u>筐</u>(编柳条/编筐)

　　　b1. <u>他</u>给<u>花</u>浇了<u>水</u>(花浇了水)

　　　b2. <u>他</u>用<u>水</u>浇了<u>花</u>(水浇了花)(浇花/浇水)

先看(17a)。其中"编"是 V^2，原型结构应是(16b)，即动词前后各有一个 NP 位置。从这类结构中 NP 的语义角色看，动词前的 NP_1 都是施事成分(如"他")；但动词后的 NP_2 则可以是材料成分(如"柳条")，也可以是结果成分(如"筐")。这样当这三种不同语义角色的 NP 在同一结构共现时，由于"编"是 V^2，所以 V 后只允许出现一个 NP_2，而且受事 NP_2 与结果 NP_2 共现时，只允许结果 NP_2"筐"占据 V 后 NP_2 位置，而材料 NP_2"柳条"则需移至动词前。这时"筐"当然是 V 后 NP_2，但"柳条"是什么成分呢？根据"三原则"，V 前 NP_1 只能是"他"("柳条"不能是 V 前 NP_1；即使"他"不在结构中出现[如"柳条编了筐"]，因为"柳条"前可加介词[如"把/用柳条编了筐"]，"柳条"也不能是 V 前 NP_1)。由于抽象看"柳条"可出现在 V 后，因此"柳条"仍然是 V 后 NP_2，只是三个 NP 的共现限制才必须前移。也就是说根据"三原则"必须承认"筐"和"柳条"都是 V 后 NP_2。这样"编"是 V^2，又有两种 V 后 NP_2(材料/结果)，就可以称作"二元双系动词"。不过更严格地说(17a)其实并不是一个结构，而可以看作是带有不同"系"NP_2 的两个 V^2 结构("他编筐"和"他编柳条")套合在了一起，这就是汉语中特有的"动词套合结构"。动词 V^2 同音、同形、同元是构成二元双系套合结构的必要条件。正因为同音、同形，所以套合时可以只出现一个 V；正因为同元，所以套合后不能突破 V^2 动词原型结构对 V 后 NP 位置的限制。所以其中一系 NP_2(严格说是另一个 V 后的 NP_2)虽然仍具有 V 后 NP_2 的身份，而又不能不临时被挤到 V 前其他位置上去。再看(17b)。其中"浇"也属于"二元双系动词"，即也可以构成动词套合结构。但跟"编"类动词套合结构不同在于，这类动词支配的两系 V 后 NP_2"花"(受事)和"水"(材料)在表层结构中共现时却都可以去占据 V 后 NP_2 的位置，即这两系 NP_2 是在 V 前出现还是在 V 后出现是任意的。据考察，汉语中除了有不少二元双系动词，也还可能有二元多系的

动词结构。比如下面的(18):

(18) a. 午饭每人食堂五块钱吃一份快餐(每人吃//吃午饭/吃食堂/吃五块钱/吃快餐)

3. "空语类"和汉语空语类的类型和作用

"空语类"也是管约论的一个重要原则,与"X 结构""管辖""题元"等原则都有密切关系。其基本精神是说,根据句法规则建立的动词原型结构(深层结构)NP 位置上如果由于成分移位或其他结构限制而在表层结构中不能出现词语,这些位置本身就可以看作是一个空成分。可以认为空语类的主要作用之一就是保证各种原型句法结构中 V 和 NP 的数量和位置在结构转换以后都保持不变,这也才可能保证对句法结构做充分的语义解释。

3.1　空语类的特点和汉语空语类的类型

"空语类"是没有语音形式和词语形式的句法成分或句法位置,那么这种成分是否真的存在呢? 其实就像数学中 0 也被看作是自然数,或者就像汉语普通话音节结构中零声母也可看作是一种声母一样,空语类尽管没有语音形式,也就是都"看不见",但也肯定具有客观现实性,而且在句法结构和语义解释上有重要的作用。比较下面英语的例子:

(19) a. John is too stubborn to talk to. (约翰太固执,以至于没人愿意跟他谈)

b. John is too stubborn to talk to him. (约翰太固执,以至于不愿意跟他[别人]谈)

(19)中两个句子在结构形式上的差别很小,只是(19b)后面多了"him(他)"。但这两句话的意思却很不一样。这种区别就是因为(19a)中"John"是从句尾移过来的,因此"talk to"后一定有个空语类;而(19b)中的"John"却不是从句尾移来的,因为"talk to"后面另有词语"him"。正因为如此,(19a)中"talk to"的对象就是空语类所代表的句首"John",而(19b)中"talk to"的对象就是原来位置的"him"。如果不承认(19)两句的"talk to"后面都有成分,其中一个是空语类,就无法解释这两句的差异了。进一步说,(19)还证明空语类实际还有不同类型。因为既然两句中"talk to"后面一定有个对象,而且可以证明其中一个是移走的"John"的原位置,一个是"him",那么当然就可以推论"talk to"前面虽然没出现词语,但也肯定存在一个"talk to"的发出者。有意思的是这两句中"talk to"的发出者也不是同一个人,即(19b)中是"John",(19a)中是"别人"。现在一般把"talk to"后成分移位造成的空语类叫做"语迹"(记作 t),而把原来位置就存在的空语类叫做"隐含"(记作 PRO)。"语迹 t"和"隐含 PRO"就是语言结构中最主要的两种空语类。

那么怎么才能确定空语类,怎样区别不同的空语类呢?这个问题对于英语等形态丰富的印欧语来说比较简单。由于印欧语往往都存在主谓一致关系和动宾粘着关系,主语和宾语位置很容易确定,那当然空语类也就容易确定了,即当主语或宾语的位置没出现词语时,这个位置就是空语类。而且英语中的空语类主要就是上面说过的两大类:一类就是移位造成的"语迹 t",打个比方就是某人外出以后留出的空房子,疑问句移位、话题句移位或被动句移位都会造成这种空语类。另一类就是隐含造成的"隐含 PRO",打个比方就是有户口而没有人住的空房子,比如非限定动词(不定式)前面的主语位置通常就必须有这种空语类。

前面讨论过汉语可以通过"三原则"来建立动词原型结构,即确定主语 NP和宾语 NP,这样也就有可能严格确定汉语动词结构中的空语类。因为同样可以说,汉语的空语类就是动词原型结构中 NP 位置(即主语或宾语位置)在表层结构中没有出现词语。比如已知 V^2"洗"前后各有一个 NP 位置。那么当然下面各例中 V 前后的某些 NP 位置就存在空语类。例如:

(20) a. [s 他洗了 e]

　　　b. [s e 洗了 e]

　　　c. [s(那几件衣服)他洗了 e]

　　　d. [s 他(把那几件衣服)洗了 e]

　　　e. (他打算)[s e 洗那几件衣服]

　　　f. (父母嘱咐他)[s e 洗那几件衣服]

汉语空语类当然也有不同的类型,不过分类也需要采用变通的标准。根据沈阳(1994a/b),上面(20)中的空语类虽然都是"空",但造成"空"的原因不同,因此可以把汉语的空语类分成三类:像(20a～b)中的空语类可以叫做"省略型空语类 e"。其特点是:(1)某个可以充当 V 前 NP 或 V 后 NP 的词语没在主语、宾语位置出现,也没在结构内其他位置出现;(2)相关词语可能进入这个空位置,即可以"补出来"。所以"e"是句法上自由的空语类。像(20c～d)中的空语类可以叫做"语迹型空语类 t"。其特点是:(1)某个可以充当 V 前 NP 或 V 后 NP 的词语没有在主语、宾语位置出现,但这个词语移位到结构中其他位置;(2)这个词语原位置不能补出相同的有形词语。"t"有时是句法自由的(因为 NP 可以移回原位),有时又是句法强制的(NP 受到结构限制不能移回)。像(20e～f)中的空语类可以叫做"隐含型空语类 P"。其特点是:(1)某个可以充当 V 前 NP 或 V 后 NP 的词语没有在主语、宾语位置出现,也没有在结构内其他位置出现(更大结构中意义相同的成分是另一动词的 NP,与"洗"V 前 NP 无关);(2)这个词语的原位置永远不能补出相同的有形词语。第(1)条跟"e"类似,区别于"t",第(2)条跟"t"类似,区别于"e"。"P"跟结构内任何成分都没有句法上的联系,因此一定是句法强制的。汉语的空语类跟英语等印欧语中的空语类当然有一致的地方,比如都有"语迹 t"和"隐含 P"。但也有不一样的地方,比如汉语的"隐含 P"就不是根据动词的形态来确定的,因为汉语没有限定和非限定动词之分,所以才不得不采取"有 NP 位置但永远无法补出 NP 词语"这样的变通标准。而汉语之所以要增加"省略 e"这一类,是因为汉语的主语、宾语常常可以自由地不出现,由于空语类的性质就是可以确定的主语或宾语位置不出现有形词语,那当然就不能不算上这种情况了。

3.2 "语法同构分析"和"成分提取分析"

空语类在汉语语法研究中有什么样的用处,可以举两个例子来看。

一个例子是空语类与"语法同构分析"。前面说建立空语类的作用有两条:一是保证句法结构的最大一致性,即通过空语类可以保证相同动词都具有相同的深层结构形式,以便进行句法构造分析;二是保证语义解释的最大一致性,即通过空语类可以保证结构中每个 NP 位置始终有成分,以便进行题元语义关系解释。这两点都体现在"语法同构分析"中。

所谓"语法同构",就是如何判断两个结构的句法形式是否相同以及两个结构的语义关系是否相同。"语法同构"有不同层面标准。比如说"吃面包"和"穿衣服"同构,可能容易理解;但说"快走"和"好书"也是同构,可能就不容易理解。其实这两组都可以算作同构,只不过采用的标准不同:前两个词组都是"动宾",而且动词和名词的语义关系也一致,因此就是"狭义同构";而后两个词组都可以叫做"偏正",所以也是同构,只不过内部的小类不同,成分的语义关系也没有共同点,就只能算"广义同构"。采用空语类分析,就可以建立更加严格和更加系统的"同构"概念。比如按照层次分析,下面(21)中的各例应该是同构的(主谓);而(22)中的各例应该是异构的(主谓、动宾等)。比较:

(21) a. 小李去过了。　　b. 去年去过了。　　c. 北京去过了。

(22) a. 客人来了。　　　b. 家里来客人了。　　c. 来家里一位客人。

凭直觉就可感觉到,把(21)这样的结构看作是同构,其实结构并不严格相同,而且基本意义(题元关系)差别也很大;而把(22)这样的结构看作异构,其实结构倒有密切联系,而且基本意义(题元关系)又没多大差别。如果要在同构分析中把这种相异和相同之处都体现出来,就必须引入"空语类"的概念。

一种情况是可借助空语类建立"扩展同构"分析。假定已知"来、去"都是 V^2(二元动词),其原型结构形式和动名语义关系可表示为"[$sNP_{1主体} V^2_{(来/去)}$ $NP_{2处所}$",那么显然(21)就不是这种"同构",因为在 V 前或 V 后 NP 位置并没有都出现符合条件的词语。这样如果还要说(21)是同构,那就只能说是原型结构的"扩展同构",也就是加进了空语类(主要是"省略 e")的同构。跟(21)比较:

(23) a1. 小李去过了←a2. [s 小李去过了 e]

　　　b1. 去年去过了←b2. [s(去年)e 去过了 e]

　　　c1. 北京去过了←c2. [s(北京)e 去过了 t]

再一种情况是可借助空语类建立"变换同构"分析。因为已知"来、去"的原型结构形式和动名语义关系,那么(22)就不能简单说是异构了,因为其中有些只是原型结构 NP 位置上的有些词语跑到其他位置上去罢了。这样当然就可以说(22)仍然是同构,只不过是一种"变换同构",也就是加进了空语类(主要是"语迹 t")的同构。跟(22)比较:

(24) a1. 客人来了←a2. ［s 客人来 e 了］

　　 b1. 家里来客人了←b2. ［s(家里)t 来(客人)t 了］(或"来""家里"前移)

　　 c1. 来家里一位客人←c2. ［st 来家里(一位客人)］(或"来家里"前移)

　　另一个例子是空语类与"成分提取分析"。汉语"X 的(X＝S)"结构有时可以独立使用(如直接做主语或宾语),在功能和意义上相当于一个名词成分。其中的规律在于：如果 X 中缺少一个名词,即 X 中的主语或宾语位置有空位,"X的"就可以独立指称这个空位成分。X 中出现空位并用"X 的"指称这个空位名词的语法操作就叫做"成分提取(extraction)"。成分提取其实也就是在 X 中提取出主语或宾语名词造成空语类。如果 X 中发生了提取,即有空语类,就可以构成独立指称的"X 的"；如果 X 中提取的空位超过 1 个,即多于 1 个空语类,就会造成"X 的"有多种指称；反之如果 X 中没有发生提取,也就是没有空语类,"X 的"就只能是起修饰作用而不能独立指称。比如下面"X＝'他开车'"的"X的"的例子：

(25) a1. <u>他开</u>的轿车出过事故　　a2. <u>他开</u>的(＝车)出过事故

　　 b1. <u>开车</u>的老王今天休息　　b2. <u>开车</u>的(＝人)今天休息

(26) a1. <u>他开车</u>的技术数一数二　a2. *<u>他开车</u>的(＝技术)数一数二

　　 b1. <u>他开车</u>的路线比较灵活　b2. *<u>他开车</u>的(＝路线)比较灵活

　　上面说的"X 的"结构的成分提取区别,其实在英语中也有类似情况,主要表现为由"that"引导的定语从句(不妨叫做"that X"结构)。下面(27)方括号内就是英语中有提取空位的定语从句结构,(28)方括号内就是英语中没有提取空位的定语从句结构。比较：

(27) a. I met the <u>woman</u>［that ＿＿＿＿ stole the diamond］(我见到了偷钻石的那个女人)

　　 b. I saw the <u>diamond</u>［that she stole ＿＿＿］(我见到了她偷走的那块钻石)

(28) The fact［that she stole the diamond］has been proved(她偷钻石的事已被证实)

表面看汉语"X 的(N)"结构和英语的"(N)that X"结构差不多。其实汉语的"X 的"结构与英语的"that X"结构有很多不同。其中特别值得注意两点：一是英语中不管哪种"that X"都只能当从句定语（区别在于修饰什么样的中心语），但不能像汉语那样丢掉中心语而独立使用。另一重要差别是，英语"that X"中有没有提取和空语类很容易看出来。因为 X 中发生提取后一定存在显性空位。但汉语有的"X 的"虽然看起来 X 中主宾语齐全，即看不出 X 有空位，但整个"X 的"仍然可以独立使用和指称名词。例如：

> （29）a. 你先搬<u>他捆了绳子的</u>(箱子)　　b. <u>我没浇过水的</u>(花)都死了
>
> 　　　　c. <u>孩子考上大学的</u>(家长们)留下　d. <u>自己开伙做饭的</u>(年轻人)挺多

（29）中画横线的"X 的"中的 X 都是主宾齐全的主谓结构，也就是看起来其中并没发生成分提取。按照前面的分析，这样的"X 的"应该不能独立指称，可这里显然又都是独立指称用法。这是什么道理呢？前面说过，因为汉语空语类并不是根据显性的主语和宾语确定的，即虽然在显性主宾语位置都有词语，却仍可能存在空位。比如（29a/b）中的 X 就是一种二元多系动词结构，即这种结构中能当宾语的名词要多于宾语的位置，或者说即使动词后出现了宾语，仍可能存在隐性宾语位置。这一点很容易证明，因为有"捆箱子（V + 受事）/捆绳子（V + 工具）""浇花（V + 受事）/浇水（V + 材料）"的用法。因此即使 X 中主宾语齐全，仍可能提取了一个隐性的宾语，也就是仍然存在空语类。（29c/d）是另一种情况，尽管这种 X 中的动词不是多系动词，可其中一定有一个语义上需要相关成分和句法上支配一个连带成分的组合名词。比如"孩子"必须能与领有名词构成领属性组合名词（某人的孩子），"自己"必须能与同位名词构成照应性组合名词（某人自己）。因此这种 X 结构即使主宾语齐全仍可能提取组合名词的一部分，并且存在特殊的空语类。所以（29）的例子不但不是 X 结构中存在空语类的反例，恰恰再次证明汉语独立指称的"文的"中肯定都要发生成分提取，也都必须存在空语类，只不过成分提取和空语类的情况比较特殊罢了。

4. "移位"和汉语句法成分移位现象

"移位（movement）"虽然不是管约论的一个理论原则，而只是句法操作的一种手段，但是却与"管辖""格""界限""题元"等各个原则都有直接的关系，或者说都要受到各个原则的制约。前面说过句法结构中任何成分只要不违反原则都可以发生移位。因此分析汉语句法成分的移位,一方面要看有没有发生移位,另一方面也要讨论怎么样发生移位。

4.1 汉语句法结构中成分移位现象的复杂性

说句法成分发生了移位,当然是相对于句法成分的原始位置而言的。比如如果认为"我吃过晚饭了"和"晚饭我吃过了"本来就是不同结构,那当然就不好说哪个成分发生了移位;只有承认其中一个是原型结构,才能说另一个结构中某个成分发生了移位。汉语和其他语言一样,当然肯定存在句法成分的移位现象,但由于汉语句法结构相对于其他语言具有极大的灵活性,所以汉语有没有移位和怎么样移位的问题就往往会引起争论。比较几个例子:

(30) a1. 他老伴死了 a2. 他死了老伴

　　　b1. 他眼睛瞎了 b2. 他瞎了眼睛

(31) a1. 一只小鸟落树上了 a2. 落树上一只小鸟 a3. 树上落了一只小鸟

　　　b1. 一辆汽车停院里了 b2. 停院里一辆汽车 b3. 院里停了一辆汽车

对于(30a)有一说是其中两个"死"的意思不一样,前者是"死亡",后者是"失去",所以是不同的结构。但这种说法难以解释同类结构其他动词。如果排除这种意见,那就得承认(30)中一定有移位。但目前对于其中移位方向和移位成分有不同的处理办法:比如(30a),一是说(a1)是原型结构,(a2)是 V 前名词"老伴"向后移位构造的。二是说(a2)是原型结构,(a1)是 V 后名词"老伴"向前移位构造的。三也说(a1)是原型结构,但(a2)是动词"死"向前移到"他老伴"中间位置构造的。再比如(31a),按第一种说法,(a1)是原型结构,(a2/3)分别是"小鸟"和"树上"分别向后或向前移位。按第二种说法,(a2)是原型结构,(a1/3)分别是"小鸟"和"树上"向前移位。而按第三种说法,也是(a1)是原型结构,(a2/3)是名词"树上"和动词"落(树上)"分别或同时向前移位。不管上面哪种意见对,有一点可以肯定,汉语中的成分移位现象和移位形式远比其他语言复杂。

所以沈阳等(2001)认为,汉语无论采取哪种分析策略都可以,但在符合相关理论原则的同时,关键还是要看能不能反映语言中句法成分移位现象的系统性,能不能解释更多语法现象。因此他建议把(30~31)等都处理为"名词移位",这样一方面可以与前面说的建立动词原型结构的"三原则"相一致,可以保证移位成分的一致性;另一方面似乎也可以更方便地处理汉语中诸如(32)"形容词使动结构"、(33)"动结式结构"、(34)"动宾带宾结构"、(35)"得字结构"等带有复杂成分移位现象的各种特殊结构的构造形式。例如:

(32) a1. 土地很平整　　a2. (农民)平整了土地

　　　b1. 队伍很纯洁　　b2. (我们)纯洁了队伍

(33) a1. 眼睛哭肿了　　a2. (小姑娘)哭肿了眼睛

　　　b1. 队伍排齐了　　b2. (战士们)排齐了队伍

(34) a1. 在中国登陆了　　a2. 登陆了中国

　　　b1. 向好莱坞进军　　b2. 进军好莱坞

(35) a1. 小姑娘疼得直流眼泪　　a2. 疼得小姑娘直流眼泪

　　　b1. 小姑娘哭得眼睛都肿了　　b2. 哭得小姑娘眼睛都肿了

4.2 "分裂移位"与汉语相关句式分析

采用上述移位分析在汉语语法研究中有什么样的用处,可以举"分裂移位"与汉语特殊话题结构的构造这个例子来看。

汉语中作为"话题"的句首成分可以是非移位成分,如"那起事故我们已写了报告";也可以是移位成分,如"报告我们写好了"。但有时也会出现一种情况,即句首名词实际上不是原来 V 后 NP 的整体,而只是其中的一个成分。相对于一般 NP 的整体移位形式,这就是 NP 的"分裂移位"。比较:

(36) a1. 我刚浇了这盆花 → a2. 花我刚浇了这盆

　　　b1. 你才吃了一片药 → b2. 药你才吃了一片

从 NP 分裂移位的条件看,如仅根据(36),好像 NP 都是"数量词+名词";组成成分都表示相同语义角色并都能受动词支配;分裂移位的成分都是名词短语的中心语。但观察更多的实例可以发现,实际上句法结构中整体 NP 中的任何具有指称作用的体词性成分(不限于是同语义类成分,不限于是中心语),都可能发生分裂移位。例如:

(37) a1. 我切了羊肉片 → a2. 羊肉我切了片

b1. 我才写了<u>文章(的)开头</u> → b2. <u>文章</u>我才写了<u>开头</u>

b1. 他专买<u>名牌的运动鞋</u> → b2. <u>运动鞋</u>他专买<u>名牌的</u>

从 NP 分裂移位的方向看,除了 V 后 NP 可以向前分裂移位,当原来 V 前 NP 的某个组成成分在结构中不同位置独立出现,当然也就可以看作是 NP 的向后分裂移位。V 前 NP 分裂后移与 V 后 NP 分裂前移在结构条件上没什么不同,区别仅在于分裂前移是分裂的成分跑到动词前充当句首 NP,而分裂后移是留在动词前原位置的成分充当句首 NP。例如:

(38) a1. <u>两只小鸟</u>落树上了 → a2. <u>小鸟</u>落树上了<u>两只</u>

b1. <u>老王(的)心脏病</u>又犯了 → b2. <u>老王</u>又犯了<u>心脏病</u>

通过这种分析可以发现,汉语中 NP 的分裂移位并不受移位成分和移位方向的限制,只是需要遵守两个条件:一是原来的整体 NP 如分裂移位,分裂的两个成分一定会变得"语义异指",即要么语义类型不同,要么语义范围不同,而且其中语义类型或语义范围大的必须出现在 V 前,语义类型或语义范围小的必须出现在 V 后。二是原来的整体 NP 如分裂移位,分裂的两个成分一定会变成"后置支配",即向前分裂移位是假性移位,向后分裂移位是真性移位,或者说分裂后处于 V 后的那一部分成分都一定是动词直接支配的焦点成分。比较:

(39) a1. <u>他(的)老伴儿</u>死了 → a2. <u>他</u>死了<u>老伴儿</u>

b1. <u>仓库里(的)不少苹果</u>烂了 → b2. <u>仓库里</u>烂了<u>不少苹果</u>

(40) a1. 我只抽<u>万宝路香烟</u> → a2. <u>香烟</u>我只抽<u>万宝路</u>

b1. 他可送了我<u>不少礼物</u> → b2. <u>礼物</u>他可送了我<u>不少</u>

c1. 你一定要多吃<u>新鲜的蔬菜</u> → c2. <u>蔬菜</u>你一定要多吃<u>新鲜的</u>

d1. 我就爱喝<u>放得时间长的这种酒</u> → d2. <u>放得时间长的</u>我就爱喝<u>这种酒</u>

e1. 我刚换了<u>自行车(的)链条</u> → e2. <u>自行车</u>我刚换了<u>链条</u>

f1. 他去过<u>大城市(中)北京和上海</u> → f2. <u>大城市(中)</u>他去过<u>北京和上海</u>

5. "题元"和汉语题元结构分析

"题元"是管约论中涉及句法和语义两方面问题的一个重要"组件"。题元研究有两种倾向:一种偏重于研究题元的句法位置,题元结构也就是前面说的动词原型结构;还有一种偏重于研究题元的语义作用,即题元结构中还要区分充当题元的 NP 所具有的"施事、受事、工具、终点"等论旨角色。两种倾向的题元结构研究在语法分析中都有重要作用,特别是可以应用于词汇和句法的界面研究以及处理复杂动词结构的句法构造和语义解释。

5.1   题元结构与汉语合成复合词的构造形式

吕叔湘(1942)就注意到,汉语中有些复杂复合词相当于"有起词有止词的句子",只不过"拿起词作端语"。按照这种分析,这种"合成复合词"又可细分为四个小类。例如:

(41) A. 有起词无止词:a1. 旅客   a2. 舞女   a3. 不倒翁   a4. 未亡人

　　　　B. 有起词有止词:b1. 售票员   b2. 编剧人   b3. 浣纱女   b4. 食蚁兽

　　　　C. 有起词省止词:c1. 牧童   c2. 嫖客   c3. 研究员   c4. 发起人

　　　　D. 动词止词颠倒:d1. 日报读者   d2. 电影演员   d3. 学生辅导员   d4. 节目主持人

所谓"拿起词作端语"其实就是说"定"和"中"在意义上除修饰和被修饰的关系,还暗含另一种语义关系;或者说各个成分在结构上除了偏正的语序,还可能有位置的变化。比如(41)最后一例"节目主持人",修饰语中的动词"主持"与中心语名词"人"就具有施事者和动作的关系(人 + 主持);动词与名词"节目"还具有动作和客体的关系(主持 + 节目)。可见"节目主持人(O-V-S)"这种复合词的结构就可以看作是通过"人主持节目(S-V-O)"这样由动词 V 和题元 NP 构成的题元结构变化来的。题元结构并不限于句法结构,在词汇层面也存在,比如"员辅导学生"中的"员"作句法结构的主语不太合格,但分析为动词"辅导"的施事却不会有人不承认。正因为这种复合词的组成成分中包括动词性成分和体现论旨角色的名词性成分,所以也就可以构成题元结构;比照原型的题元结构,这种复合词也可以看作是通过题元成分的移位形成的,即不妨认定"学生辅导员"是经历了从题元结构"员辅导学生"中表施事的域外题元 S "员"跑到动词 V 右侧,同时表客体的域内题元 O"学生"跑到动词 V 左侧的过程才构造出来的。例如:

(42) a. 动词的题元结构：A 施事-V-Th 客体（"员""辅导""学生"）

→b. 合成复合词结构：Th 客体-V-A 施事（"学生""辅导""员"）

建立了上述合成复合与题元结构相联系的一些基本概念,就可以进一步观察更多这类复合词的构造情况。因为虽然合成复合词的中心语表示"人"的名词(即"施事")占大多数,但实际上中心语也可以是其他意义的名词,大致还有以下几种情况：

(43) a. 中心语表示"主体"：中立国　致癌物质　肠道寄生虫　疾病遗传基因

b. 中心语表示"工具"：录像机　登月飞船　血压测量计　指纹识别系统

c. 中心语表示"材料"：除虫菊　防弹玻璃　空气清新剂　信息传输介质

d. 中心语表示"手段/方法"：健身拳　欺骗手法　服装设计图　语料检索程序

e. 中心语表示"(事件)场所"：摄影棚　卸货码头　家禽饲养场文物拍卖网站

f. 中心语表示"(物体)处所"：蓄水池　冷藏仓库　标本陈列室垃圾填埋场地

g. 中心语表示"受事/客体"：复印件　托运行李　非法出版物　无人驾驶飞机

从一方面看,合成复合词其实都是通过题元结构的成分位置变化构造的。因为题元结构中本来就可以有表主体、工具、材料、手段/方式、场所、处所、受事/客体等题元,当然合成复合词中不同的中心语也就都可以与动词构成题元结构。事实上这些名词性成分也都能分别从题元结构的某个位置跑到动词右侧并构成复合词。例如把"技术人员在车间通过电脑程序用仪器检测车辆"这个句子分析为包含动词和五个不同名词的题元结构"A 施事 ＋L 场所 ＋M 方法十 T 工具 ＋V ＋Th 客体",这五个名词就都可能成为复合词的中心语。比较：

(44) a. 车辆检测员/人员（＝施事）　b. 车辆检测仪/仪器（＝工具）

　　c. 车辆检测<u>场</u>/<u>车间</u>(= 场所)　　d. 车辆检测<u>法</u>/<u>程序</u>(= 方法)

　　e. 未经检测<u>物</u>/<u>车辆</u>(= 客体)

从另一方面看,这些合成复合词的题元关系意义和题元结构形式也有许多相同点。从题元意义上说,这些复合词的中心语绝大多数都可以体现施事作用:主体题元本来就是宽泛意义的施事,而其他表示工具、材料、手段或方法、场所等的题元,跟施事更不矛盾,即都是人的施事能力的延伸,因此可以用"广义施事"来概括。从题元位置上说,这些中心语绝大多数跟施事一样都是域外题元:主体题元当然是域外题元;而表示工具、材料、手段或方法、场所的题元,在句法结构的基本位置是由介词引导作状语,也都是域外题元,而且都可以直接占据主语位置,因此又可以用"广义主语"来概括。至于表"物体处所"和"受事/客体"的题元充当中心语的复合词结构,也可以由此作出相应的统一分析(具体不细说)。

　　5.2　题元结构与汉语"把字句"的构造形式

　　"把字句"是现代汉语的一种重要句式。把字句中最值得注意的当然是"把字句"中"把"后名词(记作 NPb)的性质和特点,对此目前有两种主要的意见:一种认为 NPb 可看作"受事主语"(朱德熙 1982);另一种认为 NPb 可看作"提前宾语"(李临定 1988)。应该说这两种 NPb 的定义在有限范围内似乎并不错,但如果加以推广又都会碰到一些问题,比如下面 (45) 的例子无论用"受事主语"还是"提前宾语"都不能解释。例如:

　　(45)　a. 把<u>铅笔</u>写秃了(工具)　　　　b. 把<u>屋子</u>堆得满满的(处所)

　　　　　c. 把<u>买卖</u>跑成了(目的)　　　　d. 把<u>老伴</u>死了(施事)

　　　　　e. 把<u>伙计们</u>都累跑了(施事)　　f. 把<u>孩子</u>饿得直哭(施事)

　　沈阳(1997a)认为,无论是看上去跟主语有关的 NPb,还是看上去跟宾语有关的 NPb,其实都有一个共同特点,即一定是一个最小题元结构中本来在动词前的施事或主体题元名词,但由动词或结构决定这个名词又可能或必须出现在动词后,结构中只有或只要有这种 NPb,就能进入"把"后并构成把字句。这从下面(46)就很容易看出来。虽然(47)中 NPb 看起来好像是提前宾语,但仔细分析,这些 NPb 既不是谓语动词的宾语,也不是补短动词的宾语,仍然是动结式中补语动词的施事或主体主语,并且因为受述语动词和补语动词并合限制而必须出现在动词后,正因为如此这样的名词才能作为 NPb 进入"把"后并构成把字句。比较:

(46) a1. (他)老伴死了 → a2. (他)死了老伴 → a3. (他)把老伴死了

b1. 心脏病又犯了 → b2. 又犯心脏病了 → b3. 把心脏病又犯了

c1. 老祖宗累坏了 → c2. 累坏了老祖宗了 → c3. 把老祖宗累坏了

d1. 我愁得大病了一场 → d2. 愁得我大病了一场 → d3. 把我愁得大病了一场

(47) a1. 孩子醒了 → a2. (保姆)咳嗽醒了孩子 → a3. (保姆)把孩子咳嗽醒了

b1. 牙坏了 → b2. (这孩子)吃坏了牙 → b3. (这孩子)把牙吃坏了

c1. 电话通了 → c2. (我)终于打通电话了 → c2. (我)终于把电话打通了

构成把字句的谓语大多数都是复杂的并合性结构,也就是包含两个最小题元结构。如果进一步分解分析还可以发现 NPb 的更大一致性,即所有 NPb 都一定是或一定可以是并合性题元结构中的后结构施事主语(特殊类简单动词结构无所谓后项结构)。看下面的分析:

(48) a. 把妈妈累病了([妈妈]累 + 妈妈病)

b. 把孩子咳嗽醒了(某人咳嗽 + 孩子醒)

c. 把长城哭倒了(某人哭 + 长城倒)

d. 电话打通了(某人打[电话] + 电话通)

e. 把张老伯急得团团转([张老伯]急 + 张老伯团团转)

f. 把他骂得抬不起头来(某人骂[他] + 他抬不起头来)

h. 把菜端到桌上(某人端[菜] + 菜到桌上)

建立了这样一种复杂题元结构分析,特别是注意到 NPb 作为后结构施事或主体名词并且可以多重移位(或名词和动词多项移位)的特点,就不但可以说明把字句在句法构造上的一致性,还可以用来对把字句的语义性质做出统一解释。目前一般认为把字句语义性质可以分解成两个部分:语义

1 = NPb 受到某种处置或支配;语义 2 = NPb 具有被陈述的某种结果或状态。这些语义性质都可能或必须通过复杂题元结构中 NPb 的位置变化来体现。

一方面,NPb 受支配的语义(语义 1)是通过名词向后(或动词向前)移位体现的。汉语名词除了通过与动词的联系获得"动词支配"以外,名词能够向后移动(或动词向前移动)也可以获得某种受支配的语义性质,即"后置支配"。后置支配可能从被跨越(或移动)的动词获得:例如动词"病"不能带宾语,本来不能支配名词"一个人",但当说"(我们班)病了一个人"时,"一个人"就通过名词或动词自由移位从动词"病"获得了支配。后置支配也可能同时从前项动词获得:例如"吃"本来不支配名词"牙",但当说"(别)吃坏了牙"时,"牙"就通过名词或动词强制移位从动词"吃"获得了支配。把字句中的 NPb 都不是句法上的宾语,所以 NPb 也就都不能从动词获得支配。如果说把字句中 NPb 一定需要"受支配(被处置)",那么当证明了 NPb 都一定能够通过"后置支配"从结构中间接获得,当然也就可以解释为什么即使把字句中没有动作动词,即使 NPb 不能作动词的宾语,NPb 最多也只有受支配程度的区别,而它受支配的语义性质却并不改变。

另一方面,NPb 被陈述的结果状态语义(语义 2)是通过名词向前回移体现的。汉语名词除了通过与谓语 VP 的联系获得"主语陈述"以外,也可以向前移动获得某种被陈述的语义性质,即"前置陈述"。把字句中的 NPb 实际上是后结构的主语,这样该名词所具有的后结构主语陈述即使移位了也不改变。例如"她哭肿了眼睛",其中"眼睛"通过后移(或动词前移)从前项动词"哭"获得后置支配,同时又仍是"肿"的被陈述的主体,但它与"哭"却没有主语陈述关系。如果要使"哭"支配"眼睛"从而造成"肿"的结果状态这种复杂语义都进入陈述,惟一办法就是让"眼睛"再向谓语动词前移位建立前置陈述。进一步说因为"眼睛"的受支配语义是通过后置支配获得的,一旦前移就可能消失,所以该名词后置的路线和位置必须保留,以便在向前回移进入前置陈述框架后仍能从动词后位置传递受支配语义。这时"受支配"和"结果状态"的语义性质才能同时保证,把字句也才能成立。

6. "约束"和汉语代词的语义所指关系

"约束"和"控制"等原则都是管约论中解释代词和空语类语义所指的重要原则。前面说建立空语类是为了保证原型结构中每一个 NP 位置都有成分,这个成分指什么,就需要作出解释;受管辖位置上还可能出现代词(包括人称代词和反身代词),这个代词指什么,也需要作出解释。"约束"和"控制"就是处理这一类语义问题的语法理论原则。

6.1 指人名词性成分的语义所指关系与"约束三原则"

"约束"是个逻辑学术语,本来意思是指逻辑量词与变项的关系,在逻辑量词管辖域内的变项称作"约束变项(bound variable)",而管辖域外的变项是"自由变项(free variable)"。管约论用这个术语,一方面是由于语法模型的语义解释部分主要就与结构的逻辑分析有关;另一方面则主要是要用"约束"的概念来解释代词和空语类与名词之间的所指关系。也就是说,两个成分之间如果是约束关系则一定语义同指,如果是非约束关系(自由)则一定语义不同指。看下面几组包含指人词语的例子(注意其中下标表示的所指关系):

(49) a. [小王$_i$ 喜欢自己$_i$]

　　 b. [小王$_i$ 喜欢他$_j$]

　　 c. [小王$_i$ 喜欢那姑娘$_j$]

(50) a. 小王$_i$ 知道[小李$_j$ 喜欢自己$_j$]

　　 b. 小王$_i$ 知道[小李$_j$ 喜欢他$_{i/k}$]

　　 c. 小王$_i$ 知道[小李$_j$ 喜欢那姑娘$_k$]

(51) a. [小王$_i$ 喜欢自己$_i$ 的照片]

　　 b. [小王$_i$ 喜欢他$_j$ 的照片]

　　 c. [小王$_i$ 喜欢那姑娘$_j$ 的照片]

(52) a. 小王$_i$ 知道[小李$_j$ 对自己$_j$ 的批评]

　　 b. 小王$_i$ 知道[小李$_j$ 对他$_{i/k}$ 的批评]

　　 c. 小王$_i$ 知道[小李$_j$ 对那姑娘$_k$ 的批评]

"约束理论"对上面例句中指人词语的语义所指关系是这样处理的。首先是把所有指人的名词成分分为三类：第一类叫做照应词（anaphor），即反身代词，如"自己"；第二类叫做代名词（pronominal），即第三人称代词，如"他"；第三类叫做指称词（referential expression），即一般的指人名词，如"小王"。在这个基础上可以建立"语义所指关系约束三原则"。

（53） A："照应词"在管辖语域内受约束（可以与域内指人名词同指）；

B："代名词"在管辖语域内自由（不可与域内名词同指，但可与域外名词同指）；

C："指称词"在管辖语域内外永远自由（不管与域内还是域外的名词都不同指）。

用（53）的"约束原则"来看这些例子，就可以得出比较概括的语义所指结论：所有的"照应词（反身代词）"，都只能跟"域"（方括号表示，下同）内的指人名词同指，而不跟域外的指人名词同指：这符合约束 A 原则；所有的"代名词（第三人称代词）"，都不能跟域内的指人名词同指，但却可能跟域外的指人名词同指：这符合约束 B 原则；所有的"指称词（指人名词）"，永远都不能跟整个结构内的任何指人名词同指：这符合约束 C 原则。

6.2 "直接统制"与汉语第三人称代词的所指关系

采用约束原则确实可以说明句子中人称代词语义所指的一些规律，但汉语中人称代词语义所指的情况也会有一些复杂的情况。沈阳等（2004）注意到下面的例子：

（54） a. 老师$_i$ 帮助了他$_{*i/j}$

b. 老师$_i$ 帮助了他$_{i/j}$的学生

c. 小王$_i$ 的老师$_j$ 帮助了他$_{*i/j/k}$的学生

d. 小王$_i$ 感谢他$_{*i/j}$提供了帮助

e. 小王$_i$ 感谢他$_{i/*j}$的老师提供了帮助

f. 小王$_i$ 知道他$_{i/j}$提供了帮助

g. 小王$_i$ 知道老师$_j$ 帮助了他$_{i/*j/k}$

采用约束 B 原则可以解释为什么（54a/g）中充当宾语的"他"都不能跟最小动词结构的主语"老师"同指。但其他的例子就有一些问题：比如（b）同样处在最小动词结构内只不过充当宾语的定语的"他",却既可能跟主语"老师"同指,也可能不同指;(c)同样充当最小动词结构宾语的定语的"他",不能跟主语的定语"小王"同指,却反能跟主语中心语"老师"同指;(d)直接充当宾语从句主语的"他"不能跟主句主语"小王"同指;而(e)同样出现在宾语从句只不过充当了从句主语的定语的"他"就可以跟主句主语"小王"同指;进一步(f)宾语从句的主语"他",无法确定是否跟主句大主语"小王"同指;(g)虽然充当从句结构宾语的"他"不能跟从句的主语"老师"同指,但是却无法确定是否能跟主句主语"小王"同指。因此处理这样的一些问题也就需要建立汉语人称代词约束分析的一些参数。

先来观察简单动词结构(54a~c)。不难发现(a)中动词的主语和宾语都是单个名词或人称代词,所以其中"他"的所指关系符合约束B原则。而(b/c)虽然同样是简单动词结构,但由于主语或宾语是定中偏正词组,人称代词"他"和同指先行名词都可能出现在修饰语位置上,因此"他"的所指关系才会出现约束B原则失效的情况。根据先行名词和人称代词在简单动词结构内NP位置上所有可能的相互搭配选择和各种所指关系,一共可以有四种情况。如(55)所示(N表示名词或代词做中心语,M表示名词或代词做定语):

(55) a. 小王$_i$喜欢他$_{*i/j}$　N1 – N2

    b. 小王$_i$喜欢他$_{i/j}$的老师　N1 – M2

    c. 小王$_i$的老师$_j$喜欢他$_{i/*j/k}$Ml – N2

    d. 小王$_i$的老师$_j$喜欢他$_{*i/j/k}$的学生　M1 – M2

从(55)反映的情况就可以发现,简单动词结构内人称代词的所指跟人称代词和先行名词在结构NP中的出现位置(即占据主宾语NP的中心语位置还是修饰语位置)直接相关。这样除了考虑成分之间的结构关系即"统制关系(C-command)"外,还要加上这一中心语参数,即需要考虑名词和代词是否为结构中统制节点位置和被统制节点位置NP的中心语。上述变通的约束和统制关系可称作"中心语统制"。这种情况可表示为下面的图形(56):

（56）

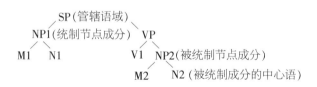

根据图（56）就可以建立"人称代词中心语统制性质同指规则"：在句子 SP 内，当 NP1 统制 NP2，若 NP2 中的代词是 N2，则 NP1 中的 N1 不能与之同指；若 NP2 中的代词是 M2，则 NP1 中的 M1 不能与之同指。用这个规则解释（55）：（a）"小王（NP1）"统制"他（NP2）"，但因同为中心语（N1 和 N2），因此二者不能同指；（b）"小王（NP1）"统制"他的老师（NP2）"，"小王"是中心语（N1），"他"是修饰语（M1），所以二者可同指；（c）"小王的老师（NP1）"统制"他（NP2）"，"小王"是修饰语（M1），"他"是中心语（N2），所以二者可同指，但"老师"也是中心语（N1），所以不能跟"他（N2）"同指；（d）"小王的老师（NP1）"统制"他的学生（NP2）"，所以同为修饰语的"小王（M1）"和"他（M2）"不能同指，而"他（M2）"则可以和 NPl 的中心语"老师（N1）"同指。

再来观察带宾语从句的复合动词结构（54d～g）。根据约束 B 原则，宾语从句中的人称代词不能跟从句内任何名词同指，但跟域外（即主句中）的先行名词则可以同指。其实这一解释仍是不严格的。除了前述作为宾语从句的简单动词结构中出现的人称代词并不是不能跟结构里的名词同指，而且即使只考虑宾语从句中人称代词跟域外（主句）名词的所指关系，也并不是都既可能同指也可能不同指。像（54d/e）中"骂、嘲笑、批评、感谢"这类动词结构的宾语从句中主语人称代词就一定不跟主句主语同指。这是因为"感谢"类动词有一个重要特点，即动作行为在语义上一定是指向某人的，比如"感谢"就必须具体"感谢什么人"。与此相反"知道、认为、希望、说"这类动词的动作行为就是联系整个从句的，比如"认为"就不能说" *认为什么人"。可见由"感谢"类动词作为主句动词构成的带宾语从句的复合动词结构中人称代词"他"的所指关系也就一定不同于"知道"类动词构成的复合动词结构。"感谢"类复合动词结构的形式可以表示为下面的图形（N 和 M 的意思同前）：

（57）

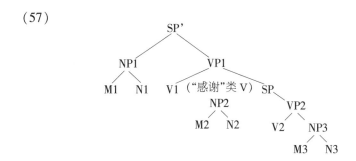

　　根据图（57），先行名词和人称代词各个位置所有可能的相互搭配选择以及所指关系一共有 12 种情况。除去宾语从句（即简单动词结构）内部的 4 种情况不发生变化，剩下宾语从句中各种位置的人称代词和主句中各种位置先行名词之间就还有 8 种情况。比较：

（58）　a.　*小王ᵢ 感谢他ᵢ 做得对　　N1 – N2

　　　　b.　*小王ᵢ 的父亲感谢李阿姨帮助了他ᵢ　　M1 – N3

　　　　c.　*小王ᵢ 的父亲感谢他ᵢ 的同学找到了车子　　M1 – M2

　　　　d.　*小王ᵢ 的父亲感谢李阿姨找到了他ᵢ 的车子　　M1 – M3

（59）　a.　小王ᵢ 感谢李阿姨帮助了他ᵢ　　N1 – N3

　　　　b.　小王ᵢ 感谢他ᵢ 的父亲来开家长会　　N1 – M2

　　　　c.　小王ᵢ 感谢李阿姨帮助了他ᵢ 的弟弟　N1 – M3

　　　　d.　小王ᵢ 的父亲感谢他ᵢ 帮助了小李　　M1 – N2

　　上面的例子表明：这种复合动词结构中人称代词和先行名词所指关系的互补性跟前面讨论的简单动词结构几乎完全相同，即一般说主句主语的中心语如可与从句中的代词同指，其修饰语就不能，主句主语的中心语如不能与从句中的代词同指，其修饰语就可以。不过其中也有一些跟简单动词结构不完全相同的现象：比如（59a）是两个 N 点却可同指，（58b）是 M 点和 N 点却不能同指。不难看出这跟两个成分是处于"隔层位置"有关（从数字 1 和 3 就可看出来）。那么怎么说明人称代词的这种所指关系呢？需要特别注意（57）中 NP1、NP2 和 NP3 这三个节点之间的统制关系和名词与代词的同指关系：其中 NP1 既统制 NP2，也统制 NP3，但是 NP1 中心语名词（N1）却只是不能跟 NP2 位置的中心语代词（N2）同指，而仍可跟 NP3 位置的中心语代词(N3)同指。据此就要定义一种新的结构关系"直接统制":"如果结构中存在 n 个依次'统制'的 NP 节点:NP1→NP2→NP3→……→NPn,则 NPn 要受到 NP(n−1)的直接统制。"因此在"$[_{SP}NP1V_{("感谢"动词)}[_{SP}NP2VNP3]]$"结构中,NP1 虽然既统制 NP2 也统制 NP3,但是却直接统制 NP2。这一点是解释这类结构中人称代词所指的关键。有了直接统制的概念,再加上前述的中心语参数,就可以建立"人称代词直接统制性质同指规则":在句子 SP 内,若主句主语 NPa 直接统制 NPb,且 NPb 中包含人称代词,则 NPa 的中心语(N)不能与 NPb 的代词中心语(N)同指,NPa 的修饰语(M)不能与 NPb 的修饰语代词(M)以及其他所有非 NPb 节点的代词同指。用这个规则就可以正确解释(58~59)中"他"的所指规律了。上面两个规则其实完全一致,因为假设一个结构只有两个 NP 节点,那么一个 NP 统制另一个 NP,也就一定直接统制这个 NP。而且因为两个规则适用的语域都是最大结构(主句),因此前规则只是后规则的简化版本。

最后如(54f/g)"知道、希望、说"这一类动词结构中宾语从句主语人称代词的所指看起来不确定,其实只在一点上发生了变化,即动词两边 NP1 中的 N1 和 NP2 中的 N2 由"不能同指"变成了"可以同指"。可见造成"知道"类结构中人称代词所指差异的关键还是 NP1 和 NP2 的关系,也就是"知道"类结构中 NP1 和 NP2 很可能不具有前面规则要求的直接统制关系。这一点不难证明:因为虽然前面说"感谢"类动词跟"知道"类动词的结构形式很相像,或者不严格地都可看作是带宾语从句的结构,但二者的结构形式毕竟又有明显区别,表现在"知道"类动词在句法和语义上都不能单独作用于宾语从句的主语名词。这一点换一种说法就是:"感谢"类结构的主句动词 V1 可以直接管辖 NP2(即 NP2 实际是 V1 的宾语,从句中另有同标的空主语),而"知道"类结构的主句动词 V1 不直接管辖 NP2(NP2 只是从句主语)。由于有这种区别,也就可以认为"感谢"类结构中的 NP1 才直接统制 NP2,而 NP2 实际上是通过从句中跟 NP2 同标的 PRO(PRO = NP2)才又直接统制 NP3;而"知道"类结构中只有 NP2 直接统制 NP3,而 NP1 却并不直接统制 NP2。这两种结构可以重新不严格图示如下:

(60)　a. "感谢/命令"类动词结构:$[_{SP}NP1V1NP2[_{SP}PRO(=NP2)V2NP3]]$

　　　b. "知道"类动词结构:$[_{SP}NP1V1[_{SP}NP2V2NP3]]$

这样当然就可以得出结论:正是因为"知道"类动词不直接管辖 NP2,或者说主句动词后面有从句标记位置(即 COMP 位置)阻断了结构中 NP1 和 NP2 之间的直接统制关系,这也就使得这类结构中 NP1 和 NP2 隔开一个句标而处于另一种隔层位置(即隔开一个句标而造成的隔层位置),所以根据前面说的规则,不具有严格直接统制关系即处于隔层位置的两个 N 点当然也就可以同指了。至于为什么"知道"类结构的宾语从句中其他位置的人称代词差不多都"可以"跟主句主语同指,而且都"不能"跟主句主语的定语名词同指,这当然也就不难解释,因为这些成分的同指关系本来就不违反前面说的规则。

上面讨论了带宾语从句的复合动词结构,而其他从句结构(如定语从句、补语从句、双宾语从句)中人称代词的所指关系也都可以从前面的规则推导出来。举几个例子来看:

(61) a1. 小王$_i$ 喜欢[他$_{i/j}$刚买的]衣服

　　 a2. 小王$_i$的爸爸$_j$热爱[他$_{*i/j}$从事的]工作

　　 b1. 小王$_i$气得[他$_{*i/j}$说不出话来]

　　 b2. 小王$_i$惹得[他$_{i/j}$的爸爸生了场大病]

　　 c1. 医生$_i$告诉小李$_j$[他$_{i/j}$没有病]

　　 c2. 医生$_i$告诉小李$_j$[他$_{i/j}$的爸爸没有病]

大致上可以这样概括:上面(61a)是简单动词结构的宾语 NP 带定语从句,定语从句中人称代词相当于简单动词结构 NP2 的 M2(反过来说即一般 M2 就相当于隐含谓词的定语从句中的代词),所以人称代词所指关系也就相当于简单动词结构中 M2。(61b)是动词带补语从句,事实上任何动词(包括不及物动词和形容词)带上补语从句其动作行为就作用于补语从句中的主语,因此补语从句中做主语或主语的定语的人称代词的所指关系也就相当于"感谢"类复合结构中的 N2 或 M2。(61c)是动词带远宾语从句,虽然"告诉"看上去也是直接作用于名词(告诉某人),但其实只是该动词的近宾语才受 NP1 直接统制,因此近宾语是人称代词时才不能与主句主语 NP1 中的 N1 同指(可与 M1 同指);而远宾语从句则相当于"知道"类复合结构中的宾语从句,因此远宾语从句中人称代词的所指关系跟"知道"类动词的宾语从句结构中人称代词的所指关系也就没有什么区别。

第五章

最简方案与汉语语法研究

邓思颖

　　在当代形式语言学和句法学的一些讨论里,读者可能会碰到"最简方案"这个名字。究竟最简方案是讲什么的呢? 为什么它叫"最简"? 它怎样应用在我们汉语语法的研究中? 在这一章里,我们尝试透过解答这些问题,向读者介绍最简方案的梗概,并希望能引起读者对这方面的兴趣,用新观点在汉语语法学的研究中找出新方向。在讨论这些问题之前,让我们先简单谈谈生成语法学的背景。

1. 生成语法学的研究方向

　　语言学研究的目的是什么? 大致上可以从两个层次来讲。最基本的层次,语言学的工作就是把一个语言的面貌仔细清楚地描写出来,尽量穷尽所有的特点,做到所谓"描述上的充分"(descriptive adequacy)。至于第二个层次,就是在繁多的语料之上建立起简单、清晰、具概括性的理论,从而依靠这些理论来解释表面现象,从更深层的角度了解和认识语言,做到所谓"解释上的充分"(explanatory adequacy)。

　　生成语法学(generative grammar)总的研究方向,就是希望建立一套解释充分的语法理论。生成语法学最早由 Chomsky (1957)提出,主要研究方向是从结构形式入手,探讨人类语言的特点。生成语法学的"生成"是指每个人的大脑中已经天生有一个跟语言有关的装置,配合后天的学习,这种装置能衍生出新的句子,具有创造性、生成能力。这个天生的装置称为"语言机制"(language faculty),置于人类大脑之中,是大脑中一个与生俱来掌管语言功能的特定部位。

当小孩子一生下来,语言机制就呈现一个初始状态(initial state)。这个初始状态是人类所独有的,是天赋的。每个语言的初始状态都应该是一样的,具有普遍性。在生成语法学里,研究初始状态的理论称为"普遍语法"(Universal Grammar,简称"UG")。这里所讲的"普遍",就是指人类语言机制初始状态的一致性;而普遍语法是一个解释语言一致性的理论。

自 20 世纪 80 年代以来,生成语法学假设普遍语法由两大部分组成:"原则"(principles)和"参数"(parameters)。这个研究方向称为"原则与参数理论"(principles-and-parameters framework),以 Chomsky(1981)为代表,成为目前生成语法学研究的主流理论。[①]

所谓原则,它们先天已经在大脑里,是语言机制的一部分,不用靠后天学习,可以说是遗传的产物。因此,原则具有普遍性,每一个语言都应该共同拥有和遵守这些普遍的原则。

至于参数,它们在不同的语言里可以有不同的值(value),参数的值决定了原则应用的情况,也决定了个别语言的面貌。参数的值是原则在不同语言中体现的变化,靠后天的学习。这些值受到客观环境的影响,由儿童身处的环境所决定,基本上跟大脑遗传没有什么关系。

原则与参数理论的研究重点之一就是怎样平衡语言的共性和个性。简单来讲,处理语言共性和个性的矛盾,基本上就是处理原则和参数的矛盾。原则与参数理论旗帜鲜明地把先天的成分和后天的成分区分开来研究,分辨出什么性质属于人类语言共性的部分,什么性质属于个别语言的个性部分,建立了一个具解释能力的语法理论。

2. 最简方案的基本精神

虽然原则与参数理论为生成语法学带来了新的研究课题,但是,研究的过程存在不少问题。为了解释语言现象的共性,学者提出了不少新的原则;在解释一些个别结构或者个别语言的问题时,学者建议了很多新的参数。虽然理论的内容丰富了起来,但却换来了一些武断的假设。此外,还有一些假设烦琐不堪,操作过于复杂,令人望而生畏。结果,原则和参数的数目有泛滥的倾向,失去了节制。在这样的理论架构之下,如果原则和参数太多,语言机制就会变得非常臃肿庞大,生成语言的步骤也十分复杂,理论的解释能力因而削弱。对一个严谨的学科来讲,这是不健康的现象。

为了遏止文献上原则和参数泛滥和过多武断假设的不正常现象,Chomsky 自 90 年代初开始,在原有的原则与参数理论模式下,陆续提出一系列的主张(Chomsky 1991,1993a,1995,1998,2000,2001,2004,Chomsky and Lasnik 1993)。总结起来,这些主张称为语言学理论的"最简方案"(Minimalist Program)。顾名思义,最简方案是一套方案、一套纲领。严格来讲,不算是一套新的理论。[②]

实质上,最简方案所提出的是一系列原则与参数理论需要解答的问题,对过去不合理地方的质询,用新的角度来检视旧的问题。最简方案的核心精神,就是要求语言学家摒弃武断的主张,重新思索过去生成语法学所提出的假设,精简理论,防止原则和参数的数量过分膨胀。在研究的过程中,语言学家的目光不要只囿于那些人为的假设和武断的主张,应该回到语言学最终要解决的问题,即探索语言机制的初始状态。

最简方案有两个主要的研究目标:第一,简化语言学的理论;第二,探究人类语言如何以简单的操作方式运作。这两个目标都共同围绕着一个中心思想:语言学的"经济"(economy)问题。因此,最简方案这两个研究目标可以归纳为两类经济问题,即"方法上的经济"和"实体上的经济"。[③]由此可见,最简方案的"简"跟经济问题挂上了钩,讲求节俭、简约。

所谓"方法上的经济",主要考虑研究语言学理论的方法论问题。方法上的经济所关心的,是我们能不能建构更简单、更自然的理论架构和分析模式。为了更能描述和解释更多的语言现象,语言学理论必须简单,避免不合理的假设。Chomsky 提出的最简方案的主要目的,就是要定下一个实验性的框架,作为语法理论研究的准绳,简化现存语言学理论中复杂的部分,摒弃武断和不合理的主张。

"实体上的经济"所关心的问题主要是语言本质的问题。按照这个观点,语言呈现精简、简约的特点。语法体系呈现一种"惰性",这种惰性可以总结为若干"经济原则"(economy principles)。这里所谈的经济原则有两大类型:"推导的经济性"(economy of derivation)和"表征的经济性"(economy of representa-tion)。前者主要关心在推导过程中语言所体现的简约运作,例如移位的动机、移位的限制等等;而后者主要关心语言表征的简约性,例如没有羡余的成分、没有复杂的结构等等问题。

整体而言,最简方案的提出主要是针对原则与参数理论原有的一些具体操作和假设,不少问题都是从理论内部的立场出发,最简方案的价值往往只能从这个理论内部来考虑。假若离开了生成语法学的环境,或者对原有的理论不太熟悉,不少的讨论就显然没有太大的意义。上述提及 Chomsky 在 20 世纪 90 年代往后所写一系列的文章,虽然是最简方案重要的文献,但牵涉到很多技术性的文字和理论假设,论述也比较抽象,绝非介绍性的入门读物。

对于我们一般的读者来讲,如果想了解和研习最简方案的内容,就不能光看 Chomsky 这几篇文章,对生成语法学过去几十年的发展,尤其是 20 世纪 80 年代以后原则与参数理论所作的分析,应该有最起码的认识。只有明了生成语法学基本的哲学理念和过去提出过的具体操作分析,我们才能追踪某些主张的来龙去脉,明白最简方案所针对的具体问题,并且领略它的重要价值。[④]

尽管最简方案牵涉的技术性问题比较多,跟汉语的特点没有什么直接的关系,但里头所提到有关语言机制的运作、语言差异和参数的关系等比较"宏观"的论述,对汉语语法和汉语语言学的研究,应该具有一定的参考价值。因此,我们打算在下面的几个小节里,选择一些比较容易读懂的汉语现象,用来讨论生成语法学一些原则性的问题,尤其是有关语言学的"经济"问题。我们认为这些问题应该能反映出最简方案精粹之处,即最简方案的"简"。即使读者不谙生成语法学或原则与参数理论的操作细节,也应该可以一起参与我们的讨论,从而体会到最简方案对语言学研究的重要价值和对汉语语法学研究的一些启示。

3. 句法与其他的系统

一直以来,生成语法学研究的对象是大脑的语言机制。究竟语言机制是一个怎么样的系统?尽管目前没有充分的语言学证据能说明语言机制的具体结构,从最简方案的精神出发,语言机制的构思必须简单。最简方案所构思的语

言机制,大致上可以描绘成以下的简图,大圆圈代表语言机制:

（1）

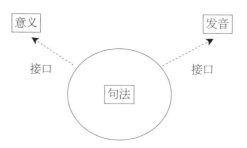

　　语言机制主要由句法所构成,负责组织短语和句子。凡是跟音和义有关的问题,都统统送到两个接口（interfaces）去处理,最终交到语言机制以外的系统去,例如图（1）的发音系统和意义系统。换句话说,语言机制是一个以句法为核心的系统,专责短语和句子层次结构及其操作的问题,而这个系统所产生的成果主要是为了音和义而服务。音、义的本质与语言机制无关,只有句法及其相关的性质才算是构成语言的根本成分。⑤

　　句法是构成语言机制的一个重要系统。至于句法学的研究,自 20 世纪 50 年代以来,一直是生成语法学的核心研究内容。生成语法学最早提出的时候,"自主句法"（autonomous syntax）是一项很重要的原则,即句法学不应受到其他的因素所干扰,特别是来自意义的影响。

　　然而,生成语法学经过几十年的经验累积,到了 20 世纪 80 年代,由于当时发现的新课题越来越多,为了让理论更具解释力和包容性,语言学家因此感到有必要把句法学的研究对象由句法扩展到意义。结果,句法学不光谈结构形式,而且还兼顾不少跟意义有关的现象。在这样的环境下,句法与意义的界线越来越模糊,导致句法学有一种"无所不包"的本领,句法和意义之间有一种所谓"纠缠不清"的关系。

　　最简方案的重要性,就是精简了语言机制的架构,重新为句法定位。如今,在最简方案所描绘的语言机制里,所谓"句法"只拥有一个非常狭窄的空间,扮演一个颇为简单的角色——即纯粹负责组织短语和句子,只管结构形式。除此以外,基本上别无其他任务。

虽然句法在最简方案里被"削权",但却被重新赋予了清晰的职责,让句法学返回自主句法的精神。最简方案把句、音、义三者明确分工,特别是厘定有关句法和意义之间的关系,具有极重要的理论意义。以下就让我们以汉语话题句作为具体的实例,来说明句、音、义三者在最简方案模式下的分工。

(2)是汉语的话题句。按照生成语法学的分析,(2)应该从(3)推导出来,即名词短语"语言学"原本是宾语,经过移位后,[⑥]处于句首的位置,成为"话题"(topic),而余下的"张三很喜欢"属于"述题"(comment)的部分。[⑦]

(2)　语言学,张三很喜欢。

(3)　张三很喜欢语言学。

在最简方案句、音、义三者严格分工的模式下,我们可以这样理解:名词短语在(2)进行的移位属于句法的问题,移位的操作由句法来管(句法问题);至于移位的动机,却跟句法无关。话题出现在句首是为了满足焦点、新旧信息等意义上的要求(意义问题);采用移位这种手段就是为了确保句子在发音显形时形成"话题–述题"的格局,让我们在听觉上察觉得到词序的变化,能够分辨(2)和(3)在形式上的不同(发音问题)。由此可见,汉语话题句的形成并非由单一系统所产生的语言现象,而是牵涉到句、音、义三个方面。

尽管移位是一种句法的操作,但它的动机却纯粹由发音或意义等语言机制以外的因素来诱发。对于语言机制内部来讲,移位并不是自发的,而是诱发的,而诱发的因素来自语言机制以外的系统。这种思路就是最简方案里所讲的"经济原则"——没有无缘无故的移位,移位的动机往往是来自发音或者意义上的需要。

除非有音义的需要作为诱发移位的动力,否则移位不会自发地、无目标地发生。对于一个呈现"惰性"的语言机制而言,最理想、最完美的状态应该是"天下本无事"的状态。如果移位无缘无故地发生,那么,移位就是一种多此一举的操作,不为语法所允许。从经济原则(特别是推导的经济性)来考虑,最简方案假设移位的本质是不经济的,代价甚至有时是昂贵的。

为什么说移位的代价是昂贵的呢?请比较下面的例子:

（4）我正在找教过那个学生的老师。

（5）*那个学生，我正在找教过____的老师。

（4）的"那个学生"是定语从句里的宾语，如果把它移到句首成为话题，例如（5），就显得不合语法。句法学理论假设任何成分不能从定语从句移出去，否则违反移位限制（Huang 1982）。⑧由于这些限制本身跟意义和发音无关，它们的性质都应该属于句法的，是语言机制内部的问题。⑨凡是违反了句法限制的移位都是不经济的（即破坏了推导的经济性），而不经济的移位会受到语言机制所排斥。

除了限制上述移位的句法条件外，我们也发现有些移位限制跟句法无关。（6）是汉语的兼语句，（7）的不合语法显示了作为兼语的"张三"不能进行移位。

（6）我要张三去。

（7）*张三，我要____去。

为什么"张三"在（7）不能移位呢？Li（1990）提出了一个句法的分析，认为（7）的移位违反了一些句法的限制。⑩按照生成语法学"自主句法"的原则，任何违反了句法限制的操作，是一个极为"严重"的后果，应该被语言机制所排除掉，无法挽救，导致不合语法。如果（7）的移位所违反的限制属于句法，理论上语言机制以外的因素怎样挽救也改变不了（7）不合语法这个事实。然而，笔者却发现兼语句动词的音节数量对兼语的移位有决定性的影响（Tang 2002）。请比较下面的例子：

单音节动词

（8）*这些学生，我要____解释这个问题。

（9）*这些学生被我要____解释这个问题。

双音节动词

（10）这些学生，我要求____解释这个问题。

（11）这些学生被我要求____解释这个问题。

（8）和（9）的主要动词"要"是单音节，而（10）和（11）的主要动词"要求"是双音节。比较这两组的例子，我们发现兼语"这些学生"在双音节动词的话题句和被动句进行移位明显地比单音节动词那一组好得多。除了上述"要"和"要求"的对立以外,其他动词如单音节的"叫、劝、催、请"和双音节的"命令、劝说、催促、邀请"也有这样语感上的对立。

（12）*这些学生被我叫/劝/催/请＿＿＿解释这个问题。

（13）这些学生被我命令/劝说/催促/邀请＿＿＿解释这个问题。

假如 Li（1990）的句法分析是正确的话,兼语的移位受到句法所限制,（10）（11）（13）的移位跟（8）（9）（12）的情况一样,也应该不合语法。然而,（10）（11）（13）等例子证明了这些句子的移位并非由句法所管。由于音节的改变可以改善移位的接受度,我们有理由相信,兼语句移位的限制应该属于音韵上的问题,与句法无关。

为了解释上述两组兼语句动词的差异,笔者提出"音韵合并"的分析,认为单音节的兼语句动词跟后面的成分进行音韵合并（Tang 2002）。作为兼语的名词短语移位后,在原来的位置留下了一个空语类,称为"语迹"（trace,即上述例子有间线的部分）。这个空语类的出现,阻挡了单音节动词跟后面的成分进行音韵合并。[⑪]比如说,（8）和（9）的"要"和后面的"解释"给一个空语类阻挡了,结果不能进行音韵合并,违反了音韵上的限制。至于（10）和（11）两句,由于主要动词是双音节,不存在音韵合并的需要,兼语移位因而没有违反任何音韵的限制。

如果汉语兼语句的分析是正确的话,兼语移位的限制应该由音韵所管,而不是由句法所管。换句话说,按照上文图（1）所描绘的语言机制的模式,兼语句移位的问题属于从语言机制通往发音途中的接口问题,不属于句法管辖的范畴。

移位问题可谓这几十年来生成语法学研究的一个核心课题,特别是探讨有关移位的限制。如果我们认为移位是昂贵的话,找出移位的限制便能帮助我们深入认识语言经济的一面。至于怎样区分移位限制的性质,在最简方案的模式里显得相当重要,牵涉到我们应该怎样正确理解句法和其他系统之间的关系,以及语言机制的设计等问题。

把语言系统各个范畴的分工清晰地区分开来,最终目的是建构一个简单自然的理论架构,这正是最简方案的一个重要任务。最简方案把句、音、义三者分工,并非纯粹盲目地为了句法削权而削权,又或者把我们引导到一个狭隘的自主句法模式。句法在语言研究里怎样定位? 究竟是一个"无所不包"还是一个

"无足轻重"的系统？经过这几十年的努力,我们有必要和有条件来作一个评价,找出答案,并且思考日后语言研究的发展方向。最简方案的提出,正是希望把那些貌似句法,但事实上不属于句法的现象抽出来,放到别的系统去研究,不要把非句法的东西混在句法里去谈,客观地为句法系统和句法学定位。

目前研究汉语语言学的人关心的问题众多,所涉及的理论五花八门。尽管从事的研究跟生成语法学不一定有关系,然而最简方案所提出的有关语言机制的设想和句、音、义三者分工的研究方向和基本精神,对于汉语语言学的研究,应该有一定的参考价值。[12]

4. 参数理论与语言差异之一

原则与参数理论假设普遍语法由两大部分组成：原则和参数。语言的共通性由原则来决定,而语言的差异主要取决于参数的值。为了确保语法理论具有解释的能力,有关参数的理论应该十分严谨和有限制性,尽量把造成语言差异的原因归纳到极少数且具限制性的参数。

有关语言差异的问题,最简方案认为造成语言差异的因素必须由可察觉的成分来决定(Chomsky 1993 et seq)。凡是跟发音、形态等"形之于外"有关的部分,都有可能出现差异。凡是听不到、看不见的成分,例如结构的层次性、意义概念等,都应该具有一致性、普遍性,不允许差异。因此,语言差异的本质属于形式方面,由形式来决定。这是一个很自然、很合理的假设。

从第一语言习得的角度来考虑,儿童必须根据有声有形的语言事实来习得语言,设定参数。对于整个语言系统来讲,儿童最容易察觉的应该是那些跟音有关的部分,跟发音系统有关的特征。如果这些特征有什么"异样",参数的值就有不同的设定,由参数所决定的语言面貌就有所不同,形成个别的语言,造成语言差异。先天因素与后天因素在语言习得中的矛盾,透过原则与参数理论,巧妙地配合在一起,使生成语法学更具有解释性、更有包容性。

自从 50 年代生成语法学在美国提出来以后,大多数研究者的焦点都集中在英语,以英语建立理论和印证假设。于是往往给人一个错误的印象,就是生成语法学是专门为英语而设的理论。不过,这个情况到 80 年代有了很大的改变,特别是自原则与参数理论提出以后,生成语法学的研究重点有了转移：由过去主要研究英语转移到研究英语以外的语言,特别是印欧语言以外的语言。

以原则与参数理论来研究语言差异的工作可谓十分丰富,取得了丰硕的成果。以汉语为例,Huang（1982）利用当时的原则与参数理论比较了汉英语法的异同,特别是对疑问词的研究作了很大的贡献。众所周知,汉语的疑问词跟英语的不一样,在表面上没有移位。然而,Huang（1982）却发现汉语的疑问词跟英语的疑问词遵守同样的句法限制。比较下面的两句。（14）句中的疑问词"why"指写书的理由,如果"why"从定语从句里移出去,（14）就不合语法。这正显示了英语疑问词不能移离一个结构较为复杂的名词短语。虽然汉语的"为什么"在表面上没有移位,（15）同样也不能接受。

（14） *Why is [the book that he wrote ＿＿＿] interesting?

（15） *[他为什么写的书]很有趣?

根据这些事实,并基于其他的考虑,Huang（1982）总结出一个著名的论断：英语和汉语的疑问词都进行移位,只不过移位发生的层面不一样,即英语疑问词在听得到、看得见的句法层面移位,而汉语疑问词在一个听不到、看不见的"隐性"层面移位。⑬

如果 Huang（1982）的论断是正确的话,汉英疑问词都进行移位,只不过在不同的层面。为什么汉英疑问词移位发生在不同的层面? 这个差异还需要解释。按照最简方案的精神,造成语言差异的因素必须是可察觉的,解释疑问词移位差异的问题也应该朝着这个方向去想。Cheng（1991）对疑问词的研究就是从这个观点出发。

Cheng（1991）发现,凡是疑问词在表面上没有进行移位的语言,都有一些标示是非问句（yes-no questions）的助词。⑭以汉英两语为例,英语的是非问句采用移位的方式表示,即所谓"主语-助动词倒装"（subject-auxiliary inversion）,例如（16）的"can"和（17）的"does"进行移位；至于汉语是非问句的一个特点,就是用了句末助词,例如（18）的"吗"和（19）的"呢"。

（16） Can you sing a song?

（17） Does he eat beef?

（18）你可以唱一首歌吗？

（19）他吃不吃牛肉呢？

标示是非问句的助词和疑问词能否移位有一种密切的关系，这种关系在很多语言都得到证实。除了汉语以外，Cheng（1991）还发现以下这些疑问词不移位的语言，都拥有疑问助词（按英语名称序）：Amharic、Egyptian Arabic、Gulf Arabic、Hindi、Hopi、Indonesian、Iraqi Arabic、Japanese、Korean、Lardil、Navajo、Palauan、Papago、Swahili、Turkish 等。

基于这些语言事实，Cheng（1991）进一步提出了"标示句子语气假定"（Clausal Typing Hypothesis）。简单来讲，这个假定要求每个语言都必须有一种区分句子语气类型的方式。以疑问句为例，人类语言标示疑问语气大致上有两种类型：要么采用疑问助词（例如汉语、日语），要么进行疑问词移位（例如英语、法语）。然而，却没有一种语言两种方式都用。为什么会这样的呢？

前文曾经提到句法移位是昂贵的、不经济的。如果一个语言缺乏疑问助词，唯一能够标示疑问语气的方法就是被逼使用移位这种昂贵的手段，冒着有可能违反移位限制的风险，别无选择。如果已经拥有能够标示疑问语气的助词，那么，疑问词移位就不必要了。在这种条件下，疑问词移位反而显得多余，不为语法所接受。既有疑问助词又有疑问词移位的语言是不可能存在的，经济原则限制了这种可能性。由此可见，最简方案的经济原则正好为疑问词移位的类型提供了很好的解释，并且把我们的注意力带到语言"实体上的经济"去，让我们体会到语言机制所呈现的简约性。[15]

再者，Cheng（1991）提出的假定说明了疑问词移位参数应该由疑问助词的存在与否来设定。疑问助词的习得属于一种听得到、看得见的词汇习得问题。只要儿童解决了疑问助词的习得问题，就能推导出相关的句法特点，例如疑问词移位。换句话说，疑问词移位本身不算是一项参数，而是一种可以从疑问助词习得间接地推导出来的现象。沿着这个思路，我们可以假设造成语言差异的参数由少数有声有形的语言事实来设定。这种观点正符合了最简方案有关语言差异的主张，简化了语言习得理论和语言类型学理论，做到所谓"方法上的经济"。

5. 参数理论与语言差异之二

以原则与参数理论来研究汉语的文献,绝大多数集中在普通话的研究,有关汉语的生成语法学理论都是以普通话作为研究基础。至于汉语方言方面的研究,过去汉语方言学大量的工作基本都是集中在语音、音韵、历时音变、方言分区等课题上,方言语法似乎并非汉语方言学"主流"的课题,更遑论用形式语言学和句法学来研究汉语方言。那么最简方案所提出的观点能否应用在汉语方言的比较研究呢?

如果把"语言"定义为一个完整独立的语言系统(即语言机制),那么,凡拥有一个完整独立语言系统的方言都应该算作一个语言。"方言"只不过是一个社会、地理、历史、政治的定义,跟语言机制的本质无关。[⑯]

按照生成语法学的观点,所谓"方言差异"实际上就是语言差异,原则与参数理论不仅适用于汉语方言研究,而且还可以加深我们对汉语方言语法差异的认识。过去汉语方言语法的研究相对来讲比较少,原则与参数理论正好作为研究汉语方言语法的理论架构,用来探讨传统方言语法学所没有发现的新问题,从新的角度揭示汉语方言异同的原因,从而窥探现代汉语的整体面貌和人类语言的深层特点。因此,我们认为以原则与参数理论来研究汉语方言语法大有可为,应该是日后汉语语言学研究的一个新路向。

至于汉语方言语法的比较,笔者曾经研究过普通话和粤语的一些语法差异(邓思颖2003)。在最简方案参数理论的模式下,某些普粤差异的现象可以总结为一条参数:动词移位参数。用最简单的话来讲,粤语的动词移位比普通话的要前,这个差异可以用下面的方式来表示:

(20) 普通话:主语　　　　动词　宾语

(21) 粤　语:主语　动词　＿＿＿　宾语

这个参数的优点,就是可以解释一系列有关普粤语法差异的现象。以与格结构为例,普粤词序有明显的差异。所谓与格结构(dative construction),它包含了一个表示受事的直接宾语和一个是表示终点的间接宾语,而这个间接宾语由介词来带领。在词序上,介词短语(间接宾语)出现在直接宾语的后面,例如普通话(22)的"他"和粤语(23)的"佢"(他)属于间接宾语,由介词"给/畀"带领,在直接宾语"一点钱/啲钱"之后。

（22） 我寄了一点钱给他。

（23） 我寄咗啲钱畀佢。

普通话可以接受(24)的说法,把介词短语"给他"放到动词的前面,但粤语的(25)却不行。

（24） 我给他寄了一点钱。

（25） *我畀佢寄咗啲钱。

另一方面,在普通话的与格结构里,直接宾语不能出现在介词短语(间接宾语)的后面,(26)是不合语法的。[17]然而,在粤语里,如果直接宾语比较"重",它可以出现在句末的位置,例如(27)。

（26） *我送了给他一本有用的书。

（27） 我送咗畀佢一本有用嘅书。

(24)和(27)这两句共同的特点,就是普粤都允许介词短语出现在直接宾语之前。假设这种词序是经过移位所形成的,如(28)。

（28） ……介词短语……直接宾语 ＿＿＿＿   （普、粤）

基于这个假设,普粤的真正差异在于动词移位的距离:粤语的动词移到前置的介词短语之前,但普通话的动词却不能。

（29） 主语   介词短语   动词   直接宾语   （普）

（30） 主语   动词   介词短语 ＿＿＿ 直接宾语   （粤）

假如普通话的动词不动,前置的介词短语超越动词的位置,形成了"介词短语＋动词＋直接宾语"的普通话词序,例如(29)[即句(24)]。相反,由于粤语动词移得比较前,前置的介词短语无法超越动词的位置,只能处于动词的后面,形成了"动词＋介词短语＋直接宾语"的粤语词序,例如(30)[即句(27)]。尽管上述的现象在表面上好像没有关系,动词移位参数却提供了一个统一的分析来解释,把这些普粤差异现象贯串起来。

前文我们提及的话题移位、疑问词移位,都跟意义有关(例如话题句的新旧信息、疑问句的语气类型等)。至于动词移位的性质似乎很不一样,跟意义没有什么关系,而是纯粹由形态、音韵等因素所诱发,甚至或许是历史演变和语言接触所遗留的痕迹,不属于语言机制的问题。[18]儿童的任务,就是凭借他们听得到的词序特点,决定动词出现的位置,从而设定动词移位参数的值。[19]当这项参数的值设定了以后,其他相关的特征就伴随而来(例如与格结构的词序)。

动词能否移位靠后天的经验来习得。动词移位能改变词序,而儿童侦察词序的变化必须透过句子的发音来实现。因此,动词移位本身具有形态、音韵的特性,由形态、音韵等因素所诱发。以动词移位来解释词序差异,完全符合最简方案的基本精神:语言差异应该由可察觉的成分来决定。

事实上,利用动词移位来解释语言差异,原则与参数理论近十多年来的研究取得了重大的成果,特别是 Pollock(1989)和 Chomsky(1991)对英法词序的比较,还有 Kayne(1994)利用移位来推导不同的词序类型。

英语和法语在词序上的明显差异,就是英语的副词出现在动词之前,不能夹在动词和宾语之间,例如(31)的"often";至于法语的情况刚好相反,副词出现在动词和宾语之间,而不是在动词之前,例如(32)的"souvent"。

(31) John (often) kisses (*often) Mary.

(32) Jean (*souvent) embrasse (souvent) Marie.

为了解释这些差异,Pollock(1989)和 Chomsky(1991)提出了动词移位的分析,认为法语的动词移位比英语的要前。假设副词原来衍生在动词之前的位置,如果动词不移位,副词就只能在动词之前,得出英语的词序,例如(33);如果动词进行移位,副词夹在动词和宾语之间,得出法语的词序,例如(34)。

(33) 主语　　　　　副词　动词　宾语　　　　　(英语)

(34) 主语　动词　副词　____　宾语　　　　　(法语)

至于 Kayne(1994)的研究,他假设所有人类语言的基本词序都是一致的,都是"主语+动词+宾语"的词序。移位就是改变词序的一种方法。如果汉语和英语的"主语+动词+宾语"词序是人类语言的基本词序,那么推导出爱尔兰语"动词 + 主语 + 宾语"词序或者日语"主语 + 宾语 + 动词"词序的可能性,就是进行多个步骤的移位:(35)的动词首先进行移位,跑到主语的前面去,推导出爱尔兰语的词序;在动词移位后,如果主语和动词一块儿移到动词的前面,例如(36),则推导出日语的词序。按照 Kayne(1994)的分析,人类语言词序差异最终由移位的参数来决定。

(35) 动 [主 ___ 宾]

(36) 动 [主 ___ 宾] ⇒ [主 ___ 宾] 动

在最简方案的指导下,导致词序差异的原因可以归纳为一些有限制性且数量不多的移位参数。比如说,动词移位参数就是一个很好的例子。透过动词移位的分析,原则与参数理论把我们的视野带到一个新的领域,揭示我们以前从来没有留意过的事实和真相。对于跨语言比较和汉语方言比较,动词移位是一个值得继续探索的新尝试。

综上所述,无论是"宏观"的语言差异还是"微观"的汉语方言差异,从最简方案的角度来看问题,解释的方法基本上都是一样的,原则与参数理论同样适用于方言的研究,我们不必为汉语方言制定另外一套理论模式又或者设计什么特殊的方法论,正符合了最简方案所强调的"方法上的经济"。

6. 结语

我们在这一章里,简单介绍了生成语法学提出的最简方案,包括生成语法学研究的基本内容、最简方案提出的背景和考虑等问题。生成语法学研究人类的语言。原则与参数理论是一个分析语言的理论,明确地把原则和参数区分开来研究,前者形成语言共性的部分,后者形成语言个性的部分。最简方案是在原则与参数理论模式之下所提出来的一些思想,对生成语法学的研究具有方向性、指导性的作用。

最简方案的两个主要研究目标是(一)简化语言学理论和(二)探究语言的简单操作方式。显然,离开了生成语法学的理论假设,最简方案不少主张很有可能就会变得无的放矢。尽管如此,我们选择了最简方案一些原则性的问题,尽量避免涉及艰涩的术语和复杂的假设,只集中介绍了最简方案所设想的语言机制的模式,以及介绍了解释语言差异的基本精神。透过汉语的实例,具体解说最简方案的简约性,即语言学的经济问题,包括方法上的经济和实体上的经济问题。

我们希望本章除了阐述最简方案的基本精神和主要主张以外,还可以给有志于汉语语法研究的读者简介一些语言学研究上的问题,展示一个具限制性且可行的理论框架,探索汉语和其他语言的共性和个性,最终从语言学的角度揭示人类认知的深层奥秘。

附　注

① 由于 Chomsky(1981)的书名叫 Lectures on Government and Binding,因此当时的生成语法学也曾称为"管辖与约束理论"(Government and Binding Theory)或简称"管约论"(GB Theory)。事实上,生成语法学也并非光谈管辖和约束两个问题,"管约论"这样的叫法未能准确反映实际的研究内容。

② 按照 Chomsky 的观点,"生成语法学"严格来讲是一个学科(discipline);"原则与参数理论"是生成语法学的一种理论;"最简方案"是原则与参数理论的一种指导思想,不算是一个系统性的理论。

③ 这两类经济的划分参考 Hornstein(2001)。Martin 和 Uriagereka(2000)也有类似的看法。

④ 由于篇幅和本书的体例所限,我们无法为读者在此作全面介绍。建议有兴趣的读者,不妨阅读一些介绍性的参考书和教材,例如以下作者用汉语写成的介绍性论文和专著:徐烈炯(1988),程工(1994,1999),李亚非(1994),桂诗春、宁春岩(1997),宋国明(1997),顾钢(1999),胡建华(1999),邓思颖(2000,2003),何晓炜(2000a,b),顾阳(2000),沈阳、何元建、顾阳(2001),徐杰(2001),石定栩(2002),温宾利(2002),伍雅清(2002)等。

⑤ Chomsky(2000),Hauser、Chomsky and Fitch(2002)等有一种倾向认为音和义的本质不属于语言机制的一部分。

⑥ "移位"(movement)跟早期生成语法学所讲的"转换"(transformation)虽然具体操作不尽相同,但不少基本的概念仍有相似之处。

⑦ "话题"和"述题"在文献上又称为"主题"和"评论"。

⑧ 近几十年有关汉语话题句研究的概况,可以参考石定栩(1999)的介绍。

⑨ Huang(1982)提出了著名的"提取域条件"(Condition on Extraction Domain 或简称"CED")

来解释孤岛(island)现象。至于应该怎样认识孤岛现象的本质,一直成为学界一个极具争议性的热门话题,不过目前普遍认为孤岛现象还是属于句法的问题。

⑩ Li(1990)根据当时的管辖理论(government theory),并且配合她在书中所作的一些假设,认为(7)的移位违反了"空语类原则"(Empty Category Principle 或简称"ECP")。

⑪ 音韵合并的限制并非专为汉语而设的,英语所谓"wanna 合并"也遵守相似的条件:如果"want"和"to"之间有一个因移位而留下来的空语类,例如(ⅰ),"want"和"to"就不能合并为"wanna",例如不合语法的(ⅱ)。

(ⅰ) Who do you want ＿＿＿ to buy a car?

(ⅱ) *Who do you wanna buy a car?

⑫ 近年国内汉语语法学提出了一种"三个平面"的观点。所谓"三个平面",是指句法、语义和语用。"三个平面"能否涵括最简方案所描绘的语言机制?音韵扮演什么角色?"平面"跟语言机制的系统是否一样?"平面"之间的关系是否属于接口的问题?对于如此种种的问题,最简方案的一些设想肯定能给予一定的启示。

⑬ 这个所谓"隐性"的层面大致上是指本文图(1)的句法与语义之间的接口,称为"逻辑形式"(Logical Form,简称"LF")。除了来自疑问词移位的证据外,支持逻辑形式存在的证据还有"量化词提升"(Quantifier Raising,或简称"QR"),见 May(1985)的讨论和 Lee(1986)谈论汉语的情况。

⑭ 除了真正的是非问句以外,这里所说的"是非问句"还包括正反问句和选择问句。

⑮ 尽管汉语有疑问助词,疑问词在一个"隐性"的层面仍然进行移位。这种隐性移位的动机出于语义上的考虑,并非为了标示疑问语气。详见 Aoun,Hornstein and Sportiche(1981),Higginbotham and May(1981),Huang(1982),Cheng(1991)等的讨论。此外,在 Cheng(1991)的研究基础之上,Tsai(1994)认为疑问词本身的形态跟疑问词移位参数有关。

⑯ 有兴趣的读者可以参考邓思颖(2003:§2)对这个问题的详细论述。

⑰ 普通话不能说"*寄了给……"而只能说"寄给了……"。"寄给了"的句式属于另一种的结构(双宾语结构),跟与格结构无关,详见邓思颖(2003)的讨论。

⑱ 有意见认为粤语动词移位是一种历时变化的现象(Simpson 2001),或粤语跟南亚语言接触的结果(李敬忠 1994,Peyraube 1997)。

⑲ 很多研究报告指出儿童在很早的阶段已经成功地掌握了基本的词序(如"主语-述语-宾语"),基本词序应该是句子形式最容易为儿童所察觉的部分。

第六章

基于事件的语义学理论 *

李宝伦　　潘海华

引　言

每个学科在其发展之初通常都是由一个看似简单的问题所引起的,语言学也不例外。语言学要回答的一个基本问题是,到底有没有普遍语法(Universal Grammar)? 与之相关的一个问题是,小孩子是如何掌握像自然语言这么复杂的系统的? 为了解决这些基本的问题,语言学在其各个分支内提出了不同的理论框架,以描述人类的普遍语法。

本文介绍一个语义学理论框架的形成,我们会集中讨论基于事件的语义学理论(event-based semantics)的中心思想,它是如何产生的,其基本的操作原理是什么? 最终要回答的问题是为什么需要这样一个新的理论框架?(而与事件相关的一些哲学问题,这里就不作讨论。有兴趣的读者可以参阅本书后附的相关参考文献,如: Higginbotham, et al. 2000, Tenny and Pustejovsky 2000 等。)

1. 基于事件的语义学理论

20 世纪六七十年代的语言学基本上是围绕着乔姆斯基所提出的转换生成语法理论而展开的。语义学在这个时期只是语言学或整个语法研究系统内的边缘分支,或是生成语法的一个结构层次(即 Logical Form 逻辑表达式,简称LF),并不具有独立的地位。当时对逻辑表达式的研究也只是限于它与表层结构的关系,如以不同的逻辑表达式来解释一个句子因辖域不同而产生的句子歧义,不同语言的疑问句因逻辑表达式的不同而出现不同的释义等,并没有涉及语义学的一些重要问题，如句子的真值条件、句子的蕴涵和预设关系等。

量化理论是语义学理论发展中最重要的成果之一，最早是 Lewis（1975）提出的量化副词（adverbs of quantification）理论，接着是 Barwise & Cooper（1981）提出的广义量词理论（theory of generalized quantifiers），其后是 Heim（1982）和 Partee（1986，1989，1991，1995）提出的三分结构（tripartite structure），把限定词量化（determiner quantification）和修饰语量化（adverbial quantification）统一起来，成功地把量化句结构化，即：所有的量化都可以用三分结构来表达，因此，三分结构应该被看成是语言学的一个独立的结构层次。量化理论的最新发展之一是基于事件的语义学理论，它是本文讨论的重点。

1.1   时态与动词的分类

"事件"（event）这个概念最早出现于一些对情状类型进行分析的研究之中。西方语言学家就句子情状类型进行了不少分析，其中有 Vendler（1967），Verkuyl（1972，1993），Dowty（1979，1982）及 Smith（1991，1977）。Vendler 把情状类型分为两大类：状态（Stative）与事件（events），而后者可以进一步划分为活动（Activity）、完结（Accomplishment）及实现（Achievement）三小类。根据 Vendler 的分类，Smith 在事件类型中加入了单动作（Semelfactive）这个情状。下面简单介绍一下 Smith 的情状分类。根据下面三个特征，即[±动态]（dynamic）、[±持续]（durative）及[±有界]（telicity），Smith 把句子分为五种情状类型，如下表所示。

句子的情状类型

情　状　类　型		[±动态]	[±持续]	[±有界]
状态（state）		−	−	−
事件类（event）	活动（activity）	+	+	−
	单动作（semelfactive）	+	−	−
	完结（accomplishment）	+	+	+
	实现（achievement）	+	−	+

[±动态]这个特征首先把所有句子的情状类型分为两大类：状态及事件类情

状,前者为[－动态],而后者为[＋动态]。状态类情状的所有特征包括[－动态]、[－持续]及[－有界],此类情状只描述某种状态的存在。由于其在每个时点上都完全一样,状态类情状具有均质性(homogeneous)的特征和结构。事件类情状主要分为以下四类:活动类情状、完结类情状、单动作类情状及实现类情状。[±有界]可以把这四种动态类情状分为两小类,即受限及非受限类情状。受限类情状具有自然结束点([＋有界]),一般有两种情况:一是涉及状态变化,新的状态就是该情状的自然结束点,二是不涉及状态变化,有关情状只是受时间或空间界限的限定,到达该时间或空间界限就是该情状的结束点。完结及实现这两种情状都属于[＋有界],都有自然结束点,两者的不同只是在于[±持续]这个特征。完结类情状有中间过程,具有[＋持续]特征,而实现类情状没有中间过程,具有[－持续]特征,其事件的起始点与结束点是同一个时点。

　　至于非受限类情状,则有活动与单动作这两类情状,其特点是没有自然结束点,但是,可以有一个任意的结束点,无论在任何一个时点上停止,都可以被看成是一个事件的结束。活动类情状的时间结构也是均质的,其任何一个部分都可以被看成是一个完整的事件。与活动类情状不同,单动作类情状没有中间过程,具有[－持续]特征,它所表达的是一个瞬间动作,没有持续性。但在相关的动作连续发生多次时,单动作类情状就可以被看成是一个由多个事件组成的活动类情状(Multi-event activity)。此类情状也可以被看成是活动类情状的一种,但不同于一般活动类情状。这是因为在相同时段内,它由多个相同的事件组成,而活动类情状则是由一个事件组成。

　　判断一个句子是否有界主要是看该句子所表达的情状是否有自然结束点。根据 Rothstein (2004),[±有界](telicity)实际上涉及的是可数性(countability),关键在于是否存在原子事件(atomic events)。若动词短语指谓的是可数事件(countable events),符合把原子事件个体化(individualization)的条件,则该动词短语是有界的(telic),反之,就是无界的。如:

(1) a. Mary ran a mile. "Mary 跑了一英里。"

　　 b. Mary ran. "Mary 跑了步。"

　　 c. John ate three sandwiches. "John 吃了三份三明治。"

　　　　d. John ate. "John 吃了饭。"

(la)断言存在着一个有关 Mary 跑步的事件,且该事件是可数的或数量化的。这是因为 Mary 跑的距离是一英里,同时 Mary 完成了一英里这个量后就等于完成了该跑步事件。(1b)断言存在着一个跑步事件,但是,却没有给出可以量度有关跑步事件的指标,没有办法把该跑步事件数量化。同样地,(1c)断言存在一个吃三份三明治的事件,涉及一个很明显可数的量;而(1d)纯粹说明有一个吃饭的事件,至于该事件何时到达所需的完结量,则没有说明。不过,在语境丰富的环境之下,(1b)及(1d)都可以有一个有界的释义,而该语境必须提供足够的信息,把一个事件的大小或边界数量化,如下所示。

　　(2) a. This morning Mary ran in half an hour.

　　　　　　"今早 Mary 在半个小时内跑完了步。"

　　　　b. Today at lunch time I ate in the cafeteria.

　　　　　　"今天午饭时间,我在咖啡厅吃的饭。"

Rothstein 有关事件个体化的说明关键在于是否可以把事件量化,实际上,这取决于有关事件是否存在一个可见的自然结束点令事件变成有限的或可数的。不过,Rothstein 强调,她并非要把有界和无界之别与可数和不可数之别直接等同起来,此点与 Bach (1986)等的分析不同。Rothstein 认为所有动词短语的指谓都在一个可数的范畴(count domain)内(见 Rothstein 1998, 2001),而该可数范畴的动词短语可以分为两种:一种是有关动词短语的指谓是一个由可数个体所组成的集合,其个体的原子性(atomicity)已在句子中清楚给出,而另一种是相关的集合,其个体的原子性并没有在句子中清楚给出。实现(achievements)和完结(accomplishments)类情状都是有界的,这是因为两者都与一个 BECOME "达成"事件相关联,提供了一个事件原子化的标准(criteria for atomicity)。活动和状态类情状,如 push the cart "推车",run "跑步"和 love "爱",都是无界的,但是,有关动词可以给出一个有界的动词短语,只要是事件原子化的条件可以透过路径论元(path argument,如 to the store"往商店")或量度短语(a measure phrase,如 a mile "一里"或 for an hour "一个小时")得到满足。(有关汉语情状类型的讨论详见 Chu 1976,陈平 1988, Smith 1991、1997, Pan 1993, Yeh 1993,

龚千炎 1995，Yang 1995，蒋严、潘海华 1998、2005：第九章，等）

1.2 "事件"（event）作为量化论元的理据

由上可见，"事件"这个概念早在传统的时态分析中就已经存在了，它是基于事件的语义学（event-based semantics）理论的基础。

1.2.1 与事件修饰语有关的蕴涵关系

语义学的一个重要课题是解释句子之间的蕴涵关系，基于事件的语义学的提出与之密切相关，问题的关键是应不应该引入一个事件论元，我们先看一看下面的例子（引自 Parsons 1990）：

(3) a. Caesar died.

"Caesar 死了。"

b. For some event e,

e is a dying event, and

the object of e is Caesar, and

e culminates before now.

（就某个事件 e 而言，e 为一死亡事件，e 的客体是 Caesar，e 在说话时间之前已经结束。）

c. ∃e ［Dying(e) & Object(e, Caesar) & Culminate(e, before now)］

设定值 动词 主语 时态

DEFAULT

在(3c)的语义表达式中有三个部分，它们分别对应于动词、主语和时态。动词描述的是一个死亡事件；主语 Caesar 为事件的客体（object）；而时态则表示在说话时间之前，事件已经完结（culminate，简写为 Cul）。把事件 e 当作一个论元是 Davidson 在 1967 年提出的。在他之前，像 break "打碎"、eat "吃"、lift "提"这样的动词在一阶谓词逻辑中通常会被看成是二元谓词，但是，Davidson 则认为这些二元谓词都应该分析成三元谓词，而这第三个论元就是事件元 e。因此，句(4a)就应该分析成(4b)。

(4) a. John ate a sandwich. "约翰吃了一份三明治。"

　　　　b. ∃e　∃x[sandwich (x) & eat (j, x, e)]

（4b）的意思是,存在着事件 e 及个体 x,该 x 是"sandwich"（三明治）,同时 j
（John）在 e 中吃了 x。Davidson 对（4a）的分析为基于事件的语义学奠定了基
础,他提出,所有描述事件的句子都应该额外多带一个事件元。由于把事件视
作基本论元,Davidson 只需要用一阶谓词逻辑就可以把（4a）的语义表达出来,
而不需要把事件构造为一个复杂的语义体（complex semantic object/semantic
construal）。对于每个动态句子都存在一个事件元这个论点,Davidson（1967）用
蕴涵关系来证明。

（5）　a. Sebastian strolled through the streets of Bologna at 2 am.

　　　　　"Sebastian 凌晨两点在 Bologna 的街上溜达。"

　　　　b. Strolled_through_at（Sebastian, the streets of Bologna, 2am）

（6）　a. Sebastian strolled through the streets of Bologna.

　　　　　"Sebastian 在 Bologna 的街上溜达。"

　　　　b. Strolled_through_at（Sebastian, the streets of Bologna）

虽然（5a）和（6a）这两个句子存在着蕴涵关系,但是,仅从它们的语义表达式
（5b）和（6b）中却看不出来,原因是（5b）和（6b）的谓词含有不同的论元数目
（arity）,前者的谓词带有 Sebastian, the streets of Bologna "Bologna 的街道"及
2am 这三个论元值,而后者的谓词则带有 Sebastian 和 the streets of Bologna 这两
个论元值。要说明（5b）和（6b）之间存在着蕴涵关系,我们可以把二元谓词
Strolled_through "溜达"看成是三元谓词 Strolled_through_at 的省略形式（ellipti-
cal form）。这样,一个人两点时溜达过就可以蕴涵他溜达过。不过,这种分析是
有问题的。原因是,这样做太随意了,找不到什么条件来限制可以省略的论元
数目,换言之,可以省略的论元数目是无限的。另外,这样做也是不允许的。例
如,"张三吃了苹果"与"张三吃了",后者可以看成是前者省略了一个论元的结
果,可是,前者并不一定蕴涵后者,这是因为后者有一个意思并不能从前者推导
出来,这个意思就是"张三吃了饭"。因此,Davidson 认为要解决这个蕴涵问题,
唯一的方法就是假设像（5a）和（6a）这样的句子含有一个事件元。根据这个假
设,可以用（7）和（8）分别来表达（5a）和（6a）的语义。

(7) ∃e[Strolled (Sebastian, e) & <u>Through (e, the streets of Bologna)</u> & <u>At (e, 2am)</u>]

(8) ∃e[Strolled (Sebastian, e) & <u>Through (e, the streets of Bologna)</u>]

(7)的意思是,存在着一个表示 Sebastian 在 Bologna 的街上溜达过的事件 e,该事件发生在凌晨 2 点,(8)则表示,存在着一个表示 Sebastian 在 Bologna 的街上溜达过的事件 e。从(7)和(8)的意思可以得出(7)蕴涵(8),也就是(5a)蕴涵(6a),这正是我们想要表达的意思。另外,(7)和(8)同时蕴涵"Sebastian 溜达过""Sebastian strolled"及"有东西在 Bologna 的街上走过""something was through the streets of Bologna"。注意在 Davidson 的理论里非论元部分和句子的谓词是分开的,非论元部分见(7)和(8)中的画线部分。

Parsons (1990)对 Davidson 的理论进行了修改,他认为谓词的常规论元在语义表达式中都应该被看成是独立于谓词的,所以,在语义表达式中只有事件元是谓词的论元,其他的都不是。Parsons 提出的理论被称为 neo-Davidson 理论(新 Davidson 理论)。Davidson 认为,所有 n 元谓词都应该被分析成 n + 1 元谓词,这个多出的论元就是事件元。而 Parsons 则认为在语义表达式中只有事件元是谓词的论元,其他的论元,包括各种语法关系(grammatical functions),如主语和宾语等,或常规的论元(argument roles),都应该分析成是事件元与个体之间的关系。因此,对于同一个句子(5a),Parsons 给出的逻辑式会是(9)。

(9) ∃e[Strolling (e) & Agent (Sebastian, e) & Through (e, the streets of Bologna) & At (e, 2am)]

(9)表达的意思是:存在着一个表示溜达的事件 e,该事件的施事是 Sebastian,它涉及 Bologna 的街道,发生在凌晨两点。(9)中动词与其常规论元的关联是利用 Dowty (1989)的有序论元法(ordered-argument method)来表达的。其中,动词引出一个事件,常规论元则是通过次谓词(secondary predicate)与动词关联,这些次谓词描述一般论旨角色关系(general thematic relations),如"施事"(agent of)和"客体"(theme of)等。Dowty 把这种表达法叫做新 Davidson 方法。

(10) a. John gave a book to Mary in the library.

"John 在图书馆里把一本书给了 Mary。"

b. $\exists e [\text{Gave (John, a book, Mary, e)} \& \text{In (e, the\_library)}]$

c. $\exists e [\text{Giving (e)} \& \text{Agent (e, John)} \& \text{Theme (a book, e)}$
$\& \text{Recipient (Mary, e)} \& \text{ln (the\_library, e)}]$

（11） a. John gave a book to Mary.

"John 把一本书给了 Mary。"

b. $\exists e [\text{Gave (John, a book, Mary, e)}]$

c. $\exists e [\text{Giving (e)} \& \text{Agent (John, e)} \& \text{Theme (a book, e)} \& \text{Recipient (Mary, e)}]$

(10b)和(11b)为 Davidson 框架下的表达式,而(10c)和(11c)则为 Parsons 或新 Davidson 框架下的表达式。从中可以看出,Davidson 把"give"这个三元谓词变成了四元谓词,这四个论元分别是 John、a book、Mary 和 e。而 Parsons 则把所有的论元项都变成个体与事件元之间的关系,只有事件元例外。不论是 Davidson 还是新 Davidson 框架,它们都可以解决有关蕴涵关系的问题,即(10b)和(10c)的逻辑式都蕴涵(11a)。Parsons 还举出以下的例子来证明他的框架也支持提出事件元这个基本假设,即只有事件元的引入才可以帮助我们真正解决与蕴涵有关的问题。

（12） a. Brutus stabbed Caesar in the back with a knife.

"Brutus 用刀在背后捅了 Caesar（几下）。"

b. $\exists e [\text{Stabbing (e)} \& \text{Subject (Brutus, e)} \& \text{Object(Caesar, e)} \& \text{In (the\_back, e)} \& \text{With (knife, e)}]$

c. Brutus stabbed Caesar in the back.

"Brutus 在背后捅了 Caesar（几下）。"

d. Brutus stabbed Caesar with a knife.

"Brutus 用刀捅了 Caesar（几下）。"

e. Brutus stabbed Caesar.

"Brutus 捅了 Caesar。"

f. There was some stabbing.

　　　　"存在某一个捅(人)事件。"

从(12b)中给出的逻辑表达式可以看出(12a)蕴涵(12c~f),即若(12a)为真,则(12c~f)都为真。原因是,从逻辑上讲,一个合取命题蕴涵其所有的合取项。而(12a)的语义之所以可以表达成(12b)中给出的合取命题是因为事件元 e 的引入。没有它,而只用 Davidson 之前的方法是不可能的。另外,像 Brutus' stabbing of Caesar was violent (Brutus 对 Caesar 的刺杀是非常凶狠的)这样的句子也要求对事件元进行量化,它和 Brutus stabbed Caesar violently (Brutus 非常凶狠地刺杀 Caesar)的关系必须借助于事件元才能表达出来,这是因为前一句是说刺杀事件非常凶狠。

　　Landman (1992)也提出以下例子来支持所有动词性指谓(denotation)都必须包含一个 Davidson 论元,即事件元 e。

　　(13) Michael won the race by limping across the finish line.

　　　　"Michael 一拐一拐地走过终点线赢了比赛。"

(13)中的动词修饰语 by limping across the finish line "一拐一拐地走过终点线"并不是修饰句中的任何个体,如 Michael 或比赛,而是修饰句中的动词短语。Michael 赢得比赛这个事件 e_1 是经过一拐一拐地走过终点线这个事件 e_2 才得以实现的,即:e_2 是 e_1 实现的方式,这样,(13)的语义表达式中就应该有这样一个合取项:$by(e_2, e_1)$。因此,Landman 用这个例子来证明,含有动词(短语)修饰语的句子都需要一个内在的事件元才能得到正确的释义。

　　另外,Landman 认为,这个内在论元不应该是时间(time)或时间-地点偶(time-location pair)。要是 Michael 赢得比赛是与地点和时间论元相关联的,如下所示:

　　(14) [|Michael win the race|] = < . . . , < t_1, loc_1 > , . . . >

那么,就有可能从一个事件推导出另一个不一定相关的事件,只要这两个事件都发生在同一时间和地点。假设 Michael 赢得比赛这一事件发生的地点和时间值与另一事件他由于疲劳过度而晕倒的值一样,都是 t_1 和 loc_1,那么,就可以得到表达式(15)。

　　(15) [|Michael collapse from fatigue|] = < . . . , < t_1, loc_1 > , . . . >

由于(14)和(15)所涉及的命题之语义表达式中都含有相同的地点和时间,即 Michael 赢得比赛以及 Michael 由于疲累过度而晕倒都发生在同一时间及地点,就应该可以通过(16a)而得出(16b)。

(16) a. Michael won the race by limping across the finish line.

"Michael 通过一拐一拐地走过终点线而赢得了比赛。"

b. Michael collapsed from fatigue by limping across the finish line.

"Michael 由于一拐一拐地走过终点线而疲劳过度晕倒了。"

这是因为如果动词短语修饰语 by limping across the finish line 和动词短语的关联是经过时间及地点来实现的话,那么,连接(16a)和(16b)中动词短语和它们的修饰语的就是相同的地点和时间,这样,就应该可以从(16a)推导出(16b),反之亦然,然而,这种推理并不正确。

这种推理会得出与交叉形容词(intersective adjectives)情况一样的结论,如下所示(引自 Bayer 1997):

(17) a. John is a forty-year-old, blond, blue-eyed American with a beard, in his midlife crisis, dressed in a suit.

"John 是一个四十岁、金发、蓝眼睛、有胡子、处于中年危机、穿西装的美国人。"

b. DRESSED_IN_A_SUIT (IN_HIS_MIDLIFE_CRISIS (WITH_A_BEARD (BLUE-EYED (BLOND (FORTY_YEAR_OLD (AMERICAN)))))) (j)

c. John is a blue-eyed American dressed in a suit.

"John 是一个蓝眼睛、穿西装的美国人。"

然而,事实并非如此。(17a)中所有的交叉形容词修饰语,如 forty-year-old"四十岁的"、blue-eyed"蓝眼睛的"、dressed in a suit"穿西装的"、with a beard"有胡子的"、blond"金发的"、in his midlife crisis"处于中年危机的",都具有同一语义类型 < <e, t>, <e, t> >。换言之,这些形容词语义上都是涵项,是类型为 <e, t>的名词(短语)的涵项,通过泛涵贴合运算(functional application)得到类型为 <e, t>的复合名词短语,因此,(17a)的语义就可以表达成(17b)。这些形容词性的修饰语可以互换位置而不影响句子的真值,同时,无论(17a)中省去了哪一个形容词,(17a)都蕴涵所得到的新句子。不过,在(16)中,Michael 通过一拐一拐地走过终点线而赢得了比赛,并不蕴涵他因一拐一拐地走过终点线而疲劳过度晕倒了,反之亦然。因此,Landman 认为地点和时间元不可以被看成是内在论元,不能作为 Davidson 所说的事件元。

1.2.2 频率修饰语

Landman 提出了另一支持内在论元不能是时间或地点元的论据,他以频率修饰语,如 twice"两次",作为例子。

(18) The lasers struck the target twice at one position.

　　"镭射枪在同一位置两次射中目标。"

Landman 假设以下情况:在某个物理实验里,实验的用具是一把可以同时发射数条强光的镭射枪。学生们正把这个镭射枪对准同一目标的同一位置上,并同时发射数条强光。在此情况下,所涉及的只是一个位置(location),发射强光的时点也是同一个时点(time)。不过,(18)所描述的绝对不止一个事件,事件的次数取决于同时投射到目标上的强光的数量,如是两条强光就涉及两个事件。把这个情况应用到(18)上,所涉及的是同一个位置("at one position"),同一个时点(由于是同时发射),但由于目标被两道强光射中,射击事件就应该为两个。Landman 及 Bayer 都认为当句子涉及频率修饰语时,有关句子必然涉及事件元,而地点和时间论元却不能给予这些句子正确的释义。因此,频率修饰语和上一节所讨论的动词修饰语都证明所有动态句子都有一个事件论元。

1.2.3 事件的量化

Bayer 提出了另一个涉及事件量化的论据,以证明事件元的存在。Rothstein (1995)指出,所有包含"every time""每次"的句子都涉及事件的量化,与个体的量化一样。试看以下例子(引自 Bayer 1997)。

(19) a. Every time the bell rings, Mary opens the door.

　　　 "每次门铃响时,Mary 都会把门打开。"

　　 b. $\forall e[\,ring(the\_bell,\, e) \rightarrow \exists e'[\,open(m,\, the\_door,\, e')\ \&\ M(e')$
$= e)\,]$

(19a)涉及修饰语量词 every time"每次",它要求主句所指谓的事件 e' 都应该对应于与之共现的小句所指谓的事件 e,如(19b)所示。Rothstein 认为(19a)中

every time 所涉及的量化与时间变量无关,这是因为可以用来修饰时间名词 time "时间"的形容词 short"短暂的"是不可以出现的,如(20)所示。

（20）*Every short time the bell rings, Mary opens the door.

"*每一小段时间门铃响时,Mary 都会把门打开。"

因此,Rothstein 认为(19a)所涉及的 Davidson 论元绝对不是时间论元,但她没有清楚地说明应该是什么论元。

另外,every time 的量化修饰语只能是阶段性谓词 stage-level predicate,而不能是个体性谓词 individual-level predicate,如下所示。

（21）a. Every time Mary is available, somebody asks her a question.

"每次 Mary 有空时,都有人问她问题。"

b. *Every time Mary is intelligent, somebody asks her a question.

"*每次 Mary 聪明时,都有人问她问题。"

c. ?Every time Mary is blonde, somebody compliments her.

"?每次 Mary 的头发为金色时,都有人称赞她。"

量化修饰语 every time"每次"只能与阶段性谓词共现,如(21a)所示,而非个体性谓词,如(21b, c)所示。(21a)和(21b, c)的差别在于与 every time 共现的谓语在前者中为阶段性谓词,在后者中则为个体性谓词,因此,只有前者而非后者带有事件变量。(21a)和(21b, c)的差别只能用事件元来解释这一事实进一步说明了事件元存在的必要性。

2. Davidson 框架与新 Davidson 框架的不同

如前面所述,Davidson 在 1967 年提出的理论只是把事件元引入到谓语原有的论元中,即把 n 元谓词变成 n + 1 元谓词,而有关的运作仍是以一阶谓词逻辑进行。该事件元会由存在算子约束,而句中的所有动词修饰语都会表达成事件元的谓词(predicates of the event argument),并以合取的形式添加到句子的语义表达式中。因此,(22a)就会有(22b)的语义表达式。

（22）a. Jones buttered the toast slowly in the bathroom with a knife.

"Jones 在浴室里用刀慢慢地往多士上涂牛油。"

b. ∃e[BUTTER(e, j, t) & SLOWLY(e) & IN(e, b) & WITH(e, k)]

其中 j = Jones, t = toast, b = bathroom, k = knife

Higginbotham（1983）和 Parsons（1990）等对 Davidson 的理论进行了修改，从而提出了新 Davidson 理论框架。他们假设所有动词都只带一个事件元，即动词只是有关事件的一元谓词，而所有的常规论元和动词的修饰语都是通过合取形式连在一起的，后者的表达中使用了论旨角色。因此，在新 Davidson 框架下，(22a)的语义表达式会是(23)。

(23) ∃ e[BUTTER(e) & AGENT(e) = j & THEME(e) = t & SLOWLY(e)

& LOCATION(e) = b & INSTRUMENT(e) = k]

通过比较形容词和动词修饰语的相似之处，Parsons 指出，所有修饰动词的修饰语都必须以合取项"conjuncts"的形式出现，而并非以简单的一阶谓词逻辑形式出现，这是因为一阶谓词逻辑中只允许对个体进行操作，而事件元并不是人们通常所说的个体。

3. 基于事件的语义学之应用

把事件元引入语义学的理论框架中，除了可以解决与副词修饰（adverbial modification）相关的现象之外，还可以解释与使役结构（causal constructions）、体算子，以及感知报告（perception reports）等相关的语言现象。

3.1 使役结构（causal constructions）

关于使役结构（causal constructions），Parsons 举出下面的例子。

(24) a. Mary flew the kite.

"Mary 放过风筝。"

b. Mary did something that caused a fly of the kite.

"Mary 做了一些事使风筝飞了起来。"

(24b)实际上是(24a)的释义。在事件语义学的框架下，(24a)实际上包含两个事件，即有关 Mary 的事件，以及有关风筝的事件。Parsons 认为，如果及物动词 TV 是一个从不及物动词 IV 推导出来的使役及物动词（causative transitive verb），则"x TV y"的意义应该是(25)（引自 Parsons 1990）。

(25) ∃e[Agent(x, e) & Cul(e) & ∃e'[IVing(e') & Cul(e') & X(e', y) & CAUSE(e, e')]]

其中 X 是与不及物动词 IV 的论旨角色相对应的主语,Cul 表示其论元所表达的事件已经结束,CAUSE 表使役义。

把(25)运用到(24a)中会得出如下的表达式(引自 Parsons 1990):

(26) ∃e[Agent(e, Mary) & Cul(e) & ∃e'[Flying(e') & Cul(e') & Theme(e', kite) & CAUSE(e, e')]]

其中"Flying(e')"表示"e' 是一个表示飞行的事件"。

要注意的是(26)中的 flying 是从不及物动词 fly"飞行"得来的,与及物动词 fly"放飞"无关,换言之,fly 在这里代表风筝自己所做的事,而非 Mary 对风筝所做的事。

为了验证事件语义学在这类句子中所起的作用,我们必须知道有关的表达式是否能得出及物与不及物形式之间正确的逻辑关系,即(26)的逻辑式应该蕴涵 The kite flies"风筝飞行"的逻辑式,如下所示:

(27) ∃e'[Flying(e') & Cul(e') & Theme(e', kite)]

由于(26)的逻辑式是合取式,且包含一个 CAUSE 的谓词把 e 与 e' 连接起来,因此,(26)除了蕴涵(27)外,亦蕴涵相关风筝的 flying 必然由 Mary 引起,而非其他人,这是因为 e 的施事者是 Mary。

现在再看看使役结构加上修饰语的情况。副词修饰一向是事件语义学最关心的问题之一。Parsons 举出以下的例子:

(28) a. Agatha is flying her kite over the lake.

"Agatha 在湖边放风筝。"

b. Agatha is over the lake.

"Agatha 在湖边。"

c. The kite is flying over the lake.

"风筝在湖边飞行。"

由于使役句包含两个事件,(28a)存在着两种可能性,修饰语 over the lake"在湖边"既可以修饰使役事件(causing event)e,即 Agatha 所做的事(见[28b]),也可以修饰被使役的事件(caused event)e',即涉及风筝的事件(见[28c])。

不过,并不是所有的使役句都存在着歧义。若有关修饰语为工具(instru-mentals),则修饰语一般都会与使役事件而不是被使役事件相关联,如下所示(引自 Parsons 1990):

(29) a. Samantha walked the chimpanzee with a cane.

　　　"Samantha 用手杖赶着黑猩猩走。"

　　b. Samantha was with a cane.

　　　"Samantha 在用手杖。"

(29a)中的修饰语 with a cane"用手杖"不能解释成 the chimpanzee walked with a cane "黑猩猩用手杖行走",因此,用手杖不能与被使役事件相关联,它一般会与使役事件相关联(见[29b])。然而,描述方向及动作的修饰语一般与被使役事件而不是使役事件相关联。

(30) a. Agatha flew the kite towards the sky.

　　　"Agatha 把风筝往天上放。"

　　b. The kite flew towards the sky.

　　　"风筝往天上飞。"

(30a)中的修饰语 towards the sky"往天上"不能与使役事件相关联,不然,会得出 Agatha is towards the sky "Agatha 往天上飞"的释义。描述方向的修饰语 towards the sky "往天上"应该与被使役事件相关联,从而得到(30b)。

3.2　体算子(Aspectual operators)

与英语不同,汉语并没有时制标记(tense marker),动词也不会因为时制(tense)的不同而改变形态,汉语会用修饰语来表达时间的概念。除了修饰语外,汉语在表达时间或事件概念时,也会用体标记(aspectual markers),包括完成体标记"了",经验体标记"过",持续体标记"着",以及进行体标记"在"。

完成体标记"了"在与谓词相互作用时,有以下对比(引自 Pan 1993)。

(31) a. 他看了那本书。

　　b. 他看了很多书。

　　c. 他病了三天。

(32)　a.　*他像了爸爸。

　　　b.　*他喜欢了书。

　　　c.　*他喜欢了一本书。

只有(31)中的句子可以与"了"共现,而(32)中的句子则不可以。这两组句子的对比也可以用事件语义学来解释。(31)与(32)的句子差异在于谓语部分,(31)的所有句子都涉及到阶段性谓词,而(32)的则涉及个体性谓词。两者的分别在于阶段性谓词带有 Davidson 事件元,而个体性谓词则不带这种论元。(31)与(32)对比表明,"了"只可以与阶段性谓词(见[31abc])而非个体性谓词(见[32ab])共现,而(32c)进一步显示"了"作为一个逻辑算子也不能选择由宾语"一本书"所引出的个体变量。由于(32)的句子不带事件变量,因此,有关句子与"了"共现就会违反以下的禁止空约束原则(见 Partee 1989, Kratzer 1991, de Swart 1993)。

(33)　**禁止空约束原则**(Prohibition Against Vacuous Binding (PVB))

　　　所有算子或量词必须约束一个变量。

只有事件语义学可以解释(31)及(32)的差异,这是因为"了"只能选择性地约束事件变量,而(32)中所有句子由于涉及个体性谓词,都不含有事件变量,这样,"了"就不可能约束一个事件变量,就违反了(33)的原则,使有关的句子不合法。

3.3　感知报告(Perception reports)

Barwise (1981)举出以下的例子:

(34)　Poppaea saw Brutus leave.

　　　"Poppaea 看着 Brutus 离开。"

Barwise (1981)认为(34)表达观察者 Poppaea 与景象之间的关系,而景象(scenes)可以被看作情景(situations),即世界的一部分。景象的部分性质带出一个关联景象与事件类型的 SUPPORT "支持"关系,而这个关系只对事件类型敏感。根据景象这个概念,Barwise 以(35)表达(34)的意思:

(35)　$\exists\sigma[\text{SEE}(p, \sigma)$ and σ supports BRUTUS LEAVE$]$

Higginbotham (1983)及 Parsons (1990)认为 Barwise 就光杆不定式(naked infinitives)句子的表达方法可以被简化如下:

(36)　$\exists e[\text{SEE}(e)$ & EXPERIENCER$(e) = p$ & $\exists e'[\text{LEAVE}(e')$ &

$$\text{AGENT}(e') = b \ \& \ \text{THEME}(e) = e']$$

Higginbotham 和 Parsons 的表达方法并不像 Barwise 那样透过一个 SUPPORT 关系把 AGENT 与景象或 EXPERIENCE 关联起来,他们认为含有光杆不定式的句子所表达的是个体和事件之间的一种更直接的关系。这种直接关系可以解释为什么(34)不能蕴涵(37)。

(37) Poppaea saw Brutus leave and Caesar come in or not come in.

　　"Poppaea 看见 Brutus 离开,也看见 Caesar 进来或者没进来。"

(34)并不蕴涵(37),Barwise 会认为景象反映的只是世界的一部分,(34)所包括的景象支持事件类型 BRUTUS LEAVE,却不支持任何有关 Caesar 的事件,因为它并不支持合取型的事件类型(conjunctive event type),即 BRUTUS LEAVE AND CAESAR COME IN OR NOT COME IN。

Parsons 和 Higginbotham 的新 Davidson 理论则会认为这是由于所见的事件并不一样,Brutus 离开的事件并不等于 Brutus 离开及 Caesar 进来或者没进来这个事件,后者可能根本就不算一个事件。

Barwise 举出下面的例子来支持他的观点。

(38)　a. Ralph saw Ortcut kiss someone. David saw it too.

　　　　"Ralph 看到 Ortcut 吻一个人。David 也看到了。"

　　　b. #In 1912, Whitehead saw Russell wink. In 1914, McTaggart saw it too.

　　　　"#1912 年 Whitehead 看到 Russell 眨眼睛。1914 年 MaTaggart 也看到了(该事件)。"

　　　c. In 1912, Whitehead saw Russell wink. In 1914, McTaggart saw the same.

　　　　"1912 年 Whitehead 看到 Russell 眨眼睛。1914 年 McTaggart 也看到了同样的情景。"

(38a)中的 Ralph 和 David 看到 Ortcut 吻同一个人,证明句中的 it"它"所指的是同一个景象,即 Ortcut 吻某个人。所以,像(38a)这样的句子就支持 Barwise 的观点。然而,Barwise 的事件类型分析处理像(38b)那样的句子时就会有问题。如果在(38a)中 Whitehead 和 McTaggart 看到的不是同一个景象,而是支持同一事件类型的景象,那么,我们就会很难解释为什么(38b)会有问题。由于在(38b)中 Whitehead 所见的与 McTaggart 所见的应该支持同一个事件类型,即 RUSSELL WINK,所以,(38b)应该没有问题,但是,这与事实不符。这说明我们需要重新考虑 Barwise 有关光杆不定式的分析。

Parsons、Higginbotham 和 Vlach (1983)指出,他们的新 Davidson 理论则不会遇到同样的问题,可以解释为什么(38b)会不连贯。Whitehead 见到 Russell 眨眼睛这个事件,而 McTaggart 也见到了同一个事件,这一点必须在(38b)中得到满足,在(38c)中则不需要。这是因为(38b)中的代词"it"必须解释为指向前一小句中的 Russell 眨眼睛那个事件,即 1912 年发生的那个事件。由于该代词受制于时间短语 1914 年,所以,(38b)中的两个小句相互矛盾(同一个事件不可能发生在两个不同的时间),因此,(38b) 是不连贯的,是有问题的。然而,(38c)中的宾语"the same"则并不需要解释为指向前一小句中的 Russell 眨眼睛那同一个事件,只要是同一类型的事件就行了。由于同一类型的事件可以发生在不同的时间,所以,(38c)是连贯的,是没有问题的。因为新 Davidson 理论依赖于具体事件,而不是事件类型,所以,可以正确地解释(38b)和(38c)的差异。而 Barwise 的分析则依赖于事件类型,因此,无法解释(38b)和(38c)的差异。

不过,光杆不定式的情况好像并不是这么简单。

(39) a. Poppaea made Brutus leave the house.

"Poppaea 强迫 Brutus 离开了那栋房子。"

b. Brutus left the house with a knife hidden under his coat.

"Brutus 离开那栋房子时,有一把刀藏在他的大衣里。"

c. Brutus left the house only once.

"Brutus 只离开了那栋房子一次。"

d. Hence, Poppaea made Brutus leave the house with a knife hidden under his coat.

"因此,Poppaea 强迫 Brutus 离开那栋房子时,有一把刀藏在他的大衣里。"

很明显,(39d)的推理并不成立。Parsons 的新 Davidson 理论会把(39)的推理判断为合法,原因是,如果存在着一个 Poppaea 目睹 Brutus 离开的事件,而该事件碰巧是 Brutus 在衣服中藏着一把刀离开,则我们应该可以推出存在一个 Brutus 在衣服中藏着一把刀离开的事件,而 Poppaea 目睹了该事件。句中的修饰语只是有关事件 e 的一个谓词,至于 Poppaea 是否真的目睹 Brutus 藏着刀则不重要。Parsons 的新 Davidson 理论的问题是,它把有着修饰语的事件,即 Brutus 在衣服里藏着一把刀离开的事件,与 Brutus 离开的事件当成是一样的,但事实上这两个事件并不一定相同。然而,Davidson 的理论则可以避过这个问题。这是因为在 Davidson 的理论中事件元不是谓词的唯一论元,其他的常规论元也是谓词的论元,这样,上述相关的事件因为含有不同数量和内容的论元,就可以是不同的,因此,就可以解释为什么(39)中的推理不一定成立。

现在来看看 Barwise 的理论如何解释(39)。假设(39a)为真,这表示 Poppaea 与一个景象存在着一个"目睹"的关系,而该景象可以支持一个由 Brutus leave the house 推导出来的单一事件类型。不过,Barwise 的理论始终存在着含糊的地方,如"一个景象支持一个事件类型"的真正意思是什么? 同一个事件应该可以引发同一事件类型,即 Brutus leave the house(Brutus 离开那栋房子)和 Brutus leave the house with a knief under his coat(Brutus 离开那栋房子时,有一把刀藏在他的大衣里)应该属于同一事件类型。解释为什么(39)的推导不成立的关键是要说明这两个事件或景象根本不属于同一事件类型,因此,不能有如(39)的推导。但是,这个解释会与 Barwise 所提出的事件的部分性(the partiality of scenes)不相吻合,因为当中的解释已经涉及内涵性(intensionality)的问题,而非只是部分性(partiality)的问题。若把内涵性的概念引入到 Barwise 的景象论中,我们就可以把 Brutus leave the house(Brutus 离开了那栋房子)和 Brutus leave the house with a knief under his coat(Brutus 把一把刀藏在大衣里离开了那栋房子)看作不同的事件类型,但问题是,我们还是难以解释下面的推导。

(40)a. Poppaea saw Brutus leave the house with his knife hidden under his coat.

"Poppaea 看到 Brutus 把一把刀藏在大衣里离开了那栋房子。"

　　b. Brutus's knife is Livia's wedding gift.

　　　"Brutus 的刀是 Livia 的结婚礼物。"

　　c. Hence, Poppaea saw Brutus leave the house with Livia's wedding gift hidden under his coat.

　　　"因此,Poppaea 看到 Brutus 把 Livia 的结婚礼物藏在大衣里离开了那栋房子。"

上述的解释得不出(40)的推导为合法的结论,这是因为根据分析的统一性,Brutus leave the house with a knife hidden under his coat(Brutus 把一把刀藏在大衣里离开了那栋房子)和 Brutus leave the house with Livia's wedding gift hidden under his coat(Brutus 把 Livia 的结婚礼物藏在大衣里离开了那栋房子)必须被视为不同的事件类型,使(40)不能得出正确的推导。

　　然而,不管是 Barwise 的景象理论、Davidson 理论还是新 Davidson 理论哪一个能最好的解释有关感知报告的句子,这些理论都要使用以事件为本的理论框架来解释相关的现象,这就确立了事件元存在的必要性。

4. 结语

　　本章简单地介绍了语义学的一个理论框架,即基于事件的语义学理论,暂且不论哪个分析工具是最好的,但是,我们必须同意的是事件元确实存在。这里需要指出的是,由于篇幅限制,本文并没有讨论一些有关事件元的特征,如何对事件进行划分,以及利用事件元所存在的问题等相关的内容。同时,前面的讨论也没有严格区分事件和状态这两个概念,在有些讨论中,用事件元涵盖了一些实际上是一种动态的状态的例子,如(31c)。

　　至于这个语义学理论框架在汉语中的应用与实现,则是今后需要进一步研究的课题。

附　注

* 本文是 UGC 资助的 CERG 研究项目(CityU 1290/03H)的研究结果之一,作者感谢 UGC 的经费支持。

第七章

形式语用学与显义学说

——兼谈显谓与汉语配价研究的关系

蒋 严

对隶属语用层面的现象、过程、原则和语境因素作形式化刻画,进而发展出自成体系的形式语用学(formal pragmatics)乃至计算语用学(computational pragmatics)理论框架,这方面的研究是较为新颖的课题,产自语言学界的成果在数量上远不如逻辑和人工智能领域中的类似研究成果。大部分研究是随着认知科学的发展需要应运而生的,在很大程度上也得益自形式语言学理论和应用逻辑的迅速发展。当前可以观察到的一些研究方向是:对推理语用学(inferential pragmatics)各派理论的形式化研究;对语境的形式化刻画;话语表达理论(DRT)的研究对象从语义现象朝语用现象的扩展和延伸;优选论(optimality theory)对语用问题的研究;以博弈论(game theory)为基础创建的形式语用理论;从关联逻辑(relevance logic,又译作相干逻辑)、决策理论(decision theory)、溯因推理(abductive inference)等逻辑角度提出的理论;应智能交际人(embodied conversational agent)的仿真对话需要而做出的形式语用研究,等等①。尽管形式语用学迄今并无明确的范围,也没有公认的研究目标和研究程序,既有的研究成果和文献却已相当可观。但因现有的研究是在语言学、计算科学、逻辑、人工智能几个不同学科分别开展的,有各自为阵的特殊性,跨学科的对话和兼容性都较少,这种缺憾在发表的文献中也反映了出来。故此,在现阶段尚难以从既有成果中整合出一套兼收并蓄、为多数从事形式语用工作的学者所共同接受的形式化系统②。出于对本书编辑主题方面的考虑,我们无意在此对语用形式化的各种研究作全面述评③。我们要讨论的题目相对较狭窄具体,试图通过对源于关联理论(relevance theory)的**显义**(explicature)这个较为新颖的概念作一番形式上的探讨,得出更为精确的定义,揭示显义及其相关语用过程**显谓**(explicating)的形式特性,进而考察这些特性对语用学、语言哲学和汉语语法研究所带来的理论后果,为建立全面的形式语用学体系打下基础。借此意图彰显的,是语用现象的形式化对句法语义研究可能做出的贡献,尤其是句法、语义和语用三者的界面研究。由于本章的主要结论是参考了二十多年来汉语配价语法理论研究的成果而得出的,我们的另一个目标是通过本专题的讨论,从一个侧面反映西方语言学理论与汉语语法研究双向借鉴的广泛前景。

1. 显义和显谓

后格莱斯语用学(post-Gricean)理论与格莱斯会话理论④(Grice's theory of conversation)的分歧之一,在于直陈义(direct meaning)⑤与寓谓义(implicated meaning)两者的划界。格莱斯在其"逻辑与会话"和"逻辑与会话续论"(Grice 1975,1978)两文中,提出了寓义(implicature)⑥这个概念及其产生机制和分类标准。在他的以合作原则(the cooperative principle)、会话准则(maxims of conversation)和各类寓义所构成的三元系统中,如果言者的话句(utterance)⑦在特定语境中昭然违反了具体的会话准则,可总体上仍然遵守合作原则,就会致使听者因此推出言者意图传递的特殊会话寓义(particularized conversational implicature)。另一方面,听者如果断定言者并未违反量准则(the Quantity Maxim)或至少无理由怀疑量准则是否得到遵守⑧,则可从其话句中推出一组广义会话寓义(generalized conversational implicature)。除了这两种在话句层面因会话准则而推导获得的非真值条件义(non-truth-conditional meaning)外,某些词语所带有的不对语句的真值条件作贡献的词汇义被格莱斯称为规约寓义(conventional implicature)。这几种寓义构成了格莱斯所谓的"所寓之义"(what is implicated),与之相对的直陈语义格莱斯称为"所陈之义"(what is said)。所陈之义在格氏的系统中除了包括语言的编码内容外,只涉及两种语用推理操作,都与会话准则无涉:一是指称的指派(reference assignment);二是解歧(disambiguation)。所陈之义构成了话句的真值条件义(truth-conditional meaning)。此外，只要涉及其他需要通过推理得出的隐含义，则一律处理为寓义，属话句的非真值条件义(non-truth-conditional meaning)。

在深化讨论之前，我们需要提供一个背景假定，那就是语义欠明论(the underdeterminacy thesis)[9]。欠明是指言语交际时使用的话句自身往往都不能提供完整准确的意义，不能根据其初始逻辑式来直接确立话句真正要传达的命题。听者必须从话句所提供的编码信息出发，根据具体的语境做出进一步的推理，才能较准确地理解言者的意义。而从言者的角度看，因为有了语境信息以及相伴而来的多种认知效果，所以在说话作文时就可以适当地简练隐晦，相信对方既能理解明说的内容，又能推出暗含之义。只要双方都具有正常人的理性和语用推理能力，那么言语交际就可以靠这种**编码→解码＋推理**的混合模式来运作。从这个视角看，语用学上所谓的直陈义和寓谓义都是经过推理而得到的语境化的意义，是对孤立语句组合义的扩展(development)，或是由此及彼地推出了另一层意义。直陈义和寓谓义的区别在于：直陈义的逻辑式与话句自身的初始逻辑式相似，属同一组甚至是同一个命题[10]，两者间在形式上有单向扩展的关系；而寓谓义的逻辑式则完全不同于话句的逻辑式，表达的是全然不同的命题。

格莱斯对意义的分类一方面得到了新格莱斯语用学派(the Neo-Griceans)和其他一些语义、语用研究者的承袭，另一方面却受到了关联理论及一些语言哲学家的诘难。在此我们集中介绍关联理论学派成员卡斯顿就这个问题所发表的一系列著述中所提出的主要论点(Carston 1988，1995，2000，2002)。卡斯顿认为，在确立话句自身命题的推理过程中，除了指称指派和解歧之外，还涉及其他的扩展过程，其操作种类之多、应用之频繁，足可使人相信：就确立话句自身的直陈命题而言，每个话句都有欠明之处，都需要扩展。从这个意义上说，格莱斯原本刻画的"所陈之义"过于单纯，实际上并不存在，因此，关联理论学派提出了"显义"(explicature)这个全新术语，以取代格莱斯的"所陈之义"[11]。"显义"这个概念源于**直显**(explicit)这个形容词。关联理论的创始人斯波伯与威尔逊在《关联》一书中对直显的定义是："一个经话句 U 传递的假定为直显，当且

仅当它是一个被 *U* 编码的逻辑式的扩展"(Sperber & Wilson 1986/1995：第四章)。布雷克莫的关联语用学教科书(Blakemore 1992：第四章)将斯波伯与威尔逊在《关联》中对显义的简短定性转述为"[显义是]充实话句语义表达式的结果"。而卡斯顿(Carston 2002：附录1)提供的定义则更有认知的含量："[显义是]从话句编码的不完整概念表征(逻辑式)之一推导扩展而得的以明示(os-tension)方式传递的假定。"这三种定义可说是大同小异,似乎都失之笼统。之所以不作更详细的定义,一个可能的原因是显义的种类颇为庞杂,无法更精细地加以刻画。以下请看关联理论文献中讨论过的显义的扩展类型⑫：

1.1　解歧(disambiguation)[即语言表达式的确定(linguistic expression identification)]

从话句中可得出两个或两个以上的逻辑式,依语境信息而择其一。

(1)　a. He was writing advertisements on the train.

　　　　"他在火车上写广告"　⇒⑬

　　b. Standing on the platform, he was writing advertisements onto the train.

　　　　"他在站台上把广告写到火车上"

或是

　　c. On the train, he was writing advertisements(e. g. with his notebook pc).

　　　　"他在火车上(用自己的笔记本电脑)写广告"

　　或是其他可能的解释

1.2　指称指派和其他充盈过程(saturation process)

话句中含有变项,因此不能得到完整的命题,需要对逻辑式中的自由变项(free variable)赋值。主要指代词的指称指派,包括对回指词(anaphora)和索引词(indexicals)的赋值。另有许多表达式被处理为具索引特性的准索引结构,也可仿此得到充盈,表达更完整的语义⑭。

(2)　a. She put it there.

　　　　"她把那东西放那儿了"[回指词与索引词的赋值]　⇒

　　b. Mary put the book on the table.

　　　　"玛丽把书放桌上了"

（3）a. Jasmine tea is better. [than what?]

　　　"花茶(比?)好"[准索引表达式] ⇒

　　b. Jasmine tea is better than lemon tea.

　　　"花茶比柠檬茶好"

（4）a. It's the same. [as what?]

　　　"这(跟?)都一样"[准索引表达式] ⇒

　　b. Coke is the same as Pepsi.

　　　"可口可乐跟百事可乐都一样"

（5）a. He is too young. [for what?]

　　　"他(就? 而言)还太年轻"[准索引表达式] ⇒

　　b. He is too young for the post.

　　　"他坐这个位置还太年轻"

（6）a. It's hot enough. [for what?]

　　　"这(用于? 用途)够热了"[准索引表达式] ⇒

　　b. lt's hot enough for a bath.

　　　"这水洗澡够热了"

（7）a. The winners each get £ 100. [winners of what?]

　　　"(? 的)获胜者各得一百镑"[准索引表达式] ⇒

　　b. The winners of the crossword puzzle competition each get £ 100.

　　　"字谜竞猜的获胜者各得一百镑"

（8）a. I like Sally's wedding gown. [wedding gown in what relation to Sally?]

　　　"我喜欢萨莉的(具体是? 领属关系)婚纱"[准索引表达式] ⇒

　　b. I like the wedding gown that Sally designed.

　　　"我喜欢萨莉设计的婚纱"

1.3 "自由式"充实("free"enrichment)

有的话句虽然表达了完整的命题,但其意义对具体交际场景而言仍然欠明,需要进一步充实。或是虽然独立使用,但结构不完整,需要充实。共同点在于充实的方式似乎超出了语句结构的引导。其中又可分为几小类。

A. 原话句所表达的只不过是显而易见的寻常命题,既无信息量又无关联度可言。经显谓得到充实。

(9) a. It'll take time for your knee to heal.

"你的膝伤得花时间才能养好"[既然是伤,当然需要时间才能养好。] ⇒

b. It'll take quite a long time for your knee to heal.

"你的膝伤得花很长时间才能养好"

(10) a. Ralph drinks.

"拉尔夫是能喝的"[人人都能喝液体。] ⇒

b. Ralph drinks alcohol(habitually).

"拉尔夫是很能喝酒的"⑮

(11) a. Emily has a temperature.

"埃米莉有热度"[人的皮肤都有热度。] ⇒

b. Emily has a high temperature.

"埃米莉有过高的热度"

(12) a. He's a person with a brain.

"他这个人有脑子"[人都有脑子。] ⇒

b. He's a person with a good brain.

"他这个人有聪明的脑子"

(13) a. Something has happened.

"出事了"[世界上到处都有事情发生,不值得大惊小怪。] ⇒

b. Something of an untoward sort has happened.

"出大事了"

B. 更多样的自由充实:原话句的语义足以表达有新信息的命题,但仍可作追加充实,以获得逻辑上或事理上更完备的命题义。

(14) a. Jack and Jill went up the hill.

"杰克与吉尔上了山" ⇒

b. Jack and Jill went up the hill together.

"杰克与吉尔一起上了山"["方式"的充实]

(15) a. He ran to the edge of the cliff and jumped.

　　 "他奔到崖边纵身一跳" ⟹

　 b. John ran to the edge of the cliff and jumped over the cliff.

　　 "约翰奔到崖边纵身向下一跳(而不是在崖边原地蹦跳)"["方向"的充实]

(16) a. Sue got a Ph. D. and became a lecturer.

　　 "苏拿到了博士学位,还当上了教师" ⟹

　 b. Sue got a Ph. D. and then became a lecturer.

　　 "苏拿到了博士学位,然后还当上了教师"["时间顺序"的充实]

(17) a. Mary left Paul and he became clinically depressed.

　　 "玛丽与保罗分手了,而且他还得了忧郁症" ⟹

　 b. Mary left Paul and as a consequence he became clinically depressed.

　　 "玛丽与保罗分手了,而且他还因此得了忧郁症"["因果关系"的充实]

(18) a. She took out her gun, went into the garden and killed her boss.

　　 "她拿出了枪,走到花园里,把老板杀了" ⟹

　 b. She took out her gun, went into the garden and killed her boss with the gun in the garden.

　　 "她拿出了枪,走到花园里,就在花园里用那把枪把老板杀了"["处所、工具"的充实]

(19) a. I'll give you £ 10 if you mow the lawn.

　　 "要是你把草坪剪一下,我就给你十镑" ⟹

　 b. I'll give you £ 10 if and only if you mow the lawn.

　　 "要是你把草坪剪一下,我就给你十镑,否则就不给"["条件关系"的充实]

(20) a. John has four children.

　　 "约翰有四个孩子" ⟹

b. John has exactly four children.

　　"约翰有不多不少四个孩子"["数量值"的充实]

（21） a. There were 50 people in the queue.

　　"这条队排了 50 个人" ⇒

b. There were approximately 50 people in the queue.

　　"这条队排了 50 来个人"["数量值"的充实]

　　C. 零话句(subsentential utterances)⑯：话句所使用的结构在句法上并不完整。有的因省略所致,其逻辑式含有空位,易于复原成整句。这属于充盈的一个次类。但还有的不完整结构是话语的起始话句,不似省略结构,听者很难有共识把这种话句复原成一个语义上都为大家接受的整句。这后一种情况中未出现的成分有时被称为**未述成分**(unarticulated constituent),与省略成分有所区别,属于自由充实的次类。我们仅举第二类例子。

（22） a. Water.

　　"水"[一个渴得快脱水的人对前来救护的人说] ⇒

b. Give me water./I want some water./Get me some water./I want to buy some water./...

　　"给我点水/我要喝水/给我拿点水来/我要买水/"

（23） a. A torch. A torch.

　　"电筒　电筒"[大学生招聘介绍会上应聘者挤满了会场,女职员齐声对她们的老板这么喊道] ⇒

b. Get a torch/Use a torch/You need a torch

　　"找个电筒吧/拿个电筒吧/您真需要用个电筒了(——就像电影院的引座员一样)"[寓义：今天招聘会开得太成功了]

（24） a. Michael's dad.

　　"迈克他爸爸"[言者和听者看着所谈论的那个人走进大门] ⇒

b. This is Michael's dad/The man entering the gate is Michael's dad/The man we are looking at is Michael's dad.

　　"那是迈克他爸爸/来的是迈克他爸爸/我们看到的是迈克他爸爸"

1.4 概念意义的临时调整（*ad hoc* concept construction）

词义的使用偏离了基本用法，但又不属多义现象，需要根据语境扩大或收窄所涉概念的适用范围，又称概念调整（concept adjustment）。

(25) A *tired* tapas is worse than anything.

［解释：tapas 为西班牙式餐前开胃冷盘，如果制作后搁置时间过长，就会失去新鲜感，所以被称为"累了"。理解时需要对"累"这个概念作调整，弃置其主要的语义特征如"疲劳"，突出其后果，如"不振作"、"乏力"，进而引申出"卖相不佳"、"不新鲜"的临时义。］

(26) Ugh, this custard is *raw*.

［解释：custard 是做甜品的蛋奶浆，需要时用蛋奶粉加水，然后在炉上边调边加热。这时如果说这句话，意思并不是说蛋奶浆是生的，而是说它还没有煮到可接受的黏稠度。］

(27) 牛排太老了。

［解释：所谓"老"，是指制作过头，是相对说话人的偏好而言的，不是指牛排本身的年数。］

(28) 想听古典音乐吗？"古典调频"全天为您不间断放送！

［解释：这里的"不间断"需作宽松解释，因为音乐之间其实加插了广告。所谓的"不间断"只是指播放的音乐全是古典音乐，没有其他音乐。］

1.5 高层显义（higher-level explicatures）的推导

言者在表述与话句的基本命题意义相关的**基层显义**（base-level explicatures）时，还同时从事了言语行为（speech act）或表述了自己对所述内容的命题态度（propositional attitude）。作逻辑语义表达时，往往把这些语义表达为冠于基本语句之上的包孕（embedding）结构，不论这种结构是否真的作为编码内容在语句中出现。所以把言语行为、命题态度或其他有关基层显义的评说性内容称作**高层显义**。高层显义既然可显可隐，不完全通过语句的编码意义来表达，所以就经常需要借助推理才能补出。

(29) a. Buy some milk.

"买点牛奶" ⇒

b. The speaker requests the hearer to buy some milk.

"言者要求听者买点牛奶"

(30) a. Frankly, I'm unimpressed.

"说实话,我不觉得这有什么了不起" ⇒

b. I tell you frankly that I'm unimpressed.

"实话告诉你我不觉得这有什么了不起"

(31) a. Regrettably, Mary's son failed the exam.

"很遗憾玛丽的儿子没通过考试" ⇒

b. It is regrettable that Mary's son failed the exam.

"我很遗憾地告诉你玛丽的儿子没通过考试"

至此,我们简要展示了关联理论特别是卡斯顿著述中对显义类型的归纳和说明。鉴于关联理论对显义的定义非常简单,显义的各类型之间的联系不甚明了,显义的范围也没有得到清晰的界定,给人有就事论事之感。所以有必要对显义这个概念作进一步的探讨。我们在下一节先回顾一下卡斯顿对显义特性的概括。

2. 显义的一些特性

循着卡斯顿的论证思路(Carston 1988,1995,2002),我们可以作出如下概括:话句应该具有自身的字面意义(literal meaning)即直陈义,也可能会有引申意义。前者是关联理论所提出的显义,后者是关联理论所重新界定的寓义,两者分属两个或两组不同的命题。也就是说,显义与寓义应该是互为独立的,在语用推理过程中作为独立的前提参与推理,不能你中有我,我中有你。这就是卡斯顿提出的用以区分显义与寓义的功能独立性(functional independence)原则。要是按照有些语用理论的做法,凡是涉及了语用推理,得出的就必然是寓义,那么在上节例示的许多情况里,推导得出的意义都只能归入寓义,直陈语义始终残破不全,不能构成完整的命题,而寓义却又包含部分甚至整个直陈义,两者作为同一个前提参与后继的语用推理。这种牺牲直陈义的做法是关联理论所不能赞同的,因为这意味着忽略话句字面上所表达的命题,而没有字面上的命题义,何来语句的真值条件义? 所以,从关联理论的角度看,显义的提出,必然伴随着对格莱斯界定的寓义的修正:格氏没有论及的许多现象属于显义;就是格氏论述过的广义会话寓义和规约寓义也需要重新界定为显义,况且格莱斯的寓义是借助合作原则和会话准则而计算推出的,可是以关联原则为本的关联理论并不采用这些计算方法(见本章4.2节的讨论)。当然,具体现象需要具体分析才能定性。

除了具有功能独立性外,显义也与寓义一样,可被后继话句取消而不会导致矛盾(可取消性 cancellability),还具有可计算性(calculability),即可以通过一定步骤的语用推理而获得。但是,这些特性并不是显义独有的特性,而是所有话句的非编码语义所共具的。显义自身还是只有那几个内容重叠的基本定义。卡斯顿认为显义不是个语义概念,而是个认知语用概念,既然显谓作为语用过程受关联原则制约,就无需再对显义作进一步的界定了。持这种观点的一种可能的原因是,在既有的文献中,显义主要被用于分析一些原本被处理为寓义的现象,在这些分析中,显义的定义已经够用,不需要作进一步的形式刻画。但是,我们认为,对显义的形式化考察有助于我们进一步认识显谓的实质,有助于我们更好地了解关联原则在显谓过程中的具体作用方式,也有助于我们对语用学和语言哲学当前的一些争议作出新颖的回答。

显义(或是大致相当的异名概念)既然是推理的结果,而不是话句原有的编码意义,我们有什么根据可以断定显义存在的可能性和必要性呢? 语言哲学和语用学提供的论证基本上采取了反证的形式。上文提到的欠明论就是一种间接证据:假如没有显谓和显义,言语交际就无法传递确切意义,真值也就无从确定。其实这种论点背后还隐伏着另一个假设,那就是语义表征论(Kempson 1996)。综合各种表征论的要点,语义作为命题式必须在心理上得到表征,这样才能参与人脑中枢认知活动(central cognitive processes)的计算和推理。这种表征必须具有完整的命题内容,不能容纳省略或隐含成分,否则就可能让人因信息不全而无法进行推导运算或得出错误的推论。卡斯顿(Carston 2000)给过一个例子。设想她自己的信念中有(32)那样的假定,再设想她从伦敦给住在新西兰惠灵顿的母亲打电话,母亲告诉她(33)。那么,就算有(32)和(33)这两个前提,也不能让她因此得出(34)这样的结论。因为(32)和(33)一旦充实为(35)和(36),就无法从中推出那样的结论。

  (32) 要是下雨,我们就不能打网球了。

  (33) 正在下雨。

  (34) 我们不能打网球了。

  (35) 要是今天(7 月 19 日)上午在这里(伦敦)下雨,我们就不能打网球了。

  (36) 惠灵顿(7 月 19 日上午)正在下雨。

瑞卡纳蒂(Recanati 1993)认为,语言使用者凭直觉可以感知到"所陈之义"[该概念已经重新界定,大致与显义相当],但对话句初始逻辑式所直接表达的(不完整的)编码意义却无感觉。这可以算是一种直接证据。但这种设想本身也是直觉性的,有待论证。

3. 显义的形式化定义

  现在我们着力刻画显义的形式特征。按照关联理论对显义的基本定义,显义是对话句逻辑式的扩展。这个定义隐示了显义与寓义的根本区别。显谓不管对逻辑式如何扩展,两者间总有包含关系,显义总会包含原话句逻辑式的编码语义。而寓义则可以与原话句逻辑式毫无一致之处。但既然是对逻辑式的扩展,从形式上看,就可以有从粗到精的一系列显谓过程,可以得出一系列显义,形成一个显义序列,其中语义上最精细的(fine-grained)显义衍推(entail)次精细的,以此类推,一直到最粗略的(coarse-grained)。从具体语用过程来看,就某个特定语境而言,交际双方心目中的显义当然只有一个,但言者与听者心目中的显义在精细度上可能不完全一样,只是基本近似,虽然它们均出自同一个显义序列。因为双方都从优化关联的角度来表达和理解语义,可两者的背景假定不一定会完全匹配。这一点我们将在4.2节详述。另一方面,同一个命题在不同语境中也可能以不同量的编码信息来表达,因而留给推理的余地有大有小,致使在不同语境得到的同一命题在显谓深度上会各有不同。

在讨论命题语义的心理表征时,关联理论学派往往采用福德(Fodor 1975)的观点,认为中枢认知活动运算和推理的对象是思维语言(the language of thought),不同于自然语言。不管我们采用何种逻辑系统来对话句作表征,我们尚无法断定思维语言的具体形式。这给我们讨论话句的推理意义带来了难题——我们怎么知道逻辑式应该如何扩展? 最后应取什么形式? 我们认为,当前语用学的实际做法并没有严肃地考虑过这个问题,而是简单地从话句的角度来考察推理义。所以,在研究寓义时,往往用交际中使用的话句来表示暗含的意义,而且基本上是用一个话句来表示一个寓义。在研究显义时,惯常的做法也是如此:用一个(且只用一个)话句来表示一个显义。更具体的做法是:先分析话句的逻辑式并指出其欠明部分,然后从话句的角度对原话句进行扩展,得出扩展的话句,将其视为显义。我们暂且把这种做法称为**话句视角**。是否采用这个视角对我们的形式刻画有很大影响。语用学者一旦意识到了这个问题,可能会觉得这是唯一可行的做法,否则我们如何去考察和表示显义和寓义呢? 再说,假定言者想要把话说得更清楚,他总可以用更繁琐的话句来说出自己的意思,也就是说他可以表达更多的编码信息,留给听者较少的推理余地。当然,那样的话交际就会变得不甚经济,在效率上大打折扣。廖秋忠(1984)认为省略的原因就在于此,我们可以将其引申为所有欠明现象的动因。所以,采用话句视角就是把显义或寓义看成是言者可说但未发的话句。我们无可避免也采纳了这种视角,但认为有必要明确作出说明。

我们的工作假设是:一旦认可了话句视角,那么根据显义的定义,作为显义的命题与原话句的逻辑式之间一定存在着较严格的形式制约。这种制约到底是什么? 从显义的各种示例中,似乎不易直接归纳出来。我们认为,既有的各种显义其实并不是同一种现象,应重新作分类、整理和定性。因此我们采取分而治之的策略。先对基层显义和高层显义区别定义。再将涉及连词解释的显义单独立项,定名为句际显义。第三步是把解歧、句际显义和高层显义整合成一种类型——语篇显义。尔后考察概念调整这种未能为新定义所涵盖的显义。最后我们对显谓这个过程作进一步的探讨。需要说明的是:我们在本文中所探讨的重点是基层显义的形式刻画。对其他显义,我们在分析其主要特性之余,仅概要地指出其可能的解释途径和解决方案,把更具体的研究留给其他场合。

3.1　基层显义的形式考察

我们先列出有关定义,然后讨论说明并逐步完善之。

（37）有序命题集

　　　设 E 为由命题构成的有序集,如果 $<p_1, p_2, p_3, \ldots p_n>$ 为 E 的子集,则有 p_{n+1} 衍推 p_n、p_n 衍推 p_{n-1} 等的单向衍推关系。

（38）基层显义集

　　　设 l_n 为话句的逻辑式,有序命题集 E 为 l_n 的基层显义集　当且仅当 E 中的任一命题 p_n 语义衍推（semantically entail）l_n　且

　　　（i）p_n 是对 l_n 中的某些自由变项赋值的结果　或

　　　（ii）p_n 形式包含（formally contain）l_n。

（39）形式包含

　　　语链 A 形式包含语链 B　当且仅当

　　　B 中的每个常项语符都在 A 中。

语义蕴含的定义同逻辑蕴含,不再赘述。

　　（37）~（39）从形式的角度对三个概念作了定义。（38i）涵盖指称指派,（38ii）涵盖其他充盈情况,包括准索引式的充实,以及自由充实的情况。未涉及的连词显义和概念调整这两种情况将在下文归入其他类型。形式包含所反映的是显义作为话句逻辑式的扩展这一基本特征。既然是扩展,则原话句应是显义的一部分。这个定义符合我们对包含的直觉理解。倘若我们对形式包含作更多的专门规定,如（40）所示,则可去除（38i）。

（40）形式包含（修订式）

　　　语链 A 形式包含语链 B　当且仅当

　　　（i）B 中的每个常项语符都在 A 中　且

　　　（ii）B 中的每个自由变项或是其赋值式都在 A 中。

（40）又可简化为（41）:

（41）形式包含（重订式）

语链 A 形式包含语链 B 当且仅当

B 中的每个语符或是其赋值式都在 A 中。

(38)的修订式见(42):

(42) 基层显义集(修订式)

设 l_n 为话句的逻辑式,有序命题集 E 为 l_n 的基层显义集 当且仅当

E 中的任一命题 p_n 语义衍推(semantically entail)l_n 且

p_n 形式包含(formally contain)l_n。

下面讨论所参照的修订后的定义是(37)、(42)和(41)。

衍推关系是显义集的一个基本特征。同一基层显义集内呈单向衍推的各命题也都衍推原话句的逻辑式,后者可能是命题,也可能是不完整命题即命题函项。(42)的关键在于形式包含和语义蕴含两者所共同构成的交叉制约条件,它们可以准确地划定显义与非显义(包括寓义、同义[synonymy]、释义[para-phrasing]及其他关系)的区别。倘若单有形式包含,则两个命题逻辑式的语义可能不构成显谓关系。比如,"如果 +S"的结构虽然包含了 S,但不一定衍推后者,可能不是后者的显义。又如,"主语 + 动词 +S"结构虽然也包含了 S,但同样不一定衍推后者,也可能不是后者的显义。具体例句见下:

(43) 张三吃过了。

(44) 如果张三吃过了,那你就去吃吧。

(45) 我以为张三吃过了。

(46) 张三吃过了没有?

其中(44)、(45)和(46)虽包含(43),但不衍推后者。

另一方面,单凭衍推也不能确立显谓关系,因为两个命题逻辑式可能没有共用成分。例如,(47)衍推(48)和(49),但在形式上不包含后两者,所以不构成显谓关系。然而,(47)既在形式上包含(43),又在意义上衍推它,所以是(43)的显义。

(47) 张三吃过了早饭。

(48) 张三做了一件事。

(49) 发生了一件事。

3.2　其他显义类型的形式考察

高层显义的形式特点在于：每个相关的高层显义都包孕原话句。高层显义集也是个有序集，其单向衍推是按高层谓词的显谓精细程度而展开的，被包孕的基层显义则保持不变。与基层显义集不同的是：高层显义虽然构成有序集，构成单向衍推关系，但它们不一定衍推原话句逻辑式，因具体高层谓词而异。例如，作为高层显义的(50b)并不衍推(50a)：

(50) a. 我们饿了。　⇒

　　　b. 玛丽和彼德声称他们饿了。

句际显义：以上讨论虽然在定义上也涵盖了涉及连词的显义，但我们仍想另辟蹊径，将这种显义单独立项。在卡斯顿就连词所作的大量研究中(Carston 1988,2000,2002)，"and"在语篇中的多变语义被处理为在关联原则制约下随语境自由充实的显义，而"and"自身则并无词汇上的歧义，仅具单一的加合义。有关例示见本章1.3B。但是我们想要质疑的是：由 and 所导致的显义是否真正属于基层显义？从卡斯顿所举的例子看，"and"连接的实际上是两个命题，所显谓的实际上是两个命题间的承接关系。就算有些话句表面上只是两个动词组的连接，但根据形式语义学中类型论(type theory)的说法，借助类提升(type-raising)规则，动词组之间的连接总能提升为语句之间的连接[17]。故此，"and"所显示的其实是话句与话句间众多关系的一种。例(19)的"if"功能亦是如此。我们暂且将这种存在于话句间的语义关系称为**句际关系**(inter-utterance relationship)，将经显谓而得到的这种关系称为**句际显义**(inter-utterance explicature)。事实上，在语篇中，任意两个相邻话句之间都有一定的语义关系，包括少数分属两个段落的话句之间的零关系。而连词的作用是从众多句际关系中，提取出一个次类，以缩小选择的范围[18]。句际关系在修辞结构理论(rhetorical structure theory)中已经得到了详尽的处理(Mann & Thompson 1988、王伟 1994、1995)。另有 Kehler(2002)的更具形式化的研究和鲁川(2001：第五章第二节)对接合关系的讨论。

在更广义的层次上，我们甚至有理由把句义确定(即解歧)、高层显义和句际显义归并为一种显义。我们且称之为**语篇显义**(discourse explicature)[19]。解歧所做的是在语篇中确定话句的实际意义并弃置其他不适合的意义,实际上并不是对话句逻辑式的充实。句际显义也涉及在语篇中确定话句间的语义关系并弃置其他不合适的关系。而高层显义又涉及在语篇中确立恰当的[原本隐含的]高层谓词及相关的高层主谓结构,同时排斥其他可能的高层显义。它们都根据一个以上的可能语义作出选择,都涉及广义的解歧过程。

这样,我们最终把显义分为两类:基层显义和语篇显义。我们认为,这两种显义涉及不同的显谓过程,因而具有颇为不同的形式特征,尽管它们也受制于某些相同的语用原则(见4.2的讨论)。

至此,我们并未论及因概念调整而产生的显义。我们认为这是语言哲学上的一个独立课题,涉及词语使用的规范问题。一个词及其所承载的概念在语言社群中有一定的适用范围,其使用规则在一定程度上容许扭曲,在一定语境中仍可为人理解。这种现象虽然体现了词语随文解释的语境依存性,可以从显义的角度加以描写,但其深层原因似可从其他角度加以探讨,比如逻辑实证主义的学说、后期维特根斯坦的语言游戏说、大卫·刘易斯(David Lewis)的规范理论等[20]。

4. 显谓、配价与关联

以上对显义的讨论主要是从静态的角度作出的,而对显谓这个语用过程的刻画则似应更具动态的视角。可以想到的问题有二:一、话句逻辑式根据什么隐现的框架来充实,才能得出为交际双方所接受并为我们的定义所认可的显义?二、是什么语用原则决定了言者采纳哪一种具体的话句并预期使其意向中的听者导出某个特定的显义?这种语用原则还应该能让听者根据言者的话句得出与言者意向语义相当的显义。这里我们仍然集中考察基层显义的显谓过程,所以以下讨论中出现的"显义"如无特别说明,则专指基层显义。

我们认为,按照显义的特性和定义,相关显谓过程理论上可以从话句的逻辑式得出一个显义集,而在实际交际过程中,语用原则又能指导听者恰好推出其中最合适的一个。我们因此可以看到显谓的两个方面:一是在形式上认可一个显义集,二是在语用上认定一个显义为合适显义。我们要提出的更具体的观点是：作为一个语用过程，显谓在形式上从话句的初始逻辑式出发，按照话句的语义配价来推演相关的显义集，在语用上循关联原则确定单一的显义。

4.1 显谓与配价

这里所说的配价源自汉语语法界二十多年来所整合发展的配价语法理论。该理论借鉴吸收了法国和德国配价语法（valency grammar）、依存语法（dependency grammar）、欧美形式句法中的格语法（case grammar）、题元理论（theory of thematic roles）和论元结构理论（theory of argument structures）的不少核心内容，对汉语的句法语义结构特别是汉语独有的特殊结构和超常搭配作了大量深入的发掘、描写和分析，并据此在理论上有所创新，其研究成果还与同期构建发展的其他汉语语法理论互相渗透兼容，如变换分析、语义指向研究、句位/句模理论和（句法、语义、语用相结合的）三个平面的理论等[21]。

其实，熟谙配价语法研究的人只要一看本文起首的例句，就会马上联想到相关的配价研究。汉语配价研究不仅讨论过一些类似的隐含现象，还发掘了许多汉语独有的现象，比如"的"字结构的配价（袁毓林 1994b，1995c）、一价名词和二价名词的配价（袁毓林 1994a，1995b）、形容词的配价（刘丹青 1987，张国宪 1993b，1995）等等。从我们的特定研究视角看，配价研究的成果能够加深我们对显义和显谓过程的认识和理解。

鉴于汉语配价理论包含了许多学者的观点，有些见解具有不同的适用范围和讨论语境，并未完全统一，所以我们需要从中撷取适合本文研究目标的观点内容。我们所说的"价"是一个语义上的概念，类似袁毓林（1998a，b）所说的"项"价：一个动词在一个句子中所能关联的名词性成分的数量（其中包括通过介词引导的名词性成分）。我们把袁毓林定义中的"句子"扩大到"句式及其句子属下的结构体"[22]，这样就能包容袁毓林（1994b，1995c）所说的"降级主谓结构"，并因此把原定义中的"动词"扩大到"谓词"，其中包括形容词谓语和降级谓词。语义上的项价在句式层面实现为句法上的必用论元、可用补足语和自由说明语这三种形式，但可用补足语和自由说明语两者之间的界限比较模糊，缺乏可靠的鉴别方法[23]，我们所说的可用补足语包括介词词组这种一般不被处理为句法价的成分，以及表时间、方位和处所的这种一般被视为所有句式都具有的缺省成分。另外,价是与谓词互相依存的,如果谓词(包括句子的谓词和降级谓词)是隐形的[24],那么它们也是显谓的充实对象。

配价理论告诉我们,一个可以充任谓词的词语(如动词)理论上可以与多个语义项价相联系,形成对所述事件的最为完整的命题内容,当然具体词语对可以联系的语义成分有不同的兼容性规定。落实到句法层面,动词在不同句式也可以具有不同的必用价位(如带两个或三个必用论元)[25]。一旦谓词与其选定的配价成分(包括必用论元和一部分可用补足语)构成了特定的合式,则其他可用价位就成了隐形的配价位置[26]。我们认为,显谓就是一个对结构体(包括句式及居于其下的从属结构)的隐形配价成分及隐形谓词作充实、得出新的仿单一话句表达式的命题及逻辑式的配价过程。这样的充实过程或可称作**语用配阶**,它能够导出(且只导出)完全符合我们定义的显义集,也与我们对直陈义的直觉所吻合[27]。

但上述显谓过程只适用于常规的(canonical)句式结构。汉语配价研究的出新之处是发掘了大量汉语所独有的非常规结构。由于现代汉语表时间方式、工具方式的这些周边语义成分既可以由介词组充任,又可以单独由名词组充任,如果这样的名词组在句中所占的位置不是非必用论元位置(如话题、焦点、其他附加语[adjunct]等),而是必用论元位置,则在显谓过程中,必须对其作焦点化或话题化处理,腾出空位来容纳省略的中枢语义成分(如施事、受事等),让后者入主必用论元位置。焦点化或话题化的另一个功用,是将常规上占据必用论元位置的中枢语义成分置放在焦点或话题的位置,同样可以解决空位不敷分配的难题[28]。这样的处理不改变命题的真值条件义,仍然可以得出符合我们直觉的显义。这告诉我们,显义不必与原话句同构,也说明我们提出的形式包含是个比较恰当的定性。由此我们得出显谓的定义:

(51) 显谓:根据事件的逻辑语义表达框架对结构体的隐形语义配价成分及隐形谓词作充实、得出新的仿单一话句表达式的命题及逻辑式的配价过程。需要时可通过焦点化或话题化来腾出空位以使必用论元的价位可以容纳补出的中枢语义成分,或是借此将省略的中枢成分置放到焦点位或话题位。

焦点化和话题化的示例见下：

(52) a. 最近我们老是吃食堂。

　　　　［表处所的名词组作为周边语义成分占据了句子宾语位置］　⇒

　　b. 最近我们老是在食堂吃午饭。

　　　　［a 话句的宾语变为介词组占据非必用论元位置，空出的必用论

　　　　元位置补上宾语］

　　c. 最近我们午饭老是吃食堂。

　　　　［在焦点位置补出中枢语义成分，宾语位置仍保留原状］

　　d. 午饭我们最近老是吃食堂。

　　　　［在话题位置补上中枢语义成分，宾语位置同前］

4.2　关联原则

　　前文说过，显谓在形式上从话句的初始逻辑式出发，按照话句的语义配价来推演相关的显义集，但这只是理论上存在的可能。在实时言语交际中，言者意向中要传递的显义并不是一个有序命题集，听者期望得到并实际推出的也不是由多个命题构成的集合——交际双方心目中始终只有一个命题，甚至全然没有意识到还存在着其他的理解选择。言语交际事实上出现的这种高效性可以用关联理论提出的交际关联原则来加以解释。关联理论认为，人在从事言语交际时，会本能地期望从中获得**语境效果**（contextual effects），以得到认知上的收益。由于话句或多或少都具有欠明性，听者需要对接收的话句逻辑式作加工，借助语用推理充实欠明语义，以期得到所需语境效果。但语用推理具有雪球效应：调用的语境信息越多，演绎出的结论就越多，可望获得的语境效果也会相应增加。但语境效果的获得需要付出**加工心力**（processing effort），即人在单位时间所耗费的脑力和精力。如果为了不太重要的效果而付出过多的心力，则在认知上是得不偿失的。人在本能上都会避免这种情形，而趋向于以较小的心力去追求较大的效果，这种加工心力与语境效果的恰当配比被称作**优化关联**（optimal relevance）。与之相关的原则被称为**交际关联原则**（Sperber & Wilson 1986/1995：后记）：

(53) 交际关联原则

　　　　每个明示的交际行为都传递了一个推定,推定自身具有优化关联。

(54) 优化关联推定

　　　　a. 交际者意图显明(make manifest)的假定之集合 *I* 具有足够关联,
　　　　　值得受者处理该明示刺激信号;

　　　　b. 该明示刺激信号是交际者可以用来传递 *I* 的最为关联的信号。

在实时交际过程中,由于交际双方都下意识地推定对方不可避免地受制于关联原则,所以听者根本无需去逐一比较所有可能的语义解释。他可以顺理成章地认为自己最先得到的理解就是具优化关联的理解而不再继续搜索其他的解释,否则,同样受制于关联原则的言者就会换一个说话的方式。同理,言者也可以顺理成章地认为听者定能得到自己心目中想传递的意义。这样,关联理论对交际成功的充分必要条件提供了认知上的解释。当然,我们说关联原则很好地解释了言语交际的高效性,这并不等于说言语交际永远不会产生误解和失败。假如交际双方有一方对对方的背景或知识状况作出了错误的假定,那么正因为每个人都无可避免地受制于关联原则,所以会因之产生误解或不解,导致交际的失败。所以,失误本身并不能证伪关联原则。关联理论要解释的是成功交际的可能性,所揭示的是理论上的充要条件。实际上,由于我们有时无法完全摸清对方的背景(没有获得完整信息),有时接收了错误信息(比如受了假新闻的误导),也由于我们的记忆可能有误,加上由此可能作出的错误推论,所以交际不免带有揣测的成分——揣测的是对方的知识状况。从这个方面说,交际不啻是种高危行为,随时都可能导致失误。但另一方面,在双方共享知识共核(common ground)的许多情况下,或是在不需要相互了解太多知识状况的大量日常交际情况下,交际又是十分高效准确的——这是关联理论所谓人类进化的一个后果,否则谁还愿意参与言语交际呢?

　　　如果我们接受关联理论的这种解释,认可关联原则,那就不难理解为什么交际双方意向收发的显义只有一个,而不是一个有序命题集。作为比较,交际双方意向收发的寓义却可以有多个,因为寓义是与原话句完全不同的命题,特别是言者可以用弱交际的形式来传递一系列意义含糊的弱命题,如诗意的表达。然而,虽然话句可以同时寓谓多个命题,但是这些命题在内容上应该是互为独立的,互相之间在逻辑式上并无相似之处。而且,由于关联原则的作用,交际双方意向中的寓义也应该是相对确定的[29]。

4.3 精细化

将显谓与配价挂上钩后,原来不存在的一个问题突然冒了出来:如何解释第一节"ⅢA"以及"ⅢB"中(20)~(21)的情况?由于这些情况的显谓涉及的是定语的充实,显然它们不属于配价涵盖的范围。我们现在可以想到的解决方法是把定语看成是自由说明语,这与张国宪(1993b)的定性并无冲突:"[自由说明语]不具有补足价载体意义的功能,这种成分出现与否以及数目不受价载体的制约,因而与价载体之间没有任何语义上的必要的联系。"此外,张文还指出:"……自由说明语的隐现只依赖于交际环境,它的有无是无法进行预测的……"但是,我们也十分清楚,定语一般不被看成自由说明语,因为它只是名词组的一部分,不能独立占据价位。如果显谓要扩展定语位置,那就需要特殊的动因。我们认为这个动因就是关联原则导致的**精细化**(elaboration)这个语用过程[30]。我们要解释的这些现象本身已具有完整的命题式,但"ⅢA"的例句内容不足以让听者得到具关联性的意义,所以关联原则促使听者对句中的某些成分作精细化理解,而精细化的一个对象自然是定语位置,因为它可以让概念的适用范围变得更精确。至于"ⅢB"中涉及数字理解的情况,卡斯顿(Carston 1988)不赞同新格莱斯语用学把数字的意义分为衍推义"不少于 n(即至少 n)"、广义会话寓义"不多于 n(即最多 n)",以及从前两义推出的"恰好 n"。她认为数字就只有数值本义,其他的意思都应该根据语境自由充实得出,比如还有" n 左右"的意思,如例(21)所示。我们认为,在实际交际场合中,听者除了作出数值本义的理解外,一般不会想到其他的解释,除非另有特殊的动因,促使他对数值作精细化理解。有时揣摩性的语气也会促使听者得到" n 左右"的意思。关键的动因仍在于关联原则。在这个特殊的精细化过程中,数字可以被处理为一种元变项(meta-variable),需要进一步对其赋值。也就是说,完全可以把话句中的数词处理为准索引结构,给所谓的自由充实加上形式制约。

4.4 理论上的进一步思考

研究汉语的配价理论必然要考虑该理论的性质和功用问题[31]。配价理论的主要研究角度一直是句法方面的结构描写,特别是对动—元结构的描写。但是,配价的问题不只是个句法问题。一旦考虑到句子成分组列的其他逻辑可能,就必然要考虑语义价的问题。所以配价研究就从对相关结构的单纯描写演化为对句法和语义关系的研究。具体地说,就是研究从语义配价到句法配价的映射关系。由于汉语配价理论的研究基本不采用带有类似深层结构的理论框架,所以讨论语义-句法映射问题时,往往会借助"省略-找回"和"隐含-补回"这样的语用过程②。就连"话题化"和"焦点化"这些移项手段,实际上也是表层上面的操作,是具体句子之间的变换③。用我们的术语说,这些操作暗地里都预设了话句视角,可以看作是显谓的过程。这样,配价研究就涉及了句法-语义-语用三方面的内容。倘若我们把事件的命题逻辑结构看作是语义配价的基础,那么我们就可以用事件语义学(event semantics)提供的技术手段来表达语义配价③。这样我们得到了如下关系:

图中的语义部分为句法配价提供了基础,A 表示了映射关系。语义配价也是显谓的基础,但真正的显谓操作是根据句法配价的结果来进行的,而显谓又是句法配价排列组合的一种测试手段,在某种程度上说,显谓是焦点化和话题化的动因:因为要得到显义,所以要增项。既然句法上强制性的价位已经占满,所以有时需要作移项处理。(当然,如果有深层操作,则另当别论。)因此 C 反映了一种句法—语用互动的双向关系。再看 A 关系。表面上看,配价研究的基本方略应该在对 A 的探讨上。但现在的汉语配价研究还没有引进严格意义上的事件语义表达方法,所以可借鉴发展的方面只有题元角色/关系(thematic roles/relations)或语义格(semantic case)的分类和汉语题元层级(thematic hierarchy)的建立,而对整个语句的命题语义结构则缺乏有效的表达和分析手段。因此,许多研究句法的论著实际采取的论证是走 B 径,再从 C 径进入论元结构的分析。也就是说,配价理论并没有就 A 关系建立操作系统,所采用的操作方法(复原缺项、变换、焦点化、话题化)主要建立在 B、C 这两类关系之上,因而提供的解释也多从功能、认知角度出发,鲜有形式句法的抽象性,比如隐喻、理想认知模式、激活、表达精细化等。这种策略要求我们更注意认知、功能和语用研究的新发展,借鉴更多的语义、语用概念和方法,增强语义、语用平面的本体内涵,从而丰富汉语的配价研究。

　　本文既已着重讨论了关联原则的作用,在此我们想联系"激活"(activate)这个概念再作一番引申。"激活"是目前汉语语法研究中用得比较多的新概念。遇到非常规的配价关系,无法从字面上得出合理的命题时,就借助"激活",引出潜在的语义项,提供所需的关键概念,从而补全相关的命题结构,进而解释某种句式的合理性。这样的做法可能会让人产生一种误解,好像只有非常规结构里的超常语义搭配所涉及的项才会引发激活这个过程,而"寻常"句式就与"激活"无关。其实,从认知心理的角度看,语句中的每个词项都含有三个方面或是其中的一两个方面的条目:词汇项、逻辑项和百科项。在话句理解时,词汇、逻辑两项必定被激活,而百科项下的内容则会有选择地被激活。可百科项下的内容又与其他许多概念相联系,可以层层激活,其扩散幅度是没有自然边界的。这样给人的印象是:如果语言使用者有足够的时间、精力和兴趣,那么在处理话句时,每个词语都会激活相关概念的相关条目并导致纵聚合式的辐射性联想,从而激活愈来愈多的概念。可是,事实并非如此。言语理解是个即时发生、瞬间完成的过程,不允许听者作频频长考。所以只有能使听者在具体语境中得出具有优化关联理解的百科内容才会在第一时间被激活调用,其他的内容尚未进入听者的考虑范围,相关话句的理解就已经结束了。也就是说,概念激活在言语理解中是受制于关联原则的。如果在采用激活解释时不考虑关联原则,那就无法说明为什么只有某些预想的语义概念得到了激活,而其他众多概念则未获考虑。如果这种观念是站得住脚的,那么我们在研究中就需要注意"认知解释"与"认知语用解释"的区别。前者可能适用于一些不涉及即时言语理解的人类思维认知活动,如科学思考、解题、下棋、创作、文本解读、翻译、冥想等。这种活动以追求最大认知效果为目的,不受时间的限制。而后者则适用于受时间严格限制的、非论证型的(non-demonstrative)、下意识的认知活动,如言语理解[35]。所追求的是优化关联,而不是最大关联,因为时间上根本不允许听者对所有语境效果作逐一比较并选定具最大关联的解释。这样看来,语用原则并不是个可有可无的部分,在配价理论的建设中是不可或缺的。

5. 语言引导论还是语境决定论?

以上讨论本身已属自足。我们对显义作了重新剖析分类,对基层显义作了初步的形式刻画,并从配价的角度考察了显谓这个过程,还讨论了关联原则对显谓过程的制约。但我们还想在最后利用已经作出的大量铺陈来介绍一个语言哲学上的相关争议,那就是显义研究在语言引导论和语境决定论的争议中所作出的贡献。

语言哲学中的一个持久话题就是真值能否在句义的层面独立确定。接受罗素(Russell)和弗雷格(Frege)的逻辑哲学理论或是其后发展起来的真值条件语义学的学者往往对此持肯定态度,其观点有时被称作**字面义决定论**(literalism)。而接受奥斯汀(Austin)的日常语言哲学观或是后继语用学理论的学者则对此常持否定态度,他们认为真值具有语境依存性,根本无法在句义的层次确定,所持观点被称作**语境决定论**(contextualism)[36]。当然,就是字面义决定论者也承认句子中因代词和索引词所带来的自由变项需要借助语境才能确定所指。但这不足以否定其拥护的理论,因为这些自由变项在逻辑式中留下了明确的语言导引,指引语言使用者借助有限而明确的步骤来获取语境信息,完成对自由变项的解释。因此,只要有明确的语言导引,语句解释就不是个完全依赖语境的随文解释过程。这种改良的字面义决定论有时被称为"语言引导观"(linguistic direction)。而持语境决定论的哲学家则力图论证语境依存的自由性和随意性[37]。近五年来,这种争议演变成了**索引论**(indexicalism)与语境论之争,衍生出多篇论文和数部专著。这里所说的索引论出自语言哲学家斯坦利自己以及与别人合著的一系列文章(Stanley 2000、2002, Stanley & Szabó 2000)。斯坦利提出了一种极端的语言引导观:所有非语言的语境因素对确立真值条件所造成的影响都能在语句的逻辑式中找到线索;所有依存于语境的真值条件解释都源于对自然语句结构中语境敏感成分的赋值(Stanley 2000)。斯坦利及其合作者采取的相应策略是在语句的逻辑式中增加索引成分,借此提供语言引导,通过对索引成分的赋值来有步骤、有限制地引入语境因素,排除语境因素自由介入、随意影响真值条件的可能。而卡斯顿则在其论著中借助对显义和显谓的考察结果来捍卫语境决定论(Carston 2000、2002)。她举出的事例就是我们在上文讨论过的自由充实,把这种情况看成是索引论者无法处理的反例,因为她认为无法在相关话句的逻辑式中自然地引进变项,更无法对隐现成分作有步骤、有引导、可预期的赋值。然而,本文的考察却让我们对这些问题得出了不同的答案。我们的研究结果表明:显义作为对原话句逻辑式的扩展,仍然受到语言编码形式的许多制约,真正自由的充实并不存在。这个结论倾向于支持索引论。从语义表征的角度看,有理由将结构体的隐现配价成分表达为变项,为显谓提供语言引导。但如果我们全面接受配价理论,则是否将隐现成分表示为变项,并不重要,因为结构体对配价成分的规定,仍属于语言形式的方面,就是不用变项,也可以有步骤地导出。也就是说,就是不接受索引论,我们也倾向于支持语言引导观。另一方面,我们的研究结果就是不支持语境决定论,也可为关联理论对显谓的制约提供较具体的操作细节。至于精细化这个过程,虽然较难从配价的角度加以解释,但其部分现象可以从赋值的角度去分析,比如数词意义的精细化。余下的情况(1.3A)也受到了特殊语义制约,其显谓过程并不显得那么自由。其实,这些现象还涉及对**缓叙**(understatement)和**含糊**(loose talk)这两种语用现象的分析和定性,对它们的充分解释可以涵盖4.3讨论的疑难问题。不过那又是题外的事了。*

附　注

① 相关文献除参看蒋严(2002)篇末参考书目外,新近文献有:Stone(1998)、Parikh(2001)、Asher & Lascarides(2003)、Gabbay & Woods(2003, forthcoming)、Potts(2003)、van Rooy(2003)、Blutner & Zeevat(2004)、Hobbs(2004)等。

② 这方面的讨论参看 Bunt(1995)、Thomason(1997)、蒋严(2002)、吕公礼(2003)和 Hobbs(2004)。

③ 作为学术书面语的谦称用法,本文中出现的第一人称复数单指作者个人。

④ 格莱斯的会话理论当然不仅仅适用于会话这一种言语交际现象,格氏意图揭示的是人的意向性明示交际(intentional ostensive communication)的充要条件或是普适原则。

⑤ "直陈义"是个中性的术语,在此并无理论取向。具体理论都有自己的对应术语,指称范围也不尽相同。

⑥ 又译作"含义""含意"等。

⑦ 译名由本文作者自拟,又译作"话语""话段""语句"等。指用于交际表达的基本语言单位,与句子大致相当,是实际使用中的句子。

⑧ 这本身也预设合作原则得到了遵守。

⑨ "欠明论"是关联理论学派所采用的术语,但其基本内容早已是推理语用学的共识。

⑩ 如果初始逻辑式本身不完整,则可经过扩展得出完整逻辑式,两者同属一个命题;如果前者已经自足,而后者是进一步完善,则两者分属两个相近命题,后者较前者更具体。详见下面的讨论。

⑪ "显义"(explicature)和"显谓"(explicating)的英文名是比照格莱斯首创的"寓义"(implicature)与"寓谓"(implicating)而提出的。在正式出版文献中首见于斯波伯与威尔逊合著的《关联:交际与认知》(Sperber & Wilson 1986/1995)这本关联理论经典作的第四章。卡斯顿专门研究显义的名篇(Carston 1988)发表年份稍后。

⑫ 主要出自目前引卡斯顿的一系列著述,在表述形式上略有更动。其他例句特别是中文例句由作者提供,如(23)、(25),也有的是汉语语法研究中常用的例句,如(1)。更多的例句和讨论可参阅 Blakemore(1992:第五章)。

⑬ ⇒在本文中表示"扩展为如下显义"。

⑭ 充盈还包括省略成分的复原,见"ⅢC"第一小类的讨论。

⑮ 此处中译文注重反映同等的显谓过程,并不与原文完全同义。

⑯ 中文术语仿赵元任(1968)提出的"零句"(minor sentence),其中"零"是"畸零"、"零碎"的意思。

⑰ 详见蒋严、潘海华(2005:第六到第八章),或在互联网上直接下载蒋严、潘海华(1998)。

⑱ 我们在此认可的,是话句间的众多可能关系,并没有赞同连词多义论的意思。

⑲ 我们把"语篇"定义为由多个话句组成的段落。

⑳ 前两种学说介绍文献众多,毋须引介。刘易斯对规范的研究参阅 Lewis(1969)。

㉑ 配价理论的主要文献参看沈阳、郑定欧(1995),袁毓林、郭锐(1998)和沈阳(2000)这三本

专题论文集,在《中国语文》《语法研究和探索》等刊物或丛书中刊登的相关论文,还有袁毓林(1998b)、陈昌来(2002)这两本专著和杨宁(1990)、张国宪(1993b)这两本未发表的博士论文。

㉒ 见沈家煊(2000b)和袁毓林(2002a)关于句式与配价的讨论。

㉓ 见张国宪(1993b)和袁毓林(1998b)的讨论。

㉔ 隐形在此包括隐含和省略,两者的区别见张国宪(1993a)。

㉕ 参阅马庆株(1998)。

㉖ 参阅邵敬敏(1998)。

㉗ 另参阅鲁川(2001)提出的"配元""扩元""增元""饱和配元"与"非饱和配元""中枢角色"和"周边角色"等与我们的术语有相通之处的概念。

㉘ 参阅袁毓林(1996b)。

㉙ 对推理语用学、关联理论和关联原则的详细论述参见 Sperber & Wilson(1986/1995)、Carston(2002)以及其他专著和论文。罗仁地、潘露莉(2002)将语用推理和关联理论作为基本出发点,站在功能语言学和语法化理论的立场探讨推理在语言中的作用。视角虽然与我们的不同,但内容与本章有部分相通之处。

㉚ 精细化这个概念见诸袁毓林(2002)。

㉛ 参看陆俭明(1998)、范晓(2000)和金立鑫(2000)等从方法论角度对配价理论的讨论。

㉜ 参见吴为章(2000)。

㉝ 比如,袁毓林(1998d)认为自己的研究"过多地依赖表层结构的句法操作,凡是表层结构中论元的位置和排列方式跟设定的基础句式不一致,就必须用句法上的移项来处理"。

㉞ 事件语义学的有关文献可看 Parsons(1990)、Landman(2000)和 Rothstein (2004),以及本书第六章。

㉟ 详见 Sperber & Wilson(1986/1995:第二章)。

㊱ 有关讨论详见 Carston(2000,2002)、Bezuidenhout(2002)以及 Recanati(2003,2004)。

㊲ 详见 Bach(2000)、Travis(2000)和 Recanati(2002)。

＊作者感谢本书主编刘丹青先生对本章初稿提出宝贵的修改意见!

第八章

认知科学与汉语计算语言学

袁毓林

1. 语言研究的价值取向和评价参照

为什么要研究语言？语言学有什么用？怎样来评价语言学的研究成果及其所达到的水平？这是许多语言学家，特别是初涉语言学的学生爱问的问题。下面就这三个问题略作讨论，作为本文的一个引子。

1.1　语言学的研究空间

语言学有两种定义方式，一种是传统的，即语言学是研究语言的科学；一种是现代的，即语言学是对语言的科学研究。①这两个定义都涉及"语言"和"科学"这两个关键词。但是，语言的范围很广泛，从语音、词汇、句法、语义一直到语用；科学研究的范式(paradigm)很多，从结构主义到后结构主义、从功能主义到形式主义。可见，语言学的研究空间太大。对此，每个研究者都必须作出选择。而选择的依据在很大程度上取决于研究者的价值观念，即为了什么而研究语言。

1.2　面向当代科技的语言研究

在众多的语言学追求中，我们倡导一种面向当代科技的语言研究，强调语言研究的当代性和应用性。具体地说，包括下面两层意思：一、语言研究为当代科学技术服务，使语言学的研究成果更具有科学的认识价值和实际的应用价值。比如，对于人类自身智能的认识，可以从语言角度切入，从而开拓新的思路：模拟大脑的活动而发展新的计算机原理、新的计算方法和软件技术。对语言结构的精细的描写和形式化处理，可以为计算机处理自然语言提供可靠的基础,从而开辟语言信息处理产业这一新的市场。二、用当代科学技术的新观念来冲击、刷新语言学的理论和方法。比如,Chomsky 的生成语法就是在上个世纪 50 年代的计算机科学技术、认知科学、数理逻辑、信息论等当时最新的科学技术的背景上产生的。同时,反过来又对当时的科学技术,比如理论计算机科学(特别是形式语言的层级体系,即 Chomskyan Hierarchy)起了促进作用。

1.3　语言研究的计算机参照

怎样来评价一个时代的语言研究的成就和所达到的水平呢? 白硕(1996)认为: 评价语言学知识需要参照物作为"硬"的检验。比如,传统语言学以本族说话人为参照物,以满足本族语言教学的需要为目的。因此,所获得的语言知识在今天看来不完善和过于简化。描写语言学以非本族说话人为参照物,以满足外语教学和对异文化的了解为目的(比如,上世纪初人类学家对各种印第安语言的记录和描写)。许多本族人习以为常的现象被挖掘出来了,语言学知识从量到质都有了明显的提高。后来,出现了计算机和计算机理解自然语言,于是,计算机成了语言学知识的一个新的参照物。因为计算机只能处理形式化的知识,所以要想让计算机处理自然语言,就必须把语言学知识形式化。正是在把语言学知识形式化的过程中,人们认识到了一些没有计算机作参照就很难揭示出来的现象和规律。现在,网络将成为语言学知识的一个新的参照物。因为在网上传输的信息很大一部分是自然语言,所以语言学必然要在网络信息处理中扮演重要的角色。比如,网络信息的文本分类、快速检索、信息抽取、信息过滤等,都需要语言学知识作支持。②

这样,语言研究就不仅具备自然科学的探索、认识功能,而且还具备技术科学的社会功能——利用对语言的科学认识来造福于人类。

2.　智能系统和认知科学

语言是人类智能的重要的组成部分,而新兴的认知科学以研究智能系统为己任。因此,认知科学势必会对语言学产生积极的影响,并为语言学的科学化和现代化提供机会。为此,下面对认知科学中若干重要的方面略作介绍。

2.1 心脑的二元对立和认知中介理论

众所周知,人是一种有心智的动物。所谓心智(mind)泛指人的知觉、注意、记忆、学习、思维、理解、创新等各种心理活动,它跟大脑(brain)相对。在人类的心智中,像判断、推理和想象等利用知识去解决问题的心理能力被称为智能(intelligence)。智能也可以定义为在新情况下作出恰当的反应的能力,因为要在新的情况下作出恰当的反应,必然要利用知识来进行判断、推理和想象。至于大脑则是心智的器官,大脑的活动(即脑过程)的结果产生了心智。脑过程表现为大脑中的神经元(neuron)之间传递信息的生物电学和化学过程。

问题是:如何用大脑中的神经元的活动这种低层次的生理现象去说明、解释心智这种高层次的心理现象。为了填补这种心脑二元之间的鸿沟,功能主义者假设在人的大脑和心智之间存在着一个认知平面,在这个抽象的理论平面上,我们可以撇开脑过程这种具体的生化现象来谈论大脑是怎样工作的。可见,认知(cognition)是功能主义者对人类智能在大脑中的组织方式和工作原理的一种理论概括,它包括认知结构(意象、图式、范畴、原型、命题、脚本、网络等)和认知过程(如记忆、编码、搜索、思维、概念形成、扩散性激活、缺省推理、隐喻投射、语言理解等)两个方面。

2.2 什么是认知(活动)

认知有时指认知活动,即认知指人用知识去解决复杂问题的心理过程。[③]认知活动一般不包括像感觉、知觉等低层次的心理活动。比如,对光点的感觉、图形知觉的形成,一般来说不属于认知活动,因为它并不利用知识。但是,当人们把北极星周围的一群星看作一只小熊(命名为小熊星座),把其附近的另一群星看作一只大熊(命名为大熊星座),并把大熊星座的七颗明亮的分布成勺形的星看作盛酒的斗(命名为北斗星),那就属于认知活动,因为这是一种基于知识的隐喻投射——把人们生活中熟悉的概念投射到陌生的事物上。认知活动通常指高层次的心理活动,如问题求解(problem resolution),像求解代数方程式等活动。比如,已知方程式:$8x + 5 = 4x + 17$,求解 $x = ?$。

要求解出 x 的值,必须对给定的方程式进行变换,最后得到 x = ……这样的形式。在这过程中,必须遵循这样的等价变换规则(rule):在方程式的等号两边同时加、减、乘、除相同的数,等式不变。其实,规则只是一种约束条件,人们还必须使用策略(strategy)来作宏观的指导,以明确什么时候、什么情况下使用什么规则、进行什么操作。在问题求解过程中,最常用和有效的策略是"手段—目的"分析法(mean-end analysis)。比如,在解上列方程时,为了达到求得 x = ……这样的目的,得设法消去等式右侧的 4x 和等式左侧的常数 5 和系数 8。于是,在等式两边同时减去 4x,减去 5,再除以 8,就得到了 x = 3。事实上,人们已经把这种策略和规则结合在一起,总结成程式化的口诀:移项合并同类项。

虽然,这种问题求解是一种非常复杂的认知活动,但是,通过分析其过程及其所使用的策略和规则,可以写出极其机械的形式化的解题方法,即算法(algorithm)。比如:

if "X = N" → Hold & check;　　　　　N:number(数)

if N on left → S(N);　　　　　　　S:subtract(减)

if Nx on right → S(Nx);

if Nx on left, N≠1 → D(N).　　　　D:divide(除)

如果用某种程序语言来把上述算法编成程序,那么就可以在计算机上运转,即进行自动解方程。这个例子说明,对人类的心理活动的认知研究,最终可以导向一种非常严格的计算分析。或者说,认知的本质是计算,表现为一系列受约束的变换操作;其中的每一步都是由目标制导的(goal-directed),并且是受规则约束的(rule-constrained)。这一点,下一节还要讨论到。

2.3　什么是认知科学

简单地说,认知科学(cognitive science)是研究心智的科学;具体地说,认知科学是一门研究智能系统(包括天然的和人工的)的内部结构、功能和工作原理的科学。这里,天然的智能系统指人的大脑,人工的智能系统指计算机。认知科学是一门新兴的前沿性学科,它是在哲学、心理学、语言学、计算机科学和神经生理学等多个学科的交叉领域中发展起来的。

认知科学用信息加工(information processing)的观点来研究认知结构和认知过程,比如,把记忆比作计算机的存储器、把思维比作信息加工(即对符号串进行受约束的变换)等。像 H. Simon 和 A. Newell 还提出了著名的物理符号系统假设(hypothesis of physical symbolic system)：智能的基础是符号操作,通过符号的产生、排列和组合,智能系统就能将外部的事件内化为内部的符号事件并加以控制,从而表现出智能来。因此,一切认知系统(不管是天然的人脑还是人工的电脑)的本质都是符号加工系统。而符号操作的实质就是计算(computation),表现为具有特定语义解释的符号表达式的各种受规则约束的变换。比如,人的心智表达就是一种形式化的符号表达式,是跟系统的物理状态(即神经元的某种运动方式)相对应的某些基本要素的离散的排列。所有跟系统有关的语义内容都依靠深层的符号表达式及其变换形式和符号关系结构来规定。显然,这是一种语义上中断的物理符号操作,因而是一种计算。因此,"认知就是计算"是经典的认知科学的一个信条。

2.4　认知科学的历史背景

人类的智能问题一直是哲学家关心的话题,从柏拉图到笛卡尔等伟大的哲学家对此都有过精辟的论述。但是,直到计算机出现,并且涉及计算机模拟人类智能问题时,认知科学这个学科及其特有的性质才得以确立。

1956 年在 MIT 召开了关于通讯和信息论的学术会议,心理学家 Miller 提交了关于短时记忆的容量的论文,心理学家 Bruner 提交了关于思维研究的论文,语言学家 Chomsky 提交了关于语法的形式特性的论文,计算机科学家 A. Newell、心理学家 H. Simon 提交了关于"逻辑理论家"的论文(旨在使计算机可以使用启发式(heuristic)程序像人一样解决问题)。这种对智能系统的多学科的合作和交流,使得认知科学粗具雏形。同年,计算机科学家 M. Minsky、J. Mc-Carthy、A. Newell 和心理学家 H. Simon 等聚首普里茅茨学院,探讨一些计算机科学技术方面的问题。他们特别讨论到了用计算机模拟人类智能的问题,Mc-Carthy 还专门造了 artificial intelligence(人工智能)这一名词。用计算机模拟人类智能的思想又推动了认知科学的产生。

1975 年 Chomsky 和心理学家 J. Piaget 关于人类智能的来源当面进行辩论。[④]心理学家 Gardner 对此事评论时宣称 Cognition comes of age(认知的时代到来了)。1977 年 Cognitive Science(认知科学)杂志创刊,成立认知科学学会,并以该杂志为会刊;1979 年召开认知科学学会的第一次正式的年会,这都标志着认知科学的诞生。

2.5 认知科学的研究内容和核心假设

认知科学的特点是：范围广泛、核心明确、层级清晰。凡是跟心智有关的问题,从神经基础到社会文化因素、从哲学思辨到计算机程序实现,都是认知科学家所津津乐道的。他们经常讨论的问题有:(1)复杂行为的神经生理基础、遗传因素;(2)问题求解和推理过程;(3)符号系统,包括自然语言、语音、图像、数字、视觉映象等;(4)知觉的呈现(presentation)和符号表征(representation)问题;(5)记忆模型,如工作记忆、短时记忆、中期记忆、长时记忆等;(6)知识表示理论,如心理表象(即意象)、图式、范畴、原型、命题、框架、脚本、网络等;(7)自然语言的理解和生成;(8)学习的模型,涉及问题的表示、解题的条件和动作等;(9)目的、情绪、动机对认知的影响;(10)社会文化背景对认知的影响。

这样,构成了认知科学的如下这种以认知平面为核心的研究层次:

至于为什么要研究这些内容,以及怎样来研究这些纷繁的问题,认知科学基于如下两个重要的核心假设:

(1)存在着认知这一独立的心理表示平面。认知科学认为人类的认知活动必须用符号、图式(schemes)、表象(imagery)、观念(idea)和其他心理表示形式来加以描述。在这样的表示平面上进行研究时,科学家处理的是像符号、规则、表象之类用以表示事物的实体,这种实体是处于输入和输出之间的表示材料;据此,可以探索连接、转换或比较这些表示实体的方式。为了解释各种各样的人类行为、动作和思维,这种水平是十分必要的。

（2）可以把计算机作为人类思维的模型。如果说计算机有转换、处理信息、进行推理、改变行为的能力，那么可以用同样的方式来刻画人类的思维特征，也完全可以用计算机来模拟人类的认知过程。这就是 2.3 中提到的物理符号系统假设。

2.6 认知科学的学科性质、研究策略、方法论特点

从学科性质上看，认知科学是一门新兴的交叉科学，它跨接心理学、脑神经科学、计算机科学和语言学等多种学科。虽然认知科学的各种来源学科有共同的目标：发现心智的表示和计算能力及其在人脑结构和功能上的表现，并在计算机上模拟验证。但是，认知科学没有形成公认统一的研究范式，即没有一致的假设和方法。所以，从事不同学科领域的认知科学家倾向于把自己喜爱的范式加之于整个领域，并希望把认知科学理解成符合他们各自对于该领域的尝试性解释。

从研究策略上看，认知科学持有跨学科的信念，寄希望于不同学科的合作和相互影响。认知科学的许多问题植根于古典的哲学问题，比如，思维、意识、心脑关系等都成为认知研究的起点。认知科学在研究取向上不偏重于情感、语境、文化和历史，虽然它们对动作、思维有影响，但还是要尽可能地排除它们。

在方法论上，认知科学综合了实验心理学和人工智能的方法论，既重视实验又重视程序技术。因此，认知科学对大脑功能的研究超越了以往的哲学式的思辨，成为一门建立在严格的实验基础上的经验性的科学。

3. 认知科学和语言学的相互影响

认知科学无疑将为语言学提供新的研究范式，同时，语言学也将为认知科学提供广泛而系统的素材和虽然不甚严格但确实是富有洞察力的方法。

3.1 认知科学对语言研究的影响

认知科学可以帮助我们形成新的语言观和方法论。我们应该把语言学置于认知科学的洪流中，使之成为更为广阔的探索人类心智的伟大事业的一部分。这样，可以扩大语言学家的眼界，帮助我们形成新的语言观和方法论。从认知的角度看，语言是人类普遍的认知组织的一个组成部分，它既是认知的工

具和手段,又是认知的结果。同时,认知科学的设计实验的方法、建立模型的方法、假设抽象的心理表示平面的方法、用计算机进行模拟和验证的方法,都对语言研究的方法论革新具有特别重要的启迪作用。

认知科学可以帮助我们从人类认知的角度去理解、评价形式语法和功能语法的各种理论模型,特别是其中的语言知识的表示平面和形式化的表示方法,检验这些理论模型中的有关概念、规则、假设等的心理现实性;从而,促使我们去建立更加有效的语言学模型。

认知科学还可以推动语言学跻身于当代前沿科学。正如周光召(1995)所言:"人的思维和意识是如何由人脑产生的? 能不能用计算机加以模拟? 这是最基本的科学问题之一。人的大脑是自然过程中最伟大的杰作,彻底地揭开大脑的奥秘是自然科学面临的最大挑战。……大脑在逻辑运算上虽不如一台高速运行的计算机,但图形识别和直觉判断的能力则远远高于一台超级计算机。这一矛盾暗示我们:人脑的工作原理不同于目前计算机的结构和运算方式,它除了逻辑思维、抽象思维以外,还有形象思维。……因此,探索人脑的认知过程和模式,对创造性地发展计算机科学,是一项必要的选择。认知科学是在神经科学、心理学、科学语言学、计算机科学乃至哲学的交界面上发展起来的,它以人类的智能和认知活动为研究对象。"于是,作为认知科学的一个组成部分的语言学,必将在认知科学的要求和带动下,不断地完善自己;并且,随着认知科学一起跻身于当代前沿科学之林。

3.2　语言学对认知科学的贡献

语言是人类智能的一个重要的组成部分,语言能力是人类最基本的认知能力。因此,语言是洞察人类心智的一个窗口,研究语言在一定程度上就是在研究心智。比如,认知科学惯于从人类显现的行为来推断有机体的心智能力,再从心智能力来推断有机体的某些性质。于是,通过观察人类的语言行为,便可以推断人类的语言能力;再由此推断人类的某些心智特征(比如,递归性能力,等等)。从儿童语言获得(language acquisition)的如下两个事实:速度快、输入极其不完善,可以得出人类有天生的语言能力(linguistic competence)这一假设;再由此可以推出人类大脑的有关机制。加上语言研究的历史长、成果多、结论又相对一致,⑤这特别有利于语言学成为认知科学的一个核心的组成部分。

另外,语言最有系统性,也最便于观察。于是,我们可以通过分析其输入和输出关系,来假设介于输入和输出两端之间的人脑的工作机制,从而对人脑的语言处理机制作出认知假设。特别是,认知研究在很大程度上是一种理论假设,即所谓的黑箱模型(black box model);这跟神经生理学的解剖实验和实证研究尚有很大的鸿沟。但是,通过对语言研究,特别是对失语症病人的语言缺损情况跟大脑损伤部位的关联性研究,在一定程度上可以把高层次的认知研究跟低层次的神经研究沟通和关联起来;从而,使认知科学的理论假设能够建立在神经科学的实证基础上。为此,下面专门介绍关于语言结构中的空语类(empty category)的心理实验及其跟大脑损伤部位的关系的有关实验。⑥

3.2.1 语言结构中的空语类及其心理现实性

大家知道,一个句子的意思并不是这个句子中的词语的意思的简单堆砌;除了词语之外,还有结构要素在其中起作用。看得见的结构要素包括语序(word-order)、形态变化(inflection)和虚词(function word)等,看不见的如结构层次(structural hierarchy)和结构关系(structural relation)等。例如:

(1) a. I know who$_i$ Josephine thinks [e$_i$] is clever.

   b. I know whom$_i$ Josephine ought to consult [e$_i$].

(2) a. Which books$_i$ did John read [e$_i$] in the bathtub?

   b. Do you recall which books$_i$ John proclaimed [e$_i$] were unreadable?

从例(1)可以看出,关系代词的形态格(主格还是宾格)的确定取决于其在底层结构(underlying structure)中的位置。从例(2)可以看出,虽然疑问短语(Wh-phrase)都处于从句的句首位置,但是由于其论旨角色(thematic role)不同,因而在句子的语义解释中的地位不同。像这种细微的差别,只能从其潜在的底层位置(underlying position)上去推求和解释。于是,从理论上,或者说从认知上,可以假定其原来的位置上还留下一个语迹(trace),即空语类(可以用 e 来代表)。语迹虽然没有语音形式,但是具有句法作用;它约束前移的疑问短语,并在语义上跟这个前移的成分(即先行成分)同指(co-reference)。作为约定,可以用下标来标注它跟其先行成分的同指关系。

问题是,这种认知假设有没有心理现实性(psychological reality)? 这只有通过心理实验来检验。下面,介绍三个这方面的心理实验。

实验一: **自定时间的阅读方式**(self-paced reading paradigm)。例如:

(3) a. What$_i$ did the cautious old man whisper [e$_i$] to his fiancée during the movie last night?

    b. What$_i$ did the cautious old man whisper to his fiancée about [e$_i$] during the movie last night?

被试按一下按钮,屏幕上出现一个词;被试觉得自己理解以后,再按一下按钮,申请下一个词。时间长短不限,但都进入统计。结果,理解(3a)中的 to his fiancée during the movie last night 快于(3b)中的 to his fiancée about [e$_i$] during the movie last night。因为 whisper 有及物(如 John whisper a message to his friend)和不及物(如 John whisper to his friend,或者 John whisper about the message)两种用法,所以当被试读到(3b)的 whisper 时,以为那儿跟(3a)一样有一个空语类;后来读到后面的词语才知道空语类原来在 about 之后。正是这种错误的插入空语类以及后来的修正,多花了语义理解的时间。这说明人在处理句子时,不仅能识别空语类的位置,而且有急于找出跟前移成分相关的语迹的心理倾向。

实验二: **视觉探测识别**(visual probe recognition)。例如:

(4) a. The terrorists wanted to disrupt the ceremonies.

    b. [The new mayor at the center podium]$_i$ was shot [e$_i$].

(5) a. The terrorists wanted to disrupt the ceremonies.

    b. The new mayor at the center podium was furious.

在屏幕上显示上面的句子 b 及其背景句 a,然后消失;再显示 mayor 等探测词,要求判断它是否在前面的句子中出现。结果,正确判断(4)类句子的时间短于(5)类句子。一种可能的解释是,句尾的空语类跟前面的先行词同指,被激活(activate)的先行词有助于对探测词的判定。

实验三: **听觉—视觉交叉模式启动**(cross-modal priming)。例如:

(6) The policeman saw the boy$_i$ [that$_i$ the crowd at party accused [e$_i$] of the crime].

让被试听上面的句子,到空语类处[e$_i$]在屏幕上显示 girl 等(跟 boy 相关)词,让被试大声读出。计算从显示到读出所花的时间。也显示 officer(跟 policeman 相关)、people(跟 crowd 相关),以及其他无关的词作为对照。结果,只有在[e$_i$]处且跟 boy 相关的词反应时间最短。这也说明了空语类的存在,并在句子的语义解释中起作用。

3.2.2 处理空语类的神经基础

上面只是在比较抽象的心理学层面上,证明空语类具有心理现实性。现在的问题是,人类处理空语类的神经基础是什么? 鉴于不能解剖正常人的大脑等伦理限制,只能从失语症患者的语言表现那儿间接地寻找答案。

失语症(aphasia)指大脑一定区域发生器质性病变而造成的言语缺失,即语言表达或理解上的障碍。其中,比较典型的有两种:(1)布洛卡失语症(Broca's aphasia),表现为理解相对正常,说话不流畅、话语不合语法。其损伤部位是额下回,位于大脑左前叶。(2)韦尔尼克失语症(Wernicke's aphasia),表现为说话流畅、话语基本合乎语法,但理解显然无能。其损伤部位是颞平面,位于左半脑的后部。布洛卡失语症患者的语法能力缺损,所以说话(造句)困难;但是,他们的话语理解还可以。这就引出一个问题:难道语言理解不需要语法? 为了比较确切地了解这一点,就需要下列实验来证明。

实验一:**句子—图片匹配测试**(sentence-picture matching test)。例如:

(1) a. It was the girl$_i$ who$_i$[e$_i$ chased the boy].

　　 b. It was the boy$_i$ whom$_i$[the girl chased e$_i$].

上面的 a 是主语分裂结构(subject-cleft construction),b 是宾语分裂结构(object-cleft construction)。在被试(布洛卡失语症患者)听了句子后,让他们选择相应的图片。对于(1a)他们能做得很好,说明他们能很好地理解这种句子;但对于(1b)则做得很糟,说明他们不能理解这种句子。为什么? 原来,在处理(1a)这种句子时,他们利用了默认施事在前的策略(agent-first default strategy)。他们用这种非语言的认知策略来作猜测,并且还每每得手。碰到(1b)这种句子,那种策略就失效了;因为,理解这种句子必须利用空语类跟其先行语的照应关系这种句法知识,但是布洛卡失语症患者的句法知识受损,就无法利用这种知识。

据此,可以断定:该损伤部位是处理空语类等句法问题的神经基础。同时,这个实验还说明:布氏患者对于关系代词提供的形态格(如例 1a,b 中的主格、宾格等)也不能利用。

在视觉探测识别实验中,韦尔尼克失语症患者能作出正确的判断,但布氏患者却不能。于是,改作下列实验再行试验。

实验二: **听觉—视觉交叉模式词汇启动**(cross-modal lexical priming)。例如:

(2) The man liked the tailor$_i$ with the British accent who$_i$[e$_i$] claimed to know the queen.

这是一个主语关系从句结构(subject-relative construction)。在耳机上放这个句子,到空语类[e$_i$]处或其他地方,在屏幕上显示跟空语类的先行词 tailor 相关的探测词 cloth、或无关的控制探测词 weight(跟 accent 有关)作对照。要求被试大声读出,然后计算时间。结果,(i) 正常人(控制组)能正确地对空位填补(gap-filling)作出反应,并正确地理解全句的意义;(ii) 韦氏患者能正确地对空位填补作出反应,但不能正确地理解全句的意义;(iii) 布氏患者不能正确地对空位填补作出反应,但能大致理解全句的意义。换成下例再作试验:

(3) The priest enjoyed the drink$_i$ that the caterer was^1 serving^2[e$_i$] to the guest.

用探测词 wine 和 boat 在 1、2 处测试,结果大致跟例(2)一样。对此的解释是:韦氏患者能找到空语类跟先行词的句法依存关系,但不能建立起由动词决定的论元结构,即缺少给名词性成分指派语义角色的能力;因此,仍然不能理解句子。也正是由于缺少这种语义能力,因而他们造出来的句子在内容上是不合理、甚至是荒谬的。布氏患者不能找到空语类跟先行词的句法依存关系,于是对依赖于这种句法关系的论元结构的理解很困难,只得借助于施事在前这种非语法的认知策略。一旦碰到包含在宾语位置上有空语类的关系从句的句子(如1b),这种认知策略就不再奏效,最终导致理解失败。这证明语言理解也必须有语法知识作支持。

从上面的实验可以得出这样一种可能的结论:(1)布氏患者被损的大脑额

下回的神经组织掌管句法依存关系等抽象的句法知识,也许还有短时记忆等职能;(2)韦氏患者被损的颞平面的神经组织掌管句法成分之间的语义关系等语义知识。从中得出的理论蕴涵是:(1)语言知识是分成句法、语义等模块的(modular);(2)每一种类型的语言知识(句法知识、语义知识)在语言处理中有其特定的作用;并且,(3)它们在大脑中有特定的部位和相应的神经基础。

显然,这种类型的研究可以缩短认知科学和神经科学的距离,使认知研究这种主要依赖于各种假设的黑箱模型向神经生理学这种基于实验的白箱模型过渡;最终,有希望形成一种研究人类思维的灰箱模型——一种半透明的工作范式。

4. 认知科学和计算机理解自然语言

因为高级水平上的认知活动是一种串行的(serial)信息加工过程,可以理解为是一种在知识表示上的符号表达式的受规则约束的变换(即逻辑运算),最终又可以还原为一定的算法和计算行为。所以,人的心智过程可以理解为符号处理的计算过程;人类的语言理解过程也可以理解为是一种在知识表示上的计算过程,这使得计算机理解自然语言在技术上具有可能性。[⑦]因此,对语言的认知研究的自然延伸便是对语言的计算分析。显然,认知科学对计算语言学有极为重要的认识论和方法论意义。

4.1 从认知研究走向计算分析

上文说过,认知科学有这样一个基本的信念:可以把计算机作为人类思维的模型,也可以用计算机来模拟人类的认知过程。由于语言是人类认知的最重要和系统的一个方面,因而人们自然会尝试用计算机来模拟人类的语言理解过程,从而造就了计算机科学中一个重要的研究领域——自然语言理解(natural language understanding),并逐渐发展成一个综合性的前沿学科——计算语言学(computational linguistics)。那么,怎么才能让计算机理解自然语言呢? 经典的人工智能方法是:首先把语言处理看作是一种问题求解过程,弄清人类在进行语言理解时的工作机制;然后把解题过程作出形式化的描述,再用一种形式化体系(formalism)来重写;最后用程序语言来表示,并在计算机上实现。

一般来说,这种类型的计算语言学研究分为如下三个步骤:⑧

第一步,**数学建模**。把需要研究的问题在语言学上加以形式化(linguistic formalism),使之能以一定的数学形式严密而规整地表示出来。也就是说,为有关的语言问题建立数学模型。包括选择恰当的形式语法(formal grammar)使得句子的结构能够用某种数学形式明确而清晰地表示出来,研究在这种形式语法之下如何分析句子构造的方法和步骤;选择恰当的语义表示体系使得句子的意义能够用某种数学形式明确而清晰地表示出来,研究在这种形式体系之下如何分析和表示句子的语义结构。

第二步,**算法设计**。把这种严密而规整的数学形式表示为算法(algorithm),使之在计算上形式化(computational formalism)。这就必须研究句子分析的严格的手续(procedures),并抽象成机械的、明确的、一步步逼近分析结果的步骤。

第三步,**程序实现**。根据算法用某种程序语言编写计算机程序,使之在计算机上加以实现(computer implementation)。

比如,Winograd(1983)可以说是认知主义计算语言学的杰出典范。他由下列两个问题激发灵感,尝试建立一种语言研究的认知范式(cognitive paradigm):

1) 一个人要说话和理解语言,必须具有哪些知识?

2) 为了在交际中使用这些知识,人的心智是怎样组织的?

他把语言使用看作是一种以知识为基础的交际过程,认为人无论是说话还是听话都必须具有一定的知识,比如,词序规则、词汇和词的结构、语义特征、所指关系、时制系统、话语结构、说话人的态度、韵律规约、风格规约、世界知识等。在理论方面,他企图探讨人是怎样习得、运用这些知识的;在实际运用方面,他尝试用计算机来模拟人习得、储存、运用这些知识的过程,所以他又称这种范式为计算的范式(computational paradigm)。⑨

从信息加工过程的观点看,人说出一句话和理解一句话时,在大脑中有一个关于所描述的外部世界中的事物或事件的心理映象,可以称之为内部语言;而人处理语言的过程就是把外部语言转化为内部语言,经过加工后再由内部语言转化为外部语言的过程。计算机也可以用类似的过程来处理自然语言:首先确定一种语言的内部表示;然后,寻求一种把所限定的语言子集中的语句转换为内部表示的方法。于是,让计算机理解语言的关键是:应能对一般的自然语言的句子作出语义解释,即设计一种一般的内部表示。内部表示是自然语言处理的关键,它影响着系统对语言知识和世界知识的描述和利用,因此也影响着整个处理系统。[⑩]

不同的学者由于对人类处理语言的心理过程的认识不同,因而采用了不同的理论和方法来建造自然语言处理系统。其中,一类系统比较重视句法分析,尽管所依据的语法理论各不相同。比如,Winograd 1972 年研制了关于积木世界的 SHRDLU 系统,该系统可以接受命令(通过一只机械手)对积木进行操作,回答有关积木世界所处的状态的问题。他认为句法需要解决的问题是:语言究竟是怎样组织起来表达语义的? 他采用 Halliday 的系统语法(Systemic Grammar),把句法结构看作是生成句子的过程中一系列句法结构选择的结果。语义根据一定的外部世界模型作出推论来指示句法分析,从而得出句子的正确的语义解释。例如,在 I rode down the street in a car. 中,只有运用世界知识(街道不可能在汽车里)作出推论,才能排除 in a car 作 street 的修饰语。Woods 1972 年设计了关于月球化学成分的 LUNAR 系统,该系统的句法部分根据 Chomsky (1965)的转换生成语法模型,分析出标准理论所指定的深层结构,再输入语义部分。语义部分根据句法上的深层结构再进行语义信息的分析。数据检索部分再根据输入句的语义编译成一种面向系统的形式语言(即查询语句),以便直接查询数据库,并最终产生结果(即回答)。Simmon 1973 年根据 Fillmore 的格语法(case grammar)建立了语义网络理论。另一类系统不作详细的句法分析,直接从语句中抽取语义信息。比如,Wilks 认为,整段言谈的内容是由一些简单的基本信息构成的。一个复杂的句子也是由基本信息通过概念连结成实时的线性序列,而不是语言学家所认为的具有层次的树形结构。Wilks 于 1973 年用人工智能的方法设计了一个英法机器翻译的模型。这个模型不作句法分析,而是用一套"语义模板"来接受输入句中的信息。也就是说,该系统把源语言的输入语句直接处理为一种语义结构,作为一种中介成分,再据此生成目标语言的语句,也可以在这种中介成分上作谓词演算用于特定领域。Schank 认为人脑中存在着某种概念基础(conceptual base),语言理解的过程就是把语句映射到概念基础上去的过程。概念基础具有完善的结构,人往往能根据初始的输入预期可能的后续信息。句法分析对语言理解的用处不大,因为语言理解需要的是输入句的意思,而不是它的句法结构。计算机要理解语言,必须模拟人的心理过程,要像人一样根据上下文、环境、知识、记忆等作出预期(expectation),从而获取语义。句法只起一种指引的作用,即根据某些输入词语形成概念结构,预期它的句法形式,便于查找核实。Schank 1973 年提出了概念从属(Conceptual Dependency, CD)理论,建立了 MARIE 模型。上述这些不同的理论和方法,都是基于研究者对于"人是怎样理解语言的"这一问题的不同见解而发展出来的,也就是说,他们分别用不同的计算范式来实现其认知范式。[11]

4.2 两种计算范式：基于规则和基于统计

上面介绍的计算语言学的研究范式的特点是基于规则,即以知识(表示成规则)为基础的方法,通常称为人工智能的方法。这种方法假定：如果计算机要处理自然语言,那么它必须跟人一样具有句法、语义、语用、话语篇章、主题事物、周围世界等方面的知识和逻辑推理能力。因为人处理语言时的心理状态和心理过程就是这样的,计算机必须具有跟人相同和相近的知识才能处理自然语言。

而比较晚起的语料库语言学(corpus linguistics)采用的则是以语料统计为基础的方法,即基于概率的方法。这种方法认为：计算机并不能像人一样利用知识去理解语言,人们也无法把理解语言所需的各种知识形式化地表示成规则。有鉴于此,这种方法假定：如果我们能对数量很大的语言数据作出定量化的统计分析,那么我们就能对语言成分的分布和语言成分之间的关系等进行概率性的预测,从而补偿计算机缺乏知识和推理能力的缺点。[12]

虽然语料库语言学在词类标注等不需要涉及结构和语义的方面取得了诱人的成绩,但是在代词照应等涉及复杂的结构和意义的方面一时还难见功效。尽管从工程的角度,语料库语言学具有广阔的应用前景。不过,我们更偏爱基于规则的方法。因为,这种方法用 Hans Karlgreen 教授的话来说,就是"用计算的方法来制定人类语言行为的模型,并以此去了解人们怎样听说读写、怎样学习新知识和更新旧知识,又是怎样理解、存储和组织语言信息的"。他甚至认为,计算语言学的一个最根本的问题就是了解"人类的大部分活动在什么程度上能够简化成机械的操作"。[13]显然,这种路子的研究对认知科学和语言学研究有更多的启发作用。

4.3 汉语的计算结构和计算模型

20 世纪 70 年代末,中国科学院心理研究所的李家治等先生进行计算机理解汉语的研究,他们用 Qillian 的语义记忆网络理论,开发了一个自动理解汉语的心理学模型。[14]同时,中国社会科学院语言研究所的范继淹等先生进行人机对话研究,开发了一个铁路客运自动问答系统。这属于真正的语言学模型。为此,范先生对汉语的是非问句进行了非常系统的研究,并对语言与信息的关系、语法分析的理论和方法进行了全面的检讨和反思,提出了一种"语义短语语法",对汉语语言学的研究具有很大的启发意义。[15]20 世纪 70 年代中期,中国社会科学院语言研究所的刘倬等先生进行英汉机器翻译研究,致力于发展一种便于英汉对应的"中介成分"。其中,触及一些汉语句法、语义的深层次问题,对汉语语法研究也有一定的参考价值。[16]

从 20 世纪 80 年代后期到 90 年代,北京大学计算机系/中国科学院计算机研究所的白硕先生进行了一系列基于语言学理论和方法的计算语言学研究。白硕(1995:2)指出:计算语言学旨在以自然语言处理(包括理解、生成、人机对话、机器翻译以及语音/文字输入的后处理等)为技术背景,揭示自然语言的词法、句法、语义、语用诸平面及其相互作用的计算结构,把语言学知识重塑成可以转化为产品的计算模型。该书致力于研究语言学规则这种特殊形式的知识发现的逻辑实质,全面地展示跟语言学知识发现有关的各个层次上的形式化机制——从数学建模、逻辑分析、算法描述、具体实现直到结果的语言学解释。作者采用语言学中经典的分布分析的思想,并针对真实语料的各种特点,结合汉语的实际,从数学、逻辑、算法和实现各个角度,全面阐述了从语料中发现确定性语言学知识(主要是词类和句法规则)的理论和方法。作者首先从数学角度讨论了分布理论的完善和推广,分别在词、短语、词结的划类问题上引入分布分析方法。作者在讨论词类及其划分的数学理论时,提出了词类划分的不动点理论,指出分布分析的任务是求解最大不动点,澄清了语言学界有关分布分析中含有"逻辑循环"的误解,证明了最大不动点在极限意义下的可计算本性,明确了分布分析方法的两个基本的逻辑前提:词的同一性和语言边界的明确性,从而解决在词类问题上"发现什么"和"能否发现"两大问题。在讨论发现句法规则的数学理论时,作者用构造性的方法建立一个基于句型推衍的变换规则系统,用以说明什么是基本句型和怎样从一些句型得到另外一些句型;其中,推衍规则包括句型推衍规则和环境推衍规则,它们都是重写规则(rewrite rules);并阐明这种规则发现系统跟分布分析的关系:同分布关系和作为重写规则的推衍规则在本质上都是一种"替换"。就这样,作者从词的分布分析推广到了短语结构的分布分析,接下来他又把分布分析推广到词结(word complex,即超距相关的实词多元组,long-distance dependent word ntupple,如:"英语我十年前就会说了"中的"英语……说")。作者发现如果两个词结是同分布的,那么它们一定同时满足或不满足任何一个变换;所以变换是实词多元组和多元句法环境之间的一种推衍关系,词结是变换下的不变量、是多元环境的填充物,而多元环境则是某一句法结构中抠掉了词结的剩余部分;由于词结是以各种不同的多元环境作为分布框架的,因而变换分析就是词结的分布分析,通过变换分析可以给词结进行分类。这样,句子可以看作是由词结加上环境构成的,句子语义恰好可以分解为词结的语义加上环境的语义。比如:

　　"河不过了",指的是撤销"过河"的意愿

　　"饭不吃了",指的是撤销"吃饭"的意愿

多元环境"不……了"的语义为"实现事件 E 的愿望撤销了",加上由词结"过……河、吃……饭"的意义正好是句子的意义。作者甚至希望通过词结的分布分析,来归纳词结中的从属成分的语义格;其根据是词结的同分布类跟内部语义角色关系和外部组合能力相同的语义结构类是大致对应的,这样,同分布的词结的相同位置上的从属成分的语义格是相同的,比如,上例中"河、饭"的语义格是一致的。这在方法论上,对语言学研究无疑是有很大的启示作用的。

4.4　基于认知并面向计算的汉语语法研究

　　上文介绍的那种以人类认知为基础的计算语言学研究,催生了一种基于认知并面向计算的语言研究路子(a cognition-based and computation-oriented approach of linguistic study)。这种研究路子在汉语语法的研究方面已经进行了一些实践,并收到了一定的成效。比如,袁毓林(1993)§5 指出:人类的语言理解除了需要句法、语义等语言学知识之外,还依赖于常识。例如:

(1) He hit the car with the rock.(他用石块砸车子)

(2) He hit the car with the dented fender.(他砸装有前挡板的车子)

人们凭借他们对于 hit 与 rock(动作-工具)、car 与 dented fender(整体-部分)之间的关系这种世界知识(world knowledge),来决定这两句的语法构造(with the rock 作状语修饰 hit the car、with the dented fender 作定语修饰 car),最终得出正确的语义解释。但是,像 hit 与 rock 的"动作-工具"关系、car 与 dented fender 的"整体-部分"关系之类的常识很难穷尽,也不易于形式化。为此,作者提出了一种新的思路:把部分跟语言理解相关的常识化解为一种句法、语义知识,通过语言学的句法、语义刻画手段来形式化;其途径之一是通过名词的配价研究,把关于事物之间的各种复杂关系的常识转化为一种代表事物的有关名词之间的句法、语义关系。在这种思想的指导下,袁毓林(1992、1994a)分别研究了现代汉语中的一价名词和二价名词的句法、语义特点,并结合认知科学的研究成果,用扩散性激活的语义记忆机制和非单调推理的逻辑机制,来分析有关句子的语义解释问题。例如:

(3) 这种酒很淡。(a. 味儿淡 > b. 颜色淡)

(4) 这种花很淡。(a. 颜色淡 > b. 味儿淡)

这种语义理解上的不平行性只能从语义记忆和语义推导的方式上寻求解释。比如,名词"酒"可以激活〔液体、饮料、刺激性的味道、颜色……〕等一组语义,名词"花"可以激活〔植物的器官、观赏性的颜色、味道……〕等一组语义,形容词"淡"可以激活〔(味道、颜色)不浓、(含量)稀薄、(态度)不热情……〕等一组语义。人们根据常识推断,酒作为一种有特别味道的饮料,〔味道〕是它的强特征,就直接把"酒淡"理解为"酒的味儿淡"。因为,根据缺省推理(reasoning by default)的原理"除非特别说明,可以默认某个命题总是成立的",听话人有理由相信:如果说话人想表达"这种酒颜色很淡",那么他一定会把表示酒的弱特征的"颜色"说出来。同样,"这种花很淡"中花的强特征完全可以省略,在语义解释时必须优先补入。有意思的是,白硕在 90 年代后期,尝试用范畴语法的演算规则来建立一个语言理解系统,为网上的信息快速查找服务。在这个系统中,他除了利用动词、形容词的配价信息外,大量地把名词配价研究的成果吸收了进去,增强了该系统的表示能力和推演能力。

袁毓林(1996a)甚至希望用扩散性激活的语义记忆模型和缺省推理的非单调逻辑来建立一种语言理解的微观机制,用以解释同一句子中不同词项之间的语义连结和制约关系;并以此来揭示人脑处理语言信息的某种心理过程,从而为认知心理学和计算机理解自然语言提供强有力的语言学支持。作为案例,作者着重分析了下列例子:

(5) a. 这房子很大 ├ b. 这房子面积很大

(6) a. 这箱子很大 ├ b. 这箱子体积很大

(5a)和(6a)的句法、语义构造是一样的,但是语义解释却很不一样。对此,可以从认知的角度假设:1) 大脑中语义储存的方式是网络(network)式的,语义提取的方式是扩散性激活(spreading activation)式的。并且,由于常识和生活经验(房子用以住人、箱子用以装物)的作用,人们在听/看到"房子"这个词时,〔面积〕这一语义节点优先激活,它跟其他词的语义节点的连接权值增大;人们在听/看到"箱子"这个词时,〔体积〕这一语义节点优先激活,它跟其他词的语义节点的连接权值增大。2) 语义推导的方式是基于知识的缺省推理。虽然"大"的语义可以跟〔面积、体积、数量、强度、力量〕等语义节点相连接,但是人们在听/看到"房子大"时可以直接理解为〔房子的面积大〕,听/看到"箱子大"时可以直接理解为〔箱子的体积大〕。因为,听话人相信说话人一定遵守交际的缺省约定,如果说话人要表达〔房子的体积大〕或〔箱子的面积大〕这种意思,那么他必须特别声明,因而不能省去"体积"或"面积"这类词语。

非常有意义的是,姬东鸿、黄昌宁(1996)在建立关于汉语形容词跟名词的语义组合的计算模型时,还真的运用袁毓林(1994b)提出的语义扩散性激活和缺省推理的机制、语义特征强弱的优先顺序,以及相关的规则和策略,作为消解由多重属性继承引起的冲突的机制。例如:

(7) 王明很难受。(a. 心里难受 > b. 肚子难受)

(8) 这孩子很灵。(a. 脑子灵 > b. 耳朵灵)

(9) 衣服很大方。(a. 样子大方 > b. 领子大方)

这里名词"王明"既具有心理属性,也具有生理属性,而形容词"难受"既可以描写心理属性,也可以描写生理属性。这样,当名词的语义跟形容词的语义相互组合时,就势必会发生多重属性的冲突问题。怎么来消解这种冲突呢?根据袁毓林(1994b)§5 提出的心理属性强于生理属性、整体属性强于局部属性的优先顺序,可以用这种属性继承的优先规则来解决这一问题。像这种基于认知的语言研究,计算语言学研究者和心理语言学研究者都是比较感兴趣的。

袁毓林(2004)则尝试用认知图式(cognitive scheme)的概念来分析词的意义和用法,并从中引导出可以转换成算法化的规则的形式表示。例如:

(10) 满身是汗 ~ 全身是汗　满商场的人 ~ 全商场的人

(11) 满脸是汗 ~ *全脸是汗　*满公司的人 ~ 全公司的人

对于"满"和"全"在意义和用法上的不对称性,可以用隐喻投射(metaphor projection)理论来解释:跟"满"相关的语言表达以容器(container)隐喻为基础,跟"全"相关的语言表达以套件(suite)隐喻为基础。在人们的观念中,身体和商场既可以看作是容器,又可以看作是套件;但是,"人"跟"公司"这种抽象的机构难以形成容物跟容器的关系,"脸"这种人体部件一般不再分解为几个更小的部件,即它不是套件。值得注意的是,在以容器隐喻为基础的语言表达中,容器在空间上具有拓扑可变性(立体、平面等):

(12) 满杯子啤酒 ~ 满头白发 ~ 满纸荒唐言 ~ 满枝头麻雀 ~ 满门抄斩 ~ 满眼春色

说明容器隐喻等在心理上的表征应该是抽象的图式,是一种意象图式(imagery scheme)。不同的隐喻反映人们感知事物和事件时的不同的认知方式,从而构成了不同的意象。意象可以抽象为结构化的图式,图式可以分解为结构成分及其构成方式。找出隐喻表达的构成成分及其结构关系跟相应图式的构成成分及其结构方式之间的映射关系,然后用产生式写出算法化的关于隐喻表达的语义解释规则。比如,对于容器隐喻来说,其意象图式的结构成分是一个边界,它把相关的空间划分为内部和外部两个部分,从而在人的心理上形成一个容器的构型。抓住了这一点,我们就可以给出从容器隐喻表达的句法形式到语义表达的形式化的、并且经过调整后是可以算法化的规则系统。假如把"满桌子糖果、满桌子的糖果、满桌子是糖果"等格式合记作 S1:满 + NP$_1$ + (的/是 +)NP$_2$,那么可以用一阶谓词逻辑写出 S1 的如下语义解释规则 R1:

if:满 + NP$_1$ + (的/是 +)NP$_2$;then:

{i. 'NP$_1$' is-a CONTAINER,'NP$_2$' is-a CONTENTS;'NP$_2$' is-in 'NP$_1$';

ii. $\exists y$,$\forall x[\text{is-in}(x,y)]{\rightarrow}x = $'NP$_2$',$y = $'NP$_1$';

iii. CONTAINER has many SUB-SPACE, i. e. ,$y = y_1 + y_2 + \cdots + y_n$;

iv. CONTENTS has many SUB-CONTENTS, i. e. ,$x = x_1 + x_2 + \cdots + x_n$;

v. $\forall y_i$,$\exists x_i[\text{has}(y_i,x_i)]{\rightarrow}x_i \in $'NP$_2$',$y_i \in $'NP$_1$',$i = 1,2,\cdots,n$}

如果把语句实例"满桌子(的/是)糖果"代入 R1,那么可以得出如下的语义表达式 M1:

'桌子'是容器,'糖果'是容物;'糖果'在'桌子'上;

存在着一张桌子,所有的'糖果'都在这张'桌子'上;

'桌子(面)'有许多子空间,'糖果'有许多子集;

'桌子(面)'的每一个子空间中都有一些'糖果'。

对于套件隐喻来说,其意象图式的结构成分是一个整体和若干个部分、一个体现各部分如何构成整体的构型。抓住了这一点,就可以参照上又对容器表达的计算分析,把套件的各部分看作是一个个容器,于是套件就成为一套容器;相应地,在这些容器中的容物也成为一套离散的容物。这样,就可以给出从套件隐喻表达的句法形式到语义表达的形式化的、并且经过调整后是可以算法化的规则系统。假如把"全身伤痕、全身的伤痕、全身是伤痕"等格式合记作 S2:全 + NP$_1$ + (的/是 +)NP$_2$,那么可以用一阶谓词逻辑写出 S2 的如下语义解释规则 R2:

if:全 + NP$_1$ + (的/是 +)NP$_2$;then:

{i. 'NP$_1$' is-a-set-of CONTAINERS,'NP$_2$' is-a-set-of CONTENTS;
'NP$_2$' is-in 'NP$_1$';

ii. $\exists y$,$\forall x[\text{is-in}(x,y)]{\rightarrow}x = $'NP$_2$',$y = $'NP$_1$';

iii. CONTAINERS is-a SET consists of many SUB-SET, i. e. ,$y = y_1 + y_2 + \cdots + y_n$;

iv. CONTENTS is-a SET consists of many SUB-SET, i.e. , $x = x_1 + x_2 + \cdots + x_n$;

v. $\forall y_i$, $\exists x_i [\, \mathrm{has}(y_i, x_i)\,] \rightarrow x_i \in \text{'NP}_2\text{'}$, $y_i \in \text{'NP}_1\text{'}$, $i = 1, 2, \cdots, \mathrm{n}$;

vi. $\lambda(x_1, x_2, \cdots, x_n)[\,\mathrm{is\text{-}in}(x_1, y_1)\ \&\ \mathrm{is\text{-}in}\ (x_2, y_2)\ \&\ \cdots\ \&\ \mathrm{is\text{-}in}\ (x_n, y_n)\,]$;

vii. $\sum x = x_1 + x_2 + \cdots + x_n\}$

如果把语句实例"全单位(的)职工"代入 R2,那么可以得出如下的语义表达式 M2:

'单位'是一套容器,'职工'是一批容物;'职工'在'单位'中;

存在着一个'单位',所有的'职工'都在这个'单位'中;

'单位'有许多子集(即部门),'职工'有许多子集;

'单位'的每一个子集(即部门)中都有一个'职工'的子集;

每一个子单位(即部门)中的职工子集的总和就是'全单位(的)职工'。

这种研究的目标是,从隐喻的角度分析诸如此类的词语同现限制问题,并把隐喻分析提升到意象图式的抽象水平;借此,希望把语言的认知解释转换成算法规则和形式表示,从而实现认知和计算的统一。

5. 结语：入门的台阶

许多年轻的朋友问：要从事计算语言学方面的学习和研究,应该有哪些知识上的准备? 这可以从计算语言学的定义上说起。粗略地说,**计算语言学是一门用计算机并为计算机研究语言的综合性学科**。用计算机来研究语言,不仅指把计算机这种电子装置作为语言研究的辅助工具,比如,用计算机收集语料、分类整理、分布统计、提取各种数据等。这跟化学、物理学、生物学中的计算化学、计算物理学、计算生物学有点相近,它们或者运用简单的方程和算法在计算机上进行大量的重复运算,或者用计算机对实验结果进行十分精细的计算分析、反复提高以得到一种新的理论。更重要的是指**用计算机科学的理论、概念和方法来研究语言**,我们认为这一点才是计算语言学更本质、更深刻的特点。比如,白硕(1995)用理论计算机科学的观点剖析当代语言学的方法,并进行计算模拟的做法,在一定程度上展示了这类研究的理论魅力和实用价值。

在这方面,计算神经科学(computational neuroscience)为我们提供了一个光辉的典范。作为神经科学的一个新的分支,计算神经科学通过建立脑模型来阐明神经系统信息加工的计算原理,以了解人和动物的神经系统是怎样使用它的微观组件及其相互作用来表征和处理信息的。具体的做法是:把神经科学对脑结构和机能从整体、细胞和分子水平上进行的生物学研究作出数学概括、找出规律和算法,并运用现代数字计算机或人工神经网络加以模拟;其最终目标是:揭示脑的电信号和化学信号,寻求如何表达和处理神经信息,并在智能活动中发生变化的规律。这种脑模拟研究通常使用简化的脑模型(simplifying brain models)。因为,即使是最成功的生物脑模型也不能揭示脑组织的全部实际功能;所以,计算神经科学需要抓住重要的原理进行简化模拟。简化模型的研究必须提供建立模型的理论框架、算法及其约束条件,而这种简化模型中的算法及其约束条件往往可以通过现代数字计算机或神经计算机来加以实现。可见,计算神经科学并不意味着大量的计算,也不意味着一定要使用现代计算机,而是要对大脑的认知过程进行表征,把其信息加工过程和信息存储过程跟计算机进行类比,从中得到新的概念和数学表达。比如,Hopfield 模型的建立并没有借助计算机进行大量的数值计算,但是这种模型有助于对大脑获取信息(即学习)和提取信息(即记忆)过程的理解;因此,这种数学模拟仍是计算神经科学的一个组成部分。同样,我们认为,计算语言学并不意味着大量的计算,也不意味着一定要使用现代计算机,而是要对大脑中的语言处理过程进行表征,把语言信息的加工、存储过程跟计算机进行类比,从中得到新的概念和数学表达,以形成便于机器处理的语法规则或语法形式体系。计算神经科学致力于寻求理解智能活动的神经基础的新概念、新算法,并在把新算法及其约束条件跟当代各类计算机进行类比中,发现设计智能化计算机、智能化机器人和智能化武器的新原理。并且,计算神经科学提出的脑模型能够对神经系统的某些行为作出可以验证的预测,从而较早地预见到生物脑研究工作的成果。因此,计算神经科学对大脑的模拟研究,不仅为信息科学的发展提供了坚实的神经科学基础,而且对神经科学和心理科学的发展也起着巨大的推进作用。[17]我们则希望,采用理论计算机科学的观点所进行的计算语言学研究,不仅对信息科学、神经科学和心理科学起推动作用,而且对语言科学的发展起巨大的推动作用。

　　为计算机研究语言,指为了计算机能处理自然语言而研究语言。这包括两方面的工作:(1)对自然语言的结构和意义规律进行挖掘,提炼出便于形式化和算法化的句法、语义规则,建立合适的语法学理论模型,来更好组织语言的句法、语义规则;(2)把语言学家对语言的句法、语义、语用诸平面上的研究成果进行数学概括,用某种形式化体系来组织和表示语言的结构和意义规则,再找出恰当的算法来描述句子的结构分析或语义解释的严格的步骤(procedure),最后根据算法用相应的计算机语言来编程实现。上面(1)所说的工作本应完全由理论语言学家来承担,但是,由于理论语言学家关心的方面不一定跟计算语言学家一致,因而计算语言学家常常会发现:语言学中并无他们想要的句法、语义规则或语法理论模型;于是,计算语言学家只得亲自动手来寻找句法、语义规则,甚至建构更适合计算机的语法理论模型。在为计算机研究语言这一点上,计算语言学有别于计算化学和计算神经科学。在计算化学中,并没有为计算机研究化学这种任务;在计算神经科学中,也没有为计算机研究神经的结构和功能这种任务。那么,为什么计算语言学要特别地强调为计算机研究语言这一点呢? 原因可能有两点:(1)语言学的研究对象是自然语言,语言学的研究工具(用以描写语言现象、表述语言规律、总结研究结果)也是自然语言。也就是说,自然语言既是语言研究的对象语言(object language),也是语言研究的元语言(metalanguage)。由于计算机无法直接理解自然语言,因而首先必须把用自然语言表述的语言规律形式化、符号化。(2)语言是一种心智(mind)现象,是跟人的认知、心理密切相关的;为了让计算机能理解自然语言,必须以计算机为信息加工模型来考察人类语言理解的心理过程,以便在计算机上模拟实现。

　　有了这样一番理解,那么显而易见,要从事计算语言学方面的学习和研究,首先应该了解或掌握语言学和计算机科学方面的一些基础知识。语言学方面,包括语音学、实验语音学、音系学、句法学、语义学、语用学、话语语言学等;计算机科学方面,包括体系结构、数据结构、算法理论、程序语言、形式语言和自动机理论、复杂性和可计算性理论、人工智能原理等。再有是这两门学科的综合学科——计算语言学。此外,心理学方面,包括认知心理学、神经心理学、实验心理学、语言心理学等。还有,数理逻辑方面的知识也是不可缺少的;再奢侈一点,脑科学、神经生物学、西方现代哲学(特别是心智哲学、科学哲学)也是应该关注的。不过,上面涉及的这么多的门类和内容,不一定非得在短短几年内全部都来学一遍,而是要求放宽眼界,有长远的目标和计划。一般来说,在六到十年时间内,程度深浅不同地摸一遍,这应该是大家都可以做到的。

现在说说怎么着手进行这方面的研究。在很大程度上,这要取决于每个人的不同的环境条件。比如,我的师兄陈小荷,在北大攻读博士学位期间,并没有接触多少计算语言学方面的知识,博士论文做的是江西丰城话的语法;毕业以后分配到北京语言学院语言信息研究所,工作的需要促使他不断地学习这方面的知识,学习编程、尝试建语料库,参加905语义工程,促使他思考和研究面向工程的语义分析体系问题,又从自动句法分析的角度考虑汉语词类问题,等等,逐步进入这一领域。王惠在北大中文系读书时做的硕士论文是《从及物性系统看现代汉语句式》,毕业后分配到北京大学计算语言学研究所,工作的需要,促使她逐步了解中文信息处理方面的知识,并着力于对面向中文信息处理的语法信息词典和语义词典的研究。詹卫东在浙江大学中文系读本科时已经接触了语言信息处理方面的有关内容,到北大中文系跟陆俭明先生学习语法学,同时在计算语言学研究所接受俞士汶先生指导,博士生期间继续这种模式,在计算语言学方面有比较好的基础和训练;毕业后留在中文系,同时在计算语言学研究所担任研究任务,先后对面向中文信息处理的汉语短语结构的约束条件和语义知识的表示等问题,进行了比较系统和深入的考察,形成了一些独到的见解。但是,大多数人可能会跟我一样,在中文系读书,毕业后又在中文系教书。因此,说说我的学习经历,也许对大家也有一定的借鉴作用。20世纪80年代初,我在《百科知识》上看到理论计算机科学、人工智能、语言信息处理方面的文章,又在《国外语言学》和《中国语文》上看到计算语言学、特别是跟汉语相关的人机对话、机器翻译方面的文章,开始对计算语言学很神往。1984年在杭州大学中文系上研究生,在《数理逻辑》课上,经常听到邱国权老师讲数理逻辑和人工智能、数理逻辑和机器处理语言的关系,在他的鼓励下学习了 Basic 编程语言。也看了一些计算机方面的书籍,特别对范继淹先生那种语法研究和信息处理互相结合、互相促进的研究模式顶礼膜拜。1985年春天,不仅在杭大聆听了范先生关于人机对话的讲座,还在宾馆向范先生请教了汉语语法研究的门径问题,范先生的精彩指点,使我深受教益,有没齿难忘之感。1987 年到北大攻读博士学位,参加由中文系朱德熙和陆俭明等先生、计算机系马希文和林建祥等先生、心理学系王甦等先生、哲学系赵光武等先生组织的人工智能的哲学基础的讨论班,参加了计算机系青年教师王培组织的一个关于人工智能和认识论方面的讨论班,又参加了林建祥老师主持的机器学习讨论班,还经常跟马希文先生的博士生白硕一起讨论语言分析及其计算机处理问题。1990 年分配到清华大学中文系工作,在罗振生老师的奔走和帮助下,得以利用清华大学智能技术与系统国家实验室的机房,一边学 C 语言,一边在机器上学习编程序。在学习计算机科学技术方面的有关知识的同时,不断地参加中文系和计算机系的有关讨论和研究生的开题和答辩,还协助罗振生老师指导计算语言学方面的研究生。我基本上是站在语言学的角度,从理论上思考计算机理解自然语言问题。抓住跟语言理解有关的知识的形式表示问题,探讨动词、名词配价的作用;同时,考虑跟语义推导有关的认知机制和逻辑机制问题。《语言的认知研究和计算分析》一书中的好几篇文章,就是在这样的背景上形成的。现在回过头来,觉得每一个语法学者都可以做的工作是:挑某一种自己觉得是比较特别、也比较有趣(好玩)的语言现象,比如某种语法格式,想一想(内省)你自己是怎样从这一符号串上得出这种语法形式的意义的,要理解这种语法形式所表达的意义,需要哪些句法、语义等语言内的知识,还需要哪些百科知识类的常识,需要遵循什么样的规约、作出怎样的逻辑推导,等等。然后,对这一格式及其有关实例作出具体的描写和分析,努力找出使这一格式合格的句法、语义约束条件,并尽量明确地表示出来;然后再考虑哪些常识和推理方式参与了这一理解过程,它们是怎样跟有关的句法、语义知识发生交互作用的,能不能用一个比较抽象和统一的模型把这一语言理解过程(各种因素及其作用方式)表达出来。能做到这一步,也等于是为这一语法格式的意义理解建立了一个初级的逻辑模型。至于怎样精炼化为严格的数学模型、判定该形式模型是否具备可计算性、度量计算的复杂性,以及算法设计、程序实现等工作,完全可以由计算机专家来做。因为计算语言学的工作是一种系统工程,语言学家只要提出一个尽可能可靠、简单的初步模型就可以了。因此,对于语言学家来说,计算语言学工作主要任务是:尽可能详尽而明确地描写有关语言现象,探明有关因素的作用方式及其关系,揭示使这一语言现象成为合格、可接受的各种约束条件。至于你会不会编程序、懂不懂算法理论和数据结构,倒不一定太重要。当然,最好大家对计算机是怎样工作(特别是怎样处理自然语言)的原理有所了解,这样可以帮助我们了解什么样的约束条件和规则是重要的,什么样的语言学模型对信息处理是有用的。由于我们是语言学者,因而我们从认知、计算等角度思考语言问题时,目的仍主要在于检验各种语言理论和分析方法的效能,希冀以计算机为参照,来提高语言学的研究水平,使语言学真正成为一门严格意义上的科学。

附 注

① Lyons(1968:1)说:Linguistics may be defined as the scientific study of language.

② 笔者在引述时作了补充和发挥,如有差错,责任在我。

③ §2.2—2.6 参考李家治(1985)等文献,不一一具指。

④ 详细的情况,请看 Piattelli-Palmarini(1980)(ed.)。

⑤ 参考 Halle(1973)。

⑥ 下面的介绍详见 Fodor(1995)。

⑦ 详细的论证请看袁毓林(1996a)§4.1。

⑧ 参考冯志伟(1992),第84页;钱锋(1990),第26~27页。

⑨ 详见 Winograd(1983) chap.1:Viewing Language as a Knowledge-Based Process, pp.1~34.
另外,参考黄奕(1985)对该书的介绍和评论。

⑩ 详见杨抒(1988),第21~23页。

⑪ 详见杨抒(1988),第22~26页;范继淹、徐志敏(1980),第9~19页。

⑫ 参考桂诗春、宁春岩(1997),§7.7.2.2:语料库方法,第138~149页。

⑬ 详见黄建烁(1991),第31页。

⑭ 详见李家治、郭荣江、陈永明(1982)。

⑮ 详见范继淹、徐志敏(1981、1982)和范继淹(1986)中的有关文章。

⑯ 详见刘倬(1981)。

⑰ 详见沈政、林庶之(1992)第二章:计算神经科学,第44~49页。

第九章

语言类型学与汉语研究

刘丹青

语言类型学在 19 世纪时可以理解为主要是给世界上的语言分类的学科,但在当代语言学中,它已不仅仅是一种分类的学科,而应理解为"语言共性和语言类型学"的简称。它在探索人类语言共同奥秘的核心学科群中占据重要一席。

语言类型学是当代语言学的一种分支。它和其他研究领域构成了某种互补合作的分工关系:承担了跨语言比较和在比较中总结人类语言共性的任务,从而区别于注重语言结构内部深入研究的工作。语言类型学同时也是当代语言学的一种学派。它有自己的基本科学信条:对人类语言规则和机制的任何总结概括都必须得到基础广泛的跨语言验证甚至跨时代验证;它也形成了以跨语言比较和归纳推理为基础的研究范式;几十年来它积累了很多研究成果和重要科学发现,同时又在不断地提出有待考察和解释的新课题。这些都显示了这门学科的生机和活力。

拙著(2003a)已对类型学特别是语序类型学有较多的介绍和应用,本文对这门学科的相关介绍因而得以精简,读者可参阅拙著的有关部分。我们将结合汉语研究的现状和前景,特别是拙著所论不多的内容,讨论以下几个问题:

语言类型学的方法特征是什么?

汉语研究为什么需要引进借鉴类型学视野和方法?

类型学视野对汉语研究有哪些促进?

汉语可以为类型学和普通语言学理论作出什么样的贡献?

如何在汉语中更好地借鉴类型学的成果和方法?

1. 语言类型学的方法特征

　　国际上以语言学为专业的研究者不管倾向什么学派,大多会做一些语际比较的工作。宽泛地说,比起单一语言研究来,这类比较也带点类型学的性质。但是,严格意义上的当代类型学研究,却有自己更严密更科学的方法特征,表现在选题、取材、比较、归纳、表述各个研究过程或步骤中。这些方法主要奠基于Greenberg(1963)的当代类型学开创之作,以后又经类型学家们的不断改进和完善。下面试就此做些分析。

　　选题　科学的一大要谛在于发现事物和事物之间的联系,特别是事物或因素之间表面上不显著的内在相关性。语言类型学所追求的语言共性,主要就是不同语言要素之间跨语言的相关性。类型学探索所选择的课题,就是那些有可能存在相关性的要素(称为类型参项 typological parameter)。例如,Greenberg(1963)初步建立了45条语言共性,多数与语序有关,特别是与小句基本成分(主语S,宾语O和动词V)的语序,介词语序类型(前置词还是后置词)这两个参项有关。例如,SOV语言和后置词之间、VSO语言与前置词之间、介词类型与领属语之间、介词类型与差比句语序之间的相关性。也有一些共性涉及非语序的要素,如名词的性和数的关系(有性必有数)、屈折(构形法)和派生(构词法)的关系(有屈折必有派生)。其他类型学家考察过的课题如:格范畴与语序类型的关系(SOV语言更倾向于有格形态),格标记与指称性和生命度的关系(有定宾语和高生命度宾语更倾向于带格标记),题元角色与句法位置的关系。这些都是语法方面的。类型学的研究重点虽然在语法,但类型学的方法却同样适用于语音、语义这些方面,甚至贯通语言的几大层面。所以,学者们也研究清送气音与浊送气音的关系(浊分送气与否清必分送气与否)、塞音、擦音和塞擦音的关系(有塞擦音必有相关的塞音和擦音的对立)、舌位前后与唇形的关系(有圆唇前元音必有圆唇后元音)(以上语音共性参看雅柯布森1959)、语序与语流音变方向(顺同化逆同化等)的关系,不同颜色词之间的关系(如有“蓝”必有“黑白红黄绿”)、亲属称谓中性别义素和亲疏等级的关系(亲的比疏的更倾向于分男女)。类型比较的参项要求具有可比性,即应当是较具有普遍性的范畴,以此考察该范畴在各个语言中的实现情况。所以,语义功能范畴常比形态-句法手段更容易成为比较的出发点,比如作为一种论元结构的双及物结构就比作为一种句式的双宾语结构更具有普遍性。语义功能范畴(如施事、受事、与事、工具、处所等,或有定、无定、类指等)是各个语言都需要表达的,只是表达的形态-句法手段可能不同,而形态-句法手段各语言相差很大,可比性较差,比如有些语言就没有双宾句。选来作为参项的句法要素应当是具有相当大的普遍性的,如小句基本成分(主语、宾语、动词)、人称代词、介词等。一种语言系统的要素难以计数,找到恰当的参项是类型学考察的成功的起点。

取材 类型学研究的材料基础是语种库(language sample)。一个语种数量充足、兼顾谱系、地域和类型三方面平衡性的语种库,是类型学考察区别于其他学派"客串式"类型比较的一大特点。Greenberg(1963)开创性论文所用的语种库含 30 种语言,遍及亚欧非澳和南北美六大洲,汉藏、印欧、阿尔泰、闪-含、芬兰-乌戈尔、南岛、尼日尔-刚果、印第安诸语、日、朝等众多语系及系属不明语言,类型的多样性也显而易见。其 1966 年的修订本加了一个语言分类附录,包含 142 种语言(扩大的语种库使有些共性出现例外)。Greenberg 所获得的重要发现激起了学界获得更多语种资料的渴望,大大促进了对众多语种的调查描写,为类型学考察创造了更好的条件。以后一些重要的研究在语种库建设上有不断的发展。Berlin & Kay(1969)考察颜色词共性检视了上百种语言,Keenan & Comrie(1977)考察关系化和句法成分等级的关系验证了 50 种语言,Hawkins(1983)研究语序共性基于 350 种语言,Dryer(1992)考察语序类型收集了 625 种语言,到他(2003)讨论汉藏语系的语序时,该语种库已"增容"为 910 种。更值得重视的是学者们在语种库多方面平衡性方面的进一步改进。如 Dryer 为了确定某种结构的语序是否与动宾语序和谐,不是简单地看和谐语言的总比例,而是进行分层统计。他将 625 种语言归为 205 个亲缘组,再将这些组分为六个大区,如欧亚大陆、东南亚和大洋洲、南美等。一种结构必须在 205 组中的多数组和谐而且和谐的亲缘组必须在六个大区中的多数大区中占优势,才算真正和谐。假如和谐语言数量不少,但集中在一两个大区,那就可能是亲缘和邻接造成的,未必是真正的和谐。在缺少大规模语种库的材料条件时,除了尽量追求覆盖面外,还要注意语种选择的随机性,不能为了某种观点倾向而只选有利的语种、排斥有悖于观点的语种。

比较 在对各语种的语料进行比较时,要尽量注意材料的相关性。语言现象错综复杂,受很多因素的制约,所以要确保所选的语料确实与论题相关,要注意分清语料中与参项有关的部分和受其他因素干扰的成分,在进行跨语言统计时要避开受干扰的语料。当然能起干扰作用的因素本身也很有价值,值得另作研究,只是不要混在相关语料的统计中。好的选题在设计时就已注意到这类问题。如 Greenberg(1963)在进行小句基本成分语序比较时,特意将范围限定在**由实义名词**充当主宾语的**肯定句**,因为这是语序最稳定最有可比性的结构。有些语言里代词充当主宾语的语序与实体名词不同,如法语代词宾语用于 OV 而名词宾语用于 VO;有些语言里疑问句的语序不同于陈述句,如瑞典语疑问句总是定式动词在主语前的 VS 语序,而陈述句一般是 SV 语序(王晓林 1991:364);有些语言否定句语序不同于肯定句,如白语中不带宾格标记的名词宾语在肯定句里表现为 VO,但遇否定句(及疑问句)却为 OV(徐琳、赵衍荪 1984:77)。所以比较时应将涉及代词主宾语、疑问、否定的句子暂时排除在统计之外。另一方面,哪些语言的小句语序受这些因素的影响? 怎样影响? 为什么有这些影响? 这些问题本身是很有价值的课题,但需要另外的考察。

归纳 经过比较分析后,要对跨语言的语料进行穷尽性的统计归纳,这是发现规律、共性或倾向的关键一步。在一个参项下,出现的语料可能不限于"是/否"或"有/无"的两极对立。有两种情况要特别注意。(一)两者并存。例如,对于 VO 和 OV 这两种语序,除了单纯 VO 类型(佤语、英语)和单纯 OV 类型(藏语、日语)之外,有些语言是两者并存(白语、拉丁语、俄语)。对于介词类型来说,也是除了单纯前置词型(英语、俄语)和单纯后置词型(日语、土耳其语)之外,还有些语言是两者并存(德语、汉语)。对于两者并存的情况,要区分是条件变体还是自由变体,如法语、白语 VO 和 OV 都有不同的条件,而俄语就没有明确的形态-句法条件(但有话语语用条件)。对于条件变体,要尽量清晰地找出条件。对于自由变体来说,则要了解哪种变体占优势。拉丁语和俄语及物句都有 VO 和 OV 两种语序,没有明显的句法条件,但从文本出现率来看,拉丁语

OV 占优势,俄语 VO 占优势。语法描写中通常包含这类优势情况的介绍。假如需自己调查,则仅靠问卷调查是不易获得有关情况的,最好要借助于语篇统计。(二)有关的参项对某些语言不适用,该语言的情况与此参项无关(irrelevant)。如 Dryer(1992)考察冠词(article)与动宾结构的和谐性,有些语言使用前冠词,有些使用后冠词(尾词),这都要列入统计。但有些语言如俄语没有冠词,因而与此参项无关,就不能纳入统计之中。

表述 跨语言考察所获得的发现将通过一定的形式表述出来。Greenberg 开创性论文所用的基本方法即**蕴涵性共性**成为类型学最基本最经典的表现形式。这种形式能清晰地表现语言要素之间的跨语言相关性。如 Greenberg 的第 31 条共性(简作 G31,下类推)。

G31. 如果作主语或作宾语的名词跟动词有性的一致关系,那么形容词跟名词也有性的一致关系(形容词的一致关系指相对于被修饰的中心名词——引者)。

假如用公式,则可以表达如下(⊃表示蕴涵):

动词与主宾语名词的性一致关系⊃形容词与被饰名词的性一致关系

蕴涵性共性还可以采用分解式的四分表表示,如:

+动词的性一致,+形容词的性一致	−动词的性一致,+形容词的性一致
−动词的性一致,−形容词的性一致	*(+动词的性一致,−形容词的性一致)

四分表更直观地显示了蕴涵共性的单向性:蕴涵式前件蕴涵后件,但后件并不蕴涵前件。即有前件必有后件,有后件却未必有前件。如右上格就显示了形容词有性一致关系而动词可以没有的情况。四分表排除的是有前件而无后件的情况,即右下格动词有而形容词没有的情况。四分表也显示了蕴涵式后件是更无条件(不依赖前件)、更容易出现的优势要素。

假如考察结果发现了双向蕴涵的共性,即"当且仅当 P,Q"(P⊇Q)的逻辑蕴涵关系,四分表就会出现两个空格,不容许出现右上格那种一正一负的情况。实际上跨语言研究中很少发现真正的双向蕴涵关系。

一条文字表达的蕴涵共性可以包含比上述例子更丰富的内容。下面略举几例：

G30. 如果一种语言里动词有人称—数的范畴或有性的范畴,那么它总是有时—式的范畴。

G20. 当任何一个或者所有下述成分(指别词、数词、描写性形容词)居于名词之前时,它们总以这种语序出现。如果它们后置,语序或者依旧,或者完全相反。

G27. 如果一种语言仅有后缀,那么它是使用后置词的;仅有前缀,则是使用前置词的。

G35. 有双数的语言才有三数,有复数的语言才有双数。

G5. 如果一种语言以 SOV 为优势语序,并且所有格置于中心名词之后,那么形容词也处于名词之后。

G30 在前件中包含了析取性要素(A 或 B)。G20 后件中包含了析取性要素,并且同一条共性涉及多种成分的语序。G27 实际上包含了两条相关的语序共性。语序共性多用充分条件式来表达,而 G35 则用必要条件式来表达,此时前件才是更无条件的优势要素,实际上也可以改用充分条件式,即"有三数必有双数,有双数必有复数"。G35 的更大特点是其中包含的两条共性通过双数而紧密相关,从而形成一个等级序列,用蕴涵式表示是：

三数 ⊃ 双数 ⊃ 复数

所以,下面将说的另一种共性表述即**等级序列**,实际上就是相关蕴涵共性的系联。上面的蕴涵式若按优先等级排就是"复数 > 双数 > 三数"。G5 的特点是使用两条前件(即合取型前件)来蕴涵一条后件。以后 Hawkins(1983) 的共性为了达到没有例外的目的大多采用这种多重前件的共性。

这些内容复杂的蕴涵共性要表示为逻辑蕴涵式或四分表会更加繁复一些,但仍是可以做到的。如 Hawkins(1983：89)就在多条相关共性的基础上列出了容量很大的**多项式蕴涵共性**：

共性 XIV. Prep ⊃ ((NDem ∨ NNum ⊃ NA) & (NA ⊃ NG) & (NG ⊃ NRel))
上式用文字可以表述如下：如果该语言是前置词型的,并且若名词前置于指示词,或名词前置于数词,则名词也前置于描写形容词;并且若名词前置于描写形容词,则名词前置于领属语;并且若名词前置于领属语,则名词也前置于关系从句。

语言共性的另一种常见表述形式是**等级序列**。上面 G35 数范畴的例子已显示等级序列实际上是一系列相关蕴涵共性的组合，是一种容量更大的蕴涵性共性。Berlin & Kay（1969）关于颜色词的共性就是一种基于近 100 种语言而得出的等级序列（参看科姆里 1989 的介绍）。句法类型学方面的一项经典性成果是 Keenan & Comrie（1977）基于 50 种语言考察而得出的名词语可及性等级序列（在科姆里 1981 中该序列只列到领属定语为止）：

主语 > 直接宾语 > 间接宾语 > 旁格宾语 > 领属定语 > 比较句基准

该序列显示不同语言关系从句提取的名词语按句法地位分表现为上面的优先序列，只能提取一种句法成分的语言必然是提取主语，两种则是主语和直接宾语，依此类推。即右边的蕴涵左边的。若按蕴涵式的常规排，则应当左右颠倒一下，即：

比较句基准 ⊃ 领属定语 ⊃ 旁格成分 ⊃ 间接宾语 ⊃ 直接宾语 ⊃ 主语

在功能语言学等其他学派中，也常使用等级序列表示一些句法、语用或认知语言学原则。其中有些经过较严格的类型学验证，也有的可能只是对少数语言深入研究后获得的，其类型覆盖性还有待进一步验证。

类型学成果的另一种表述是和谐性。和谐性就是两种或多种语言要素的共现性，如 VO 与前置词的和谐，OV 与后置词的和谐。绝对的和谐在逻辑上依靠双向蕴涵关系，即有 P 就有 Q，有 Q 也就有 P。但事实上人类语言中很少存在双向蕴涵的共性，因此和谐性往往只反映一种统计意义上的倾向。要展示要素之间的和谐性，最好要拿出相关的统计数字。假如能像 Dryer（1992）那样通过语种分组分层来提高统计的科学性，就更具有说服力，如该文中对领属定语（表示为 Gen）语序和动宾结构语序和谐性的统计：

	非洲	欧亚	东南亚与大洋洲	澳大利亚与新几内亚	北美	南美	总计
OV&GenN	17	21	5	16	30	23	112
OV&NGen	6	3	1	2	0	0	12
VO&GenN	5	4	4	6	6	5	30
VO&NGen	22	5	12	0	21	3	63

上表显示,OV 语言中,虽然 6 大区中有 4 大区存在领属语后置的情况,但在所有 6 个大区中都是领属语前置的语组数(用方框凸显)多于领属语后置的语组数。领属语 + 名词语序和 OV 语序和谐成立。在 VO 语言中,每一大组都有领属语前置的语组,甚至在澳新大区中还以 6 比 0 压倒领属语后置的语组,但方框数字显示在其余 5 区中,有 4 区是领属语后置的语组更多,按大区计算是 4 比 2,因此名词 + 领属语语序与 VO 语序和谐。两种和谐关系合起来,则领属语与宾语位置和谐,中心名词与动词位置和谐。由此可见,和谐主要反映人类语言的某些倾向,而非绝对的规律,其类型预测力比不上蕴涵性共性。但对某些学术需求如有无标记要素或优势劣势现象的判断来说,这种基于统计的和谐性是很有价值的概括。

解释　语言类型学区别于其他学科学派的主要就是对上面这些研究步骤的专业性追求。从探求人类语言共性的终极目标出发,类型学的工作并不到上面的表述环节为止。接下来的工作就是对语言共性的解释。但共性的解释已不单是类型学家的兴趣。到解释环节,类型学与其他学派的界限趋向模糊,类型学家内部也呈现不同的理论取向。有些类型学者乐于用话语功能来解释共性,另一些多用人类的认知模式或听说处理过程来解释,还有些学者用语法化和历史演变过程来解释部分甚至多数语言共性,以上这些可以通称为功能解释派,占了类型学家的多数。例如,有学者用心理语言学的听说实验来证明广泛存在于人类语言并影响语序共性的重成分后置现象(Arnold & Wasow 2000),他们发现句子理解中重成分所需的听话人的短时记忆负担更重,放在后面更容易单独处理。句子生成中对重成分说话人需要更多时间思考,常常在停顿后出现,因此也是放在后面更容易处理。少数类型学家像生成语言学一样倾向于基于语言先天性或至少是句法形式内部的解释,如 Hawkins(1994)在主要用语言处理机制解释语序共性时,强调语序共性方便处理的是句法结构,而不是话语或语用结构。此外还有用人类语言单源说等来解释的。类型学家的特点在解释时仍有所体现,他们更喜欢采纳从较严格的类型学考察中得出的材料和规律作为解释的依据,而其他学科则常常用在单一或少数语言的研究中获得的理论原则来解释。

类型学家并非人人都在从事上面所举的那种大规模语种库的调查。实际上也没有条件对每个有意义的课题都做那样的考察,因为一些更加专门、细致的语法专题,比如表示否定的差比句(我不比他高/我没有他高),可让渡性程度不同的各种领属关系的句法表现形式,在真实—虚拟连续统上位置不同的条件句的句法区别,等等,未必能在普通的语种报告中找到,只有少数做过深入研究的语言才具备相关材料。此外,在有条件的情况下,对某一地区、某一语系语族进行语种库式的考察,也能获得有价值的发现,由此得到的一些局部性的共性,包括蕴涵性共性或等级序列等,有时反映的就是人类语言的普遍性,在今后更大范围的跨语言比较中就会获得验证,有时反映的则是某一类型或谱系内部的特点,这也富有类型学的意义。另一方面,类型学的选题角度、考察结果的解释等等,都离不开对具体语言的深入研究,类型学永远是在个别语言深入研究和众多语言大范围比较的交替中前进的。因此,类型学家也经常在类型学所发现的重要共性和倾向的基础上研究具体的一种或多种语言。以此,一方面推进对语言共性的认识和解释,发现新的有价值课题,另一方面揭示具体语言的类型特点。例如,Kortmaun(1999)从上述 Keenan & Comrie(1977)名词语可及性等级序列出发对英语关系从句进行跨方言比较,结果发现很多英语方言关系从句提取核心名词的优先序列比标准英语更符合语言共性。该文也指出有些英语方言主宾格代词"混用"的情况其实可从跨语言比较中得到映征,是一种基于强调需求的格标记的合乎常理的重新分配,并非一般理解的不规范现象。有充分经验基础的跨语言背景和对语言共性的高度关注构成了类型学式的具体语言研究与一般的具体研究的区别。这种研究取向也正是汉语研究目前最需要也最可以借鉴的。下面讨论类型学背景下汉语的现有研究实践和今后可开拓的领域,也主要是这一类的研究取向。

2. 汉语研究引进借鉴类型学视野和方法的必要性

在形式、功能、类型三大当代语言学派中,类型学在中国内地最少为人了解。中国传统语言文字之学本来缺少对他族语言的兴趣,在传统中文典籍中很难找到对汉语以外语言文字的实际记述,更遑论研究了。20 世纪 50 年代过于追求专业分工的教育科研体系,以及语言研究队伍和学术兴趣向普通话的高度集中,又强化固化了纯粹语种导向的语言研究体系。汉语、外语和少数民族语言三大领域很少有切实的交流,古今汉语之间、普通话和方言之间也缺少实质性的沟通,在跨语言基础上对语言共性的追求就更为罕见。缺少类型学视野的汉语语言学,较难用自己的研究成果去贡献于普通语言学理论。成果主要用中文发表还是表层的因素,更重要的是这种背景的汉语研究及其据此所做的理论探讨,大多满足于描写和解释汉语尤其是普通话,不太关心其在多大程度上反映人类语言的本质属性,这与国际上语言学主要关注人类语言本质属性及变异限度的旨趣有着相当的距离。反过来,由于缺少类型学的背景,或者至多基于同英语等个别印欧语的比较①,有关汉语特点的探讨也可能导向很大的片面性,看不清在人类语言的变异范围和类型框架中汉语真正的特点何在。更严重的是,由于汉语普通话在社会使用和研究领域的独特强势地位,在普通话狭窄视野中建立的理论框架虽然可能缺乏跨语言的适应性,却常被硬套到古代汉语、方言和差异更大的各种民族语言的描写和研究之上,不但难以充分揭示这些汉语变体或民族语言中许多不同于普通话的特点,而且在汉语的有色眼镜下还容易扭曲有关的语言事实。如果我们把这些变体和民族语言放在人类语言共性和类型的广阔背景下研究,那么将能取得一种更客观的视角,也有望获得更有价值的成果。下面就以汉语为例来作点讨论。

　　词类问题始终是汉语学界高度关注的领域,半个世纪所取得的成果也大大深化了我们对汉语词类现象的认识,包括对具有汉语特点的词类的认识。不过,汉语词类研究除少数学者外,基本上只在与英语、俄语等个别印欧语比较的背景中展开,非常缺少更广泛的跨语言视野,从而因语种视野的偏窄而产生一些不够全面的看法,还遗留不少迄今未开垦的领域。

　　例如,关于形容词,从《马氏文通》以来国内学者普遍接受汉语存在区别于动词的形容词词类的观念。这实际上是未加仔细鉴别而直接搬用西方传统语法的观念。一些重要的海外学者对汉语形容词词类地位提出质疑,取消了它的独立的词类地位,而将其处理为不及物动词的一个小类(如赵元任1968),甚至完全看作动词(如 McCawley 1992)。他们的主要理由之一是汉语形容词可以充当谓语,与动词没有区别,而印欧语言的形容词之所以独立成类是因为它离开系词不能作谓语,同时可以直接作定语。在国内,这种看法虽然未被普遍接受,但也没有面对很有力的挑战。朱德熙(1982)曾提出两条合取性句法标准将(性质)形容词区别于动词,可以表示为:[+ 带程度副词]、[− 带宾语]。认为同时满足这两条的才是形容词。但这两条标准仍不足以将最难划界的一批词分类,如不带宾语时或作定语时的"病、碎、破、烂、腐烂"等等。赵元任的观点主要基于汉语与西方语言的比较,比起照搬西方传统语法观念来说是一个进步,提醒人们注意到汉语这类词的特点所在。但是这种观点还只是基于汉语与少数印欧语的比较。随着语言类型学的发展,人们看到了有关形容词的更加广阔的图景,汉语形容词的问题也就能得到更加全面的认识。

一方面,一些类型学家指出,形容词与名词、动词形成三大类实词的鼎足之势具有一定的普遍性功能基础,因为名、动、形分别与人类语言句法成分的三大基本功能——指称、陈述、修饰相对应(Croft 2000);另一方面,在"属性词"(在词性确定前按形容词所对应的语义命名的词语类别)的范畴化方面,不同语言存在着相当大的差距,其情形远比人们所熟悉的中西差异要复杂得多。具体地说,有下面几点类型学事实是我们在确定汉语"属性词"的类型学地位时需要了解的。

(1) 有些语言确实难以用句法标准划出一个清晰的形容词词类。但并非都因为形容词与动词相同相近。事实上存在着形—名合流(如南美 Quechua 语,Bisang 2002, Chap. 6)和形—动合流(如藏缅语族 Manipuri 语,Bhat 2000:51)两种情况。也就是说,属性词的形态—句法功能在某些语言中与名词无异(如具有名词的格等各种形态变化,自由地直接作论元[argument],而名词也能自由地做定语),在另一些语言中与动词无异(如可以有动词的时体等各种形态变化,可以直接作谓语,而作定语时需要带动词所需的定语标记)。实际上作为印欧语老祖宗之一的梵语也被认为是形—名合流型语言而非形容词独立成类的语言(Bhat 2000:50)。不过也有一些重要的类型学者如 Dixon(2004)认为,只要作更加细致的观察,总能在具体语言中找到原型形容词和典型的名词或动词的形态—句法区别,从而建立一个形容词词类,只是词库尺寸可以差异极大。

（2）形容词自成一类的语言也有相应的两种类型，即近动型形容词（如日语中全由固有词构成的-i类形容词）和近名型形容词（如英语）。因此，不能单纯参照英语之类形近名型语言来判断形容词是否自成一类。

（3）在形容词独立成类的语言中，形容词的词库规模悬殊明显。有些语言形容词是个纯开放的类，如英语等欧洲的印欧语。在另一些语言中，形容词是个高度封闭的类型，如西非的 Igbo 语只有 8 个形容词，分别表示"大、小、黑、白、新、老、好、坏"。其他一些封闭性形容词系统有：Sango 语约 60 个，Kilivila 语约 50 个，Acoli 语约 40 个，Luganda 语约 30 个，Bemba 语约 20 个，Supyire 语约 10 个（据 Bhat 2000:49 转引 Dixon 1982）。

（4）形容词存在着原型程度不等的情况，越是原型的类别越容易进入形容词词库，而原型性与形容词所表属性的类别有关，其中表示年龄（老、大、小……）、维度（大、小、长、短、厚、薄……）、评价（好、坏……）属性的基本词是最容易用形容词表示的。

（5）形容词最普遍的区别性句法特征是：自由充当定语，无需额外的形态标记手段。

以上面这些类型学成果为背景来看汉语的形容词问题，就清楚多了。

从意义类型上照搬西方语言的形容词词类而不加仔细鉴别，显然是有问题的，因为意义上同类（属性词）未必是语法上同类，很多语言的形容词词库高度封闭，远远小于英语之类语言的形容词，甲语言的许多形容词翻译成乙语言完全可能要归属另一个词类。

像一些海外学者那样，通过与英语类形容词的比较而径直否定汉语形容词的词类地位，也未必可取。英语属于"形近名"型语言，而世界上还存在很多"形近动"型语言，其形容词的功能不等同于英语形容词，如可以直接作谓语，它们未必就不是形容词。需要关注的是，这些近动型形容词是否具有语法上区别于动词的特征。

有鉴于此，仔细探求汉语形容词区别于动词的语法特征成了问题的关键。但我们在追求鉴别标准的操作性的同时，还要关注所得出的区别性特征是否真的反映形容词本身的本质属性和普遍性特征。朱德熙用可带程度副词和不能带宾语两个条件的合取作为汉语形容词的鉴别标准。郭锐(2002)是近年来汉语词类研究最有分量的专著,在分类标准和分类结果方面有不少超越前人之处,但在形容词方面仍沿用了朱先生这两条合取标准,因为其有操作性。然而,从类型学的角度看,这两条标准的合理性和分类结果都还可商榷。带宾语是负面标准,本身不能反映形容词的本质特征,因为不能带(真)宾语的词类和词类成员很多,包括许多动词。可带程度副词是正面标准,可是很多动词也能带程度副词,如"很感谢、很喜欢"等。可见,能带程度副词这一条也不反映形容词的本质特征。两条标准都不反映本质特征,划分的结果有偏差也就不奇怪了。据郭锐(2002:196~197)的分类结果,他的形容词中99.47%可以作谓语,而只有29%可以作定语(应指不用"的"直接作定语)。分类的结果竟然是绝大多数形容词具备与动词本质属性相符的特性——作谓语,而不具备形容词的本质属性——直接作定语。

郭锐自己也觉得把这类词再叫做"形容词"并不合适。他在197页的附注中解释,这样叫除了沿用传统外还因为"汉语中的形容词和英语等语言中的形容词在词义上有普遍的对应关系"。郭锐的处理与赵元任等否定汉语形容词独立地位的做法实质上是相通的,虽然分别突出了英汉之同和英汉之异,两说都是过于以"英语等语言"为参照,都过于关注怎样顾全英语形容词词库的汉语对应物,而没有考虑与人类语言整体的可比性。从人类语言形容词的本质属性或原型属性看,只有29%可作定语的词类决不能算形容词。从类型学角度看,汉语的形容词词类不应照顾与英语形容词的全面对应,而更需要关心的是原型性高的属性词的词类地位。郭著的形容词分类结果客观上会助长将汉语形容词归入动词的立论。

那么从人类语言的角度看,汉语是否存在独立的形容词词类呢?张伯江(1997)的研究已经较好地回答了这个问题。该文基于类型学的成果讨论汉语是否存在符合形容词的跨语言的原型(本质)特征同时又区别于动词的词类。他所用的鉴定标准是符合形容词原型特征和普遍性功能基础的——就是能否不加标记直接充当定语。考察的结论是肯定的——汉语中的确存在一批性质形容词,它们可以无需定语标记"的"而直接作定语。虽然它们同时也能作谓语,但这是形近动型语言的普遍属性,不足以否定其形容词性质。而作定语无需"的"的特性使它们又明显区别于动词。需要补充的是,带"的"的谓词性定语实际上已可看作关系从句,"的"在谓词后是关系化标记(而不必像张文那样算作形容词词尾)。如"游泳的学生""聪明的学生"分别来自"学生游泳"和"学生聪明"的关系化(参看刘丹青2005)。按此标准,张文将相当一批传统上划为形容词的词语划出了形容词,如"安静、诚实、孤立",对这些词正需要像赵元任那样将其归入不及物动词的一个小类——它们只能带上"的"作关系从句,而不能直接作定语。而最符合张文标准的形容词恰恰是表示基本属性的在跨语言比较中最原型的那些成员,如"大小黑白老少高低好坏"等。这是一个理想的分类结果。可惜国内学界还不太习惯于从语言普遍性的角度看问题,因此张文的观点尚未得到普遍采纳。随着类型学的普及,赞同这种处理的人可能会越来越多。当然,按张文的标准,"非谓形容词"即区别词也是地道的形容词。这样处理有合理性,但其他选择也可以考虑。受程度副词修饰虽然不反映形容词的本质特征,但毕竟也可以作为一条对内普遍、对外不排斥的辅助特征(参阅沈家煊1997)。凭此,可以让区别词独立成类。否则,单纯按不带"的"作定语的标准,还是容易与能自由作性质定语的名(如"学生食堂、木头桌子、问题解答、个性差异"中的定语)发生纠葛,还容易与能直接作定语的动词发生纠葛(如"处理原则、调查方案、销售合同"中的定语)。

从汉语更广阔的背景看,汉藏语系(不管广义狭义)整体上都属于形近动型或形动合流型语言,但这两种类型毕竟仍不等同。我们不能套用印欧语或汉语的现成框架来确定具体语言中形容词的存在与否及确切范围,而必须以类型学为背景考察特定语言的实际情况。如Bhat(2002:51)所引的藏缅语族Manipuri语,属性词充当定语必须带上与动词定语一样的标记,这样的语言就适宜归入形动合流型语言,属性词是动词的一个小类,不存在独立的形容词词类。但并非所有藏缅语都是如此。不少藏缅语的"形容词"作定语时有两种语序,其情况与汉语和Manipuri语都不同。如景颇语,"形容词"在前时要加定语标记,与动词作定语一样,在后时不加标记,而动词定语根本不能在名词后(戴庆厦、徐悉艰1992:88)。根据"形容词"在后不加标记且与动词语序不同的情况,可以判断景颇语存在独立的形容词词类,尽管这一词类与动词有很多相近的地方,如作谓语要像动词一样加表达一致关系和式等范畴的句尾词。另一方面,景颇语"形容词"定语的两种语序不完全是自由的,而存在词项差异。因此,只有能在后面不带标记作定语的成员(正好又是那些最基本的单音节词)才构成独立的形容词词类。只能在名词前的"形容词"要么归入动词的一类,要么可归入状态词(如那些重叠式)。景颇语的情况也大致反映了一批藏缅语的情况,如安多藏语、纳西语、哈尼语等(参阅戴庆厦、傅爱兰2002)。将这些非形容词的属性词分出去虽然不符合我们从印欧语中套来的形容词范围,但对说清有关语言的语法规则来说只有好处,会更加简便,因为不再存在同一词类的两种定语语序。

缺少类型学视野给汉语词类研究留下缺漏,可以拿后置词作例。由于汉语研究的参照对象一直是前置词型的英语等语言,因此在汉语的介词理论中基本上只有前置词的观念。对于功能具有介词性而位置在后的虚词,汉语语法学常缺少合理的认识和处理。由于汉语的前置词都来自动词,往往多少遗留着动词的特性,因此人们容易凭这种带有动词性的前置词的语感来判断介词,于是难以接受将其他语法化来源的介词看作介词。假如了解很多语言的介词来自名词、副词等其他词类,同一种语言也常有多种语序、多种来源的介词,那么就会对介词的位置和来源的多样性见怪不怪了。例如现代汉语的一部分方位词,像"上、里、下、中、之外、以内、之间"等等,已深度语法化,几乎失去了名词的属性,而在句法上又变得像介词那样具有单独(或和前置词配合)表示题元(thematic role)的功能及句法上的强制性(如在"在、从、到"等词语后),已成为名源后置词。而在汉语的语法学框架内,这些已没有名词性的词语仍留在名词的小类"方位词"中,而且因为不被看作虚词而缺席各种虚词词典,尽管其用法完全像虚词一样需要逐个详细解释。不过,来自方位名词的后置词尽管定位归类不够准确,但至少还"有家可归"。还有些后置词因为不在方位词的范围内,即使相当常用、相当重要,也因为词类框架中无此一项而无家可归。如"(从)明天起"之"起","三个月来"之"来","自三月份以来"之"以来","到星期天为止"之"为止",至今仍为各种语法书和虚词词典所冷落。还有一些后置词被归到了

"助词"中,如表示比况的"似的",其作用与前置性的"像"相似,甚至比"像"更虚化。正如郭锐(2002:235)所指出的,"助词是虚词中的剩余类,虚词中归不进介词、连词、语气词的就归进助词,因此助词内部各成员的个性最强,成员间共性最少"。换言之,从"助词"一名人们最多知道它没有什么特性,却无法知道它有什么特性。因此助词其实不是一个词类,而是一群无法归类的功能词(虚词)及形态要素的集合。Comrie(个人通讯)也指出,particle(助词,小词)是个"理论前"(pre-theoretic)的概念,即尚未在理论上定性的成分。因此,只要能确定其性质的成分,应尽量指出其确切的性质,如体标记,定语标记,状语标记等,而不是笼统地打个"助词"标签。假如我们心目中有类型学上的后置词的概念,并且知道介词可以有不同的词汇来源,那么像"似的"之类虚词,跟虚化的方位词、后置的"起"等一样,都有介引旁格成分的介词功能,统一归入后置词是既自然、又系统化的做法。关于介词类型问题,详见拙著(2003a)的讨论。

由上可见,类型学视野可以帮助我们更好地摆脱印欧语的狭隘视野,能够更加确切地揭示汉语的事实和真正特点。词类如此,句法也是如此。也只有这样,才能让汉语的研究成果汇入人类对自己语言的奥秘和本质的探求中。

3. 类型学视野对汉语研究的促进

虽然总体上语言类型学在汉语学界和国内整个语言学界影响不是很大,但已有一些学者借助当代语言类型学的理论和成果研究汉语,获得一些值得重视的成果,促进了汉语的研究。

汉语研究者向来对汉语的各类语序现象习以为常,虽然出于句法或语用动机也研究某些语序现象,但并不在意不同语序之间如动宾语序和定中语序之间的相关性。Greenberg(1963)的开创性论文发表后,首先在海外的汉语学者中引起冲击。人们这才注意到,汉语小句结构的语序是 SVO 型的,像英语一样,但其名词短语的语序却是高度一致的核心居末的,更像 SOV 的日语朝鲜语类型。比较语序类型学的发现可知,像汉语这样突出的内部类型差异在其他语言中相当少见。这就大大促进了对汉语语序现象的深入发掘和探讨,如对 VO 语序和 OV 语序出现频率的统计调查(Sun & Givón 1985)、对方位词的后置词性质的认识和对汉语语序历史演变的研究（参看屈承熹 1984 及所引文献）、语言接触与南北汉语语序类型的差异（桥本万太郎 1985）等，尽管其中出现的某些观点引起较大争议或信从者不多，如认为现代汉语本质上是 SOV 型语言或汉语从古到今经历了由 SVO 到 SOV 的类型更替等，但这些研究确实触及了很多以前被忽略的汉语事实和重要特点。

国内也有部分学者陆续在自己的研究中引进类型学视野，特别是在陆丙甫、陆致极（1984）译 Greenberg（1963）和沈家煊（1989）译 Comrie（1981）等类型学经典著述在国内出版之后。首先就是译者们自己的研究。

陆丙甫及他的一些合作者较早就开始从语言共性的角度来看待汉语状动结构和定名结构的语序问题。钱乃荣主编《现代汉语》（1990）的语法章（钱乃荣、金立鑫、陆丙甫撰），就引进了跨语言比较和语言共性的视角和考察成果，以汉、英、俄、日、朝鲜语、巴斯克语、他加禄语、越南语、约鲁巴语等几大洲的 10 余种语言的比较材料，指出不同种类的状语在不同语言中虽然表面上有很大的语序差异，如有些语言是时-地-工具-方式，在另一些语言中则是方式-工具-地-时，但若以谓语动词为核心，就可以看到不同语言围绕核心的顺序是一样的，都是时-地-工具-方式依次离核心越来越近。后一类语言因为状语的基本位置在动词后，所以语序与前一类呈镜像关系。还有些语言状语前后都有，但上面这种围绕核心的距离顺序（他们形象地描写和图解为"轨层"）仍被很好地遵守。这种跨语言比较显示了状语语序表面差异背后的高度共性，也帮助我们认识汉语状语语序背后的普遍性机制。借助跨语言比较和语言共性的成果考察汉语语序现象一直是陆丙甫的关注重点。在他的《核心推导语法》（1993）中，他把跨语言考察的对象从修饰语扩展到动宾结构，通过引用 Greenberg，Hawkins 等类型学家的相关成果，揭示汉语总体上像其他语言一样，论元和修饰语都遵循围绕核心根据语义的紧密度安排语序，揭示了语义因素在语序安排中的重要作用。他在美国完成的博士论文（Lu 1998）以汉语为对象，以语序的左右不对称现象为中心，通过众多语言的类型学比较，着重探讨语用因素对汉语及众多其他语言定语语序的重要制约作用，将句子中从旧到新的信息组织原则扩展到名词短语内部，总结出"对名词有定性贡献大的定语前置于贡献小的定语"的新原则。这条语用原则跟以前的"所有其他条件相等的情况下,跟核心名词语义关系密切的定语比关系疏松的成分更靠近核心名词"的语义原则相结合,可以解决名词内部的许多语序现象,包括定语前置时语序稳定而后置时语序自由的左右不对称现象。近年来,陆丙甫又将语序问题和标记问题(如汉语"的""地"和介词的隐现)结合起来作类型学背景的考察。如陆丙甫(2004)通过众多语言的比较,揭示了一条重要的语言共性"距离-标记对应律":语序和结构层次离核心近的成分可以省略标记,反之则需要标记。这条规律很好地描写和解释了汉语中名词直接作状语(电话联系、集团购买)等相关现象。

沈家煊是国内功能-认知语法的重要倡导者和实践者。学者们比较注意的是他在汉语功能-认知语法方面的研究成果,实际上沈家煊的功能-认知语法研究有语言类型学作为重要的基石。他早期从事英汉对比语法研究,向来注重通过比较发现汉语的特点。他后来的代表性著作《不对称与标记论》(1999d)以标记理论(markedness theory)作为统领全书的理论框架,而他的标记理论不仅继承了布拉格学派的有关学说,更重要的是系统吸收了经过语言类型学"洗礼"的标记理论。他在《形容词句法功能的标记模式》(1997)中清晰透彻地介绍分析了标记理论的这些新内涵,从 Greenberg, Hawkins, Keenan, Comrie, Croft 等类型学家在跨语言研究中丰富完善的标记理论中提炼总结出若干重要的理论观念。例如,两个形态上或句法上对立的要素,何为无标记、何为有标记,要通过跨语言考察后得到的蕴涵性共性和四分表看出。沈家煊(1999d),明确指出了跨语言的标记模式与跨语言的"语言通性"的相关性,并用单复数在跨语言比较中的标记模式等为例说明,只有通过跨语言的比较,通过包含四种逻辑可能的"方阵图"(即本文第 1 节所说的"四分表")及其空缺项才能看出相对的现象哪个是无标记的。此外,他还指出(1997,1999d)类型学研究在跨语言比较中将有无标记的两项对立扩展为多项序列,如由单复数的对立扩展为"单数<复数<双数<三数<少量数"的等级序列,每个要素都比左边的要素有标记,比右边的要素无标记。类型学又将一个范畴的标记模式扩展为多个范畴相关联的模式。这种关联模式又叫"标记颠倒"模式。如对于阻塞音来说,清音是无标记的,浊音是有标记的;对于响音来说,浊音是有标记的,清音是无标记的。通过

跨语言比较可以确定这种"标记颠倒"模式。于是,阻塞音和清音构成一个"自然关联",响音和浊音构成一个"自然关联"。沈家煊的一些重要研究成果就建立在这经过了类型学发展丰富的标记理论基础上。他关于形容词句法功能标记模式一文(1997),就是一例。该文的主体内容是用文本统计证明他在文首提出的标记模式:

	定语	谓语
性质形容词	无标记	有标记
状态形容词	有标记	无标记

粗看起来此文主要是用篇章统计这类语言内的材料来论证的,但实际上其研究的出发点、过程和结论都具有类型学的意义。首先,沈文说明确定有无标记应用了一些可验证的标准,同时指出"这些标准在语言共性和类型学研究中已被普遍接受"。可见论文的出发点是与共性和类型研究联系在一起的。其对性质形容词考察的角度也是基于类型学的,即不仅看能否充当某个成分,还要注意充当成分是否带上标记(如"的"、"是"等),而且特别看重在跨语言比较中最原型的那些基本形容词(在汉语中主要是单音节词)的表现。这些都是形容词的跨语言研究所注重的角度。论文的结论也具有类型学价值:性质形容词尤其是最原型的那些形容词的无标记功能是定语,而且作定语多半不需要带上"的"一类标记,这呼应了上引张伯江(1997)对汉语形容词的定性,再次证明汉语存在独立的形容词,其句法作用符合人类语言形容词的常规。更重要的,区别于性质形容词的状态形容词是汉语及许多东方语言的特点,以往的类型学研究对此注意不够。沈文不仅继承了朱德熙先生(1956)有关状态形容词研究的重要创见,而且通过与性质形容词标记模式的对比将状态形容词研究纳入到类型学的标记模式框架中,使状态形容词研究有了更加明显的普通语言学意义和类型意义,清楚地显示状态形容词不符合人类语言形容词的常规模式,应当在语法系统中与性质形容词分别看待。此外,沈家煊关于有界和无界的研究(1995a),关于语法化和形义扭曲的研究(1999c),关于标记颠倒的专论(2000)(以上三文均引自沈家煊2002b),都同基于类型学的标记理论有关,与语言类型学有各种直接间接的关系。如果只注重在汉语系统内的描写分析,没有类型学的眼

光,是无法取得这些重要进展的。

在类型学逐渐介绍进国内以后,也有学者开始直接采用类型学的归纳方法在一定范围的语料内探求蕴涵性共性。例如陈妹金(1993)通过对汉藏语言疑问句和疑问手段的跨语言比较,初步总结出 5 种疑问手段在汉藏语中的等级序列。刘丹青(2003a:279)通过南北吴语 12 个方言点方所类专用前置词的存在情况和派生能力的比较,得出了方所前置词基本性的等级序列:

Ⅰ 场所 > Ⅱ 终点/方向 > Ⅲ 源点 > Ⅳ 经由

越是左边的题元越容易有专用前置词,其前置词越能派生出右边各题元标记的用法。储泽祥、邓云华(2003)通过比较数十种语言方言的指示代词距离范畴分类细度(二分,多分),总结出下列蕴涵共性序列:

性状方式 > 时间 > 人或物 > 方所

这一序列显示,指示左边范畴的指示词所达到的分类细度(如二分)蕴涵右边范畴指示词的所达到的细度(至少二分,可以更多)。即方所分得最细,性状方式分得可能最粗[②]。这些观察和发现,不通过类型学的方法是根本无法取得的。

类型学对汉语研究的促进不仅表现在共时研究方面,汉语语法的历时研究,特别是语法化研究,也因为类型学观念的引进而得到了促进。语法化理论(如 Hopper & Traugott 1993, C. Lehmann 1995)或当代历史句法学理论(如Harris & Cambell 1995)本身就是与类型学息息相关的,因为语法演变的途径和规律常常在许多语言中表现出来,同时又受到类型本身的制约,跨语言的类型学比较成为探讨历史语法的富有洞察力的视角。由于本书第 10 章是关于历史语法和语法化理论的专章,因此这里只作一点简要的列举。如吴福祥(2003)讨论了汉语史及方言中伴随介词的常见语法化途径,就是"伴随动词 > 伴随介词> 并列连词",如"及、与、共、将、和、同、跟"。然后通过类型学成果及自己对数十种语言的跨语言比较,提出 SVO 语言伴随介词较普遍的两种语法化路径:一是"伴随介词 > 并列连词",另一种是"伴随介词 > 工具介词 > 方式介词"。汉语的情况正是这两种重要路径之一。吴文更重要的价值在于以跨语言比较揭示了两种路径与伴随成分语序的相关性:前一种路径都出现在"伴随成分 + 动词"的语言中,而后一种路径都出现在"动词 + 伴随成分"的语言中。吴文也较好地解释了两种路径各自的认知机制,前者为以语用推理为特征的转喻操作,后者为隐喻操作。类型学视角的引入大大提升了汉语语法史上发生的这些动词虚化现象的理论价值。

4. 汉语可以为类型学和普通语言学理论所作的贡献

汉语并非只须单向地吸收类型学的观念和方法来深化研究。当我们把汉语的研究纳入到类型学研究的框架里去时,汉语研究还能为类型学和普通语言学理论作出重要的贡献,成为推动语言学理论发展的重要动力。中国是一个语言方言资源丰富的大国,还有很多重要的语言事实和由此可能获得的理论概括尚未进入国际上类型学研究的视线。目前汉语及相关方言语言的研究所采用的描写和分析框架,离当代语言学特别是类型学的框架还有相当距离,其研究成果不容易被当代语言理论所吸收。另一方面,现有的类型学研究成果对汉语及相关方言语言的注意还不够,从中得出的概括有时不能准确反映中国语言的事实,从而影响到语言共性的普遍性。假如能立足中国,放眼世界,即植根于中国境内丰富的语言资源,关注语言类型学的发展,汉语等语言方言的研究就能为普遍性理论作出更大的贡献。

汉语研究影响普通语言学理论的实例早已出现。赵元任《音位标音法的多能性》(1934)一文,在描写语言学的兴盛时期在国际语言学界产生了很大的积极影响。在此之前,很多学者都在新生的音位学理论启发下致力于寻找每种语言唯一正确的那个音位系统。而赵先生凭着他对当时音位学理论的精通和对汉语及其方言语音现象的广泛了解和敏锐观察力,特别是福州方言的变韵现象等,提出了音位系统方案的"多能性"(non-uniqueness,即多种可能性,并非都能定于一尊)。他在文中总结的确定音位的几个原则几乎成为以后的通用标准。这篇发表在中国国内的英文论文,20 多年后被 Martin Joos 收入 *Readings in Linguistics*(1957),被视为结构主义时期语言学的经典论文之一。

赵元任在汉语语法方面有一个重要观点(Chao 1968,吕译 1979),认为汉语的主语不同于西方语言的主语,汉语主语与后面谓语的语义关系可以很松散,两者就是话题和评论(=述题)的关系。这一观察对类型学一个重要观点的提出有直接的影响。8 年之后,Li & Thompson(1976)提出了一种基于主语和话题相对重要性的类型分类法,分出了主语优先、话题优先、两者都优先、两者都不优先四种语言类型。在此之前的语言学和类型学,可以说都是主语优先的——在句法中只有主语的份,话题只被看作话语、语用的概念。例如 Greenberg(1963)的 45 条共性中有数条涉及主语(SOV,VSO 等类型中的 S 都指主语),但没有一处提到话题。在 Li & Thompson 主语-话题类型学提出一年后,Keenan & Comrie(1977)的名词短语可及性等级序列中排在最高等级的是主语,还没有话题的位置,但他们已经在讨论中提到对于话题优先语言来说,这一等级序列的表现方式还需要专门研究,可见新生的主语-话题类型学已经产生影响。实际上影响持续至今。这一分类法第一次明确地将话题纳入句法类型学研究的范围,让话题在某些语言的句法研究中占据重要位置,进一步促进了汉语、日语这类语言话题结构的研究。这一类型分类法中话题优先型的语种基础是汉语和藏缅语中的傈僳语、拉祜语。两位作者指出在他们之前赵元任(1968)实际上已注意到了汉语中话题优先特点。可见赵元任注重话题的汉语研究是这一类型学新进展的直接先驱。

　　主语-话题类型学提出近三十年来,汉语等语言的话题研究取得了一些进展,其中有些是从形式语法角度或功能语法角度(特别是语篇角度)的深入研究。但是,从类型学角度,还应当关注话题优先作为某些语言的一种类型特点对其句法类型的整体性影响。这是一个有望对句法类型学作出重要贡献的领域,值得汉语研究者重视。下面就谈谈徐烈炯、刘丹青(1998)以来我们在话题结构方面的一些新探索。

　　话题作为一种篇章-语用成分是人类语言普遍存在的现象。话题优先语言的特点在于话题在句法系统中占据重要地位。Li & Thompson 的论文已经就话题在这些语言中的句法地位做了初步的论证,如由话题决定同指成分的删除,话题有专用标记而主语没有,话题结构可以出现在关系从句中等。徐、刘(1998:36~42,275~290)明确提出话题在汉语中是一个基本的句法成分,并通过同主语的比较、同其他语言话题的比较,以及汉语内部普通话与上海话的比较,较为详细地证明,话题在汉语中尤其是上海话等吴方言中,是一个高度语法化的句法成分,不应仅看作话语成分。其中提到的证据有:话题结构的常规性,话题或话题结构出现位置和层次的多样性,话题结构形式种类的多样性,话题结构的形态化现象(由"语义/语用 > 句法 > 形态"的语法化常规可知形态化以句法化为前提),话题结构进入构词法,某些条件下话题结构的强制性,话题标记尤其是上海话提顿词的发达和常用,语义上的泛化(对话题原型义的偏离)等。这些情况都不见于主语优先语言。

徐、刘(1998)出版后,我们发现了话题结构在更多方面、更深程度上影响制约汉语句法的情况。这些观察将促使语言类型学对话题优先型语言中的话题结构及其对整个句法类型的影响予以更加充分的关注。

徐烈炯(2002b)参考话语概念结构化语言(discourse configurational languages)的类型学标准,对汉语的话题结构、焦点结构、"连"字句等进行了并列结构测试、否定测试等句法测试,证明汉语确实是话语概念结构化类型中的一个次类——话题结构化语言,即话题在句法结构中有专用位置的语言,但不是焦点结构化语言。

笔者两篇姊妹论文分别研究了汉语及汉藏语言中两种特殊的话题结构。刘丹青(2002)研究了汉语及南方方言中的论元分裂式话题结构,如"衬衫他买了三件"等,显示这种句式将一个论元拆成隔离的两部分,严重违背语言成分距离象似性原则,但"衬衫"作为类指成分在前作话题,"三件"作为实指成分在后作述题中的宾语,符合话题结构的"框架大于内容"原则(类 > 个体),更重要的是满足了汉语句子对话题的偏爱。这种结构在更加话题优先的某些南方方言中也更发达,像温州话的"我饭吃爻三碗"(我吃了三碗饭),福州话的"经理红红领带缚蜀条"(经理系了一条红红的领带)这类句子是很中性很常规的及物句,并不需要特殊的语境来触发。在吴、闽等方言中分裂式话题占据的位置也更加内嵌、更加句法化,即以作主语后的次话题为常。这些都显示了这种结构与话题优先类型的紧密关系。正是因为汉语中存在一个现成的句法性的话题位置,而且这是一个功能相当泛化的位置,才能容得下这种来自论元一部分的特殊话题。假如小句结构中没有话题的专门句法位置,假如及物结构在投射为句法结构时不是如此偏好话题结构,是不可能允许这种特殊的话题结构出现的,更不要说习以为常了。事实上在主语优先的语言中的确造不出这种结构的句子(*I rice ate three bowls)。此文的姊妹篇(Liu 2004)则仔细研究了另一类不见于主语优先语言的特殊话题结构——"同一性话题结构"(在徐、刘 1998 中叫"拷贝式话题结构"),如"他主任也当过主任""他电影么电影不喜欢,象棋么象棋不喜欢""我站也站不住"等等。这种结构普遍存在于古今汉语和汉藏语言中。这种结构也严重违背了语言中的一条原则,即经济性原则,让一个成分在同一小句中出现两次而又不增加任何语义要素。但这种结构也符合框架大于内容原则(充当同一性话题的成分必须是无界的,而述题中的对应成分则可以是有界的。无界 > 有界),并且满足了汉语对话题结构的偏好,因而得以在汉语特别是吴语等南方方言中存在甚至常用。这种结构也只存在于有功能强大的专门的话题句法位置的语言,而无缘于主语优先语言。这些结构类型都有力地提示我们话题在汉语中的句法性。假如坚持话题只是语用成分,就容易掩盖汉语一类话题优先语言和主语优先语言的重大差别,也无法解释这些特殊话题结构的成立条件。因此,话题优先语言中话题的句法地位的研究,将深化语法理论对话题在人类语言句法结构中作用的理解,避免单纯从主语优先语言总结人类语言规律的局限。

更出乎意料而又在情理之中的是,我们在研究汉语其他一些句法问题时,也发现了话题优先类型产生的深刻影响。

如本文第 1 节所介绍的,Keenan & Comrie(1977)基于 50 种语言考察而得出了如下名词语可及性等级序列,认为关系从句提取的句法成分遵循这一优先序列:

主语 > 直接宾语 > 间接宾语 > 旁格成分 > 领属定语 > 比较句基准

但是,在汉语中,提取成分优先序列却似乎不完全遵循这一序列。假如不采用代词在从句中复指的手段,汉语似乎只有主语和直接宾语可以直接提取为关系从句所修饰的核心,间接宾语的提取就已困难,旁格宾语则已完全不能提取。比较(方括号是被提取成分留下的空位):

老师在办公室给了学生一本书

> [　　]在办公室给了学生一本书的老师(提取主语)

> 老师在办公室给了学生[ ]的一本书(提取直接宾语)

> ?老师在办公室给了[ ]一本书的学生(提取间接宾语)

> *老师在[ ]给了学生一本书的办公室(提取旁格成分)

以上情况是符合可及性序列的。不过,按此序列,领属定语位置低于旁格成分,更应该无法被提取。然而,有些语义上明明属于领属成分的成分,却又可以提取,如:

[ ]父亲死了的孩子(<孩子的父亲死了)

[ ]房屋被烧毁了的居民(<居民的房屋被烧毁了)

我只闻到[ ]香味的肉汤(<我只闻到肉汤的香味)

我写了提纲的论文(<我写了论文的提纲)

假如承认这些关系从句中被提取的名词确实是领属语,则汉语的事实构成了对可及性等级序列的严重挑战。

不过,以上“孩子”和“父亲”、“居民”和“房屋”、“肉汤”和“香味”、“论文”和“提纲”,只是语义上的领属关系。在主语优先语言里,它们通常只能实现为句法上的领属类定名关系。但在汉语中,领属成分还存在另一种句法实现——充当话题,因为这类语言有一个话题的句法位置可安放领属语,而这是主语优先语言没有的。上面那些括号中的小句,未必是括号前关系从句的来历。真正的来源更像是下面这些话题结构:

孩子(,)父亲死了。

居民(,)房屋被烧毁了。

肉汤(,)我只闻到香味。

论文(,)我写了提纲。

有两个证据证明上面这些关系从句来自话题结构而不是领属结构。首先,领属结构的领属语和核心名词之间必须加或至少可以加定语标记“的”,而上面这些关系从句的领属语后或核心词前都没有“的”,可见不是从领属结构来的。其次,难以充当话题结构的领属结构也就无法像上述例子那样构成关系从句。如:

小孩的药很贵。>??小孩,药很贵。>*药很贵的小孩

渔民的对手来了。>??渔民,对手来了。> *对手来了的渔民

论文的奖金都花完了。> *论文,奖金都花完了。> *奖金都花完了的论文

　　至此,我们看出,汉语的关系从句可能并非真的违背可及性序列。只是话题的等级在可及性序列中没有提及,从而无法解释上述情况。换言之,在可及性序列中,必须加进话题的位置,才能准确地预测话题优先语言中关系从句的构成规则。

　　在主句层面,也许可以说话题是一种话语成分,是话语/语用操作的产物。但是,关系从句却是一种深嵌于名词短语内部的小句,只能是一种句法现象,一般的话语/语用操作是影响不到它的。因为关系小句的内嵌性和稳定性(抗移位性),生成语法还将关系从句看作移位的"孤岛",即移位操作无法进行的句法位置。而在汉语中,话题性明明影响到关系小句,话题结构的合格与否制约着关系从句的合格与否。这有力显示汉语的话题结构是一种句法结构,话题是一种句法成分,在关系化等句法操作中扮演着重要角色,这是主语优先语言中的话题(只是话语成分)所不能比拟的。(关于话题化和关系化的关系,还有深入研究的很大余地。)所以汉语一类语言的研究成果有望对这类共性作出重要修正,如促使名词短语可及性等级序列中补充话题的因素。

　　我们在汉语差比句的研究中也发现了话题优先特点的影响。

　　首先我们注意到现代汉语差比句的主导形式"比"字句(小张比小王高)在语序类型学中地位特殊,基本上属于语序共性的例外。Greenberg(1963)第22条指出:

　　G22 当差比句的唯一语序或语序之一是"基准-比较标记-形容词"时,该语言为后置词语言;如果唯一语序是"形容词-比较标记-基准"时,大于偶然性的绝对优势可能是该语言为前置词语言。

该共性指出了比较句语序与介词类型的关系,实际上也指出了差比句的两大常见类型。前一种如日语,后一类如英语或古汉语(猛于虎)和粤语(肥过我)。而普通话"比"字句的类型是"比较标记＋基准＋形容词"(比＋小王＋高)。两大常见类型有一个共同点:比较标记位于形容词和基准之间。这符合 Dik

(1997)所总结的联系项置位原则：联系项(这里是比较基准标记)位于所联系的两个成分之间。比较标记就是将作为状语的基准介引给作为谓语核心的形容词的联系项,因此强烈倾向于位于形容词和基准之间。而普通话差比句的标记"比"却不位于中介位置,这是非常少见而特殊的。Dryer(1992)基于100多个语组625种语言的统计发现,可以把差比句的语序进一步简化为两个要素：形容词和基准。他发现OV型语言基本上都取"基准 + 形容词"的语序,VO型语言则一律用"形容词 + 基准"语序。该共性指出了差比句与动宾结构语序的相关性。在他的语种库中,汉语更是唯一作为SVO语言却使用"基准 + 形容词"(比小王高)的语言。

普通话差比句的语序为什么如此特殊呢？经过梳理,我们发现普通话差比句的特殊性与话题优先的特点也有相当密切的关系。

刘丹青(2003b)指出,"比"字差比句的一大特点是比较主体和属性主体可以分离。典型的差比句,比较主体(与基准相比较)同时就是属性主体。如"小张比小王高","小张"是比较主体(与基准"小王"相比较),也是属性主体(被"高"陈述)。在英语中,形容词的比较主体和属性主体必须同一,因为只有属性主体才可以充当形容词谓语的主语。但是在汉语中,可以说"东西你比我好,价钱我比你便宜"。两个分句中比较主体分别是"你"和"我",属性主体却分别是"东西"和"价钱"。这样的句子很难直译成英语。较合英语习惯的翻译大概是"While your goods are better than mine, my price is lower than yours",属性主体和比较主体(your goods 和 my price)仍是完全合一的。

汉语允许两种主体分离的特点是汉语话题优先的整体类型特点对差比结构的影响。因为汉语的谓语前有主语和话题两种句法位置(而主语优先语言缺少独立于主语的话题的句法位置),所以汉语可以让属性主体和比较主题分别占据这两个位置。例如"东西你比我好","好"的属性主体是"东西",它当然就是形容词的主语。被比较主体"你"则占据次话题之位。假如说成"你(,)东西比我好",则比较主体"你"作了主话题,"东西"作为属性主体仍是主语。在英语这类非话题优先型语言中,句法上只有主语之位而没有话题之位,因此让属性主体和比较主体等同才便于安放在这仅有的主语之位。

　　主体的这一特点也影响到基准。既然比较主体可以不是属性主体，那么基准也可以与属性没有直接关系。如"价钱我比你便宜"，基准"你"像"我"一样都不是"便宜"陈述的主体（*你便宜），"便宜"陈述的是"价钱"。换言之，基准可以与属性形容词没有论元与核心的同现关系，因此基准与形容词的关系可以疏远，而与作为比较对象的话题关系紧密，因为不管比较主体是否是属性主体，基准总是用来跟比较主体比较的，如在"价钱我比你便宜"中"你"是用来跟"我"比较的。于是，在汉语中，基准被凸显的是它与作为话题的比较主体的关系，而不是它与形容词的关系。因此，"比"不位于形容词和基准之间的弊端在汉语中就有所淡化，"比"位于比较主体和比较基准之间正符合汉语差比句凸显比较主体和比较基准间关系的类型特点。"比"字句也正是由凸显比较主体和基准关系的动词"比"语法化而来的，至今仍保持了这种动词的特性，在某些半虚化的结构中显现出来，如"我比起你来，价钱更便宜"，"比"在这时就成为连接比较主体"我"和基准"你"的半虚化动词，而跟表示属性的谓语形容词"好"已没有直接的句法关系。

　　"比"字句的问题已不仅事关共时句法，还事关历时语法化，因为"比"由动词语法化为比较句标记正是在上面这种句法环境中实现的。在历时语法化方面，刘丹青（2004）还通过话题标记的语法化过程显示，同样的实词来源、同样的功能机制，在汉语这样的语言里可以发展出一系列话题标记，而在其他很多语言里无法产生这样的结果，这是因为汉语作为话题优先语言对话题标记有强烈需求，而这种需求在主语优先语言中就很不强烈。这再次证明话题优先的类型特征对某些历时语法化过程和方向的制约。

　　由此可见，话题优先是汉语这类语言非常重要的句法特征，能对众多共时历时句法现象产生深刻影响，并使这类语言偏离或至少不直接遵守某些现在发现的重要语言共性。这也显示目前的类型学对话题优先语言的类型特点还重视不够，总结的共性还不太能顾及话题优先语言的事实。话题优先语言的研究大有可为，能为语言类型学的改进完善发展作出贡献。

　　当然汉语的类型特点不只是话题优先。随着以类型学为框架的调查研究的深入，我们将能在汉语及相关语言里发现更多类型特点，例如对汉藏语言类型特征有深刻影响的量词(classifier)。对这些特点的研究将促进语言类型学乃至整个理论语言学的发展。

4. 如何在汉语研究中更好地借鉴类型学的成果和方法?

上文的介绍分析实际上已经提供了诸多实例,显示汉语研究者可以怎样借鉴语言类型学的理论、成果和方法来促进汉语研究,并用汉语研究促进类型学和普通语言学发展。下面我们再择要强调几点:

(1) 了解、熟悉当代语言类型的基本思路和主要成果。基本思路主要是一种跨语言比较和在差异中发现共性的追求,主要成果就是已经获得的类型学发现。在国内尚缺乏有关文献的情况下,至少可以充分利用较易得到的资料,如Greenberg(1963)的二陆译本,Comrie(1981)沈译本,Croft(1991)的国内英文版及书中沈家煊撰写的中文导读,及本文提到的一些国内的有关著述。

(2) 了解类型学研究关注的课题,同时从汉语研究中发现补充重要的课题,特别是海外学者尚未注意而其实富有理论意义、具有可比性的课题。这是中国学者的用武之地和科学使命。

(3) 在汉语研究中培养跨语言思考的习惯,多多采纳语种库比较、蕴涵共性和四分表、等级序列等方法来获得和表达研究成果。

(4) 尽量用国际通用的语法学框架来描写、分析语法事实,通过共同努力建立和丰富更具有可比性的多方言多语言资料库(尤其是电子版的)。关于这一点,请参看刘丹青(2003c)的详细讨论。

(5) 加强古今汉语学界和外语界、少数民族语言学界的沟通与合作,从材料的互相帮助到围绕相关课题的学术研讨到开展合作课题研究,进一步打破古今汉语间、普通话与方言间、不同语种间研究队伍和研究课题的隔阂,进一步建立学科导向、课题导向而不是语种导向的学术队伍体系和学术评价体系。

附　注

① 其实远不能代表整体意义上的印欧语,因为很多印欧语有不少异于英语的类型特点,如俄语之无冠词、拉丁语和僧迦罗语之 SOV 和后者之后置词、普什图语和德语之框式介词、

　　罗曼语族之大量无主句、俄语之无系词判断句等，其中有些有着与汉语更相近的特点。

② 这一序列如按距离范畴分类细度的优先性排列则要倒过来：方所 > 人或物 > 时间 > 性状方式。所以储文的大于号"＞"如改用蕴涵号"⊃"可能更好一些。刘丹青、戴耀晶曾在"中国东南方言比较项目"的代词专题研讨会上（1995 年，华中理工大学）合作草拟并报告了一个指示词距离范畴分类细度蕴涵性等级序列，结论与邓文相似。该序列依据了已经发表或会上提交的部分汉语方言材料，但后来并未成文发表或向会外公布。储、邓此文应为独立研究的成果，所用语种也多得多。

第十章

语法化理论、历史句法学
与汉语历史语法研究

吴福祥

引　言

最近二十年来,国外的语法化和历史句法研究获得了蓬勃发展,出现了一系列新的研究思路和成果。特别是语法化研究,目前已成为普通语言学中最为活跃的研究领域之一。本章首先简单介绍语法化理论和历史句法学的基本框架,然后结合一些具体实例说明语法化和历史句法学的一些理论、观点、视角和方法引入汉语历史语法研究的必要性。

1. 语法化理论与历史句法学

1.1　语法化理论

1.1.1　我们通常所说的"语法化"(grammaticalization),实际上具有两种不同的含义,一是指一种特定的语言现象,即语法范畴和语法成分产生、形成的过程。典型的情形是,一个词汇项或结构式在特定的语言环境里获得了某种语法功能,或者一个语法化了的成分继续产生出新的语法功能。(参看 Hopper & Traugott 2003:xv)语法化的另一个含义指的是一种描述和解释语言现象的研究框架(research framework),即通常所说的"语法化理论",它侧重研究语法范畴、语法成分的来源和演变,主要任务是描写语法范畴和语法成分是如何在时间和空间中产生和形成的,以及解释这些语法范畴、语法成分为什么以那种方式被构造起来。(Heine & Kuteva 2002:2, Heine 2003:575)

语法化研究原本属于历史语言学范畴,其关注的对象直接跟语言的演变有关,这方面的研究可以追溯到 18、19 世纪历史比较语言学对屈折构形成分来源的讨论。"语法化"这个术语则是法国语言学家梅耶首次使用的,梅耶在《语法形式的演化》(Meillet 1912)一文中将语法化定义为"一个本来独立的词演变为一个具有语法功能的成分"的过程。通常认为,梅氏的这项研究揭开了现代语法化研究的序幕。索绪尔《普通语言学教程》问世后,结构主义语言学盛行,而包括语法化在内的语言历时研究受到冷落。直到 20 世纪 70 年代,随着语言类型学的蓬勃发展以及话语语言学、语用学的逐渐兴盛,语法化研究才重新受到语言学家关注(如 Givón 1971,1975,1977,1979;Li 1975,1976,1977;Greenberg 1978)。这个时期的语法化研究,代表性人物是 Givón。Givón 认为,很多共时的形态句法现象都有历时演变的理据,因此他提出了一个非常著名的口号:"今天的形态是昨天的句法。"(Givón 1971)Givón(1979)是一部系统运用语法化理论研究共时形态句法结构的经典文献,此书在传统语法化研究模式的基础上确立了话语—篇章结构"句法化"的研究模式,从而为语法化研究引入了全新的理念和视角,被认为是当代语法化理论的奠基之作。

最近二十余年来,语法化研究在继承历史语言学传统的基础上不断借鉴和引入语言类型学、认知语言学、话语语言学、语用学、社会语言学等学科中的理念、视点和技术方法,逐渐形成一种横跨历时和共时、具有多学科视角的语言理论。

1.1.2 跟其他有关形态句法的研究框架不同,语法化理论特别关注语言系统(structure)与语言运用、范畴性成分与低范畴性成分、固定性成分与低固定性成分以及理据性成分与任意性成分之间互相依从的关系。因而,其语言观和基本假设在很多方面跟形式主义学派(结构主义语言学和生成语言学)大相径庭。比如:

(1)形式主义学派严格区分共时研究和历时研究。语法化理论则认为,语言是历史的产物,语言的共时状态是历时演变的结果,因此很多共时现象离开历时维度就无法解释。另一方面,共时语言状态中存在的交替形式和变异现象也为语言的历时研究提供了重要线索。共时和历时只是语言研究的两个视角

（perspectives），并非语言本身的两个平面。（Givón 1979；Heine et al. 1991）

（2）形式主义学派主张"语言"（langue）与"言语"（parole）或"语言能力"（competence）与"语言运用"（performance）的严格二分，并认为只有前者（"语言"或"语言能力"）才是语言学的研究对象。语法化理论则认为，语言和言语、语言系统和语言使用之间并非对立的，而是一种象征（symbiotic）和互动（interactive）的关系。研究语言结构不能不考虑语言使用，反之亦然。（Lichtenberk 1991；Hopper & Traugott 1993）

（3）形式主义学派把语言看作一个自足系统。而语法化理论认为语言并非自足的，它跟语言之外的认知、语用和社会因素都密不可分。

（4）形式主义学派主张语言系统的同质性（homogeneity）。语法化理论则认为，语言总是不断变化的，共时语言中大量存在的不规则和变异现象本质上体现的是正在进行之中的演变（Croft 2003：232）。因此，任何共时的语言系统都是动态而开放的异质系统。

（5）形式主义学派主张范畴的离散性。而语法化理论认为，语言演变过程中的过渡状态和共时语言系统中大量存在的多义、歧义、兼类和类属不明等变异现象都显示语言范畴具有连续统性质，各种范畴之间并没有清楚的边界。（Heine et al. 1991：2～3）

（6）形式主义学派主张语言符号的任意性。而语法化理论认为，语言结构特别是其中的语法结构跟人对客观世界（包括对人自身）的认识有着相当程度的对应或相似关系，语法结构不完全是"任意的"，而是有理据、可论证的。

语法化理论的最终目标是要回答"人类语言的语法系统是如何建立起来的，人类语言的语法为什么是以那种方式被构造的"。

1.1.3 与传统的语法化研究把语法化视为一种单纯的历时现象不同，70年代以后，很多语言学家发现，语法化现象不仅体现在历时的语言演变中，也表现在共时的语法系统里。由此形成"历时语法化研究"和"共时语法化研究"两种研究范式。

历时语法化研究将语法化看作一种语言演变现象，从历时的角度考察语法范畴和语法成分的来源及其演变的路径。"历时语法化研究"又有两种研究模式,一是"词汇项 > 形态项"模式(也称"基于词汇项"[lexical-based]模式、词汇性语源模式、词汇语法化[lexical-grammaticalzing]模式),主要考察一个词汇项如何演变为语法标记和形态成分。这种研究模式滥觞于18、19世纪的历史比较语言学,也是历史语言学家关注较多的研究模式。这种研究模式所揭示的语法化斜坡(cline)是:

① 词汇 > 句法 > 形态句法 > 形态音位(morphophonology) > 零形式(Traugott 1996)

另一种历时语法化研究模式是"话语 > 形态句法"模式(也称"基于话语"[discourse-based]模式、话语性语源模式、句法化模式、话语语法化[discourse-grammaticalizing]模式),主要考察话语结构或语用策略如何发展为形态句法结构。这种研究模式肇端于 Givón 70 年代的研究。

Givón(1979)认为,语法化实际上包括句法化和"形态化"(morphologization)[①]两个组成部分,他给出了下面这个著名的语法化单向循环链:

② 话语 > 句法 > 形态音位 > 形态音系 > 零形式(Givón 1979:209)

按照 Givón(1979:208~209)的看法,句法化主要是指内在关系松散、语法功能较弱的话语/篇章模式被重新分析为内在关系紧密、语法功能较强的句法模式,属于篇章层次的话语功能被重新分析为句法层次的语义功能。也就是说,语法成分是话语—篇章成分"句法化"的结果。典型的例子是,许多语言里话题—陈述结构发展为主—谓结构(Givón 1979),具有两个主要小句的并列结构演变为主从复合句(Hopper & Traugott 1993;Harris & Campbell 1995),限定小句变为非限定的补足语(Givón 1979),修辞性问句演变为从属小句(Herring SC 1991),疑问句(问—答句)演变为让步—条件小句(Leuschner 1998)等等。另一方面,语言中的时、体、指称、否定等很多语法范畴都是由话语语用功能发展而来的(Givón 1979)。比如 Hopper(1979)的研究显示,很多语言里完整体(perfective)范畴的语义源于话语过程中事件"前景化"(foregrounding)的话语功能。Li & Thompson(1976a)和 Givón(1979)表明语言中的主语范畴来自话语层面话题。另外,很多语言里某些强制性的语序也是语用促动的成分序列凝固化的结果(Givón 1979)。

"话语 > 形态句法"模式特别强调语法范畴的话语—语用基础,最激进的观点是 Hopper(1987)的"浮现语法"(Emergent Grammar)理论。Hopper 认为人类语言中的语法系统本质上是话语的附带性产物,根本不存在所谓共时的语法系统,存在的只是不断形成过程中的语法。

共时语法化研究兴盛于 80 年代。这种研究范式将语法化看作一种共时的句法、话语—语用现象,着重从语言使用模式的流动性角度考察话语语用现象如何编码为形态句法手段。共时语法化研究主要侧重共时语言变异现象的研究,特别是对同一形式的若干不同用法或者同一功能的若干交替形式的研究(前者如 Ford & Thompson[1986]关于英语"if-then"用法的研究;后者如 Lehmann[1995(1982), 1985]关于拉丁语及罗曼语格标记的研究)。其基本方法是,运用相关的语法化参数或标准来测试不同功能或不同形式的语法化程度,并据此归纳出从范畴性较高的形式或典型的用法到范畴性较低的形式或不太典型的用法的语法化连续统。

共时语法化研究的另一个课题是考察什么样的语义、话语—语用功能是在语法系统中被编码的,以及这些语法编码如何在特定时间里或者泛时地被组织起来的。比如焦点成分是语用范畴,很多语言用韵律手段(比如重音)来标记焦点成分。但也有一些语言将焦点范畴语法化并用专门的形态标记来标志,如索马里语(Somali)用一个专门的语法标记 baa 来标记语句中的焦点成分(Saeed 1997:189)。在这种研究模式里,语法编码(比如索马里语语法标记 baa)的来源及其产生过程并不是语法学家关心的对象,他们关注的是什么样的话语语用成分编码为什么样的语法标记。这类语法化研究路子更多的是带有跨语言的类型学性质,即探讨同样的语义、话语—语用范畴在不同语言中的编码方式,比如时体范畴(Dahl 1985)、"传信范畴"(evidentiality)(Chafe & Nichols 1986)、"作格性"(ergativity)(DeLancey 1981)、"中间语态"(middle voice)(Kemmer 1993)等。

1.1.4 从梅耶(Meillet 1912)以来,语法化研究的主要发现大体有以下几点:

(1) 一个词汇成分发生语法化的先决条件有三:(a)"语义相宜"(seman-

tic suitability）、（b）"结构邻近"（constructional contiguity）和（c）"高频使用"（frequency）。（Traugott 1996）②

（2）导致语法化过程实现的两个基本机制是"重新分析"（reanalysis）和"类推"（analogy）。（Hopper & Traugott 1993，2003）

（3）促使语法化过程发生的主要动因是"语用推理"（pragmatic inferencing），具体表现为"隐喻"（metapnor）和"转喻"（metonymy）两个认知过程。（Hopper & Traugott 1993，2003）

（4）语法化过程最重要的两个特征是"渐变性"（gradualness）和"单向性"（unidirectionality）。（Heine et al. 1991；Hopper & Traugott 2003）

（5）语法化有四项"启导性原则"（heuristic principles），即（a）"层次性"（layering）、（b）"滞留性"（persistence）、（c）"歧变性"（divergence）和（d）"限定性"（specialization）。（Hopper 1991）③

（6）典型的语法化过程包含语用-语义、形态-句法和语音-音系三个子过程。语用-语义过程体现为"去语义化"（desemanticalization），形态句法过程表现为"去范畴化"（decategorilization），语音-音系过程表现为"销蚀"（erosion）。去语义化通常先于去范畴化和销蚀发生，并且是导致后两者发生的主要原因。（Heine & Reh 1984；Heine & Kuteva 2002；Heine 2003）④

1.2 历史句法学

1.2.1 历史句法学（Historical syntax）以（形态）句法演变为研究对象，是历史语言学的一个分支学科。⑤形态句法演变的研究有比较悠久的传统，可以追溯到18、19世纪的历史比较语言学时期。20世纪初之前的历史句法研究主要是在历史比较语言学框架内进行的，研究最多的课题是语法范畴和形态标记的演化、语序演变、复合句的产生以及句法演变的机制。（参看 Harris & Campbell 1995：14～34）

在结构主义语言学盛行的20世纪前半叶，语言共时系统的描写和分析几乎成为语言学研究的全部工作，而包括历史句法在内的历时语言研究门庭冷落。20世纪六七十年代，受生成语法理论的鼓舞，很多语言学家尝试运用乔姆斯基的语法理论来研究历史句法，从而导致了历史句法学的复兴（如 Klima

1964、1965，Traugott 1965、1969、1972，Kiparsky 1968，R. Lakoff 1968，King 1969，Lightfoot 1979）。另一方面，由于语言类型学的蓬勃发展，语用学、话语语用学以及认知语言学的兴起，这个时期也有一些语言学家开始运用功能主义理念来研究句法演变（如 Hodge 1970，Givón 1971、1979，Li 1976，Li & Thompson 1974a、1974b、1976b，Greenberg 1978）。此后历史句法学形成了形式主义和功能主义两个主要流派。

1.2.2 形式学派的历史句法学和功能学派的历史句法学在语言观、基本假设和研究目标上构成明显的对立。形式学派从语法理论出发，试图运用生成语法理论来考察和解释实际的句法演变，因而是一种"理论驱动"（theory-driven）的研究模式。其基本假设是：

（1）人类天生被赋予一种普遍语法，这个普遍语法控制儿童如何习得语言并进而决定什么构成可能的语言。（2）语言演变导源于儿童语言习得，发生在两代人之间的习得和传承过程中。（Lightfoot 1979）（3）句法演变唯一的机制是重新分析。（4）由重新分析导致的句法演变是突变而非渐变。（5）句法演变是自足的，是独立于语义关系、语用策略和话语功能而进行的。（6）句法演变是任意的，没有规律和方向，因而是不可预测的。（Lightfoot 1979，Roberts 1993，Bettye and Roberts 1995）

形式学派的历史句法学本质上是一种"基于语言习得"（acquisition-based）的研究模式，这个学派最为关注的问题是，语法系统是如何演变的，如何运用儿童语言习得来解释语言演变；其最终的目标是要找到按照语法理论描写演变的最佳方式以便能充分地说明说话者内在的语言知识。

与形式学派不同，功能学派的历史句法研究从语料（data）出发，因而是一种"语料驱动"（date-driven）的研究模式。这个学派的基本假设是：

（1）句法演变导源于语言使用，是语言实现信递（communication）功能的产物，语言结构的演变跟生物的演化一样，是不断适应周围环境的结果。（2）句法演变是由交际双方的互动和信递策略所促动的。（3）句法演变是个渐进而非离散的过程。一个形式由功能 A 演变为功能 B，其间通常有个过渡性功能（即 A > A，B > B）。（4）句法演变往往是由语义演变、语用强化、认知策略等因素促动的,因此它不能独立于语义、语用、话语以及社会心理、历史文化等因素。(5)句法演变在很大程度上是有规律和方向的,是可以作出解释和预测的。

功能学派本质上是一种"基于语言使用"(use-based)的研究模式。这个学派最为关注的问题是,人类语言的认知特征和信递特征是怎样被结构化为语法的,语法是怎样通过语言系统和语言使用的互动而演变的。其最终目标是要回答人类语言的语法系统是如何形成的。

1.2.3　在形式学派和功能学派之间还有一种比较中庸的历史句法学派,即 Alice Harris 和 Lyle Campbell 倡导并实践的跨语言研究模式,主要成果是 Harris & Campbell(1995)。

这种研究模式在基本理念上既不完全赞同功能学派的主张,也不完全同意形式学派的假设。他们认为,一个成熟的句法演变理论既不能忽视句法演变的天赋性动因,也不能否认句法演变的功能性动因。他们对语言演变的基本假设是:

(1)句法演变中重新分析本质上是离散的,尽管其实现过程是渐进的。因此句法演变同时具有离散和渐进两个特征。(2)语法演变并不只体现在儿童语言习得之中,成年人的语法也会演变。(3)天赋的普遍语法在句法演变中非常重要,因为语言共性提供了广泛的句法演变的制约。(Harris & Campbell 1995: 48 ~ 50)

与形式学派和功能学派不同,Harris 和 Campbell 的跨语言比较模式首次建立了一个比较完整的句法演变理论框架。这个框架的主要内容是:

(1)三种句法演变的机制(重新分析、扩展[extension]和借用[borrowing]);⑥(2)若干具有普遍意义的"历时操作"(diachronic operations);(3)若干制约句法演变的普遍原则;(4)若干具有共性特征的语法范畴和句法结构式;(5)句法演变的性质。

他们认为,一个完整的句法演变理论至少应包括:(1)描写由 A 到 A′这一演变的原因;(2)指出由 A 到 A′这一演变的机制;(3)概括出自然语言中可能的句法演变类型,归纳出哪些演变人类语言可以发生,哪些演变人类语言不可能发生;(4)指出句法演变形式上的制约,解释为什么人类语言能够经历某个演变而不是另外的演变;(5)指出语言中一个新结构的来源,包括扩散到新领域的老结构和完全新的结构。(Harris & Campbell 1995:8)

Harris(2003)认为,他们这种跨语言研究模式的目标是:(1)准确地刻画句法演变的特征(描写其过程,刻画其性质,说明其机制);(2)寻找和概括句法演变的共性(概括一个特定句法演变背后的一般规则);(3)对句法演变作出解释(说明句法演变的原因);(4)构建句法演变的理论。

1.2.4 历史句法学发展到今天,不仅在很多研究领域取得了一系列重要成果(如自然语言中的形态-句法演变、语言接触状态下的形态-句法演变、语法化、句法演变的机制与动因、原始语或语言早期阶段的形态-句法构拟、共时句法变异的解释以及句法演变的预测),而且也形成了不同的学派和研究模式。虽然这些不同的学派和研究模式在语言观、句法演变观以及基本理念上不完全相同甚至互相对立,但至少在下述几个方面,他们的看法是大体相同的:

(1)历史句法学应以句法演变的事实为研究对象;(2)研究句法演变不仅要对演变事实作出准确的描写,而且要对这些事实进行合理的解释;(3)历史句法研究应该对句法演变的特点、性质(句法演变是顿变还是渐变、是任意的还是有规律的、是可逆的还是不可逆的)、机制(句法演变的机制是仅限于重新分析还是包括扩展/类推和借用)和动因(是儿童语言习得、语言接触还是话语语用因素)作出说明和解释;(4)历史句法学要对句法演变的共性和制约作出说明(哪些演变是特定语言的属性,哪些演变反映的是共性特征;哪些演变在自然语言中可能发生,哪些演变在自然语言中不可能发生)。

2. 基于语法化和历史句法学理念的汉语历史语法研究

以上我们对语法化理论和历史句法学的基本架构、主要假设以及发展过程作了简单的介绍。下面我们将结合一些具体问题的讨论说明语法化和历史句法学的一些理论和视野对汉语历史语法研究的启示和借鉴作用。

2.1 语法创新与语法演变

任何语法演变(grammatical change)都导源于个体的语法创新(grammatical creation),但一个特定的语法创新并非必然地导致语法演变。个体的语法创新只有通过跨语境的"扩展"（extension）和跨言语社团的"扩散"（spread）或"传播"（propagation）进而最终规约化（conventionalize）后才能实现为一个语言的语法演变。（Croft 2000,Hopper & Traugott 1993）有鉴于此,功能学派的历史句法学家认为,语法演变实际上可分为两个部分,一是在特定话语里实际发生的演变（语法创新）,另一是这种演变的传播或扩散;因此一个完整的语法演变本质上是一个由演变的"起变"（actuation）和演变的扩散构成的"两步走"（two-steps）的过程（Croft 2000:4~6）。区分演变发生和演变扩散的意义在于,一个创新的语法演变总是发生在某个颇受限制的语用和形态—句法语境里,而只有当这个演变通过扩展被用于另外的语境以及通过扩散而被规约化后,我们才可以认为这个语法演变在某个特定语言里已经产生。（参看 Hopper & Traugott 1993:38, Harris & Campbell 1995:73）另一方面,并非每个创新的语法演变发生后都能被扩展和扩散,有些语法演变出现之初还会被别的竞争动因（competing motivations）所遏止,甚至因之而流产。（参看 Harris & Campbell 1995:73）

我们过去研究汉语语法的历时演变,不大区分语法创新（演变的发生）和语法演变（包含演变的发生、扩展与扩散以及最终完成的整个阶段）这两个概念,特别是我们常常把一个复杂的语法演变过程简单地等同于一个单纯的语法创新。这种情形在我们以往断定一个语法成分的出现时间时尤为明显。比如汉语完成体标记"了"来源于完成动词,这是一个普遍接受的结论,但"了"何时由完成动词变为完成体标记则有两种不同看法。一种意见认为体标记"了"产生于晚唐五代,证据是晚唐五代已经出现"V + 了 + O"格式。（王力 1958;太田辰夫 1958;刘坚等 1992;吴福祥 1996）另一种意见认为体标记"了"产生于宋代,证据是只有在这个时期的文献里才可以看到"V + C + 了 + O"格式,而其中的"了"不可能再分析为结果补语或动相补语（phase complements）。（吴福祥 1998）下面会看到,这两种看法其实是着眼点的不同。唐五代时期见于"同时文献"的"V + 了 + O"只有四例;而且其中的"了"既可以分析为完成体助词,也可以分析为动相补语或结果补语,这说明"了"的演变还处于重新分析阶段。其次,这四例"V + 了 + O"中 V 只限于动作动词,这说明"了"用作完成体助词的新功能尚未扩展到别的语境。最后,这四例"V + 了 + O"均出自敦煌变文,甚至在年代比变文晚、口语程度比变文高的《祖堂集》里也不见一例（曹广顺 1995），这说明"了"用如完成体助词的用法以及"V + 了 + O"格式并没有扩散开来，换言之，"V + 了 + O"这一结构式尚未规约化。相反，宋代文献里"V + 了 + O"格式中的 V 既可以是动作动词，也可以是状态动词、存现动词、否定动词和形容词，特别是"了"可以用于"V + C + 了 + O"格式，这说明完成体助词"了"已经扩展到不同的语境；其次完成体标记"了"以及"V + 了 + O"格式在宋代广泛见于不同地域和不同类型的文献，这说明"了"用于完成体助词的新用法已在不同语言社团里扩散开来，换言之，"了"用作完成体标记的新功能已由语法创新变成了语法演变。很明显，认为体标记"了"产生于晚唐五代，关注的是语法创新；而主张体标记"了"产生于宋代，着眼的是语法演变。

　　类似的例子还有粘合式述补结构"VC"、组合式述补结构"V 得 C"、处置式以及被动式，我们过去对这些语法形式的研究，主要关注的是这些结构式是何时产生和如何形成的，很少研究这些结构式（语法创新）出现后是如何通过扩展和扩散最终变成规约化规则（conventionalized rules）的。

　　一个语法演变从发生、扩展和扩散到最终完成往往是一个较长的历史过程。有些语法演变从开始的语法创新到最后的演变完成甚至长达几个世纪（Traugott & Heine 1991b，Traugott 1996）。比如英语的"be going to"由表达空间的位移概念到在特定的语境里表达动词的将来时概念这一语法创新，在 9 世纪的英语文献里即可见到，但"be going to"的将来时意义直到 15 世纪才成为该结构式的固定意义。（Traugott & Dasher 2002）

　　语法演变的发生（语法创新）当然是历史语法研究的对象，因为如前所述，语法创新是语法演变的一个重要诱因，特别是很多语法创新都是在日常的语言使用中发生的，都是由某种认知语用动因诱发和促动的，所以研究不同的语法创新可以发现语言演变的各种认知策略和语用动因。但是，语法创新毕竟只是语法演变过程中一个可能的起变（actuation）阶段，而且正如上文所指出的，并不是每个语法创新都能实现为语法演变，有些语法创新可以通过扩展和扩散而规约化为一个语法规则，比如我们上面所举的唐五代时期的"V + 了 + O"结构式最终语法化为完成体结构式，这是语法创新通过扩展和扩散而导致语法演变的典型例证。但有些语法创新出现后并不一定能引发语法演变,甚至以消失而告终,比如隋唐时期出现的"V + C$_1$ + O + C$_2$"("打破烦恼碎"[坛经])以及唐宋文献里零星可见的能性述补结构"VO 得"("若解微臣剑得,年年送贡……"[敦煌变文集])。因此,历史语法研究的重点应该是语法演变的扩展和扩散过程。为什么有些语法创新能够扩散、流行,有些语法创新不能扩散、流行? 背后的动因是什么? 条件或制约有哪些? 这些问题研究清楚了,自然会加深我们对语法演变的理解。

2.2　语言接触与汉语的语法演变

最近十余年,国际历史句法学界对由语言接触导致的形态句法演变倍加关注。语言接触指的是一种语言的使用者在某种程度上熟悉另外一种语言(Harris & Campbell 1995;Croft 2000)。任何一种语言在演变、发展的过程中都会在不同程度上跟其他语言发生接触(Thomason 2001)。语言接触常常会导致形态句法成分的借用和影响(参看 Thomason & Kaufman 1988,Harris & Campbell 1995,Thomason 2001)。Harris & Campbell(1995) 和 Campbell(1999)甚至将"借用"(borrowing)视为句法演变的三个机制之一,Gerritsen & Stein(1992)则将语言接触及由此导致的句法借用和句法影响(syntactic influence)看作句法演变的一个重要外因。

近年来国内汉语史学界开始关注历史上阿尔泰语言对汉语语法的渗透和影响。在这方面,余志鸿(1983、1987、1992、1999)和江蓝生(1998、2003)等学者做了很多扎实的研究,特别是江蓝生(1999)结合具体问题的研究,强调"我们考察和分析历史语言现象时,应该跳出历史比较法的框架,从语言渗透、语言融合的角度去把握,也就是说,语言不是一种同质系统,共时语言中的有些差异不一定都是其自身单线条历时层次的反映,而可能是由于语言相互渗透、相互融合造成的"。江先生这个意见无疑值得高度重视,"语言不是一种同质系统",语法演变也不完全是一种同质言语社会的语法演变,因此在考察汉语语法演变时不应该忽略语言接触状态下的语法演变。

一般认为,语言接触中一种语言受另一种语言影响和渗透而发生语法演变的情形主要有"句法借用"和"句法影响"两类,前者指的是甲语言的某种语法范畴或句法形式被复制、并入到乙语言中来(Harris & Campbell 1995),后者是指乙语言在甲语言的影响下产生或发展出某一语法形式或语法功能(Gerritsen & Stein 1992)。在汉语语法演变的进程中异族语言对汉语语法的影响和渗透究竟有哪些方式,在可以确信的由语言接触导致的语法演变中,哪些是句法借用的产物,哪些是句法影响的结果,这些问题至今还缺乏深入研究。事实上,我们过去在讨论汉语语法的"外部演变"(external changes)时有一种明显的倾向,即将汉语语法受异族语言渗透和影响的方式简单地等同于句法借用。⑦其实根据我们的观察,汉语语法演变中真正属于句法借用的情形极少,目前发现的唯一的实例是汉语第一人称代词包括式(inclusive)和排除式(exclusive)的区分,这个二分范畴明显是借自阿尔泰语言(参看吕叔湘 1941,刘一之 1988,梅祖麟 1988),而以往报道的汉语语法受阿尔泰语言渗透和影响的实例绝大部分是句法影响而非句法借用。比如元代汉语中后置词"上/上头/里/跟底"广泛使用,这些后置词可以表示处所格、对象格或原因格等语法功能。余志鸿(1992)认为,元代"上/上头/里/跟底"等后置词都直接借自蒙古语。问题是,"上/里/中"等后置词至迟在唐代即已出现,只是在元代以前汉语后置词范畴的使用尚颇受限制,语法功能也只限于处所格。因此更为合理的解释是,唐宋时期后置词范畴的产生是汉语内部的一种语法创新,而后置词范畴在元代汉语中的迅速发展则应归因于蒙古语的渗透和影响。换言之,元代汉语中后置词"上/上头/里/跟底"的广泛使用并非句法借用的结果而应是句法影响的产物。

跟句法借用纯粹是外部演变不同,句法影响通常表现为内部演变(internal changes)和外部演变的交互作用,二者共同作用于一个语法形式的产生或一种语法功能的出现。比如元代汉语中,人称代词复数词尾"们/每"可以用于无生名词之后:

③ 窗每都飐飐的飞,椅卓每都生生的走。(钱素庵:哨遍·王哨)

我们知道,汉语的人称代词复数词尾萌芽于唐代,产生于两宋。唐代字作"弭""弥""伟",宋代字作"懑""瞒""门""们"。但在语法功能上唐宋时期这个复数词尾只能接在人称代词之后(宋代"们/门"偶尔接在指人名词之后)。很显然,"们/每"在元代出现的接在无生名词之后表示复数的用法是一种新产生

的功能。如果纯粹从汉语内部来观察这种演变,可以认为其演变的机制是"扩展"。即:

④ "们/每":

(i) 表示复数/——人称代词或指人名词

↓　　消除(i)的条件

(ii) 表示复数

但问题是为什么这种扩展发生在元代,而且为什么"们/每"表示无生名词复数的这种用法明中叶以后又逐渐消失(只在某些现代北方方言里还偶见用例)?假若把语言接触的因素考虑进来,这个问题就比较容易回答:中古蒙古语常见的名词复数附加成分有-d、-s、-n 等,这些附加成分在《元代白话碑》和《蒙古秘史》里通常对译成"每"。中古蒙古语复数附加成分可以用于所有的名词和代词之后,并不限于指人的体词性成分。因此可以肯定,元代汉语"们/每"表示无生名词复数的这种用法,虽然是汉语内部产生的,但动因却是来自中古蒙古语的影响。换言之,"们/每"表示无生名词复数的这种功能是内部演变和外部演变交互作用的产物。

历史上汉民族和周围其他各民族长期处于密切交往和频繁接触之中,特别是唐代以后,契丹、女真、蒙古各族先后入主中原,对汉民族的政治、文化乃至语言产生了深刻的影响。我们相信,在汉语语法演变中由语言接触导致的语法演变的实例可能远比我们目前所了解的要多,异族语言对汉语语法影响和渗透的方式也可能比我们想象的要复杂。因此,语言接触状态下的汉语语法演变无疑是今后需要深入研究的一个课题。

2.3　历时类型学与汉语历史语法研究

历时类型学(diachronic typology)是当代类型学与功能学派历史语言学(特别是语法化学说)相结合的产物,也称"类型学的历史语言学"(typological historical linguistics)。历时类型学研究人类语言演变的共性制约和变异模式,从而揭示语言演变的规律。就形态句法演变而言,历时类型学的研究成果可以告诉我们:什么是可能的形态句法演变,什么是不太可能的形态句法演变,什么是绝对不可能的形态句法演变;哪些形态句法演变是普遍可见的,哪些形态句法

演变是极其罕见的。(参见 Croft 1990，1996，2003)

具体到汉语历史语法研究，我们认为，历时类型学至少在下述几个方面能给我们的研究工作提供一些引导和帮助。

第一，当我们对汉语的某一语法演变具有两种不同的描写时，历时类型学的研究成果可以帮助我们判定哪种演变的描写更为可能。比如在汉语不同的历史阶段以及汉语不同的方言里，都可以观察到同一个语素既可用作伴随介词又可用作并列连词，如上古汉语的"及、与"，中古汉语的"将、共"，近现代汉语的"和、跟、同"，吴语的"搭、帮"，闽语的"合"等。以往对伴随介词和并列连词之间的演变方向有两种对立的看法：一种意见认为"伴随介词 > 并列连词"，另一种意见认为"并列连词 > 伴随介词"。但类型学的形态句法研究表明，"伴随介词 > 并列连词"是 SVO 语言中一种比较常见的演变模式，而"并列连词 > 伴随介词"的演变在迄今所知的人类语言形态句法演变中未被证实。(参看吴福祥 2003) Haspelmath(2000) 甚至认为"伴随格标记 > 并列连词"是一种单向性演变。由此可见，汉语伴随介词和并列连词之间的演变方向应该是"伴随介词 > 并列连词"而非相反。

第二，形态句法演变的类型学和语言共性研究可以用来检验我们对语法演变的解释是否合理。比如汉语历史上使役标记"教(叫)/让"演变为被动标记，有些学者把这种演变的动因归结于汉语"施受同辞"这种句法语义特性。问题是"使役标记 > 被动标记"这一演变模式也见于很多施事和受事有明确的形态标记的语言(参看 Zhang[张敏]2000，张敏 2003)，而这些语言的形态句法结构并不完全相同。可见"使役"与"被动"在概念上一定有某种内在的关联，"使役标记 > 被动标记"这一演变的动因很可能跟人类某种认知—语用策略密切相关而跟语言结构没有直接关系，因此这种演变的动因应该在语言结构之外寻找。

事实上，这个问题在 Newman(1993) 和张敏(2003) 的研究中已经得到了很好的解决。

Newman(1993) 在 Langacker(1987) 的认知语法框架里对北京话"给"的各种相关用法从认知的角度作了统一的解释。根据其分析，给予动词"给"的时空基模(schema)是其他意义用法"给"的基础形式，后者的各种不同的基模均为前者的变体。其论证要点是：在原型的动词"给"的概念化架构中该动词涉及两个个体,在特定的时空框架内甲向乙转让了对实物丙的拥有权,随之而来的是控制权的转移(transfer of control)。对实体的控制权可扩展到对事件的控制权(例如由"给他球"到"给他打"),这一扩展为使役意义与被动意义的出现奠定了概念基础。"被动"用法的产生是"使役"意义的弱化所致。这个弱化过程可分为以下三个步骤：

（1）A explicitly permits B to do something.   A 明确允许 B 做某事

（2）A tolerates B's doing something.   A 容忍 B 做某事

（3）A is such that B does something.   A 如此,以至于 B 做某事

也就是说,A 给 B 某个东西 X,也就意味着 A 将实体 X 的控制权转交给 B;当实体 X 成为事件 X′,就出现了（1）义,即 A 允许 B 控制事件 X′（此为强使役）;若"明确允许"进一步弱化,就成为"容忍",出现（2）义（此为弱使役）;再进一步就是 A 什么都不做,以至于 B 做了某件事,即（3）;这就很接近被动意义了。（引自张敏 2003）

张敏（2003）基于 Newman（1993）对北京话"给"的各种相关用法的认知语义学分析,构建了一个原型的"给予"动作的"理想化认知模式"（Idealized Cognitive Model）,以此来描写动词"给"语法化过程中概念扩展的认知基础。其认知模式如下：

拥有或持有 某物 的 某甲 用手将该物交给 另一人某乙,某乙用手接受该物。

a. "给予"通常是有意图的行为

b. "给予"的（原型）预设是给予者享有被给物的拥有权

c. 享有被给物的拥有权 = 给予者在给予之前对该物享有控制权

d. "给予"的原型结果是拥有权转移

e. 由（c）（d）,"给予"的原型结果是给予者对被给物控制权的转移

f. 控制权不仅及于物,亦及于事件

g. 原型的给予即失去,原型的获得即收益

上面第一句话是对典型"给予"事件的总体描述,其后是可由此事件推出的

各项特征。例如尽管也存在不情愿的"给予",但正常的、典型的给予是有意图的(即 a)。尽管某人对某物不享有拥有权也能够将该物"给予"他人,但这显然不是典型的"给予"(即 b)。余下的特征也都一样。

上面这个认知模式的确能比较好地解释给予动词语法化为使役标记,再进一步发展出被动标记的概念化基础。而且正如张敏本人所强调的,这个认知模式是普遍的,即大体上不依语言的不同而不同的;它也是有独立动因的(independently motivated),即其中的任何一项特征都并非参照打算解释的语法化现象而特设的。

张敏(2003)的这项研究不仅在更大的背景下揭示了"给予动词 > 使役标记 > 被动标记"这一语法化过程的跨语言特征,在更高的层次上解释了这一语法化过程的机制和动因;而且充分展示了语言类型学、认知语言学的视角在汉语历史语法研究中的重要作用。

第三,历时类型学可在传统的历史语言学难以施展本领的地方(比如在缺乏历史文献资料而又难以从亲属语言之间巨大的共时差异中找到演变线索的情况下)为演变方向和路径提供初步的指引(张敏 2003)。历时类型学理论中有一个重要的观念,即"共时类型学的动态化"(The dynamicization of synchronic typology)。其基本思路是,类型学的研究可根据某个语法参量建立若干语言类型,若有证据显示这些类型之间是直接关联的,那么就可以将它们所代表的语言状态串联起来,解读为一个历时的过程,其中不同的类型代表不同的发展阶段。而两个共时类型 X 和 Y 是否直接关联,主要取决于中间类型 XY 存在与否。确定相关之后,就可以根据语法化程度和语法化过程的"单向性"原则来判定 X 和 Y 之间的演变方向(是 X 变为 Y,还是 Y 变为 X)(参看 Croft 1990,1996, 2003;张敏 2001, 2003;吴福祥 2003)。运用这种动态类型学模式研究语法演变,最经典的例子是 Greenberg 关于指示词演变路径的研究(Greenberg 1978)、埃塞俄比亚闪米特(Semitic)语言中语序演变的研究(Greenberg 1980),以及 Croft(1991)对世界语言里否定标记演化的研究。在汉语学界,张敏(2002)的研究最为系统和深入,下面简单介绍这项研究的方法和成果。

现代汉语各方言里的否定词形式存在着如下大致的规律:北方方言的一

般否定词基本上是双唇塞音声母字(如北京话的"不"[p-]),存在动词的否定形式往往与一般的已然否定词同形、部分同形或有明显的关联,大多是双唇鼻音声母字(如北京话的"没、没有"[m-])。而多数南方方言里的否定词一律是双唇鼻音声母字,其中存在动词的否定式往往与一般的已然否定词同形(如广州话"呢度冇[mou]人_{这里没人}""我冇[mou]去_{我没去}"),而一般否定词则与上述二者不同形(如广州话"我唔[m]去_{我不去}")。值得注意的是,在广西、广东、湖南、福建、海南某些地区的南方方言里一般否定词却与存在动词的否定式同形(或其主干是同形的)。这些方言包括粤语及平话(如玉林、阳江、南宁平话)、客家话(西河、陆川)、闽语(如海口、文昌等)、湘语及湘南土话(临武、怀化、江永等),以及广西境内的官话(桂林、柳州)。以广西玉林话为例。这个方言里的"冇([mau²⁴],阳上)"是一个全能的否定词。其主要功能是用于未然体的动词否定,相当于广州话的"唔"和北京话的"不"。但它也能与已然体标记"着"连用或与"曾"结合构成"冇曾",用于已然体的否定式中;这时相当于广州话的"冇"及"未/未曾"和北京话的"没/没有"。这个否定词还能与"有"结合成否定存在与领有。此外,它还能直接用于祈使句中表示禁止,大致相当于广州话的"咪"和北京话的"别""甭"。从音韵地位上看,玉林话的"冇"与广州话的"冇"完全一致。与广州话不同的是,这个"冇"不能作存在否定形式,它是一个不折不扣的一般动词否定词。

　　玉林话(包括上述其他南方方言)里否定词这种异常特征的来由是什么?为什么这些方言会在各种否定类型中使用对应于其他南方方言否定已然体和/或存在·领有的"冇"?

　　张文从汉语方言否定词系统的现状出发,参照历时类型学的研究成果(特别是 Croft 1991 发现的"否定—存在演化圈")对上述问题作了深入的研究。其结论是:汉语南方方言里的否定词系统里曾出现过一个重要的语法化现象,即存在否定形式往一般否定形式的方向演变,在不同的方言里这种演变的速度不同。在以玉林话、屯昌话为代表的方言里,这项演变一再出现,发生过多次,形成一种循环。更进一步,张文还论证了类似的"否定—存在演化"在现代北方方言和古代汉语里也曾发生过。

很显然,像玉林话中否定词比较特殊的用法,如果不引入历时类型学的方法和成果,尤其是其中的"共时类型学的动态化"的观念是很难作出深入研究的。张文的这项研究再一次显示了历时类型学视野和方法引入汉语历史语法研究的必要。

2.4　语法化、历时演变与汉语共时语言现象的解释

共时语言研究不仅要对语言现象作出准确的描写,而且要对语言现象进行合理的解释。解释共时语言现象需要各种参数,但功能语言学派认为,历时演变是最重要的解释参数,因为"我们所使用的语言并不是由现在的使用者创造的,而是经由成千上万年的演化逐渐形成的。语法应该被视为早先较少限制的语言使用模式规约化的产物;因此,依照其共时结构来解释语言只能对'语言为什么以这种方式构建的'这个问题作出一小部分的说明,而语言及语言使用的很多特征只有参照历时演化才能作出令人满意的解释。"(Heine 1997:5~6)事实上,当代语法化研究和功能学派的历史句法学在 20 世纪 70 年代的兴起,很大程度上是导源于 Givón(1971)、Li & Thompson(1974a、1976b)、Greenberg(1978)等学者从历时演变的角度来解释共时形态句法变异的研究范式,而且三十余年来语法化研究和功能历史句法学最突出的特色和最重要的成果也就体现在历时与共时的结合上。

同其他语言一样,汉语的很多共时现象也可以从历时演变的角度进行解释,特别是有些在句法、语义、形态或构词、语音/韵律等层面表现出来的不对称或变异现象,似乎只有借助历时演变或语法化才能得到合理的解释。下面酌举几例加以说明。

(1)句法不对称现象。现代汉语普通话里,"叫(教)/让"句和被字句都是表被动的结构式,但二者在句法上有明显的不同:表被动的"叫(教)/让"句中通常要出现施事,但被字句可以不出现:

⑤ 书被孩子撕破了。　　　书叫/让孩子撕破了。

　　书被撕破了。　　　　　*书叫/让撕破了。

为什么会有这种句法不对称现象?答案似乎只能从这两种结构式的历时演变中去寻找:表被动的"叫(教)/让"句是由使役结构式演变来的,其语法化

的句法环境是"X$_{主使者}$＋教/让＋Y$_{受使者}$＋VP",因为在使役句中受使者(causee)Y是必有题元,所以当"叫(教)/让"句由使役式通过重新分析变为被动式"X$_{受事}$＋教/让＋Y$_{施事}$＋VP"后,源结构式中的Y强制性共现这一句法属性仍然保留在语法化后的被动式里,这是一种典型的"滞留"现象。汉语的被字句来源于话题句"S＋被$_{动词}$＋V$_{宾语}$",秦汉之间伴随着动词"被"的语法化,"S＋被$_{动词}$＋V$_{宾语}$"被重新分析为被动结构式"S$_{受事}$＋被$_{被动标记}$＋V$_{谓语动词}$"。此后经过扩展,被字句又出现了"S＋被$_{被动标记}$＋NP$_{施事}$＋V$_{谓语动词}$"结构式。因为被字句产生之初就是一种无施事被动式(agentless passive)(即"S$_{受事}$＋被$_{被动标记}$＋V$_{谓语动词}$"结构式);所以一直到现代汉语,被字句仍然具有"S$_{受事}$＋被$_{被动标记}$＋V$_{谓语动词}$"和"S＋被$_{被动标记}$＋NP$_{施事}$＋V$_{谓语动词}$"这两种交替形式。

(2)语义不对称现象。普通话的组合式述补结构"V得C"中,当C是单个自动词(记作Vi)或趋向词(记作Vd)时,"V得C"只能是表能性的述补结构;而当C是单个形容词(记作A)时,"V得C"既可以是表能性的述补结构,又可以是表实现的述补结构。如表1所示:

表1

格　　式	能　性	实　现
V 得 Vi	+	−
V 得 Vd	+	−
V 得 A	+	+

以往的研究通常是把这种既表能性又表实现的"V得A"视为一种歧义结构,然后设法分化出不同的句法语义结构来。问题是同样属于"V得C"结构,为什么"V得Vi""V得Vd"没有这种"歧义性"?纯粹的共时分析无法对这种语义的不对称性作出解释。假若我们能将历时的演变过程考虑进来,上述"V得C"在共时平面上的变异就很容易得到解释:

唐五代时期"V得Vi""V得Vd"跟"V得A"一样,都可以兼有表实现和表可能两种功能。例如:

⑥ V 得 Vi

野外狐狸搜得尽,天边鸿雁射来稀。(姚合:腊日猎){表实现}

若使火云烧得动,始应农器满人间。(来浩:题庐山双剑峰){表可能}

⑦ V 得 Vd

瘿木杯,杉赘楠瘤刮得来。(皮日休:夜会问答){表实现}

惊蛙跳得过,斗雀袅如无。(王贞白:芦苇){表可能}

⑧ V 得 A

已应春得细,颇觉寄来迟。(杜甫:佐还山后寄三首){表实现}

地脉尚能缩得短,人年岂不展教长。(吕岩:七言){表可能}

因为表实现的"V 得 Vi""V 得 Vd"语义基本等同于粘合式述补结构"VC",于是前者就变成了一种冗余的语法形式。(蒋绍愚 1995;吴福祥 2002)唐宋以后"V 得 Vi""V 得 Vd"逐渐将表实现的功能转给粘合式述补结构"VC",发展到现代汉语,"V 得 Vi""V 得 Vd"业已完全丢掉"实现"义,语法化为"能性"义的句法结构,以致形成表 1 中的两个语义空格。但"V 得 A"并没有与之语义对应的粘合式状态补语结构"VC"("洗净""缩短"这类 VC 是结果补语结构而非状态补语结构),所以无法像"V 得 Vi""V 得 Vd"一样,把表实现的语义功能转给其他格式从而语法化为表达"悬想之可能"这一语法意义的语法形式。所以直到现代汉语它仍然兼表实现和能性(详见吴福祥 2002)。可见,"V 得 C"共时平面上语义的不对称其实是历时演变的结果。

(3)韵律模式的不对称现象。现代汉语中,有些语言形式的轻重音模式和意义之间呈现出一种不对当的关系,赵元任(1979)称之为"扭曲关系"(Skewed Relations)。比如下面的例子中"要"有歧义:

⑨"要走了。"

　　a. 想走了,"要"是助动词。

　　b. 索取并拿走了,"要"是主要动词。

"要"作主要动词解时必定重读,但作助动词解时既可轻读也可重读,也就是说,"要"字重读时有歧义。

还有一类扭曲关系与上面的例子相反:重读一个意思,轻读两个意思。比如下面这句话中"也"也有歧义:

⑩ "你也不是外人,我都告诉你。"

  a. "也"表示"同样",实义。

  b. "也"表示委婉语气,虚义。

"也"重读一定表示实义,轻读可以表示实义也可以表示虚义。为什么会存在上述两类扭曲关系呢? 沈家煊(1999c、2002b)从语法化的角度作了非常精到的解释。沈先生认为,语法化演变中总的趋势是,形式和意义的演变通常是平行的,意义变得越虚灵,形式也就变得越小越简单。但形式的演变和意义的演变之间也存在着不对称,具体说有两条规律,一条是"形变滞后",一条是"意义滞留"。这两条语法化规律正是在共时平面上造成形义间两类扭曲关系的原因。

"形变滞后"指的是形式的变化滞后于意义的变化。一个形式 F1 的意义 M1 已经变为 M2,但至少在一段时间,形式仍是 F1 而没有变为 F2。因此在这段时间内,F1 既表示 M1 又表示 M2;这就在共时平面上造成前一类扭曲关系。比如主要动词"要"虽然在意义上已经虚化为助动词,但重读形式仍可暂时保持不变。"意义滞留"指的是变化后的形式仍然保持原来形式的意义。一个形式已经由 F1 变为 F2(因为其意义已由 M1 变为 M2),但至少在一段时间内或者在一定的格式里,F2 仍然保持意义 M1 的一部分或全部,因此 F2 既表示 M2 又表示 M1,这就在共时平面上形成后一类扭曲关系。比如表实在意义的副词"也"虚化为表委婉语气的"也"后只能轻读,但仍可保持"同样"这一实义。

3. 结语

汉语拥有三千余年连续的文献历史和丰富多样的方言类型;同时,我国境内又有众多的少数民族语言,而这些语言历史上长期跟汉语具有接触关系。汉语所具有的这种历史语言学研究的资源优势,是其他语言难以比拟的。我们相信,只要汉语历史语法学者在继承和弘扬汉语史研究的优良传统、学习和借鉴国外历史语言学中好的理论和方法的基础上,更新学术理念,拓展研究视野,调整研究框架,强化理论意识,改进研究方法,汉语历史语法研究在 21 世纪一定会有大的突破。

附　注

① 英语"morphologization"(形态化)这个术语在历史语言学文献中所指不尽相同,这里是指句法单位演变为形态单位的过程(比如语法词变成屈折词缀)。

② "语义相宜"(semantic suitability)指的是语法化发生的语义条件。跨语言的考察表明,比较概括、抽象的概念或意义,或者与人类生活和经验密切相关的概念或意义最容易发生语法化。比如在很多语言里表示一般位移概念的"去""来"以及表示姿势的"站""坐"语法化为时体标记;表示人体部位的名词如"头""足""背""胸"语法化为表示格关系的前置词或后置词。反之,那些比较具体和特指的、依附于特定文化的概念或意义通常不能或不容易语法化(参看 Heine et al. 1991, Traugott 1996)。"结构邻近"(constructional contiguity)指的是语法化的句法条件。一个词汇项要通过重新分析发生语法化,通常需要与特定的句法成分或句法结构相邻接,比如英语表位移"be going to"结构式发生语法化的前提条件是与一个表目的的不定式相毗邻,换言之,"be going to"的语法化只会发生在"I am going〔to marry Bill〕"这样的句法环境里,而不可能发生在"I am going to New York"这样的句式里。(参看 Traugott 1996)

③ 根据 Hopper(1991),"层次性"(layering)指某一功能范围内出现新层次时,旧层次不会马上消失,往往和新的层次共存并互相影响。"滞留性"(persistence)指一个实义词演变为语法词以后,原来的实义义往往并未完全丧失,新出现的语法词多少还保留原来实义词的一些特征,这些残存的特征对语法词的用法会施加一定的限制和制约。"歧变性"(divergence)是指一个实义词在某个特定的结构里演变为一种语法成分后,它还可以在另外的环境里朝另一个方向演变为另一种语法成分,其结果导致两个或更多的词源相同但功能相异的形式出现,即不同的语法成分由同一个实义词演变而来。"限定性"(specialization)是指在一个特定的聚合里表达同一个功能的多种形式并存,经过竞争和淘汰,最后只剩下一两种形式,从而缩小这个聚合体的选择可能性。Hopper(1991)提出的语法化"启导性原则"原本还有一个"去范畴化"(decategorilization),但后来很多语法化学家倾向于将"去范畴化"看作语法化的一个子过程而非语法化的启导性原则。

④ 根据 Heine(2003),"去语义化"(desemanticalization)指具体的、表达客观指称的意义变为抽象的、表达说话人主观态度的意义,"去范畴化"指源形式典型的形态句法特征的逐渐丧失,包括独立词地位的丧失(附着词化和词缀化),"销蚀"(erosion),指语音形式的弱化、消减至丧失。

⑤ 在一般历史语言学文献里,研究形态、句法演变的学科通常被分别称为 historical morphology（历史形态学）、historical syntax（历史句法学）。不过,由于一般语言学里没有"historical grammar"这样的分支学科,很多历史语言学家将形态演变也纳入 historical syntax 的研究范围。实际上在很多研究文献里,除非 historical morphology 与 historical syntax 对举,否则 hisorical syntax 的研究对象实际上包含了形态演变。

⑥ Harris & Campbell(1995)的"扩展"（extension）,在概念上跟其他历史语言学家所说的"类推"（analogy）大致相同,指的是一个结构形式在不直接改变底层结构的情况下表层表达式发生了变化,扩展的本质特征是通过去除规则的条件而将某种新生的演变推广到更大的语境范围。因为 analogy 在历史语言学文献里常常在不同的意义上被使用,所以 Harris & Campbell(1995)选择了 extension 这个术语。

⑦ 在一般历史语言学文献里,"外部演变"（external changes）指的是由语言接触导致的语言演变。

第十一章

实验语音学与汉语语音研究 *

朱晓农

1. 引言：实验语音学的现状

记得两年前有位出色的语法学家问我："语音学有什么用？"可见语音学已经不是有点儿危机，而是到了信誉崩溃的边缘。所以本章就来"举例说明"语音学不但有用，而且很有用，甚至能帮助解决与语法语义有关的问题。

其实，那个问题很早以来就一直有人问我，只不过不是成名语言学家。一开始我很奇怪："有什么用？"这样的问题是该实验语音学家问其他语言学家的。只要看看实验语音学蓬蓬勃勃，就知道它有用。不过，如果加一点限定这么问："实验语音学对语言学有什么用？"就问得振振有词了。

这就是实验语音学的现状——①

1.1 外部的极度扩张和内部的极度萎缩

实验语音学在语言学以外正在疯狂开拓新边疆。

最明显的就是大批非语言学家在做实验语音学的工作，计算机、通信行业如微软、摩托罗拉、贝尔都有自己的语音实验室。一开国际性的言语科学技术会议，与会者上千，95% 以上跟语言学无关。厚厚一大卷《语音科学手册》（Hardcastle & Laver 1997），26 篇文章近八百页，只有 4 篇一百零几页与语言学有关。我在澳大利亚国立大学（ANU）读书时，那儿有两个语言学系，还有中文、日文、欧洲语言系等，只有我和我老师两人做实验语音学，但在物理学院却有十多个人在做与实验语音学有关的研究。

另一方面，实验语音学在语言学中还在争取居留权。

连语言学家们都不知道语音学是干什么的,就能感觉到它的处境了。实验语音学在工程技术上有广泛用途,但对语言学看来用处不大。所以语言学家对实验语音学的看法从结构主义以来,排斥的声音一直很大,参看§1.2,§2.3。

最能体现外部扩张和内部萎缩的例子是:连语言学界的实验语音学家都普遍地去做语言学以外的项目。这也难怪,那些项目有社会意义,有经济效益,还"理论联系实际",不像语言学。连我的老师费国华(Phil Ross)也偶一为之,他最近出了本"司法语音学"(forensic phonetics)方面的书(Rose 2002)。几年前我还协助过他为警方做了两次司法语音鉴定:给定两盒录音带,看在多大概率上能确定是同一说者(speaker identification)还是不同说者(speaker discrimination)。

1.2　漠视和迷信

自从共时历时分家,共时音韵学从音位学到音系学,一直没把实验语音学当一家人。赵元任(1980:175)有一段影响了几代人的评论:

"实验语音学也可以算是比较边缘性的……因为实验语音学从很早起头,一直到最近啊,它能够做的好些事情都比语言学里头所希望做得到的还差得很远。虽然有许多很精密的实验工作,可是研究语言所需要知道的好些方面,是不能够用实验来满足这许多要求,答复这许多问题的。因此有许多语言学家,根本不拿实验语音学认为是语言学的一部分。"

这的确是很多音位学家的看法(当然也有些不同意见[②]),他们都是口耳语音学大家,对语音学取实用态度,"敬实验而远之",认为仪器纵然分析入微,但要是耳朵辨不清,也就只是声学,跟语言学无关。

后来生成派音系学家的看法也差不多。极端的例子如 Foley(1977)完全排斥语音学。又如 Anderson(1981),他认为音系学跟语音学没直接关系;音系学建立它的核心原理不用参考语音学。

近年来,这种态度有了很大改变(朱晓农 2002b)。日新月异的电脑技术让方便的语音实验分析软件走上寻常书桌。越来越多的文章用实验语音学的数据来增强论证。这又引出另一个问题,有些研究太依赖、甚至迷信实验数据。例如广东话中有没有介音,历来对此看法有分歧。有些研究人员利用实验语音学来证明广东话有 w 介音。这实际上过分依赖了实验语音学,因为音位处理有多种可能性。还有的随意引用些数据图例就认为可以解决音韵学中的问题。因此,有必要懂得有关实验、测量、数据处理等工作中的原则、方法、程序问题。有一点必须强调:语言实验工作必须做得系统而彻底。如果随意用一些语图,那么你想说明什么都是可能的,因为一个语言信号有无穷多种随机变异的物理形式——最近二三十年来语音学的最大成就也许就是从实验上证明了这一经验常识。

2.　今天的语音学

上面我们看到语音学的尴尬地位,那么语音学到底能干些什么? 该怎么来定义它呢?

(1) 语音学,就是研究语言发音的科学。

(2) 现在的语音学,就是实验语音学。

(3) 语言学里的语音学,就是实验音韵学。

这第一句话,像是废话;第二句话,像是唬人话;第三句像是自说自话。不过请听我依次解释。

2.1　对外是"语言学的语音学"

语音学,顾名思义,是研究人类语言发音的科学,这似乎是不言自明的。不过最近十年来,语音学扩大到一个我上学时难以想象的范围和程度。现在有很多学科,像数学、电脑、工程、心理学、神经生理学、声学、生物学、人工智能、医学、康复、公安、司法、通信等学科或部门中都有人研究语音,所以就有了一个综合名称"语音科学",或者"语音诸学科"(phonetic sciences)。这诸学科所研究的大多跟语言学没什么关系。十几年前当我刚接触实验语音学时,解决语音识别问题还有两条路:一是语言学家发展出来的"以语音知识为基础的识别法"(knowledge-based approach),另一种是自然科学家的"统计识别法"(statistics-based approach)。我记得上学时文学院里做实验语音学学位论文的只有我一个人,但在物理学院却有五六个。开始时有两三位隔三岔五来找我,问各种语音细节,了解语言发音的声学属性、生理基础等。但渐渐地来少了,一个学期后就不再理我那套知识识别法了,他们有了实用上更有效的统计识别法。

　　在这众多的语音学科中,有一科是我们比较关心的,那就是赖福吉(Ladefoged 1997)所谓的"语言学的语音学"(linguistic phonetics),他把跟语言学有关的语音问题作为自己的研究对象。图1中的左椭圆表示大语音学——语音诸学科;右椭圆是语言学。语音学现在变得很大,它只有很小一部分跟语言学有关,即图中的相交部分,用"LP"(linguistic phonetics)标识。这个LP既是实验语音学的一部分,也是语言学的组成部分。赖福吉把它叫做"语言学的语音学",是很有道理的,因为它只占大语音学中一小部分,如果没有个独特身份,马上就会被淹没。

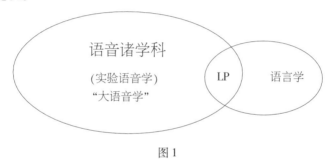

图1

　　所以,"研究语言发音的语音学"就不是废话了,它指的是"语言学语音学",这是个对外的名号,是相对于大语音学说的。这语音诸学科中固然大部分人对语言学没兴趣,但还是有那么一小部分人关心语言学,而这关心语言学的语音学才是语言学里需要的语音学。

　　"语言学语音学"既然是图中的相交部分,那么就应该是相对于左右两方面的人来说的。赖福吉是以语言学家身份来说这话的,所以"语言学语音学"是针对大语音学来说的。对语言学来说,这个交叉部分有另外一个名称,我们到§2.3中再谈。

　　2.2　语音学就是实验语音学

　　现在的语音学,就是实验语音学。

　　现在已经没有不实验的语音学了,都21世纪了,电脑时代了,"咸与实验"了。

　　语音学中的众多学科尽管研究角度不同，但都是做实验的，所以语音学就是实验语音学。"语言学语音学"是大语音学中的一门，当然也是实验语音学的一部分。

　　说起实验语音学，就会联想到复杂的仪器、繁难的计算。这当然有。不过现在电脑软件很方便，而且能做大部分声学分析和合成，所以个人桌上实验室唾手可得。如果再配些生理、空气动力学方面的测量仪器，那么一个费钱不多，尽管小型，但大体能满足"语言学语音学"需要的语音实验室就能建立了。另外还有些很简单、很直观的实验。例如奥哈拉谈过一种语音增生现象：Simson, Thomson 在 m 后增生了一个同部位塞音 p，变成了 Simpson, Thompson。这在共时变异中也时有发生，如 Fromkin 常有人说成 Frompkin。用形式化的表达方式就是"Ø > p/m__"，读作"在 m 后无中生 p"。当然还可以用区别特征写得更精细概括些。有人把这个表达式当成了"解释"，其实只是概括得精炼些的描写。真正的解释需要实验语音学。奥哈拉认为这只是由于时间"错配"引起的。以 From(p)kin 为例，从鼻音 m 到口音 k 时，有几个步骤：(1)停止 m 的发声，(2)抬起小舌，堵塞鼻腔通道，(3)软颚成阻，(4)除阻，(5)发出 k。如果步骤 3 和 4 在时间上错位，即软颚成阻在后，除阻在先，这时候除的是发 m 留下的双唇之阻，结果就有了个微弱的 p 增生了。

　　语音研究开始得很早，实验语音学就晚多了。古印度语音学家在两千多年前对梵文语音的详细描写，即使从今天的发音语音学角度来看，也是非常精确的。古希腊语音学尽管比不上其他学科，但有人已经注意到希腊语中塞音三分，有趣的是浊音被看作是介于清送气、不送气之间的"中间音"。后世语音学著作把这种看法沿袭了两千年直到 19 世纪。相比之下，中国要稍晚些，有意识的探索大概可以从东汉声训和反切出现算起。

　　现知可以称得上"实验语音学"和"司法语音学"的早期例子，见于沈括《梦溪笔谈》卷十三记载的一个故事，说的是北宋时有人用竹木牙骨一类材料做了个"嗓叫子"，放在喉咙处呼出气来像人说话。有一次，有个声带出了毛病的人遭人诬陷，有口难言。审案的取来嗓叫子，让他对付着说话，竟也大致听出一二。结果冤案昭雪。

工业革命后的西欧出现了一些零星的实验探讨发音生理，如达尔文的祖父Erasmus Darwin（1731—1802）用锡箔卷成手指粗细的圆筒放进嘴里，然后发各个元音，看哪儿瘪了以确定舌位。现代实验语音学可以从二战后发明语图仪算起。近年来，由于录音设备和电脑技术的进步，实验语音学才第一次有了蓬勃发展的机遇。

2.3 对内是"实验音韵学"

图 1 中那个交叉部分"语言学语音学"是相对于大语音学中的其他分支来说的；相对于语言学的其他分支来说，它是"实验音韵学"（experimental phonology）。它用实验的手段来解决语言学问题，不但能解决一些没有它就解决不好甚至不好解决的音韵学问题，而且还能提出一些以往不关心或者无法关心的问题。

先谈一下"experimental phonology"为什么译为"实验音韵学"，不是"实验音系学"。因为它研究的往往是一个个很具体的音韵问题，不是音系问题；它还研究跨音系的共时分布问题，与具体音系无关；它还研究历时音变，这是音韵学而不是音系学问题。"音系学"是中文特创的名词，没有相应的英语原文，英语仍是 phonology（音韵学）。音系学承继取代的是形式化研究的音位学，两者都是"音韵学"phonology 长河中特定时代的特定分支/派别。在我的名词体系中，音韵学是个通名，对应于 phonology。它按个体对象分汉语音韵学、日语音韵学等；按时间对象分历时音韵学（狭义音韵学）、共时音韵学（音位学、音系学）。按方法分解释性的实验音韵学、形式音韵学，后者按发展顺序分描写分类的音位学、重规则系统的生成音系学、重表达方式的自主音段音系学、按顺序选择的优选论等。

有关语音学和共时音韵学的关系，从特鲁别茨高依起就没和美过，音位学以"功能语音学"标榜，要把纯语音学排斥出语言学，照 Sommerstein（1977：1）的说法是："音韵学是语言学的一个分支；而语音学通常都认为它不属于语言学。……从某种意义上说，语音学的终点，是音韵学的起点。语音学定义语音和韵律，而音韵学关注那些语音和韵律在语言中是如何实际使用的。"十几二十年前争得激烈时，还出了专辑来讨论。两者的关系那时从百分之百相关到百分之零,持什么样看法的人都有。在百分之零这一端的,照 Anderson（1981）的说法,音系学是"自主的",不麻烦你语音学了。不过这意见现在好像已经没人坚持了。在百分之百另一极端的,也就是语音学和音系学根本不能分家,它们俩整个儿就是一门学科,是"整合在一起的"（integrated）。持这看法的也不多,奥哈拉是代表,在他（Ohala 1990）看来,音系学想要独立是不可能的;音系学家所谈的语音学只关乎"排比分类"（taxonomic phonetics）,而不是"科学的语音学"（scientific phonetics）,科学的语音学就是要管音系学。当然,绝大部分人（包括我）是中间派,说语音学和音系学有"交接面"（interface）。这么说又引出问题:交叉了百分之几啊? 哪些问题是音系学专有的,跟语音学无关的? 所以中间派想中庸也难。

　　下面来看一个实验音韵学的例子（详朱晓农 2003b）。赵元任（1935）发现,内爆音 ɓ ɗ ɠ 的分布如果有空缺,缺的总是软颚 ɠ。他对此解释道:"这里的理由不难找,从舌根与软腭相接的地方到声门那里一共就没有多大的空间可以像口腔较宽绰的[b]或[d]音那么弄出些特别的把戏;声带稍微一颤动,那一点的空间马上就充满了气成正压力了。所以也没有空间也没有时间可以造成第九类那种悬挂的印象或是第十类那种望里'爆发'的印象。本来舌根的爆发音不加上那些特别的把戏已经够难成浊音了。"

　　这段精彩的解释被当代实验音韵学倡导者奥哈拉认为是实验音韵学的先驱,它从发音生理和空气动力学角度为共时音韵学和历时音韵学解决了两个问题。第一,它解释了浊爆音在人类语言中的共时分布模式。根据 Maddieson（1984）317 种语言资料,分布情况还是如此。原因就在于"本来舌根的爆发音……已经够难成浊音了。"

　　第二是解决了汉语音韵史上一个音变现象:洪音群母 * g 在晋末至北朝初变入匣母 * ɣ。为什么要变的道理仍是"本来舌根的爆发音……已经很难成浊音了"。但为什么在细音字中 g 还保留着呢? 道理还是可以从那段话里引申出来:g 后有了 i 介音,成阻点往前了,可以玩把戏的空间增大了,浊爆音就容易维持了。由此可以作出预测:浊爆音消失是从成阻点在后的开始的:小舌音最早,再软腭硬腭音,最后齿音唇音。

奇怪而有趣的是：一方面赵元任被认为是实验音韵学的先驱，另一方面他本人又不把实验语音学当回事儿。赵元任当年没想到他的洞察力、他的真知灼见会对今天的共时和历时音韵学产生什么影响。我想这主要是因为关心的问题不一样，结构派的基本取向是注重描写个别语言中的特定情况。照 Martin Joos 的说法，就是天下没有两片叶子是相同的。要单单描写一个独一无二的音系，耳朵听清楚了也就够了。但是，一旦跨出本音系进行跨音系的比较，做共相研究，就免不了要作音理上的解释，实验语音学就少不了。还有就是基础研究和技术操作之间有个时间差，实验语音学的成果并不是马上直接就能应用到语言学中，它需要有人去开发。

2.4　语言学语音学即实验音韵学的任务

实验音韵学关注语音的以下六个方面：发音，传播，感知，组织与功能，分布，演变。

传统上把语音学分三个分支：生理/发音语音学，声学语音学，听感语音学。实验音韵学依然继续这三方面的工作。

语音怎样在具体语言中组织起来表达意思，这一向是音位/系学的工作。实验音韵学也关心这方面的问题，因为研究语音的性质，不能不关心语音的系统和功能。这不但是个"理论联系实际"的问题，也是研究是否能深入，甚至是否能成立的前提条件——否则就不是"语言学的语音学"了。

随着实验语音学和类型学的进步，对世界上各种语言的语音情况了解日多，又发展出两方面工作：第五，看这些声音在世界上是怎么分布的；第六，看这些声音是怎么自然演变的。

前三个方面是公认的语音学领域。不过现在既然研究语音的领域大大扩张，所以语言学语音学对这三个方面的研究就要有所约束，因为它毕竟不是生理学或解剖学本身，不是空气动力学，不是声学。它要研究的问题必须照应后三个方面。也就是说，语言学语音学研究生理学问题、声学问题等，但要与认识语音的结构、格局、分布、演变有关。它要找出一组参数，可能跟生理有关，可能跟声学有关。有了这些参数，就可以对音系内的结构格局、对跨音系的分布模式，对历时音变和共时变异，对各种音韵过程作出充分的描写，就可以把一个个音素归并成自然类,同一类的音在历时演变和共时派生过程中会有共同的表现。总之,有了前三方面的研究,才使后三方面的深入成为可能。而反过来,正是有了后三方面的目标,才使得前三方面的研究显得必要。

3. 实验语音学对汉语语音学的贡献

3.1 语音正名的必要性

上面看到实验语音学的进展能帮助共时音韵研究,如找到 p 增生和 g 出缺的原因。本节内介绍它对语音描写的促进。迄今为止,汉语语音学中的术语大多是生理语音学几十年前的认识。由于最近二三十年来的进步,语音学的内容有了很大的更新,对很多旧概念都有了新认识,因此就有了重新命名的需要,也有了重新命名的本钱。

“名不正则言不顺”,这是古训,也是现在做研究的要求。在科学研究中,命名是与概念的创造、确定、理解分不开的。因此,所谓“正名”包括两个部分:一是认识事物,定义概念,第二才是起个名字。孔夫子上述名言因而可以理解为:术语说不清楚意味着概念没理解透,那么,说理一定是说不清的。用到汉语语音学中,如果由于错误的认识而引起错误的命名,那么一定会带来错误的描写、错误的处理。所以,本节讲的“正名”,不是“名分”之争,也不仅仅是好不好的问题,这个“正名”,旨在推进认识,重新定义。假如老名字引起矛盾、导致误解曲解、不利于推进认识的话,就应该考虑重新命名。下面举几个例子。

3.2 调音部位命名的依据

先解释一下,“发音部位/方式”中的“发音”是狭义的发音,指调音。广义的发音指发声加调音。发声是声源,指广义发音时的喉部状态。调音是共鸣,指上声道的共鸣腔形态。

关于调音部位术语命名,汉语语音学里是以主动器官即舌头部位来定义的,比如 t 是“舌尖前音”,tɕ 是“舌尖中音”,tʂ 是“舌尖后音”。这样做造成三个问题。(1)跟国际语音学脱轨。语音学界的做法是一级术语用被动器官来定义。如果需进一步分类,再用主动器官来辅助定义二级术语。因此,上述 t,tɕ 在国际音标中分别被称为“齿/龈音”“龈颚音”。只有个别难以用被动器官定义的音才用主动器官来定义,如 tʂ 是"卷舌音"。还有两个具体的问题:(2)齿音(dental)和龈音(alveolar)都是"舌尖(前)音",无法区别。(3)"舌尖音"同时用来命名元音和辅音,这也不合适。语音学跟生理学、声学一样,不必搞地方特色。因此,辅音的一级定义应该用被动器官(见表 1 上端),二级定义再用主动器官。

表1　辅音表(肺部气流)(部分)

	双唇	唇齿	齿间	齿/龈	龈后	卷舌	硬颚	软颚	小舌	咽	喉
爆(发)音	p　b			t　d		ʈ　ɖ	c　ɟ	k　g	q　ɢ		ʔ
近音		ʋ		ɹ		ɻ	j	ɰ			

3.3　Approximant 是近音,不是通音

有关调音方式的术语也有一些需加调整的,此处谈一个引起很大混乱的术语。Approximant 一词已经算不得很新,我照字面译成"近音"。过去国际音标这一行叫 semi-vowel"半元音"和 continuant"通音"。据 Clements(1990),approximant 一词是赖福吉(Ladefogad 1982)引入来取代 frictionless continuant(无擦通音)的,其实在此之前 1979 年版的国际音标图中已经用了。Approximant 用了二十多年,中文一直没有相应的名称,一直用"通音"对付着用。用"通音"对应 approximant 不好是因为:(1)通音是 continuant,不是 approximant 之义。(2)通音本来在汉语里用法就极其混乱,它定义的已经不是一类音,而是几类音了:最窄的用法是单指半元音(王力 1983);最宽的用法如郑张尚芳(1964),包括擦音、鼻音、边音、无擦通音、半元音;赵元任(1968)则仅包括边音和日母。(3)最近,continuant 和 approximant 的用法又有了进一步的分化:前者指清呼音,后者指浊呼音(非啸音)。如 Lavoie(2001:21)把 x:ɣ 这一对软颚呼音分别叫做"some kind of continuant"和"approximant"。(4)由于对国际音标图这一行里的音的认识已大大加深,所以另造新词 approximant,不再沿用 continuant 和 semi-vowel。所以,最好不要再延续"通音"的笼统模糊。近音、滑音、呼音、通音之间的关系交叉连续,详见朱晓农(1987、2003b)。

"通音"continuant 本身歧义多解,不堪重负,所以最好另铸一词"近音"去译

approximant。相应地,lateral approximant 译成"边近音"。

3.4　非肺部气流机制

1993 年版的国际音标辅音表比起 1989 年版来有个很大改动,那就是按气流机制分出两张表:肺部气流 pulmonic 辅音表和非肺部 non-pulmonic 气流辅音表。前者指的是一般的、与呼吸有关的、以肺部呼气为动力源的辅音。后者则是三类与呼吸无关的、不以肺部呼吸为动力源的辅音:羿音、内爆音、喷音(表 2)。下面就来看为这些音重新命名过程中所反映出来的认识进步。

表 2　辅音表(非肺部气流)

羿音		浊内爆音		喷音	
⊙	双唇	ɓ	双唇	p'	双唇
ǀ	齿	ɗ	齿 ʔ 龈	t'	齿 ʔ 龈
ǃ	龈后	ʄ	硬颚		
ǂ	龈颚	ɠ	软颚	k'	软颚
ǁ	龈边音	ʛ	小舌	s'	龈擦音

3.4.1　implosive 是内爆音,不是吸气音,不是前喉塞

把 implosive 直译为"内爆音"较好。内爆音在东南方言和民语中很常见,过去有两种叫法:一是"吸/缩气音",一是"前/先喉塞"。李方桂先生和赵元任先生在 20 世纪 30 年代就已经对 implosive 的气流机制有深刻认识,是很了不起的。只不过那时语音学才刚起步,连内爆音的音标和合适的名称都还没创制,所以长期以来就一直用"吸/缩气音"和"前/先喉塞"对付着用。时至今日,我们对内爆音已经有了全面了解,它也有了自己的专用音标和专用术语,就用不着再去使用"吸气音""先/前喉塞 ʔb"之类误导的术语音标。

"吸/缩气音"好像暗示主动的吸气。而 implosive 不是主动吸气的结果,而是压下喉头,鼓起脸颊的被动的结果,是由空气动力学决定的自然结果。再进一步,它涉及上位分类标准:肺部和非肺部气流机制。凡肺部音都是由"主动呼吸"发出的。凡非肺部音都与"呼""吸"无关,因为呼吸本身是肺部运动。非肺部音的动力源来自升降喉头、扩大口腔容量等生理运动来压缩或稀化上声道

空气,所以给这类音定名都应避免用跟肺部呼吸有关的词语。最重要的是,语音学上有真正的肺部吸气音这类音(Catford 1988),汉语中据报道在甘肃、宁夏等地有(张淑敏 1999,王森 2001,阎淑琴 2002)。

"先/前喉塞 ʔb"这种用法也不好。内爆音基本上都是浊音(至今我只见到两例清内爆音的报道,一例国外的,一例国内的,后一例存疑),而"浊爆音"与"喉塞 ʔ"是天然矛盾的。发喉塞音时一般靠甲状软骨在水平方向拉紧声带,而发浊爆音时声带处于一种比较自然的状态,不紧不松到稍松。所以如"ʔb"一类"前喉塞 + 爆音",如果指同时的协同发音,那是不可能的,因为你要求声带同时又紧又不紧。如果是先后的发音,先绷紧声带作喉塞状,然后松弛声带发浊声,那么就与常态浊声无区别了。当然,发内爆音时声带也较紧,但这是靠降低喉头来拉紧的,与一般喉塞 ʔ 不同[③],更重要的是有真正的前喉塞协同发音的 ʔm、ʔl 等,所以不能用"ʔ-"来标识内爆音,不能用"前/先喉塞"来指称内爆音。还有,像北部吴语、法语中的清爆音如 /p/ 有人认为是前喉塞化的,这从音理上来看倒是可能的。

3.4.2　ejective 是喷音,不是挤喉音

ejective 直译为"喷音"好,意译为"挤喉音"是只顾一点,不及其余,而且误导。ejective 还有叫成"喉音/喉化音"的,就更添乱了。ejective 的字面意思就是"喷射",喷音 pʼ tʼ kʼ 的主要特征也是如此:在咽腔口腔中压缩空气,然后喷射出去。诚然,压缩上声道空气要喉头像活塞运动般上升,但"挤喉"最多只涉及多个神经、肌肉活动中的一个,还把最主要的空气动力学的运动遗漏了。还有,"挤喉"没说出运动的方向,而那是关键性的。如果把喉头往下一挤,发出来的就不是 ejective,而是内爆音了。如果是水平方向挤,那就是嘎裂声了——而"水平方向挤"才最符合"挤"的原意;往上挤、往下挤都是有标记的,得加个方位词。

喷音初看觉得很罕见,其实在塞音类中属第四常见,世界上 18% 的语言中有(Fallon 2002:xv),非洲和美洲土著语中很常见。

3.4.3　click 是羿音

click 有译成"搭嘴音"的,这好像把部位的重点弄错了。click 有五种,四种

是咂舌,只有一种是搭嘴唇。还有译成"吸气音"的,那就比把内爆音叫成"吸气音"更不好了。

我最想把 click 译为"舟(zhōu)音",因为口语"舟"字本身是个标准而常用的 click 龈塞音,符合典型命名原则,但缺点是个僻字。也许改成"啧(zé)音"好些,口语"啧"字也是个 click 音,但是个齿塞擦音。舟啧音是塞(擦)音,但它跟一般塞音的区别在于:(1)气流机制不同。发舟啧音时运气的方式叫做软颚气流机制,气流内进。(2)舟啧音有两个成阻点。

舟音并不算太罕见,南部非洲语言中尤多。如果不算音位,则一般语言中也都有,只不过是个边缘音,用作呼叫,不属于整个音系。《广韵》:"舟,呼鸡声。"是用舌尖顶着齿龈脊(后),爆破后气流往里,发出"舟舟舟舟"呼鸡吃米声。"啧"是用舌尖顶住齿背/前齿龈,"啧啧啧啧"称奇。

3.5　发声

对于喉部发声态(phonation types)的认识也是最近二三十年来随着实验语音学的进展而加深的,现在我们对很多语音现象,包括声调的描写都大大推进了。下面简单介绍一下东南一带汉语和民语中常见的各种"紧喉/喉化"音。

Laryngealization 一词在英语里也特别模糊笼统,所以 Clark & Yallop(1995:22)提醒大家慎用。中文的"紧喉/喉化"的用法就更五花八门了,常可见到"紧喉音""喉化音""紧喉作用""紧喉成分"一类术语,用来指各种性质迥异的气流机制、发声或调音。按照我目前了解到的"紧喉"一词的出现场合及所指,有下列 16 种不同的含义(朱晓农 2003c):

100. 喉塞

　　110. 喉塞尾

　　　　111. 短音节后,常常是区别性的,易混同于紧辅音、紧元音,如吴语。

　　　　112. 长音节后,常常是升调的伴随特征,如上海话。

　　120. 中喉塞 aʔa,凡元音之间不联诵的,如"西安"xi'an。

　　130. 前喉塞

　　　　131. 响音前喉塞 ʔm,非升调头,如北部吴语。

132. 清塞音前喉塞 ʔp，混同于紧辅音（610），可看成是程度较低的全紧音（630），导致降调头，如法语、北部吴语、朝鲜语等。

200. 鼻冠音 mb，苗瑶语。

300. 内爆音 ɓ，导致降调头，如吴语、闽语、粤语。

400. 嘎裂声 a̰，台州、缙云、韶关。

500. 喷音 t'。

600. 紧音。

610. 紧辅音 fortis/lenis，混同于前喉塞清塞音（132）。

620. 紧元音 tense/lax，如黎语、载瓦语。

630. 全紧音，整个音节都紧张，如某些美洲印第安语中的短音节、高坝侗语的高平调字、温州话阴上字。发全紧音时发音器官、声道、喉门等全体紧张，常与紧辅音、紧元音、短音节后喉塞、清塞音前喉塞等共同出现。

700. 假声，信宜、容县的小称变调。

上面这么多类声音，都会引起程度不同的喉部紧张，所以叫"紧喉/喉化"都没错。此外还有以下特殊的喉化发声——松喉声：

800. 松喉

810. 哗声/浊耳声 murmur/whisper voice：北部吴语。

820. 气声/浊送气 breathy voice：Hindi，Urdu。

830. 吼声 growl：宁波、镇海。

由上可见，"紧喉/喉化"这两个词用得太滥。正因为都可以叫，所以在需要理清概念的地方，最好改用外延有所限制的术语。

3.6　声调

声调看起来比声母韵母简单得多，但实际上声调研究是最不充分的。不管是起源、演变，还是共时的分布、变异、习得，还是单字调和连字调的关系，声调和其他语言单位的关系等等，我们都对之了解最少最浅。究其原因，首先在于描写手段的欠缺。随着实验语音学的进展，情况有了很大改变。我们发展出了一套基频归一化的程序,描写基频的连续性方法;还提出了细化、简化五度制的分域四度制的声调描写框架。(详见 Zhu 1999、2002,朱晓农 1996、2004a、2004b)

3.7　小结

以上这些术语以前都没好好翻译过,因为对气流机制、发声状态的了解都是最近二三十年来的事,所以赵元任来不及翻译了。十几年前我写《音标选用和术语定义中的变通性》时认为,术语都有变通用法,"根子实际上在于两大矛盾:事物的连续性对分类的离散性,事物的变动性对分类的静止性"。我现在的看法是,音标、术语的使用尽管有变通手法,但那只是临时过渡的应急办法。随着认识的加深,概念会分化定当,术语音标也会增新删旧,调整妥当。

一个新概念出来,是用老术语对付着用,还是另铸新术语,这是个老问题。用老术语亲切些,但难保不被误解曲解。用新术语一开始生硬些,虽能避免误解曲解,但难保马上被理解。权衡之下,我主张用新术语,因为这是新知识,新手反正要学新概念,用了老术语反映出可能没认识到这是新概念,这不利于知识更新,知识进步。

4. 实验语音学对历史音韵学的贡献

4.1　普遍音变和五个重现:实验语音学对历史重建的新要求

实验语音学能为历史音韵学提供帮助,这个观念很早就有了,但真正受到重视还是最近几年来的事情。这一方面由于实验语音学本身的发展,另一方面得力于奥哈拉三十年来的不懈努力。他那句名言"凡是历史上发生过的音变,都要叫它在实验室里重现"(Ohala 1989、1993)激励了多少人前赴后继。汉语历史音韵学中借助实验语音学的研究才刚起步,即已显出朝阳喷薄。它能协助发现,帮助建立音变的相对顺序,更重要的是第一次有可能为音变提供实质性的解释——从物理、生理、感知方面真正找到自然音变的因果关系,尽管大多是统计性的。

历史音韵学以认识语音演变——其原因、过程、机制、模式——为主要目标。最近十几年来语音学、社会语言学、类型学的巨大进展让我们明白,想要认识语言的变化,必须从研究变化中的语言着手。以研究实际语言所获得的知识去解读历史文献。研究语音变化有两个侧重点:一是注重内部音变即自然音变,一是注重由语言接触引起的外部音变。一般来说,外部音变的起因不确定,变化方向随意。由语言接触引起的特定场合的特定变化固然很多,但这只是一种历史现象,目前只能像史学研究一样,对非重复事件进行个案处理。因此,对于想要认识语音演变来说,外部音变的意义现在还无法评估[④]。

对内部音变起因的解释多种多样,比较重要的有:一是抽象的目的论原理,如省力原理、区别原理、由结构压力造成的填空档等。二是本语言社团内部的社会文化驱动因素。三是生理、物理或听感的普遍原理。服从普遍原理的普遍音变现象是实验音韵学最关注的。普遍音变会在(1)历史上重复发生;(2)其他语言中重复出现;(3)语言习得中重现;(4)失语症中镜像重现;(5)实验室中重现。因此,实验音韵学就有了条构拟原则:所构拟的古音演变要经得起上述五个"重现"的检验。这也符合前辈音韵学家开创这门口耳之学的初衷。可以说,这五个重现是把口耳之学具体化、科学化了(朱晓农2004e)。下面来看几个例子。

4.2　元音链式高化:听者启动还是说者启动?

汉语历史上链移式高化元音大转移发生过三次(朱晓农2005a),都与 a 有关。长元音在链式音移中总是高化,这是 Labov(1994)链移三通则中的第一条。但为什么会高化而不是低化,他没有解释。下面以发生在西晋末至北朝早期的第一次链移(歌鱼侯幽:*aj > *a > *o > *u > *ou)为例来探讨两种可能的起因:听者启动还是说者启动。两种假说涉及不同的音变起点:前者认为由歌部发动:*aj > *a,依次推高鱼侯幽;后者认为由鱼部发动,一方面推高侯幽,另一方面拉歌部来填空。这两个假设都依赖于一个更为基本的假设:回归/滑向"发音初始态"。"发音初始态"指发音器官处于自然状态时的发声和调音,由初始态发出的最自然的声调为分域四度制(朱晓农1996、2004b)里的低降调[21],五度制里的[21~31],最自然的元音为混元音 ə。但区别度最大的调形和音位分别为平调和 /a/。

说者启动:滑向初始　元音链式高化很可能是由 a 高化引发的。长低元音 a 容易高化的原因在于说者难以长时间维持大张口状态,当 a 拖长到一定时候,调音器官会自然地回复到混元音初始态。此时按说应该先停止发声,然后调音器官恢复初始态。但如发声还没完全停止之前,调音器官先恢复初始态,那就发生了"时间错配"(mis-timing),就会产生一个 a↑滑音的过渡状态。

省力原理等目的论观念在此无法解释为什么发声不先停下,那样会更省力。再则,任何音拖长后,不管想不想省力,总要回复初始态,都有可能增生后滑音。提出回归初始态,可以有一些能进行检验的预言,还能解释另外一些音变现象(朱晓农 2004f),更重要的是能解释为什么链式高化的总是长元音而不是短元音,而且为什么同样的高化链移不断重现。

听者启动:不足改正 首次元音大转移也可能由歌部 *aj 开始并由听者启动。一个语音信号的声学性质和听感并不总是一一对应的。听者听到一个不专一对应的语音信号,归类时可能解读错误。发 aj 时,j 并不到位,只表示舌位向上向中央(向 j 的方向)滑动的趋向,这是说者的语言目标,但听者有可能把它当作发长 a 时自然的回归初始态。这样的音变是由听者发动的。从说者方面来看,他可能说 aj,也可能说 a。在听者这方面,可能两者听得清清楚楚,也可能就听到一个 a..a↑。在一般情况下,他能把 a..a↑正确复原成 aj 或 a。但也可能错误解读,把说者原定的语言目标 aj 当成长 a 的无意的、伴随的 a↑,于是当他重复时便自作主张地错改成长 a。这是一种改正不足(hypo-correction)。

上述两种音变启动,每次发生都只是一次个人随机变异,一般会被社会规范纠正,所以轻易不会引起音变。但是在两种情况下有可能导致音变。一是完全的随机选择,发生多了,总有可能某次真的扩散开了。另一是在人口流动混杂的情况下,非本语言社团的听者不会自动服从社会规范。当他们学说时,一方面可能忽略说者有意为之的语言目标,另一方面却把非区别性的伴随特征当成语言目标——结果引发了音变。首次长元音推链高化发生在五胡十六国民族大融合时代,看来人口流动、异族学汉语起了催化作用。

4.3 浊声的命运

上古群母四等俱全,但到中古只剩三等字了。为什么并定阻塞依旧,洪音群母却擦化变入了匣母?为什么细音字没有同时擦化?这些问题以前是不问的,现在有了实验语音学,我们就可以来给这些"为什么"提供实质性解释了(朱晓农 2003b)。

首先,实验语音学告诉我们,与清塞音相比,浊塞音较难维持(Ohala 1983)。发浊塞音时先成阻,然后声带振动,再除阻爆破。问题在于声带一振动,就有气流通过声门后滞留在口腔里,结果是口腔内气压升高,导致喉门上下气压差减小到不足以维持声带振动所需。这就是为什么浊声不容易发;或者即使发了,也不容易维持。那么,为什么 g 尤难维持呢? 这就是赵元任(1935)所说的:"从舌根与软腭相接的地方到声门那里一共就没有多大的空间可以像口腔较宽绰的[b]或[d]音那么弄出些特别的把戏;声带稍微一颤动,那一点的空间马上就充满了气成正压力了。"既然 g 特难维持,但为什么在细音字像"群奇琴强"里还保留着呢? 那是因为 g 后面有了腭介音 i,成阻点往前了,也就是说,这个/g/其实不是软腭音,而是硬腭音 ɟ。这样一来,"口腔较宽绰"了,浊声也就容易持续了。由此可见,成阻点越往前,口腔空间越大,就越能够抗拒清化。因此,浊塞音消失是从成阻点在后的开始的。

4.4 音变的相对年代

历史比较语言学中有个缺憾,那就是构拟的古音无法确定它的绝对年代。即使有文献帮助,年代依然很宽泛。至今为止,只有北京话颚近音声母 j 变成卷舌近音 ɻ(如"荣"juŋ > ɻuŋ),可以精确定时于 1860 年前后(朱晓农 2003a),其他距今稍远的重要音变如轻唇化、浊音清化、入派三声等,都只能大致知道一个时代。借助于实验语音学,我们新发现了一些历史音变,可以建立起音变的相对年代。如果相对年代的空档足够小,则能间接确定绝对年代。例如洪音群母擦化与三等韵长化并增生 i 介音,两者孰先孰后? 上古三等字无颚介音(蒲立本 2000),潘悟云(2000:153)认为颚介音的产生离《切韵》时代不久。不过,考虑到群母的擦化,颚介音产生的年代得提前,得留出时间来给群母变化。三等字有了颚介音以后,才使群母 g 的成阻点往前挪到 ɟ,从而避免了擦化。因此,三等字颚介音增生在前(至少北朝早期),一、二、四等群母入匣在后。否则,没有颚介音的三等字也会丢失群母的。

4.5　上声的重建

借助于实验语音学,可以弄清楚很多概念,古音构拟才能因此而推进。下面举两个上声构拟的例子,第一个看似证据多多,其实性质不一,难以为训。第二个看似置所有实物证据于不顾,但凭空理论和虚逻辑,其实走的是最踏实之道。

中古上声的重建　Sagart(1986)在谈到中古上声构拟为 -ʔ 尾时,除了梅祖麟(Mei 1970)提供的现代方言如温州、建阳、浦城、定安、文昌的例证外,还加上澄迈、海口、万宁闽南话(Ting 1982),黄岩(赵元任 1928),乐清(Nakajima 1983),南雄(Egerod 1983)等。中古或以前的上声可能真有个喉塞尾,但上面引例中有些不能用作证据。比如温州上声不是个喉塞尾的问题,它是整个音节都紧张的全紧声。黄岩不是喉塞尾,也不是中喉塞,而是嘎裂声(朱晓农 2004d),乐清可能也不是。南雄情况不肯定,但它边上韶关的中喉塞,其实也是嘎裂声(朱晓农、寸熙 2003)。Sagert 把那么多性质迥异的喉塞尾、嘎裂声、内爆音、全紧声全当成一回事,尤见实验语音学的必要性。

上声的起源　近年来,声调起源成为历史音韵学中一个焦点问题。此处介绍我们正在进行的一项研究:从实验语音学原理和语言学公认的观点出发来逻辑推导上声的起源问题。下面两个是公认观点:一、汉语声调不是与生俱来,而是由某种非声调的事物变来的。二、声调被发现后早期(南北朝后期至初唐)上声的调形是升调:阴上高升,阳上低升。

"非声调"物质包括发声、音段、音强(包括响音性 sonority)、音长。在这四个候选因素中,音长不起作用,因为长音可能高,也可能低;短音亦然。音强对基频起作用,在非声调语言中重读高,弱读低。但这只能产生高低不同,不能产生系统的调形区别;况且在声调语言中弱读不一定低。音素的响音性与音强正相关,撇开辅音,就承载声调信息(而不是单有基频)的元音而言,自 Jespersen(1904)以来一直认为低元音响度大,高元音小,中元音居中。由于声调类并不与元音高度相配,所以可以排除响度。因此,声调最有可能是从发声和音段这两个候选因素中产生的。

一般认为早期的调形格局是阴阳两两平行,平声平调,上声上升调,去声降调,入声短调。即唐僧人处忠《元和韵谱》所描绘的:"平声者哀而安,上声者厉而举,去声者清而远,入声者直而促。"阴上是高升调最直接了当的理由就是"上声"的字面意义就是上升的调形,"厉而举"描绘的是尖利高举的听感,即高升调,可能附带某种紧喉特征。

因此,上声的起源问题可以具体化为:什么样的发声或音段会导致升调?发声方面全紧声会引起高调;音段方面会产生基频差异的有声母、元音、鼻韵尾、喉塞尾。实验语音学证明前四个因素不可能导致上声。全紧声不可能,因为全紧声一般产生高调,但不一定是高升调;即使是高升调,还有阳上需要的是低升调。声母清浊会导致调头降或升,对调形影响是至少前段清高浊低(Hombert 1978, Zhu 1999)。如果调头形状能影响整个调形,那么浊声母有可能产生升调;但由于上声不限于浊声母字,所以声母因素可以排除。如果其他条件一样,高元音的基频一般高于低元音,此所谓元音内在基频(Lehist 1970, Zhu 1992);但由于上声并不只限于高元音类,所以元音因素可以排除。在汉语方言中可以观察到鼻韵尾导致基频上升(Rose 1992, Zhu 1999);但由于上声并非只限于阳声韵类,所以鼻韵尾也可排除。

因此,就现有知识而言,只留下喉塞尾这个牵扯到发声的音段因素是升调最可能的来源(参看 Hombert *et al.* 1979)。

5. 实验语音学对方言研究的贡献

实验语音学能够在方言研究中发挥作用,下面举几个例子。

5.1　嘎裂声的辨认

汉语方言描写中有个出名的"中喉塞/中折调",那是赵元任最早(1928)在浙江黄岩话,而后(1929)在粤北韶关话里发现的:"(黄岩)上声字单读时(尤其是阳上),当中喉头关一关,作一个[耳朵]音把字切成两个音节似的。"又说:"阳上调降得很低或者下降后立即上升,使得嗓音在音节当中消失成喉塞,因此,[ɔ³¹³]实际上变成了[ɔ³¹ ʔɔ³]。这在语音上像是三个音构成两个音节"(赵元任 1985)。

根据我们的实地考察和实验语音学分析(朱晓农 2004d, 朱晓农、寸熙

2003），发现台州和粤北的"中折调"是由嘎裂声（creak），而不是中喉塞引起的。中喉塞（如 a ʔa）和嘎裂声的共同点是音节中间都像折了一样，声门都要关一关。不过它们的发音生理正相反：中喉塞是往两端拉紧拉长声带来关住声门；嘎裂声是朝中间挤紧声带来关住大部分声门。声学特征也相反：喉塞音引起升调，嘎裂声导致降调。发嘎裂声时，声带收缩得又短又厚，大约只有发常态浊声时的三分之二长短。发声时声带大部分都不振动，只有前部一小段振动，气流很小。由于声带厚实，频率可低至二三十赫兹，所以常常无法测到，或者测到也很不规则。表现在基频曲线上就是中间折断了。因为嘎裂声这个发声态的生理和声学特征是近二三十年来随着实验语音学的进展才逐渐明了的，所以以前有多种比喻性叫法：中喉塞、突突声 pulsation、颤裂声 trillization、油炸声 glottal fry，fry voice，vocal fry、紧喉/喉化 laryngealization，甚至还有"挤喉音"。

嘎裂声并不是个很罕见的现象，在日常随意说话中，低调字如北京话的上声、广州话的阳平、缙云阴上、仙居塘弄阳平等，都能观察到伴有嘎裂声。其他出现类似情况的有粤北土话韶关话的"中喉塞"、余干赣语的"不连续成分"、赖源闽语的"间歇调"、晋语孝义方言"韵母中的间歇"或"短暂的闭塞成分"、汾城方言的"紧喉音节"。韶关话的"中喉塞"已证实是嘎裂声。后四个看起来跟赵元任描写的黄岩话相似，也像是嘎裂声。

5.2 方言分界的调整

辨认出嘎裂声的语音性质并普查它在浙江中部的分布情况，加上其他材料，我们可以对吴语台州片和婺州片现在的与行政区划重合的方言分界线作出调整，往西稍稍挪到大盘山（Zhu 即出）。

5.3 高顶出位的不同表现

中古以后韵母为 i 的开口止蟹三、四等字在现代各方言中有多种特殊的表现形式：擦化 i_z、舌尖化 ɿ、边音化 tɬɿ、鼻音化 ŋi、央化 ɨ、裂化 ei。在实验语音学的支持下，我们发现可以用一个统一的概念"高顶出位"来概括，并能够探讨擦化和裂化的驱动力（朱晓农 2004f）。

5.4 极难辨认的方言本字

上述高顶出位中的鼻音化现象少见而有趣。潘悟云君在阅读拙稿《元音高顶出位》时,突然想到温州话里有些音韵地位很难确定的口语词,很可能是 i 进一步鼻音高化的结果。温州话中古阳韵字失落韵尾并高化为 i：样 ji｜像 ji_文/dzi_白,但它们在"何样、别样、不像兵不像民"中变成 ŋi。这个变化的确极难辨认,因此郑张尚芳认为是"物样"的合音,游汝杰《温州方言词典》则写作同音字"娘"。类似情况在苍南、泰顺蛮话里也偶有所见。

6. 实验语音学对形态语义研究的贡献

按说实验语音学和语法词法没什么关系,语音和语义之间的关系更是完全任意的。但近年来我们关于小称变调的实验语音学研究(朱晓农 2004c,朱晓农、寸熙 2003)却有了意外的发现：音高和语义竟然有某种生物学上的天然相关性。

小称变调涉及语法和音韵的交接面。我们从一条生物学原理"高频声调表示体型小"出发来解释各方言中的小称变调和其他高调现象,提出小称调来源于儿语的观点。小称调从发生上说先有昵称功能,再有表小功能;从演化上看昵称功能先磨损,导致小称退化。所以"小称"(diminutive)应该叫"昵称"(affective)。发声态各异的多种小称调形式(高升、高平、超高调、喉塞尾、嘎裂声,甚至假声)是独立发生的,不代表发展阶段,不过产生的原因和所起的作用都是为了突显或强化高调。儿鼻化和高调化小称是独立产物,儿鼻化早于高调化,但两者产生的理据都是出于由怜爱婴儿所产生的联想。亲密高调论可以解释小称变调的不同功用(从亲密到轻蔑),以及很多看似毫不相关的语言现象,如北京话和粤语中重叠形容词及台湾"国语"和大陆儿童语言中的称谓为什么用低高调型,英语儿童用语、香港女性中英文名字中为什么爱用 i 音,为什么北京女孩子说女国音,为什么男人谈恋爱时声音变得尖细,为什么异曲能同工等等。

7. 结语

本章介绍了实验语音学的现状及其在汉语语言学中的应用。实验语音学是一门综合性的大学科,其中只有很小一部分与语言学有关：它对外是"语言学的语音学",对内是"实验音韵学"。有一次我问奥哈拉,experimental phonology 的诞生能否以他编的那本 *Experimental Phonology*（1986）出版为标志。奥哈拉答道，那个词语是那时出现的，但那门研究应该与赖福吉 20 世纪 70 年代就开始提倡的 linguistic phonetics 类似。可见"实验音韵学"和"语言学语音学"是一套班子、两块牌子，两者内涵不同但外延一致。近年来这门学科发展迅速，对汉语的语音研究，包括一般语音学、方言研究、音位学和音系学、历史音韵学都有不可舍弃的重要意义，甚至对语法语义研究都能作出贡献。说它神通广大，并不为过。多年来，面对"语音学有什么用"的疑问，我一直窘惑不知所答。写完这一章，我感到好一阵轻松。语音学有用——我说服了自己，也希望有别人被我说服。

附 注

* 本项研究得到香港科技大学研究项目（DAG01/02. HSS04）的资助。

① 此句在《南开语言学刊》发表时句末破折号被改为句号，现改回。

② 例如结构派当时的掌门人、当了很多年 *Language* 主编的布洛克，他的态度比较开放（Bloch 1948）："语图仪对音位学意义极其重要，将来可能有更多的语言学家用这仪器来解答语言学问题，那么我们现在的好多假设可能都得因新发现而改写。"

③ 内爆音发得不到位时，也可能喉头状态与一般浊音相似，口腔内没负气压，爆破不明显，发喉塞时也可能喉头下降（Cun 2004）。这些都是语音学上的随机变体。

④ 不过我想，接触音变的材料如果有目的、有系统地搜集观察的话，一定会增加对自然音变的某些属性的了解。

第十二章
生成音系学与汉语研究

王洪君

20 世纪 60 年代后,生成音系学取代结构主义音位学而成为美国乃至国际音系学界的主流学派。其后,又大致可分为 60、70 年代中的经典生成音系学和 1975 年之后的非线性音系学两个阶段,其中"非线性音系学"时期可说是理论蜂起,各领风骚却不过几年。90 年代以后,"优选音系学"风头甚劲,不少学者认为优选论已取代生成音系学而成为主流学派。因此,不少国内学者感到困惑:现在还有必要介绍和学习生成音系学吗?

笔者认为,对于一种语言理论来说,其表达形式并不是重要的(比如是否用"A→B/X__Y"的规则来表述),重要的是该理论能否引入新的研究材料,能否发现旧理论所未能发现的新的规律,能否揭示旧理论所未能看到的若干语言现象之间的联系。这才是一种理论本质性的、带有方法论创新意义的特点。这样的特点是不会因为表达形式的变化而过时的。

那么,生成音系学是否有本质性的、带有方法论创新意义的特点呢? 更进一步地,生成音系学是否有对于汉语研究来说至今仍有重要价值的特点呢? 我以为是有的。下面举例阐述笔者认为生成音系学最有价值的方面。

1. 音系与词法句法的关联

1.1 深层结构

许多学者把深层结构及生成到表层的转换看作生成音系学的特点。而我认为深层结构的价值,是在音系研究中引进了音系—词法句法的接面,引入了词法句法的控制条件。这样不仅从纯音系层面而且从词法的语音交替和某些句法条件看音系,从而更深刻地揭示出了音系的共时格局及其与方言音系、历史音系之间的关联。如 Halle(1962)根据英语构词中长短元音交替的配对情况而为英语音系设计的深层的元音系统,既揭示了当今英语共时深层音系的元音系统与文字仍然基本上是适应的(各种英文改革方案因此而总是推不开),也揭示了这一共时深层结构也就是 17 世纪时的表层元音系统。这一思路对于汉语研究来说至今仍有价值。比如:

(1)　深层结构与普通话的中元音音位　　在生成派引进之前,对于普通话中元音音位的处理方案众多:周同春(1982)设 E、ə,拼音方案设 e、o,王理嘉(1991)设 e、ɤ 各两个中元音;李兆同、徐思益(1981)设 e、ɤ、o,王理嘉(1983)设 e、ɤ、ə 各三个中元音;黄伯荣、廖序东(1981)和林祥楣(1991)则设 e、o、ə、ɚ 各四个中元音。之所以会有如此多的分歧,主要是这些学者在归纳音位的时候都考虑了只在派生词中出现的儿化韵,个别的还考虑了只在叹词、拟声词中出现的语音形式。

这样的处理符合结构主义音位学的原则。也即归纳音位时不能考虑词法句法条件,要假设归纳者完全不知道语音形式表达的意义是什么(是否包含同一个语素),只根据对立互补和语音形式的"同与不同"来归纳音位(可参考王理嘉 1983,1991)。

但音位本身就是语法单位的表达形式,音系、语法单位及其它们之间的关联是共存在说话人头脑中的。因此生成派认为,分析音系单位时必须同时考虑词法句法条件:可以从语法条件加音系条件预测的音系单位(如普通话中"牌ɪ"、"盘ɪ"的音形可以由"牌"、"盘"的单字音形加"-儿"化规则预测),是派生性单位(derived unit);而无法用语法及音系条件预测的音形,本身是生成派生音形的基础形式,却无法从任何其他单位生成,因此是基础性的单位(base unit)。也即,要同时考虑音系、词法、句法的条件,基础音形和派生音形不应该在同一层次上处理。

根据生成派的理论,普通话中元音音位的处理就十分简单了:由于普通话的儿化音形可以从单字音形加语音规则推出,所以分析普通话音位只需考虑单字音形,而在单字音形里中元音音位只做韵腹且完全呈互补分布:

[ɤ]（非唇音声母的无尾韵）、[o]（唇音声母的无尾韵、u 尾韵）、[e]（i 尾韵）、[ə]（n 尾韵）、[ʌ]（ŋ 尾韵）、[ɚ]（零声母 r 韵）。

由于区分了单字音与儿化音两个层次并确定了普通话中儿化音可以从单字音推导的派生关系,所以所有的生成派学者对普通话中元音音位的处理都完全一致:普通话只有一个中元音音位/ə/,如郑锦全(Cheng C-C, 1973)、薛凤生(1986)、王志洁(1999)、端木三(Duanmu San 2000a)。

总之,汉语做音位处理时要区分单字音形和合音或多字组音形两个层次。要注意观察单字音形和它在多字组中音形是否有语音交替。如有,语音交替的控制条件是什么。要特别注意单字音形与多字组中的连音音形何者是基本的、何者是可推导的,这样才能确定出基础性音系单位和派生性音系单位(注意,单字音和连音都有可能是基本音形,在不少情况下多字组中的连音音形反而是基本的。可参考王洪君 1999:79~81)。

历史比较语言学 20 世纪 60 年代以后更加强调在进行同源语言的比较之前,首先要进行"词形的归一化"处理。而所谓"词形的归一化"实际上就是要从共时词形交替中的不平衡现象窥见历史上的本源形式。值得注意的是,历史上的"本源形式"在绝大多数情况下与共时的基础音形(深层形式)一致,根据单个语言的内部证据探求本源形式的程序也与确定共时基础形式的程序一致。但历史形式不一定在共时语言内部还留有痕迹;或者,当历史的痕迹太过零碎时,以历史本源形式作为基础音形对于共时音系来说将不符合简明原则;在这些情况下共时的基础音形就与历史本源形式不一致。所以,从术语上还是应该区分共时角度的基础音形(深层形式)和历时角度的"本源形式"。把"本音"这个术语赋予"历史本源形式"是再合适不过了。可以说,生成语法关于深层/表层(也即基础音形/派生音形)的分析程序,大大推进和完善了历史语言学领域"内部拟测法"。

从理论上厘清共时音系中单字音、连音的不同层级,从理论上区分共时角度的单字音(citation form)/连音(sandhi form)、深层语音形式(基础形式 base form)/表层语音形式(派生形式 derived form)和历时角度的本音(original form),对于汉语普通话及其所有汉语方言的分析和研究都是很有必要的(可参考 Chen，Matthew Y. 2000：50～51）。

（2）深层结构与普通话的韵母格局　中元音音位的问题一旦解决，普通话的韵母格局也就清楚地呈现出来了（王洪君 1999：64～68）。除了学界经常提到的开/齐/合/撮四呼相配、无尾/-i-u 尾/-n-ŋ 尾相配的特点外，在韵腹位置呈现出"无尾韵为高/中/低三套对立，有尾韵为非低/低两套对立，r 韵仅一套无高低对立"的特点。具体列举就是：

无尾　韵腹　［＋高］　ï　i　u　y

　　　　　　［－高－低］　ə　iə　uə　yə

　　　　　　［＋低］　a　ia　ua

有尾　韵腹　［－低］　ai uəi，əu iəu，ən in uən yn，əŋ iəŋ uəŋ yəŋ（韵腹中高两级中和）

　　　　　　［＋低］　ai uai，au iau，an ian uan yan，aŋ iaŋ uaŋ

r 韵　韵腹　［　］　ɚ（韵腹的非低、低两级也中和，只剩［＋元音］特征）

根据生成音系学原则只设一个中元音/ə/而找出的这一系统，可以很好地解释如下事实：

① 有尾韵中有介音的［－低］类韵母 uəi、iəu、in、uən、yn，其韵腹在上、去两调中是个较清晰的中元音，在阴平阳平中则是个含糊的过渡音，甚至可以把介音延续到韵腹位置而完全不出现中元音（in、yn）。上面列出的系统表明，这是因为，在这些位置上，韵腹元音是高还是中，没有区别字音的作用，高和中的对立已经中和了，所以其音值才可以在中和高的范围内浮动。当韵腹的前后两成分都具有"舌体［＋高］"的特征且声调动程较小时，它就可以被同化为高元音。同时，韵腹位置高与中的音值差别并不影响它们的相互押韵，əi uəi、əu iəu、ən in uən yn 是通押的一套韵。

② 单字音中唯一的 r 韵，在阴平、阳平两调中韵腹为高度为中的央元音，与 ei/en 两韵的儿化音值相同；在上、去两调中韵腹为次低高度，与 ai/an 两韵的儿化音值相同（李思敬 1986）。据此，李（1986）反对学界用同一个语音形式来表达阳平的"儿"和上去声的"而二"。但从上列单字音的系统中，我们可以看出学界如此处理的系统根据：单字音 r 韵只有一套，它不但没有高与中的对立，也

没有低与非低的对立。也即,在单字音的层次上,r 韵中 ə 与 a 的对立也中和了,音值可以在这两者之间浮动而不影响深层它们是同一个音位。至于儿化韵中的对立,则是另一层次处理的派生音形。事实上,由于单字音中 ər 与 ar 是在不同声调中互补分布的,且音值变化符合"与动程小的阴平阳平相配的韵腹开口度小、与动程大的上声去声相配的韵腹开口度大"的一般规则,所以发音人对于这一区别是浑然不觉的。如果区分了单字音/合音两个层次,了解到深层形式在说话人心理上的重要作用,就不会对说话人对这一音值差别的麻木感到奇怪,也不会对拼音方案把"儿、二"用同一韵母标写表示异议了。

(3)从深层结构看方言音系、历史音系的联系　从一个音系的深层结构出发,更容易把握它跟与之同源关系相近的方言音系之间的关系、它跟自身历史音系的关系。比如北方话韵母的音系格局基本一致,只是中原官话区来自宕江摄入声的"跃、学、觉"等字仍独立一套无尾的中元音韵(在各地有 io、yo、yɤ、iɤ 等不同音值),以[-后]的特征在齐齿或撮口韵中与 ie、ye 形成对立。这一系统不仅是与普通话相近的方言音系的特点,也是普通话文读层历史音系的特点。

1.2　韵律模块说

韵律模块说的核心思想是说人类语言的词法有受音系结构制约的一面,也即语言中词法某些层级的单位(如词、词干等)或某些特殊类别的词(如象声词、摹态词或名词、动词等)可能有自己独特的音系结构的制约(如英语的词至少有两个 mora,韩国语的摹态词必须有元音阴阳的和谐等)。就好像语言专门为这些词法单位预备好了现成的韵律模具,选择音段作为材料后还要靠这些模具来最后定型。从另一角度看,这些特定的韵律模块由于与特定的词法单位相关联,而其自身非线性的韵律结构也成为表达某种抽象词法意义的形式,这与一般的"音段的线性排列表达词汇意义"相比,有自己明显的特点。这些特殊的非线性韵律结构,往往与重叠、部分重叠、变形重叠有关,以韵律自身的不同类型的旋律变化直接模拟现实现象所体现出的抽象的旋律变化。韵律模块说是揭示语言与现实的这一相似性联系的最好工具。

韵律模块说是 1985 年后因阿拉伯语的研究而提出的,用于说明南岛土著语言等其他语言也获得很大成功。从形式上看,韵律模块说采取了"参数—取值"和模块的投射描写法。从实质上看,"参数—取值"更具根本性,模块投射描写法则完全可以换为其他形式甚或就完全用文字阐述也完全可以达到相同的效果。而"参数—取值"则直接揭示了韵律结构自身的旋律特点。

笔者感到,揭示韵律结构自身的旋律特点、其词法意义及其两者之间的相似性关联,才是韵律模块说的根本价值所在。这一思路在多个方面促进了汉语的研究。

比如,冯胜利(1997)首次明确提出汉语中存在"基本韵律词",这就是两音节的"标准音步";王洪君(1999)又进一步从词法-韵律两方面定义了汉语的韵律词、韵律类词、韵律短语。陆丙甫、端木三(Lu & Duanmu 1991)论证了单双音节在定中、述宾结构中的不同搭配倾向:除音节上的 1 – 1 或 2 – 2 配置对于定中和述宾都很自然(如定中的"技术工人/煤炭商店、技工/煤店"合格,述宾的"种植大蒜、种蒜"也合格)外,3 音节的定中、述宾则内部的音节配置完全相反——3音节的定中几乎都是 2 – 1 配置的(如"技术工/煤炭店")合格,而 1 – 2 配置的不合格(如"*技工人/*煤商店");而 3 音节述宾则相反,音节上 1 – 2 配置的很好(如"种大蒜"),而 2 – 1 配置的"种植蒜"则不合格。端木三(Duanmu 1997)则进一步发现音节单双在汉语构词中的不同作用:"切菜刀"与"蔬菜加工刀"的对比说明,如果复合词的定语是述宾结构,则音节上 1 – 1 配置的述宾式定语用 VO 语序,音节上 2 – 2 配置的述宾用 OV 语序。冯胜利(2003)则指出汉语书面语特有的"音节成双"的构词构语规则,如"互帮、互助、互相帮助"都合格,"*互帮助、*互相帮、*互相助"都不合格;"不及细问"合格,"*不及问"不合格等等。

再比如,王洪君(1994)、石毓智(1995)各自研究了汉语普通话与方言中的拟声摹态词、嵌 l 词、切脚词、表音词头词等,发现了这些构词法之间的联系。其中王洪君发现拟声摹态词、嵌 l 词、切脚词共有前暗后亮、声韵选择等于或近于单音节的特点;石毓智则更仔细分析了这些词声母响度上的差异,在穷尽统计的基础上发现北京话象声词的声母多数符合前暗后亮,少数例外则带有不如意的附加情感色彩,还揭示出嵌 l 词与表音词头在声母响度上的联系。

孙景涛(Sun Jingtao，1999)则在上古联绵词方面有重大发现。他揭示出，上古双声叠韵词从韵律模块上可分为 4 种类型，分别对应于不同的构词义：(1)双声、韵母以[－圆唇]/[＋圆唇]或其他某些无标记/有标记形式相对立，表示"重复"。后字为基字，决定基本义(如"辗转"＝"转"＋"重复")。(2)叠韵，表示"小称"或"生动貌"，前字为基字，保持自己的声母，后字声母固定用 l 或 r。如"蜉蝣"、"丰融"。(3)裂变重叠。即"前字声母＋后字韵母＝基字"，前字韵母和后字声母则来自重叠过程中形态与语音的相互作用。如"蒺藜＝茨"、"髑髅＝头"等。(4)完全重叠，即"重言"，表示"生动印象"义。如"穆穆、霏霏、耳耳、虫虫"等。

关于词法与韵律的关联，特别单音节、多音节在汉语构词中的作用与联系，无论是普通话还是方言，无论从共时角度还是历时角度，都还有许多不同意见，还有许多问题需要进一步深入研究。

1.3　韵律层级说

如前所述，生成音系学从一开始就打破音系与词法句法互无交涉的观念，在音系单位和音系规则的确定中引入了词法句法的条件。20 世纪 70 年代末，更提出了韵律层级说(Selkirk 1978)，并于 20 世纪 80 年代成为学界热点(Hayes 1984，Nespor &Vogel 1986，Zec 1988)。该学说认为人类语言中普遍存在一个介乎音系-句法之间的层面，形成大小不同的韵律单位，从大到小排列为："话语-语调短语-韵律短语-黏附词组-韵律词-音步-音节- mora"。这些单位一方面各有自己独特的固定的韵律特征，另一方面与句法词法有规则性的联系(如英语的 black board 如果前一成分重则为复合词，后一成分重则为短语)。另外，美国音系学者还提出，层级中的韵律词这一级特别重要，以它为界可以把音系规则分为两类：词汇规则和词汇后规则。

这一韵律层级是否是人类语言普遍适用的模型呢？汉语可以用来验证。张洪明(zhang 1992)指出，(1)结合汉语的材料来看，该层级应该首先三分而不是两分："话语-语调短语"是受语用层面焦点等因素制约的，"韵律短语-黏附组-韵律词"是受词法句法条件制约的，"音步-音节- mora"则是受响度原则制约的；(2)一些汉语方言(平遥)的连读变调中，属于词组性质的述宾变调可以嵌套在属于韵律词性质的定中式变调内(如"迎春花"),因此韵律层级不是严格的"小单位组成大单位"的关系。

王洪君(1994、1999)则提出,英语的确是从韵律词的层级才开始韵律单位与词法句法的交汇,但这并不是人类语言普遍的。汉语从音节这一层级开始就与词法句法交汇:汉语的一个音节,绝大多数都是承负意义的语法单位。除外来词外,其他所谓"多音节单纯词"(如联绵词、嵌 l 词),如前所述,都是派生性的,其底层也都是"一音节一义"的语法单位。英语中"一个词重音一个自由活动单位的韵律词"是音系的枢纽,汉语则是"一音节一义的单字"是音系的枢纽。

王洪君(2001、2005)进一步指出,词法句法与韵律交汇的最小单位,如英语的词(一个底层的词重音段与一个语法词)和汉语的"字"(一音节一义的小单位),对于一个语言系统来说至关重要。表现在它们是:

(1)韵律词法句法运转的枢纽。汉语单字是韵律的枢纽:特殊韵律模块围绕着单字"二合一"或"一生二"运转,连调以单字基调为基础生成,复合词或黏和词组的构成与字的单双有关("碎纸机"—"纸张粉碎机","*煤商店"—"*种植蒜","骤然降落"—"骤降"—"*骤然降"—"*骤降落");英语的韵律枢纽则是词:音节的界线、词重音的位置都要到词这一级才能确定。

(2)母语者心目中现成的、分界明确的单位。这一特点是由上一特点决定的:只有韵律词法句法的枢纽单位才是深层有固定韵律结构的最小单位,才是母语者心目中可还原为实际可说的统一原形的最小单位。

(3)必选性音位变体的最大域界(如汉语/a/音位的各种变体,英语清塞音送气不送气的变体),超出它则只发生可选性"语流音变"(如汉语不送气清塞音的清浊变体,英语词首 h 的脱落等)。

(4)规则性历史音变的最大域界(如格里木音变的三个有条件的"例外",近代汉语的颚化音变),超出它则只发生不规则的例外音变(如汉语"女婿"的"婿"由齐齿变撮口)。

王洪君(2004)又提出,汉语在音节这一层级就有语法上分离、韵律上黏附的黏附组(如"桃儿"为两个语法单位,一个音节),在音步这一层级上还有高一层的黏附组(如"桌子"为一个词一个音步,"桌子上"为两个词一个音步)。如果再细区分韵律词组、复合韵律词(即类词)、基本韵律词,汉语的韵律层级应为:话语-语调短语-韵律短语-韵律类词-黏附词组-基本韵律词(音步)-黏附字组-韵律字(音节)-mora。

以上研究并不意味着否定语言韵律层级的普遍性。相反,综合汉语的情况恰好说明,应该在韵律层级中增加韵律单位与词法句法单位最低交汇点(笔者称之为"最小韵律自由单位")的参数,该交汇点的高低不同决定了大致相同的韵律单位层级在不同语言中有了同中有异的运转方式。

1.4　连调与词法句法的关联

每个音节有可区别意义的单字调是汉语的特点。单字调组合后有连音变化且连调与词法句法有关联也是汉语方言中很普遍的现象。连调受哪些韵律条件的制约,受哪些词法句法条件的制约,连调在韵律层级的哪个层级上发生,与词法句法边界是什么关系,等等等等,汉语不同方言有多种多样的类型。这一方面是汉语有可能为也应该为普通语言学理论做出自己贡献的重要所在。

80年代以后,汉语学界开始重视这一方面的问题,有关连调的基础语料大量发表了出来。在此基础上,一些基于生成音系学的理论分析和探讨也开始出现。

特别值得介绍的是陈渊泉(Chen, Matthew Y. 2000)。该书介绍了自己多年来对汉语多个方言连调研究的成果和最新认识并对其他已有研究做了较全面的评述。比如,书中提出汉语不同方言的连调辖域不同,普通话连调辖域是"最小节奏单位",吴语连调辖域是"音步",厦门话连调辖域则是"韵律短语"。并指出,普通话连调的"最小节奏单位"在语流中的域界,除了用于两个单音节的直接成分和剩余的顺向分叉的单音步,就直接运用于语调短语:在一个语调短语的范围内从左向右将剩余音节两两组合起来。厦门话的连调则用于"韵律短语"的层级。他也指出,对汉语方言连调的许多问题,目前学界的认识并不一致,还有许多工作要做。

2.　音系与生理要素的密切关联

2.1　特征学说的进展和特征几何结构

语音特征在传统语言学时期就已提出,在生成音系学中更是有多个时期的重要发展。特别值得注意的是,如果我们把诸特征学说的不同整理为① 基于生理还是基于声学,② 特征偶分还是非偶分,则各期学说的进展似乎经历了循环的回归。

从是否基于生理看,传统语言学中的语音特征是基于生理的(如中国传统音韵学的"喉、牙、舌、齿、唇")。Jakobson、Fant、Halle(1952)联袂提出的著名的区别特征学说是基于声学的(如[±集聚][±分散]根据的是声学频谱图上能量集中区的分布状况),当时被认为是有科学依据的大进展。但到了Chomsky 和 Halle(1968),作为生成音系学标准理论的 SPE,却又回到了以生理为依据(如[±唇][±高])。

从是否偶分看,传统语言学不一定是偶分的,Jakobson 等(1952)和 1968 年的 SPE 完全是正负偶分的,但到了 1975 年之后的特征几何学说,又不完全是正负偶分的。

1975 年后的特征几何说一方面新创了树形立体的特征关系模型,另一方面,在这一模型中的各个节点对应的是主动的发音器官,它们是单值而非偶值的(如喉、咽、舌根、舌背、舌冠_{也译做"舌前"或"舌尖"}、唇);只有各节点所联系的终端特征,表示的是被动发音部位或发音方法(如[±持续][±高][±齿龈桥前]),才是偶值的。(至于在有标记/无标记理论的框架下,可以采取只标正值、不标默认负值的方法,那只是表达法的约定,并非不是偶值。)

为什么会有这样的循环现象呢? 特征学说的真正进展体现在何处呢?

循环并非简单的回归,真正的进展体现在,依据特征要能够更好地说明音系单位在音系中成组活动的聚合分类。

1968 年生成音系学标准理论之所以放弃声学特征,是因为他们发现,无论是音位或语素音位变体的条件、音节结构的组织、语流音变以至历史音变,语音单位的成组活动,都是以生理的分组而非声学分组来活动的。比如,无论是同具共振峰[＋集聚]特征的聚合群成员有元音 o, a, e 和辅音 k, g, ŋ, ʃ, ʒ,还是同具[＋分散]特征的聚合群成员有元音 i, u, ə 和辅音 p, b, m, t, d, s, z, θ, ð,在音系的各种组合、交替或历史音变中从来没有一起活动过;因而声学特征从 1968 年起被放弃了。

1975 年之后的特征几何,之所以把原来的"发音部位/发音方法"纵横两

轴,改变为对应于树形节点的"主动发音部位"与对应于终端成分的"被动发音部位—发音方法",有两个原因:

（1）在音系行为中,主动发音部位只有正值才形成共同行动的分组,如普通话[＋唇]辅音不拼除单韵母 u 外的所有合口呼;而负值的聚合却不共同行动（如普通话[－唇]辅音的聚合却不能用于正面描写规则）。与之不同,被动发音部位与发音方法,无论是正值的还是负值的都可能构成有共同音系行为的聚合群:[＋齿龈桥前]的辅音不配[＋高]且[＋前]的元音,[－齿龈桥前]的辅音也有同样特点;

（2）主动发音器官由于受控于不同的肌肉群,因此在同一时间内可以同时选择、共同构成一个音段（如 ũ 同时使用了喉[＋浊]、小舌[＋下降]、舌背[＋后][＋高]、唇[＋圆]）,而被动发音器官和发音方法都只能是非此即彼的选择:舌尖放在齿龈桥前就不可能同时放在齿龈桥后,舌背前部抬高就不能后部也抬高,嘴唇不可能同时很圆又很不圆。

总之,虽然特征学说的多次改变让不少学者困惑,特征几何的复杂表达形式让不少新学者望而生畏;但抓住实质来看的话,精神并不难掌握,这就是要抓住① 特征的分类是为了说明语音在组合、交替和变化中的成组行动,② 已有的研究证明语音成组活动的特性与生理因素密切相关。

中国有众多的方言和民族语言,有独特的单音节字调,有多种多样生理上有特点的发音,我们应该能够对人类语言普遍的特征学说做出自己的贡献。目前根据汉语材料提出而得到学界承认的主要贡献在"喉"这个发音部位辖有哪些区别特征方面,这就是:应该区分调域之阴阳与音高之高低。

在传统的特征方案中,属于"喉"的特征只有"清/浊",在偶分方案中记做[±浊]。一般认为它取决于声带的松（浊）或紧（清）,后来又把声调音高的高低（为避免与舌位"高低"相混,下面记做 HL）也归为这一对特征。可是英裔美国音系学家 Moria Yip(1980)发现,汉语许多南方方言中与辅音清浊来源相关的声调阴阳,与声调音高的高低是两个独立的概念范畴:如广东电白的雷话的几个调型明显地显示出是阴阳两域和 H、L 两种音高综合作用的结果:55（阴H）,44（阴 L）,33（阳 H）,11（阳 L）,42（阴 HL）,31（阳 HL）。入声的短调与韵母的喉塞成分有关,这里不讨论。设立阴阳域范畴的提议有生理、物理的依据,有听觉、感知的依据,也有系统上的价值。比如汉语不少吴方言在有些条件下的连调是只改变调域阴阳,不改变音高,从而形成同一声调(或平或上或去)的阴阳变换;另一些条件下的连调则只改变音高,而不改变阴阳调域。因此 Yip(1980)提出,属于"喉"的特征至少应该区分两类,一类她称做 Register(音域/调域),管辖"阴阳"这一对特征;另一类她称做 Pitch(音高/调高),管辖 HL 这一对特征。这一提议为国际学界普遍接受。

调域和调高各辖一对区别特征是否足以描写中国境内汉语方言和民族语言的所有声调体系呢? 目前还是个有争议的问题。朱晓农(1996)提出应该区分阴/中/阳三个音域和高、中高、中低、低四个音高,而它们彼此有叠合(如阴域的"中高"与中域的"高"实际音高值相同)而形成 6 级实际音高。端木三(Duanmu 2000b)则倾向于阴阳两个调域 HL 两个音高,如有需要再加个 M 就足以描写所有音高了。但他也指出,这一问题的最后解决还依赖于更多的材料。

Yip 的研究很重要,它说明以前归结于 Pitch 的声调,可能是由声带的其他要素控制的。孔江平(2001)对中国境内民族语的研究也表明,以前报道的"一个语言有多个平调"的现象,其实都带有声带其他不同的要素,如气嗓音、吱扭音等。

声带状态的这些不同是"声源"的不同,发音语音学中称之为"嗓音"的区别;而特征学说过去注意的主要是"共鸣腔"的不同(如舌位的高低前后,唇形的圆展、小舌升降造成的是否有鼻腔共鸣等),发音语音学中称之为"调(tiáo)音"的不同。过去,由于仪器设备的限制,研究主要集中在调音方面。目前,随着科学技术的进步,嗓音的研究正越来越引起学界的重视。我国境内丰富的语言资源,有望在这一方面对人类语言语音特征的研究做出更多的贡献。

2.2 非线性音流结构与"时间格"

20 世纪 80 年代以后,生成音系学进入"非线性音系学"阶段。所谓"非线性音系学",针对的早期生成音系学所持的音流模式——音流是一个单线性的结构,所有的音系规则都可以用"A→B/X __ Y"的形式来表达。非线性音系学认为,即使是音质音段,在音流中其结构也是呈"音段-声/韵-音节-音步-韵律

词……"等多个层级的套合结构,而不是纯线性的。除此之外,超音质成分也有
自己独立的套合式结构,如英语的节奏重音为"两拍左重音步";音段之下的每
对特征也各有自己的线性结构,如一些语言中有圆唇元音的和谐,卷舌辅音的
隔位同化等等,分别形成了"唇"的线性列(列上由[＋圆][－圆]的接续出现形
成结构)和"舌前"的线性列(列上由[＋齿龈桥后][－齿龈桥后]的接续出现而
形成结构)。

　　非线性音流模式中"时间格"的概念十分重要。音质成分的套合结构、超音
段成分的套合结构、特征的多条线性结构毕竟要在一个线性的音流上表现出
来,这是如何实现的呢? 非线性音系学的一个重要概念就是音流的"时间格"
(timing slot)。这些不同性质的多层套合结构、特征的多条线性结构都要关联到
"时间格"。具体到每级结构、每个特征,它们可能联系了多个时间格,如轻声的
"的"这个音节,同时联接两个时间格:辅音 d 联接前一个时间格,轻声的韵母 ə
联接后一时间格。由于轻声音节的声母浊化,因此[＋浊]这个特征同时联系两
个时间格,而[－持续](塞音)这个特征只联接前一时间格等等。

　　这一音流模式其实与听觉和生理都有很好的对应。从听觉上说,人可从听
觉上分析出的最小线性段就是音段,我们可以分辨出弱读"的[də]"这个音节
由先后相继出现的 d 和 ə 组成,这正好对应于时间格。从生理上说,发音是个
多层级的立体过程,分解出的发音动作,并非每个都与时间格相对应,许多发音
动作要比时间格的跨度大。比如,对应"音节"的发音动作是肌肉松紧的一次交
替,往往跨几个时间格。弱读"的"音节中对应[＋浊]的发音动作是声带的松
弛和声门的微闭,也跨了两个时间格。也就是说,分解的发音动作并不以时间
格为界,但听觉上感知到的语音却是以时间格为线性上的最小分节的。

　　"时间格"是个有物质的和感知基础的语言学概念。人类的听觉和视觉都
要求有一定的时间来保证动态的感知。比如,若干个本来静态的图像以短于视
觉感知时间的速度快速播放就会成为动态图像,反过来本来连续动态的场面如
果变化速度极慢(如昙花的开放),人们的视觉也就只能感知为静态。同理,实
验已经证明,一个斜调或一个复合元音,只要切到足够短,人们就感知为平调或
单元音。这个"足够短"的时间,就可以看做感知一个静态线性语音单位的限

制,也即"时间格"。(虽然某些有特殊才能的人或经过特殊训练的人在测试中会有超出一般人的表现,但在语言中起作用的肯定是以一般人的感知为标准的。)

由时间格联系的多层级多线性结构对于音段与超音段单位的组合、语流音变及其相互关联有很强的解释力,在汉语研究方面也有许多新的发现。

其实,多线性音流模型的提出就与汉语的研究有一定的关系。美国麻省理工学院语言学系华裔博士 Woo 1969 年的博士论文最早提出所有的曲线调(contour tone)都是平调(level tone)的结合的观点。比如,降调应分析为 HL,升调应分析为 LH。这样就把动态滑动的曲线声调的处理跟动态滑动复元音[ai]的处理([a]和[i]两段)一致起来了,为声调纳入区别特征的体系来分析奠定了基础。更进一步地,Woo(1969)还提出,音节的长度和它所承负的声调数目之间有直接的关系。具体说就是,曲线声调中的每一个平调小段落(以下姑且先称做"调段")都与韵中的一个音段相联:音节声母(onset)不承负声调。一个轻声音节的韵基只有一个音段,所以只能承负一个调段(只能是平调)。一般的非轻声音节的韵基含有两个音段,所以可以承负含有两个调段的斜调(升 = LH 或降 = HL)。复杂曲线调(降升 = HLH 或升降 = LHL)有三个调段,所以它们只落在韵基有三个音段的音节上(如停顿前的非轻声的上声音节)。Woo(1969)关于调段与音段之关系的论述,与音段、超音段各有自己的线性结构且通过抽象的时间格相联的模型,已经十分接近了。这之后又有 Leben(1971,1973)提出声调列应该是与音段列平行的独立音列;Williams(1971,出版于1976)提出声调列与音段列以"声调投射规则"相联(也即后来所说的"联接 association"或"联接规约");而到 Goldsmith(1976),多条线平行的、由时间格作为中介彼此联接的音流模型正式提出了,这就是"自主音段(auto-segmental)音系学",音系学从此进入非线性音系学阶段。

80 年代非线性音系学通过对非洲声调的研究,对声调与音段的关系有了更深入的认识,进一步明确了可承担声调的"韵中的一个时间格"(也即 mora)是韵律的最小单元,建立了底层"浮游调"(flouting tone)及其表层的连接、延展删除及默认调填入(default insert)等概念。在此基础上,对汉语普通话轻声调与韵的关系,也有新的研究出现。

端木(Duanmu 1990)、林华(Lin 1992)的博士论文都采用了 Woo 将曲线调分析为几个平调的组合且每个平调调段只与韵的一个时间格相联的方案。端木(1990)引用国内已发表的实验数据证明,普通话非轻声音节的韵基(rime,即韵母减去介音)都领有两个时间格,也即都是 2mora 的,不论是单元音韵,还是复元音韵。比如普通话非轻声的"巴"其实与"掰"或"班"等长,可记做[paa⁵⁵]。轻声"巴"则短得多,可记做[pa]。他还指出,上声 214 的 H 和去声 51 调的后半部 L 都是浮游调。这些浮游调只有在单念或停顿前的词末位置,音节临时获得第三个 mora 的情况下才实现出来,词中位置时则由于只有 2 个 mora 而只能实现为 21(或变调为 35)和 53。林华(Lin 1992,林 1998)采用的也是同一思路,但论证得更加细致。她把与 1 个 mora 对应的一个平调称做一个"调素",明确用图示说明了两音节词的前字音节只有 2 个调素位置,后字有 3 个调素的位置;3 音节词的中字则只有 1 个 mora 的位置。这样就说明了曲折调只在后字位置上出现,而三音节中字则通常只有平调(如斜调 35 变平调 5)。

王洪君(1999)则在端木(Duanmu 1990)的基础上[①]进一步指出,普通话轻声的本质是音节没有自身声调的单 mora 音节:单字调因弱化而删除,留出一个虚位以待的 mora,其表层的调值是前字浮游调延展或默认调填入的结果:前字上声有浮游调 H,前字去声有浮游调 L,这些前字的浮游调延展到虚位以待的后字 mora 上就分别形成上声后的轻声 4 和去声后的轻声 1。前字阴平、阳平则本身没有浮游调,因此它们后面的轻声不是前字浮游调的扩展,而是沿前字调尾自然收音倾向的延长。所谓"调尾自然收音的倾向",是指要回到不高不低的中调 3。后来笔者认识到,从音系上说,这实际上就是默认调填入(default tone insert)。总之,上声、去声有浮游调,其后的轻声调值为前字浮游调的扩展;阴平、阳平没有浮游调,其后的轻声调值为默认调填入。这一方案,笔者认为,不仅可以最好地解释普通话轻声变调,也可以很好地解释非轻声的前字变调情况。

3. 生成音系学与汉语研究

前面主要讨论经历时间过滤后生成音系学的价值所在。由此可以看出,生成音系学的确从多方面促进了汉语的研究：①对人类语言共性的追求；②把词法句法要素引入音系分析，建立音系—语法接面的思路；③从生理—听觉—音系的一致性来建立语音模型的思路。无论在共时音系的系统性，共时音系与方言或历史音系的关系，各种拟声摹态词之间的关系甚至拟声摹态词词形与意义之间的关系，复合词、短语甚或句子构造中的节奏制约、连调与词法句法的关系、连调中调型与调域的作用、轻声调值的说明等多个方面，引进生成音系学的视野都启发了我们的思路，从而有新的研究资料、新的规律或联系挖掘出来。

与此同时我们也看到，单音节、有声调的汉语在音系上有自己显明的类型学特点，对于生成音系学和普通语言学理论的进一步完善、修正来说，有自己独特的价值。把音节分析为声、韵两个直接成分，把声调作为既与韵有联系又独立于韵的韵律结构，这些思想在传统的汉语语言学中就已经有了，只是因为未能从人类语言共性的角度去挖掘，所以未能提出有普遍意义的语言模型和方案。20世纪80年代以后，汉语研究者已经开始注意这一问题。Yip提出的区分音域阴阳和音高高低、张洪明提出的"韵律层级三分"、王洪君提出的"语音和语法最小交汇点决定韵律层级枢纽"等都是针对人类语言普遍模型而非单纯汉语的讨论。

目前，普通话的多级韵律模型及其各个层次上与词法句法的关联还未能完善地建立起来；方言的情况更是如此，甚至还可能有新的连调类型没有报道出来（如最近北大中文系一博士生正在做的闽南漳平溪南话的连调是既不同于厦门话也不同于北方话的独特类型）；生理上嗓音在音系上的作用，音系或节奏重音在生理上的表现等等也还远未搞清。这些，从生成音系学的角度看，都是有希望取得理论性进展的所在。

附 注

① 王洪君（1999）是笔者1991—1995年4轮次《生成音系学》课程讲稿的总汇，至1996年交稿时还未能见到林华（1992）的研究。

第十三章

优选论与汉语音系研究

蒋　平

优选论(optimality theory)由音系学家 Prince 和认知科学家 Smolensky 于 20 世纪 90 年代初创立(Prince and Smolensky 1993, 2004)。这一理论最早用于分析音系及韵律构词现象(McCarthy and Prince 1993),因此被认为是在生成音系学[①](generative phonology)的基础上发展起来的。优选论问世以来,以优选论为理论框架分析不同语言现象的文章如雨后春笋,大批涌现[②]。经过十几年的发展,目前优选论已不再限于音系学领域,其应用范围已经拓展到句法学、词法学、语义学、历史语言学、母语习得、外语学习、电脑模拟人脑信息处理、社会语言学等各个语言学分支。优选论对各种语言现象的解释力也呈现出越来越强的生命力。

为什么优选论会有如此强劲的生命力和如此广泛的应用范围呢? 这跟优选论的核心假设和可操作性有关。首先,优选论对人类语言语法系统[③]的共性和个性提出了明确的假设。半个多世纪以来,语言学理论所要回答的最根本的问题是: 哪些特征是人类语言的语法系统所共有的? 哪些特征是个别语言的语法系统所特有的? 优选论的回答是: 人类所有语言的语法系统都包含一组共同的制约条件,这就是语言的共性;这组共同的制约条件在不同语言中的优先秩序不同,这就是不同语言间的差异及个性。第二,这个假设性答案可以通过试验和经验两方面来证实或者证伪。这就使得优选论具有可操作性。试验方面,可以先假定一组所有语言共有的制约条件,然后用电脑程式对这组制约条件自动排序。不同的排序代表不同语言的语法系统,从而检验同一组制约条件是否能产生出不同类型的语言。经验方面,可以通过大量语言实例的考察,检验同一组制约条件的不同排序是否能在不同语言实例中得到印证。第三,优选论虽然最初用于分析音系现象,但它实际上是一个独立的理论框架。它不但可以用来分析各种不同的语言现象,而且允许同一现象的多种因素相互作用。因此,优选论的应用范围并不局限于语言学的某个分支。

国内十年前就已经有介绍优选论的文章(王嘉龄 1995,李兵 1998),但至今用优选论分析汉语音系现象的研究仍不普及。这是因为许多人对优选论的基本框架和核心理念还不了解,对优选论的筛选程序和操作方法还不熟悉,不知从何入手。针对这种情况,本章不打算介绍优选论的产生背景及其发展过程,而是旨在阐述优选论的基本架构、核心理念、筛选程序、操作方法,并在此基础上讨论优选论在汉语音系研究中的应用前景。这么做的目的是给读者以切实的帮助,使有兴趣的读者能举一反三,以推动优选论在汉语音系研究中的广泛应用。

1. 优选论的基本框架

优选论假定,人脑的语言机制包含两种机能。一种是生成机能(Generator,简称 GEN),它给任何一个输入形式(input)生产出众多个输出形式的候选项(output candidates,简称 CAN)。另一种是筛选机能(Evaluator,简称 EVAL),它根据制约条件的优先层级(hierarchy,简称 H)从众多个候选项中选出最佳输出形式。McCarthy(2002:10)用下面的图示表示优选论的基本框架:

这个图式简单地描述了人脑(或电脑模拟人脑)对实际语言形式的筛选过程:起点是"输入形式",终点是"最佳输出",中间经过了生成和筛选两个环节。筛选环节是优选论的核心。优选论不同于生成音系学的最根本之处就是限制输出形式而不限制输入形式。下面我们逐项阐述这个框架中每一环节所含的具体内容。

输入形式(input) 输入形式可以是一个音,也可以是一个音串。每个音都由一组区别性特征构成。优选论对输入形式不设任何限制,任何语音形式都是可能的输入形式。需要说明的是,优选论的"输入形式"跟生成音系学的"底层形式"是不同的概念。"输入形式"是普遍的、无限的,所有语言共有的;而"底层形式"总是针对某个具体语言来说的,因而是有限的。"底层形式"只是"输入形式"的一部分,这两个概念不应混淆。

生成机能(GEN) 生成机能是优选论的生产器。它包含区别性待征和韵律范畴等具有普遍性的形式化原则。生成机能除了生产输出候选项之外,还给各个候选项赋予了该候选项与输入形式之间的关联。比如,生成机能给输入形式/a/生产出一组输出候选项{a, ã, ḁ, e, f, ...}。在这组候选项中,第一个候选项[a]与输入形式/a/关联最紧密,它与输入形式完全相同。第二个候选项[ã]和第三个候选项[ḁ]与输入形式/a/的关联次之,前者给输入形式/a/添加了鼻音成分,后者去掉了输入形式/a/的浊音成分。第四个候选项[e]跟输入形式/a/的关联又次之,[e]与/a/除了都是不圆唇非高元音之外,没有其他相同的特征。第五个候选项[f]是个辅音,跟输入形式/a/毫无关联。由此可见,生成机能所生产出来的输出候选项可以跟输入形式关系密切,也可以跟输入形式毫无关联。

输出候选项(CAN) 输出候选项是生成机能的产品。输出候选项与输入形式是多对一的关系,即一个输入形式对应于多个输出候选项。理论上说,输出候选项的集合是无限的,是生成机能"过分生成"所造成的。这是因为优选论对生成机能没设任何限制。过分生成不是大问题,因为筛选机能会排除所有不合适的候选项。

筛选机能(EVAL) 筛选机能是优选论的筛选器。它是优选论基本框架中的核心部分。筛选机能对众多候选项加以比较,从中选出最佳输出形式。筛选的标准是一组排序不同的制约条件。排序在前的制约条件比排序在后的制约条件需要优先满足。所有的制约条件都可以被违反,但违反的程度应尽可能低。衡量违反程度之高低的标准有两个。一是看被违反的制约条件的排序先后。违反排序在后的制约条件比违反排序在前的制约条件其程度低。二是看违反排序相同的制约条件之次数。违反的次数越少,其程序越低。在筛选过程中,并非只有排序在前的制约条件才能决定候选项的胜负,有时排序在后的制约条件也可以决定候选项的胜负。筛选机能的核心内容包含制约条件及其优先层级。

制约条件(CON) 制约条件反映语言的共性。制约条件分两类。一类是忠实性制约条件,其作用是保证输出形式与输入形式的一致性。另一类是结构性制约条件,其作用是保证语言结构的简约性(unmarked),禁止复杂结构(marked structure)的出现,因此也叫复杂性制约条件(markedness constraints)。定义结构性制约条件可以用命令式,如"音节必须有声母";也可以用禁令式,如"音节不许有韵尾"。不论是命令式还是禁令式,其作用都是要求输出形式的结构要简约。结构性制约条件只衡量每个输出候选项本身的结构是否简约,不涉及与输入形式的对照。与此相反,忠实性制约条件则要求输出形式与输入形式尽可能相同,因此,总是参照输入形式来衡量输出候选项是否忠实。这两类制约条件本质上是相互矛盾的。解决矛盾的办法就是按优先次序给所有的制约条件排序。

制约条件的优先层级(hierarchy) 制约条件的层级反映语言个性和语言类型。优选论假设,每个语言的语法系统都是一个制约条件的优先层级。制约条件是所有语言共有的,但相同的制约条件在不同语言中的优先次序不同,因此,不同语言对同一组制约条件的排序不同。这种不同排序既反映了不同语言之间的差异,也反映了语言的不同类型。

最佳输出(optimal output) 最佳输出是筛选机能筛选的结果,也就是我们在实际语言中说出的话或者听到的语言形式。最佳输出形式并不完美,它只是比其他候选项好。因为制约条件是可以违反的,所有输出候选项通常都不同程度地违反了某些制约条件。比较起来,总是那个违反制约条件程度最低的候选项胜出。因此,最佳输出形式不是最完美的,只是在众多候选项中最好的选择。最好的选择并非最完美。

2. 优选论的核心理念

语法理论是研究人类心智理论的中心领域。研究心智(mind)的科学与研究大脑(brain)的科学不同,前者研究的对象是离散的、符号的结构,后者研究的对象是连续的、动态的系统。优选论提出了"合法即最佳"的概念(grammaticality equals optimality)。这一概念不仅将语法现象的合法性与脑神经网络的最佳化联系起来,而且将过去几十年语言学不同领域对语言现象合法性的研究结果联系起来(Prince and Smolensky 1997)。从这个视角出发,优选论对语言学理论的重要议题提出了新的见地。下面阐述优选论的核心理念。

合法是相对的　语言形式的合法性(well-formedness)是相对的而不是绝对的。这种合法的相对性植根于语法系统所包含的制约条件之间的相互冲突。一个输出形式是否合法只有在与其他输出形式的比较和竞争中才会显现出来。举例来说,在给词语"西安"的输入形式/çian/划分音节的时候,结构性制约条件"音节必须有声母"和忠实性制约条件"不可增音"之间会发生冲突。假定生成机能给输入形式/çian/生产出两个输出候选项:[çi. jan]和[çi. an](这里"."表示音节界线)。根据"音节必须有声母"这一制约条件,候选项[çi. jan]是最佳输出,因为[çi. jan]的第二个音节有声母[j],而候选项[çi. an]的第二个音节[an]没有声母。可是根据"不可增音"这一制约条件,候选项[çi. an]才是最佳输出,因为这一候选项[çi. an]与输入形式/çian/一致,没有增音,而候选项[çi. jan]给第二个音节增加了一个声母[j]。这两个候选项都违反了一个制约条件。不论哪一个候选项成为最佳输出形式,它的合法性都是相对的,因为它满足其中一个制约条件就会违反另一个制约条件。满足所有制约条件的语言形式很少见,也许不存在。最佳输出形式的合法性只是相对于其他输出候选项而言的,并不是绝对的。

共性与个性　语言有共性和个性,这是没有争议的。有争议的是语言的共性和个性表现在哪些方面。语言学研究要寻求人类语言的结构特征和不同语言结构特征之间的关系,就需要一个理论框架。这个框架既允许语言之间有不同,又限制各种语言不同的范围。优选论为描述语言的共性和个性提供了一个具体的理论框架。根据优选论的假设,所有的语言都包含一组同样的制约条件,这就是语言的共性;不同语言对这组相同制约条件的排列次序不同,这就是语言的个性。让我们以上面所举的给输入形式"西安"/çian/划分音节的例子来说明优选论对语言共性和个性的假设。根据优选论的假设,所有语言的语法都包含"音节必须有声母"和"不可增音"这两个制约条件,这是语言的共性。语言的个性表现在不同语言的语法对这两个制约条件的不同排序上。在汉语里,"不可增音"排在"音节必须有声母"之前,满足"不可增音"的输出形式[ɕi. an]会成为最佳输出形式。英语则相反,"音节必须有声母"排在"不可增音"之前,满足"音节必须有声母"的输出形式[ɕi. jan]则会成为最佳输出形式。说英语的人在初学汉语的时候常常把[ɕi. an]"西安"说成[ɕi. jan]"吸烟",就是受到英语语法对这两个制约条件排序的影响。只有到他们完全掌握了汉语语法对这两个制约条件的排序,才会真正说好汉语。这个简单的例子表明,同一组制约条件的不同排序可以很好地表达语言的共性和个性之间的关系。

简约与复杂　对语言结构复杂性(markedness)的研究早在布拉格学派和语言类型学的研究中已经成果斐然。复杂的(marked)语言结构比简约的(unmarked)语言结构的出现频率低,其分布常常受到限制。比如,在一个语言里,鼻元音(nasal vowels)的出现频率总是低于非鼻元音(nonnasal vowels)的出现频率(Ferguson 1963)。优选论将语言结构复杂性(markedness)这一概念融入具体的结构性制约条件之中,并对复杂性的定义和如何判定语言结构的复杂性提出了新的见解。

第一,语言结构的复杂性可以从不同角度去定义。比如,不同的音根据其响亮程度可以排成一个层级,其响度从最高到最低依次为:低元音 > 中元音 > 高元音 > 边音 > 鼻音 > 塞音/擦音(Zec 1988, 1995)。从构成音节核心(syllable nucleus)的角度看,响度最高的音充当韵核最简约,响度最低的音充当韵核最复杂。与此相反,从构成音节边缘(syllable margin)的角度来看,响度最低的音充当声母和韵尾最简约,而响度最高的音充当声母和韵尾最复杂。可见,从不同角度定义的复杂性常常相互对立。

第二,判定一个语言形式是复杂还是简约,不能孤立地看,要跟它周围的语音环境联系起来看。比如,从单个的音看,鼻元音[ã]比非鼻元音[a]复杂,因为鼻元音的发音涉及口腔和鼻腔,而口元音的发音只涉及口腔。但在鼻辅音的环境里,[mã]的发音并不比[ma]复杂,因为鼻辅音会影响它邻近的元音,使之鼻化;反而[ma]比[mā]复杂,因为发完鼻辅音之后要立即关上鼻腔通道比较费力。

第三,语言结构的复杂性不但反映在音段(即:元音、辅音)层次,也反映在韵律层次。比如,作为韵律单位之一,音节结构也有简约(unmarked)和复杂(marked)之分。结构最简约的音节是CV,因为它满足了"音节必须有声母"和"音节不可有韵尾"这两条结构性制约条件。CVC音节比CV音节的结构复杂,因为它多了一个韵尾,违反了"音节不可有韵尾"的制约条件。VC音节又比CVC音节的结构复杂,因为CVC音节只违反了"音节不可有韵尾",而VC音节不光有韵尾,还缺少声母,同时违反了"音节必须有声母"和"音节不可有韵尾"这两条结构性制约条件。

综上所述,优选论判定语言结构复杂性(markedness)的标准是看其满足结构性制约条件的程度。每一条结构性制约条件都是从不同角度保证语言结构的简约性。违反结构性制约条件的语言结构比满足结构性制约条件的语言结构要复杂。

语言的类型   语言类型学的基本研究方法是归纳推理:建立语种库,比较语料,概括规律,归纳语言类型。优选论研究语言类型的基本方法则是演绎推理:先假定一组制约条件,根据制约条件的不同排序预测不同的语言类型,再用实际语言来印证这种预测。优选论对语言类型的预测是从关于语言共性和个性的假设中推导出来的:如果制约条件是所有语言共有的,而对制约条件的不同排序是个别语言特有的,那么,制约条件的每一种不同排序都对应于一种可能的语言类型。反过来说,每一种语言类型都对应于一种可能的制约条件的排序。优选论把这种预测的语言类型叫做"因数类型学(factorial typology)",即制约条件可能的排序数目是制约条件数目的因数。假如有3个制约条件,3的因数等于6(因数的算法是: $1 \times 2 \times 3 = 6$),即3个制约条件有6种不同的排列组合顺序。有多少种制约条件的可能排序,就有多少种语言类型。反过来说,有多少种语言类型,就有多少种制约条件的可能排序。

类型学研究所归纳的语言类型都可以用制约条件的不同排序来解释。比如,雅可布逊观察到,声母、韵核和韵尾这三个音节成分的重要性不同。所有的音节都有韵核,但不是所有的音节都有声母和韵尾。尽管不是所有的语言都要求每个音节必须有声母,但没有一个语言要求每个音节必须有韵尾。不同语言有什么样的音节类型,取决于该语言是否强制声母而禁止韵尾。雅可布逊(Jakobson 1962)的音节类型学可以用下图来概括(转引自 Prince and Smolensky 1993:85):

		声　　母	
		强　制　性　的	可　选　择　的
韵 尾	禁　止　性　的	$\sum^{CV}$	$\sum^{(C)V}$
	可　选　择　的	$\sum^{CV(C)}$	$\sum^{(C)V(C)}$

上图显示的是雅可布逊根据一个语言是否强制声母和禁止韵尾所归纳出的四种语言类型:(1)强制声母而禁止韵尾的语音($\sum^{CV}$);(2)强制声母而不禁止韵尾的语音($\sum^{CV(C)}$);(3)禁止韵尾而不强制声母的语言($\sum^{(C)V}$);(4)既不禁止韵尾也不强制声母的语言($\sum^{(C)V(C)}$)。第一种语言只允许 CV 一种音节。第二种语言允许 CV 和 CVC 两种音节。第三种语言允许 CV 和 V 两种音节。第四种语言允许 CVC、CV、VC 和 V 四种音节。

　　雅可布逊的这一音节类型学在优选论里可以通过两个结构性制约条件"音节必须有声母(O_{NSET})"(简称"有声母")和"音节不可有韵尾($*C_{ODA}$)"(简称"无韵尾")与忠实性制约条件"输出与输入必须一致"(简称"忠实")之间的不同排序来解释(Prince and Smolensky 1993:86):

		声　　母	
		有声母≫忠实	忠实≫有声母
韵 尾	无韵尾≫忠实	$\sum^{CV}$	$\sum^{(C)V}$
	忠实≫无韵尾	$\sum^{CV(C)}$	$\sum^{(C)V(C)}$

上图中的符号"≫"表示制约条件之间的排序,该符号左边的制约条件优先于该符号右边的制约条件。优选论通过相同制约条件之间的不同排序来预测不同

语言的音节类型。(1) 结构性制约条件"有声母"和"无韵尾"排在忠实性制约条件"忠实"之前:有声母,无韵尾≫忠实。这一排序派生出来的语言强制音节必须有声母而无韵尾($\sum^{CV}$)。(2) 忠实性制约条件"忠实"夹在两个结构性制约条件"有声母"和"无韵尾"之间:有声母≫忠实≫无韵尾。这一排序派生出来的语言强制声母但不禁止韵尾($\sum^{CV(C)}$)。(3) 结构性制约条件"无韵尾"和"有声母"掉换次序,将"忠实"夹在中间:无韵尾≫忠实≫有声。这一排序派生出来的语言禁止韵尾但不强制声母($\sum^{(C)V}$)。(4) 忠实性制约条件"忠实"排在两个结构性制约条件之前:忠实≫无韵尾,有声母。这一排序派生出来的语言既不强制声母也不禁止韵尾($\sum^{(C)V(C)}$)。这些预测的语言类型是否存在可以通过语言事实来检验。由此可见,优选论研究制约条件的不同排序等于是研究语言的不同类型。

3. 优选论的筛选程序

要了解优选论的筛选程序,先要了解筛选表(tableau),因为优选论的"筛选机能"对最佳输出形式的筛选过程都包含在筛选表中。筛选表有两种。一种是已知制约条件的优先次序,根据制约条件的排序来决定最佳输出形式。这种筛选表叫做"违反筛选表"(violation tableau)。另一种是已知最佳输出形式,根据最佳输出形式来决定制约条件的优先次序。这种筛选表叫做"比较筛选表"(comparative tableau)。优选论文献中常见的是第一种筛选表。第二种筛选表只出现在近年的优选论文献中。要了解最佳输出形式是怎样筛选出来的,先要了解筛选表中各种符号所表达的意思。下面是"违反筛选表"中常用的符号。

双斜线"//"表示输入形式。

方括号"[ ]"表示输出候选项。

手指图形"☞"表示最佳输出形式。

箭头"≫"表示制约条件的优先层级。箭头"≫"左面的制约条件比右边的制约条件重要,要优先满足。

星号"＊"表示违反制约条件。"＊"的数目代表违反制约条件的次数。

惊叹号"!"表示致命的违反。

下面分别阐述"违反筛选表"和"比较筛选表"的不同操作方法。先看表1。

表1 根据已知制约条件的优先次序筛选最佳输出形式

输入形式：/x/		条件 A≫条件 B≫条件 C		
输出形式	☞候选项[a]			*
	候选项[b]		*	
	候选项[c]		*！*	
	候选项[d]	*！		

第一横排最左边是输入形式/x/,右边是三个制约条件,分别用大写字母A、B、C代表。这三个制约条件的优先次序为"条件 A≫条件 B≫条件 C",即:A 优先于 B,B 优先于 C。

第二至第五横排的左边分别竖着列出了四个输出形式的候选项,用[a][b][c][d]代表。紧挨着输出候选项右边的三个竖行分别对应于"条件 A"、"条件 B"、"条件 C"。这些格子里的星号"＊"显示各个候选项违反相对应的制约条件的不同次数。

先看候选项[d]。它违反了制约条件 A,因此,候选项[d]在与制约条件 A对应的格子里有一个"＊"。因为制约条件 A 的排序最前,必须优先满足。因此,违反条件 A 是致命的,用"！"表示。

再看其他候选项。候选项[c]和候选项[b]都违反了制约条件 B,但候选项[c]违反了条件 B 两次,因此得了两个"＊＊",候选项[b]只违反了条件 B 一次,只得了一个"＊"。候选项[c]比候选项[b]多得这个"＊"是致命的,用"！"表示。

最后看候选项[a]。尽管候选项[a]违反了排序在后的制约条件 C,但它满足了排序在前的条件 A 和条件 B。因此相对于其他候选项来说,候选项[a]还是最佳输出形式,用手指☞表示。

现在看表2。表2不同于表1的是制约条件 B 和制约条件 C 的优先次序相同。优先次序相同的制约条件之间不用排序,因此 B 和 C 之间用逗号","而不用箭头号"≫"。同样,在与条件 B 和条件 C 下面相对应的两个竖行之间用虚线而不用实线,表示违反条件 B 和条件 C 结果相同。

表2 根据已知制约条件的优先或并列次序筛选最佳输出形式

输入形式: /x/		条件 A≫条件 B,条件 C		
输出形式	☞候选项[a]			*
	☞候选项[b]		*	
	候选项[c]	*!		
	候选项[d]	*!		

先看候选项[d]和候选项[c]。这两个候选项都违反了最优先的制约条件 A,因此都被筛选出局。

再看候选项[a]和候选项[b]。这两个候选项分别违反了条件 B 和条件 C 各一次。因为条件 B 和条件 C 之间没有排序,违反条件 B 和违反条件 C 的结果相同,决不出胜负。但相对于候选项[d]和候选项[c]来说,候选项[a]和候选项[b]都是最佳输出形式,因为它们满足了制约条件 A,尽管它们各自违反了条件 B 和条件 C。这种一个输入形式对应于两个最佳输出形式的情况常常表现为语言的自由变体。香港粤语[n][l]不分的现象就是自由变体的例子。

我们在分析语料的实际操作中,更多的时候是已知最佳输出形式[④],而不知道制约条件的优先次序。比如,普通话的上声变调现象,我们已知两个上声([214.214])连读的时候,第一个上声变成阳平调([35]),第二个上声不变调([214])。在经典生成音系学里,普通话上声变调的规则可以写成:/214/→[35]/__[214]。那么,优选论怎样解释普通话的上声变调呢? 根据 Prince and Smolensky(1993)提出的两个笼统的制约条件"禁止复杂语言结构(* Complex)"和"输出与输入必须一致(Identity)",我们将这两个条件应用于声调范畴,于是得到两个针对声调的制约条件:"禁止曲折调(*complex tone)"和"声调输出与输入必须一致(identity tone)"。这里需要强调的是,我们并没有提出什么新的制约条件,只是将优选论中比较笼统的制约条件应用于声调的具体情况。"禁止曲折调"是"禁止复杂语言结构"的具体应用,"声调输出与输入必须一致"则是"输出与输入必须一致"的具体应用。优选论提出的许多笼统的制约条件都可以给其赋予具体的内涵而应用于具体语料的分析。

我们已经知道上声变调的最佳输出形式是[35.214],现在又有了限制上声变调的制约条件,就是不知道这两个制约条件之间的优先次序。在这种情况下,"比较筛选表"可以用来确定制约条件的排序。下面看表3。

表3 根据已知最佳输出形式决定制约条件的优先次序

输入形式	输出候选项	禁止曲折调	声调忠实
/214.214/	→[35.214]	1	1
	~[214.214]	2　W	L

表3是"比较筛选表"。它跟表1和表2的不同之处在于表1和表2是根据已知制约条件的排序来筛选最佳输出形式,而表3则是根据已知最佳输出形式来确定制约条件之间的排序。

表3的左起第一竖行是输入形式,即两个上声调相连/214.214/。这里的数字表示上声的调值,两个调值之间的"."表示音节分界。

表3的左起第二竖行列出了两个输出候选项[35.214]和[214.214]。在这两个输出候选项之中,我们已经知道了[35.214]是赢者(winner),前面用"→"表示;而[214.214]是输者(loser),前面用"~"表示。

再看最右边两个竖行。这两个竖行的最上面分别列出"禁止曲折调"和"声调忠实"这两个制约条件。要决定它们之间的排序,需要比较它们之间哪个偏爱(favor)赢者。很明显,"禁止曲折调"偏爱赢者[35.214],因为[35.214]中只含一个曲折调,而输者[214.214]中含两个曲折调。在"禁止曲折调"与赢者[35.214]相交的格子里有个数字"1",它表示该候选项[35.214]违反了制约条件"禁止曲折调"一次。在"禁止曲折调"与输者[214.214]相交的格子里有个数字"2",它表示该候选项[214.214]违反了制约条件"禁止曲折调"两次。在数字"2"旁边有个大写的字母"W"(Winner),它表示制约条件"禁止曲折调"偏爱赢者。

再看制约条件"声调忠实"与候选项[35.214]相交的格子,里面有一个数字"1",它表示该候选项违反了"声调忠实"一次。而在"声调忠实"与候选项[214.214]相交的格子里没有任何数字,这表示候选项[214.214]满足了这一条件,因为该候选项与输入形式/214.214/完全保持一致。在这个格子里有个大写字母"L"(Loser),它表示制约条件"声调忠实"偏爱输者。

偏爱赢者的制约条件排在偏爱输者的制约条件之前。"禁止曲折调"偏爱赢者,而"声调忠实"则偏爱输者,因此,这两个制约条件之间的排序是:禁止曲折调≫声调忠实。

上面三个筛选表分别说明了优选论筛选程序操作的不同情况。前两个表格是"违反筛选表",其作用是根据已知制约条件的排序来确定最佳输出形式。第三个表格是"比较筛选表",其作用是根据已知最佳输出形式来确定制约条件之间的优先次序。在实际操作中,还会遇到许多问题。下面阐述运用优选论分析汉语音系现象的操作方法。

4. 运用优选论的操作方法

运用优选论分析汉语音系现象大致有以下五个步骤。下面我们以广州话音变为例来演示这些步骤。先看广州话口语音变的语料(白宛如 1982):

今日	kɐm. iɐt	→	kɐm. mɐt
寻日(昨天)	ts'ɐm. iɐt	→	ts'ɐm. mɐt
琴日(昨天)	k'ɐm. iɐt	→	k'ɐm. mɐt

第一步:概括音变规律 当我们接触到一组国际音标标注的口语语料时,首先要根据其意思将该音串切分成与每个语素相对应的语音形式,并确定每个语素的底层语音形式及相对应的表层语音形式,然后根据语音环境概括音变规律。这是所有音系分析的共同方法,也是运用优选论分析音系现象的前提。上

面这组语料有三个音串。每个音串含两个语素,其中第二个语素都是"日"。
"日"的底层语音形式是/iɐt/,它的表层语音形式则是[mɐt]。/iɐt/变成[mɐt]
是有条件的,它前面的音节必须以[-m]结尾。如果"日"/iɐt/的前邻音节不以
[-m]为韵尾,"日"/iɐt/则不会变成[mɐt]。我们可以将广州话"日"的音变规
律概括为:以[i]开头的音节如果其前邻音节含鼻音韵尾,则[i]→[m]。

　　第二步:确定制约条件　弄清音变规律之后,要确定引发音变的制约条
件。对于"日"的底层形式/iɐt/的音节结构,我们有两个假设。一是假定"日"
/iɐt/没有声母;二是假定"日"/iɐt/以元音/i-/为声母,可以将/i-/记为半元音
/jɐt/。要确定什么因素引发这一音变现象,首先要看优选论的文献里是否已经
提出过可以解释类似现象的制约条件。根据优选论的文献,我们找到以下与广
州话音变相关的制约条件。

　　一是"音节必须有声母(syllable must have onset)"(Prince and Smolensky
1993)。假如我们把"日"/iɐt/看成零声母的音节,那么,它就违反了"音节必须
有声母"。如果要满足这一条件,就需要/i/→[m]。

　　二是" *元音声母"(*M/V)(Prince and Smolensky 1993)(星号" *"表示
"禁止")。这个制约条件的意思是,元音不可以充当声母,因此要禁止。假如我
们把"日"/iɐt/看成以元音为声母的音节,那么,它就违反了" *元音声母"这个
制约条件。要满足这个制约条件,就必须/i/→[m]。

　　不论是"音节必须有声母"还是" *元音声母",其作用都是让"日"/iɐt/这一
音节的结构变得简约。除了结构性制约条件之外,忠实性制约条件"不准增音"
和"不准减音"也在起作用,以保证音变的结果与输入形式不致相去太远。

　　如果优选论文献中确实没有相关的制约条件,我们可以提出新的制约条
件。提出新的制约条件是一个很大的责任,因为优选论假定制约条件是所有语
言共有的,多提一个制约条件就意味着语言共性里多了一个制约条件。优选论
还假定,制约条件的不同排列次序反映语言的不同类型。因此,多提出一个制
约条件,就意味着语言类型的数目会以因数的方式增加。因此,在提出新的制
约条件之前,要先穷尽已有的制约条件。需要注意的是,在提出新的制约条件
时,要用命令式或禁令式的定义。制约条件的定义不应该有"除非……"、"只有

当……"、"尽量……"等假设性的字眼。

　　第三步：建构排序论据　确定了与广州话音变相关的制约条件之后，接下来就要决定制约条件的优先次序。排序论据通过比较候选项"赢者"和"输者"来建构。"赢者"就是我们使用的语言形式，"输者"就是我们不用的语言形式。偏爱赢者的制约条件排在偏爱输者的制约条件之前。排序论据呈现在"比较筛选表"里。下面我们用表4演示如何给广州话音变的制约条件建构排序论据。

表4　根据已知最佳输出建构制约条件的排序论据

输入形式	输出候选项	*元音声母	须有声母	不准增音	不准减音
ʔkɐm. iɐt?	→［kɐm. mɐt］			1	1
	a. ~［kɐm. iɐt］	1　W	1　W	L	L
	b. ~［kɐm. miɐt］			1	L

　　表4左起第一竖行是输入形式，即语素"今日"的底层形式/kɐm. iɐt/。左起第二竖行给出了三个输出候选项。我们已知第一个候选项是"赢者"，用"→"表示。除此之外，我们列出了两个"输者"候选项a和b，用"～"表示。右起三个竖行的第一横排列出了四个制约条件。每个候选项与每一个制约条件相交的格子显示该候选项满足或违反该制约条件的情况。数字"1"表示违反该制约条件一次，没有数字表示没有违反该制约条件。与制约条件相对应的格子里的大写字母"W"表示该制约条件偏爱"赢者"，大写字母"L"表示该制约条件偏爱"输者"。下面我们逐项讲解。

　　先看每个候选项与制约条件"*元音声母"相应的格子。赢者［kɐm. mɐt］与"*元音声母"相交的格子是空的。这表明赢者满足了这一制约条件。输者a与"*元音声母"相交的格子有数字"1"，这表明输者a违反了"*元音声母"一次。将输者a［kɐm. iɐt］与赢者［kɐm. mɐt］相比较，我们看到，制约条件"*元音声母"偏爱的是赢者［kɐm. mɐt］，因为赢者满足了该条件，而输者a违反了该条件。输者b与"*元音声母"相交的格子里没有任何数字。这说明输者b满足了

"*元音声母"。

再看每个候选项与制约条件"须有声母"相对应的格子。赢者没有违反这个条件,因此赢者与这一条件相交的格子是空的。在输者 a 与该条件相交的格子里有数字"1",表示输者 a 违反该条件一次。在这同一格子里有个大写字母"W",表示"须有声母"这一制约条件偏爱赢者。输者 b 与该条件相交的格子是空的,表示输者 b 没有违反该条件。

再看每个候选项与制约条件"不准增音"相对应的格子。赢者和输者 b 与这一条件相交的格子里各有一个数字"1",表示赢者和输者 b 各违反该制约条件一次。输者 a 没有违反该条件,因此,输者 a 与"不准增音"相交的格子里没有数字。比较赢者与输者 a,"不准增音"偏爱的是输者 a,因此在输者 a 与"不准增音"相对应的格子里有大写字母"L"。比较赢者与输者 b,它们都违反了"不准增音"这一制约条件,因为它们的第二个音节里都增加了[m]。因此,该制约条件既不偏爱赢者,也不偏爱输者 b。

再看最后一个制约条件"不准减音"。输者 a 和输者 b 都满足了这一条件,因为两个输者候选项都没有删除输入形式里的音,只有赢者违反了这个条件,因为输入形式里的/i/在赢者里没有出现。将赢者分别与输者 a 和输者 b 比较,"不准减音"偏爱的是两个输者,因此,在输者 a 和输者 b 与该条件相交的格子里都有一个大写字母"L"。

弄清楚每个制约条件是偏爱赢者还是偏爱输者之后,我们可以给这些制约条件排序。凡是偏爱赢者的制约条件都排在偏爱输者的制约条件之前,即:凡是制约条件下面的格子里有"W"的都排在制约条件下面格子里有"L"的之前。具体来说,"*元音声母"和"须有声母"排在"不准增音"和"不准减音"之前,因为前两个制约条件的格子里只有"W"而没有"L",而后两个制约条件的格子里只有"L"而没有"W"。由此得出,广州话音变的制约条件的排序为:*元音声母,须有声母≫不准增音,不准减音。

第四步:核实制约条件的排序　确定制约条件的排序之后,要核实这一排序是否正确。核实的方法是根据已知制约条件的排序来筛选最佳输出形式。如果能筛选出最佳输出形式,说明我们建立的排序是正确的。如果不能筛选出最佳输出形式,就说明我们建立的排序不正确,因此要加以修改。核实制约条件的排序用"违反筛选表"。下面用表 5 来核实我们之前建构的排序。

表 5　根据已知制约条件的排序筛选最佳输出形式

	输入/kɐm.iɐt/	*元音声母,须有声母≫不准增音,不准减音			
候选项	a.　[kɐm.mɐt]			*	*!
	b.　[kɐm.iɐt]	*!	*!		*
	☞ c.　[kɐm.miɐt]			*	

表 5 列出了三个输出候选项。候选项 b 违反了排序在前的两个制约条件。这两个犯规都是致命的,用"!"表示。灰色的格子表示候选项 b 已经出局,不论它是否满足后面的制约条件都不再考虑。

现在来比较候选项 a 和候选项 c。候选项 a 同时违反了"不准增音"和"不准减音",而候选项 c 只违反了"不准增音"。这两个制约条件之间没有优先次序,判定哪个候选项胜出要以犯规的次数来决定。候选项 a 得了两个犯规星号"*",而候选项 c 只得了一个犯规星号"*"。因此,候选项 a 违反"不准减音"是致命的。根据现有的排序,候选项 c 被选为最佳输出形式。这一筛选结果与表 4 中的赢者不吻合。这说明,我们之前建立的制约条件及其排序是错误的,需要修正。

第五步：修正制约条件及其排序　我们已知表 4 中的赢者是候选项 a。为什么表 5 筛选出来的最佳输出形式是候选项 c 而不是候选项 a 呢？经过比较,我们发现,候选项 c 比候选项 a 多了一个介音[i]。我们知道,广州话的音节是不含介音的。怎样排除含介音的候选项呢？假定介音是声母的一部分(Duanmu 1990),我们可以用"禁止复杂声母"来排除含介音的候选项 c。"禁止复杂声母"不是新的制约条件,它只是将优选论已有的制约条件"禁止复杂语言结构(*Complex)"应用于声母而已。我们将新增的制约条件"禁止复杂声母"排在忠实性制约条件"不准增音"和"不准减音"之前。

下面看表6。

表6 根据已知制约条件的排序筛选最佳输出形式

	输入/kɐm.iɐt/	*元音声母,须有声母≫	*复杂声母≫	不准增音,	不准减音
候选项	☞a.［kɐm.mɐt］			*	*
	b.［kɐm.iɐt］	*！	*！		
	c.［kɐm.miɐt］		*！	*	

表6在表5的基础上添加了制约条件"*复杂声母"。由于这一制约条件排在忠实性制约条件之前,候选项c违反了这一条件,因此被筛选出局。剩下候选项a,它虽然违反了"不准增音"和"不准减音"这两个忠实性制约条件,但与其他候选项比较,它还是最佳输出形式,因为它违反的制约条件的排序最低。

至此,我们完成了运用优选论分析广州话的音变现象,建立并核实了相关的制约条件及其排序: *元音声母,须有声母≫*复杂声母≫不准增音,不准减音。读者可以自己实践,用优选论分析其他的汉语音系现象。

5. 优选论在汉语音系研究中的应用前景

十年前国内语言学刊物上已经出现了以优选论分析汉语方言音系现象的文章(钟荣富1995)。笔者的拙作(Jiang-King 1996,1998,1999a、b、c,蒋平1999a、b)就是应用优选论分析汉语方言音系现象的尝试。近年国内涌现出一批以优选论分析汉语方言声调的论文(王嘉龄2002,房青2004,翟润梅2004,张新婷2004)。这是可喜的开端。汉语方言变调现象极为复杂,且与韵律、重音、构词、历史音变等因素夹在一起,要理清头绪极为不易。如果我们能将各方言变调情况摸透,确定与变调相关的制约条件并建立制约条件的不同排序,那将对普通语言学理论做出极大的贡献。

汉语构词和构形中的音系现象也非常值得考察。一般认为汉语没有类似印欧语言那样丰富的曲折和派生构词手段,因此由构词产生的语音交替形式(alternation)不多。其实不然。《方言》和《中国语文》杂志上发表的描写汉语方言构词构形音变的语料相当丰富,尤其是重叠构词和构形的现象,几乎所有的汉语方言里都有。我们完全可以在这些材料的基础上研究不同汉语方言构词构形音变的制约条件及其排序。

借词现象反映了相同制约条件在不同语言里的排序。比如,普通话和香港粤语里都有英语借词。英语的音节结构比较复杂,而汉语的音节结构则比较简单。当英语的词语借入汉语之后,其复杂的音节结构需要简化,才能成为汉语词汇的一部分。研究借词可以了解说汉语的人如何感知英语词语的音节结构(Yip 2004)。再比如,英语有重音而无声调。当英语的借词进入粤语之后,这些借词都会有声调。这就为我们考察重音与声调的关系提供了丰富的语料。研究显示,英语借词的重读音节到粤语里都变成高平调,非重读音节都变为中平调或者低平调(Lai 2004)。这证明了"高调与重音互相吸引"(蒋平 1999b)和"低调与非重音相吸引"(de Lacy 1999)这两个制约条件在粤语借词的声调指派中起着重要作用。

研究语音的历史演变是汉语声韵学的传统。历史音变的引发因素有些与语音感知的清晰度有关(Holt 1997,Padgett and Zygis 2003),要求感知清楚的因素与要求发音简单的因素之间常常发生冲突。这种冲突既引发历史音变,又制约历史音变。汉语的历史音变是什么原因引发的?受到什么因素的制约?假如引发和制约汉语的历史音变的因素众多,那么,优选论则正好为解决各种因素的互动和冲突提供了可行的理论框架。

汉语的音系现象多种多样,历时的,共时的,语法的,构词的,母语习得的,外语学习的,不胜枚举。只要我们勇于尝试,优选论在汉语音系中的应用前景将非常广泛。毫无疑问,用优选论研究汉语音系的成果将会对普通语言学理论做出重要的贡献。

附　注

① 在优选论出现之前,生成音系学经历了两个发展阶段。一是以《英语音系》(*The Sound*

Pattern of English，Chomsky and Halle 1968）为代表的经典生成音系学阶段；二是以《自主音段音系学》（*Autosegmental Phonology*，Goldsmith 1976）为代表的发展的生成音系学阶段（又称为非线性音系学，王洪君 1999）。

② 这些文献大都集中在 Rutgers 大学设立的优选论的网站上。该网站有文献检索系统，读者可以用作者姓名、文章题目、文章编号、关键词等不同方式查找文献。网址：http：//roa. rutgers. edu/

③ 这里"语法"一词的含意是"语言的法则"，包括语音的法则、构词的法则、句子的法则等等，是一个比较宽泛的概念。它不同于汉语语法学界专指句法规则的"语法"。

④ 自然语言中的最佳输出形式就是我们日常生活中听到和说出的语言形式。"自然语言"指人说的语言，而不是电脑语言。

第十四章

走进汉语历史音韵学的汉藏语比较研究*

麦 耘

1.

1.1 起于20世纪初的、现代意义上的汉语历史音韵学是对传统音韵学的继承和发展。历史音韵研究从传统向现代的转变,大致可从四个方面说:

（1）**研究材料** 清儒及其以前的学者研究古音,利用的基本上是历史文献材料。现代的研究继续利用历史文献材料并扩大范围(例如对音材料、表现古代汉语形态变化的材料、出土文献材料等),更重要的是利用了活语言材料——方言语音(包括"域外方音")成为历史音韵研究的一项独立的材料。

（2）**研究方法和理论** 传统的研究方法基本上是对历史文献材料的归纳和排比,也有一些很精彩的地方,例如"离析唐韵"。传统音韵学中成体系的理论,一是中古音研究中的"等韵",二是上古音研究中的"对转"。两个理论都是针对各自的共时音系的,它们之间缺乏历时的关联,换言之,传统学问中缺乏关于语音历时变化的理论。自高本汉始,引进了历史比较法和内部拟测法。自那以后,历史音韵研究在方法上是越来越丰富了。在现代的研究中,普遍运用从西方传入的音变理论(例如新语法学派的"条件论")、音系-音位理论等。

（3）**作为研究对象的历史时段** 传统的概念中只有界限不明确的"古音"（上古音）和"今音"（中古音）。现代的历史音韵学则有"汉语语音史"的概念,除了上古、中古之外,近代音也被纳入研究的视野;而各阶段之间有过渡期,各阶段之内也可以再细分。

（4）**学术观念** 传统的研究基本上只分析古音的音类,而现代的研究还要构拟古代音值;传统的学者只关心"古音是怎样的",而且还没能完全摆脱实用主义的、为"读经"服务的语文学框架。现代学术则更重视寻绎抽象,试图重建作为语言系统的古代汉语,尤其是企求揭示汉语语音历史演变的规律和趋势。

1.2　上古音如何研究?清儒的做法是:归纳上古韵部,排比谐声系统,整理假借、异文材料,从《广韵》上推古音。现代学者后出而转精,例如,可以运用数理统计方法处理押韵材料,以古文字材料校正《说文》谐声,利用出土文献中的假借、异文等,由于有现代语言理论的指导,从中古音上推上古音也能做得更为科学。

上古韵母系统研究的基石,一向是归纳以《诗经》为主的韵文材料而成的韵部系统,谐声材料可作辅助。谐声材料不能离开韵文材料而单独归纳出韵部系统,因为不同的谐声系列即使可能同韵部,也很少有机会互相系联(尤其是在声母不同类的谐声系列之间)。譬如说,利用甲骨文来研究殷代韵母,也基本上只能在代表周音的《诗经》韵部的框架基础上进行,而不容易判断殷代与周代的韵部是否有系统上的不同。在上古声母研究方面,韵文材料无法提供丝毫帮助,只能依靠谐声材料和系统性相对弱的假借、异文以及用中古音参照。这使上古声母研究比韵母的研究更加困难。汉字作为非音素文字的局限性,先天地不利于古音构拟。另一方面,史前文献的缺乏使对更早期的汉语史的研究不得不减少对文献的依赖程度。经过学术界多年的努力,在历史文献材料的框架内,对上古音、尤其是前期上古音(或叫做远古音/原始汉语音)进一步研究的余地已不太多了。[①]

在中古音研究中,现代学者们利用汉语方言等活语言材料,取得了惊人的成就。但年代久远的上古音在现代方言中保留的遗迹实在太少,汉语方言的历史比较对上古音研究的作用非常有限。

在这种情况下,把对汉语上古音研究、尤其是对上古声母研究起突破性作用的希望寄托在另外一类活语言材料——亲属语言材料上,就是很自然的了。王力(1963:162)和李方桂(1971:5)都曾表达过这种希望。时至今日,这已经不仅仅是希望,汉藏语比较研究正在走进汉语历史音韵学,尽管每前进一步都充满艰辛。

1.3　汉语属于汉藏语系,是绝大多数语言学家的共识。但这个语系里包括什么语言,还有不同观点。比较流行的划分法是汉藏语系包括汉语、藏缅语族、苗瑶语族和壮侗(侗台)语族(Li 1937,马学良 1991)。另一种观点把苗瑶语族和壮侗语族从汉藏语系中划出,与南岛语组成"澳泰语系"(Benedict 1972)。还有一种观点是认为汉语与南岛语有发生学关系,可以把南岛语跟汉藏语合成一个大语系"华澳语系"(沙加尔 1993 和 2004,邢公畹 1991,潘悟云 1995b)。汉语与藏缅语族有亲属关系,则是很少有人怀疑的。

近百年来,汉藏语系研究论著汗牛充栋,汉语与汉藏语系其他语言之间的比较研究也成果迭出。运用汉藏语系语言的比较研究方法来构拟汉语上古音,已经有相当基础。

1.4　从汉语上古音构拟的角度说,最重要的是汉藏语系的同源词/关系词的比较研究。下面把 20 世纪 80 年代以来汉藏语同源词/关系词比较研究方面资料较丰富而成系统的论著列举若干于下。笔者见闻有限,难免挂一漏万,这里只能提供一个粗略的轮廓。

(1)　龚煌城(1980)以 182 组汉、藏、缅三向对应的同源词(基本上是汉、藏、缅三种语言各列一个词,组成一组),以李方桂的汉语上古音构拟系统为基础作元音的比较。

(2)　包拟古(Bodman 1980)在研究"原始汉语"时利用的汉藏语同源词有近 500 对[②],与汉语作比较的材料以藏语为主。他主要着力于辅音(声母、韵尾和介音)的研究。

(3)　柯蔚南(Coblin 1986)收罗、排比近 500 对/组汉语与藏缅语的同源词,做成一个资料汇编。他对每一对同源词都作出"原始汉藏语"的构拟。

(4)　俞敏(1989)以 500 多对汉语与藏语的同源词按上古韵部为目排列,主要是作韵母的对应。他对汉语古音的构拟(称为"藏语指向")每有与前人不同之处。

(5)　曾晓渝(1994)专研究汉语和水语的关系词,材料有 300 多对。

(6)　全广镇(1996)尽量搜集前人提出的资料,去除他认为不可靠的,得600 余对汉语与藏语(间及缅语)的同源词。

（7）邢公畹（1999）用他所创立的"语义学比较法"，以壮傣语支（台语）的材料来与汉语比较，所收汉台关系词有1000对上下。

（8）施向东（2000）列举的汉、藏同源词有400多组。他采用邢公畹的"语义学比较法"，一组是一个音义相关的系列，每一组内多不止一对，故实有1000对以上，是目前汉、藏词汇比较著作中收集材料最多的。

（9）邢公畹（2001）从柯蔚南（Coblin 1986）的资料中检出约130对汉语-藏语同源词重加证明，还补上其他民族语言资料。

（10）陈其光（2001）列出289对汉-苗瑶关系词，比较其声、韵、调，认为其中大约有170对是同源词。

（11）吴安其（2002）以近100个核心词比较他所构拟的上古汉语、原始藏缅语、原始侗台语、原始苗瑶语和原始汉藏语，在构拟汉语上古音时也使用了相当多的同源词材料。

（12）金理新（2002）在构拟汉语上古音时，非常倚重汉、藏同源词。材料量很大，具体数量未有统计。

（13）黄勇（2002）研究汉语与侗语的关系词。他也用"语义学比较法"，利用的材料有关系词90组200余对。

（14）龚群虎（2002）研究汉语与泰语的关系词，从1000余对关系词中区分出上古关系词层和中古借词层。

（15）黄树先（2003）整理出600多对汉、缅同源词，以郑张尚芳-潘悟云的上古音构拟体系为基础进行比较。

（16）马蒂索夫（Matisoff 2003）虽主要研究原始藏缅语，不过也涉及汉语。其中用以与他所构拟的原始藏缅语进行比较的汉语单音节词有约600个。

2.

汉藏语比较可以帮助进一步证实上古音研究中的一些结论，也提出了一些有待研究的问题。具体情况很复杂，本文不能一一细辨，下面挑一些问题尽量简略地说一说。

2.1 元音

歌、鱼两部元音为 a，是汪荣宝（1923）凭东汉以后才有的梵汉对音考出的，此后一直再没有更早的成系统的证据。现在，汉藏语比较对此给出了肯定的证明。其他韵腹被拟为 a 的韵部（铎、阳、月、元、葉、谈等）的字都基本上与民族语言同源词的 a 元音对应。

郑张尚芳（1984）拟幽部为 u、侯部为 o。这在梵汉对音中也能见到（见俞敏 1984a），而汉藏语比较材料为之增添了更直接的证据。

李方桂（1971）以 i 元音为脂、质、真三部的韵腹，这能得到汉藏语比较结果相当有力的支持。

雅洪托夫（1960b）把歌、月、元、微、物、文诸部的舌齿音合口字拟为圆唇元音，而在这些韵部的藏语同源词中也确有部分在古藏文中为 o、u 元音，但与雅氏的构拟还未完全吻合。还需要对这几部作更精细的考察。

王力（1958）把支、锡、耕部的韵腹拟为 e，李方桂（1971）则拟为 i。这几部的字对应古藏文的 e 和 i 都不少，看来还需要研究。

郑张尚芳（1987）构拟的上古元音有长短之别，短元音主要是后代三等韵字。古藏文元音不分长短。缅文和泰文的元音则分长短，但与郑张—潘所拟的上古汉语元音的长短似没有严整的对应关系。汉藏语比较能否为汉语上古音元音分长短之说提供证明，尚待研究。

古藏文有 5 个元音：a e i o u；缅文元音字母有 21 个，可归纳为 7 个（不计长短等区别）；泰文的元音符号如算上各种附加部分超过 30 个，不过归纳起来只有 8 个；柯蔚南（Coblin 1986）为原始汉藏语构拟的 6 个元音是 a i ɨ u ə o，吴安其（2002）构拟的原始汉藏语 5 元音跟古藏文一样；李方桂（Li 1977）构拟的古台语是 9 元音，梁敏、张均如（1996）构拟的原始侗台语也是 9 个元音；吴安其（2002）则构拟为 6 元音，古侗台语的 5 元音；王辅世、毛宗武（1995）构拟古苗瑶语 15 个元音，且分长短，而吴安其（2002）只构拟了 6 个。马蒂索夫（Matisoff 2003）构拟原始藏缅语 6 个元音。包拟古（1980）构拟的"原始汉语"元音系统是 6 个：a e i o u ɨ，郑张尚芳（1984）的汉语上古音 6 元音系统与之接近，为 a e i o u ɯ。笔者认为包—郑张的元音系统比前修曾提出过的其他系统都更好些。它还需从各方面,包括汉藏语比较研究来作进一步证明。

现在有个与元音构拟直接相关而尚未证明出来的问题是:原始汉语的韵部跟《诗经》韵部在总体系统上是否一样?

2.2 韵尾

上古阴声韵是否带某种有别于入声韵的塞音韵尾,学界一直没有一致的意见。古藏文中与汉语阴声韵对应的词,一部分带塞音尾(不过跟入声韵的塞音尾没区别),一部分为开尾。从逻辑上说,既可能是原始汉藏语的塞音尾在藏文中失去了一部分,也可能是藏文后来生出一部分塞音尾来,还有一种可能是汉语的阴声韵有一部分来源于入声韵。梳理古藏文收三种塞音尾的词语分别与上古汉语各部之间的关系,相信会对看清楚这个问题有益。

李方桂(1971)把歌部拟为-r 尾。事实上,歌部字常常对应藏文的-r 尾字。而从系统的角度看,与歌部平行的脂部、微部的韵尾应同于歌部。这两部字中有多少可与藏文-r 尾字对应(以及有多少不能对应),还需要甄别。

一批学者认为,中古汉语的去声来自上古的-s 尾。依全广镇(1996)统计,汉藏同源词中汉语去声字约占五分之一,而汉藏同源词中带-s 的古藏语词约有 40% 对应汉语去声字,这从概率上看不大可能是偶然的。不过,带-s 尾的藏语词与平、入声字对应的也不算太少(各占四分之一强)。要证明-s 尾是去声的来源,对此必须有所解释。[③]

2.3 介音

中古三等韵带 i/j 介音,这在谐声系统中很少表现出来,一般认为这个介音不参与谐声行为。在与汉语对应的藏、缅语词中也难得见到它的痕迹。多位学者根据各种迹象,认为中古三等韵中有相当一部分字的 i/j 介音是后起的,在上古本来没有。这看来是有道理的,不过也还有继续论证的余地。

自雅洪托夫(1960a)以来,二等韵在上古带 l/r 介音,并与来母有关的观点已被广泛接受。在汉藏语比较材料中,确有二等韵字对应带 l/r 的藏、缅语词,不过也常对应不带 l/r 的。到底是对应 l 还是对应 r,为什么有时看不到这种对应,是需要回答的疑问。

俞敏(1984b)指出中古重纽三等字带 r 介音,麦耘(1992)认为是带含有 r 的介音。重纽三等与来母的谐声关系也很密切。蒲立本(1962)、白一平(Baxter 1977)、余廼永(1985)、郑张尚芳(1987)都假设重纽三等的介音在上古是或者含有 r 或 l。亲属语言的 Cr-/Cl-与汉语的三等韵字对应,在比较材料中很常见。照陆志韦(1947)的观点,无重纽的三等韵中的唇牙喉音(除喻₄)字、所有三等韵庄知组和来纽字的介音与重纽三等同类,所以,有这种对应的词,只要不是重纽四等、喻₄、精章组和日纽字,都与上述假设相合。

2.4　声母

早期的复辅音研究都是围绕汉语历史文献材料进行的。从汉藏语比较角度看,会得到更深入的认识。藏缅语、壮侗语、苗瑶语都有复辅音,发展趋势是单辅音化,可以肯定在其较早阶段中,复辅音是很丰富的。如果承认汉语与它们有亲属关系,就很难想象汉语在分化之初就是没有复辅音的。汉藏语比较已经并将继续对上古汉语复辅音研究起极重要的作用。

多数学者都同意上古汉语或远古汉语有过 Cl-/Cr-这样的辅音。不过这里的 l/r 是看作复声母的后一成分还是看作介音,大家似乎都不刻意分辨。就字音构拟来说,这本不是太重要的,不过这个问题可能关系到对上古汉语乃至原始汉藏语音节结构的认识(参看孙宏开 2001)。④

除了 Cl-/Cr-,在亲属语言材料中,尤其是在古藏文中,还有更复杂的复辅音。例如 sC-类、lC-/rC-类,⑤以及发音部位不同的塞音、塞擦音、擦音、鼻音的相互组合⑥,其中有许多是过去学者们在构拟汉语上古音时不曾用过(没想到要用或不敢用)的。固然不可能把亲属语言现象生搬到汉语上古音构拟里,但面对汉藏语比较材料,思想的确可以开放些。

复辅音问题在汉藏语比较和汉语上古音研究中占有非常特殊的重要地位,因为汉语在上古以前与中古以后的多项重大差别(如音节结构、形态等)都与之有关。这个问题在当前许多古音论著中有大量的讨论,本文就不多谈了。

除复辅音问题外,其他声母的构拟也可从汉藏语比较材料中得到启发。如来母上古音早期按中古的读法拟作 l,后来不少学者改作 r,而以 l 拟喻₄,一个很重要的理由就来自汉藏语比较的结果。又如中古章组和喻四有部分字上古归牙音，这从谐声现象中可以见到，而汉藏语比较研究更提供了一批证据。

3.

下面讨论一些带原则性或前提性的问题。

3.1　关于汉藏语同源关系研究与汉藏语比较研究两者之间的关系。从逻辑上说，确认两个语言之间存在同源关系，是利用它们之间的同源词来进行历史比较研究的基础；另一方面，要想论证两个语言是同源的，一个主要的途径就是同源词之间的比较（还有是形态的比较，这下面再讨论），而找同源词又不能不通过历史比较的方法。这是不是循环论证呢？汉藏同源词比较的基础是否坚实？是否应该先把汉藏语的关系研究清楚了再谈比较研究？

笔者的认识是：一方面，从认知科学上说，人对客观事物的了解本来就是循环进行的，很少能靠一次性的逻辑推论获得，至少在认知的初期是如此。从对 A 的模糊认识出发，推导出不确定的可能性 B，再从 B 反观 A，会看得清楚些；如此循环，认识逐渐加深。语言同源关系的研究，往往是从语言之间少量隐约有对应关系的词出发，先假设它们同源，按照这个线索去爬梳更多的词语，慢慢就可能获得稍微确定的对应规律，然后进一步寻找同源词。当然，如果后来发现归纳不出可靠的对应规律，也会否定原先的假设。这样的探索过程，在学术研究中相当常见。通过比较进行的古音构拟是否成功，正可以验证同源假设是否成立。比较研究与同源关系研究两者是相辅相成的。

另一方面，在认知的深入阶段，也确实需要尽量摆脱这种循环，确立一个逻辑前提（至少是暂定的前提），以进行单向的推理。在汉藏语研究中有两种努力：一是在语言外部，从民族史角度论证汉民族与藏、缅同源（如俞敏 1980，邢公畹 1984，吴安其 2000，黄树先 2002）；一是在语言本体，依据词汇的语义系统或"同源体系"的比较（如邢公畹 1995 和 1999，施向东 2000）、核心词的比较（如郑张尚芳 1995，江荻 2000，金理新 2001，吴安其 2002，黄树先 2005）来看汉藏语系各语言之间的关系。

尽管学界不断努力，"汉藏语系同源"仍是个未获得最终证实的假说性命题。其实科学上的大多数命题本来都是达不到最终证明、只能做到逼近证明的;科学研究的过程就是一个不断地从相对真理向绝对真理逼近的过程。汉藏语关系问题也是如此,作为一个涉及数千年前、甚至可能是上万年前的命题,我们只可能证明它的可信度有多高,而不会有人企图叙述其"信史"。要想坐等汉藏语的关系有了定论以后才开始汉藏语比较,等于是永久放弃这一研究。这当然是不可取的。况且在目前,这个命题的可信度已经相当高(其中的核心子命题"汉语与藏缅语族同源"的可信度非常高),所以汉藏同源词比较的理据是相当坚实的。

3.2　关于上古汉语研究与原始汉藏语研究的关系。或以为按历史比较的顺序,总要就亲属语言内部完整地构拟了各自的古代形式,才可能往上推它们的共同祖语,即所谓"层级构拟"。而现在构拟原始汉藏语似乎是更多地依靠亲属语言材料,再往下推汉语古音,这就提出了一个逻辑上的问题。

构拟处于上位的祖语当然需要先对处于下位的各亲属语言的古代形式作大体的构拟,但是不是要下位的问题全部解决后才可以考虑上位的问题呢? 不是的。基于比较的历史语言学研究并不只是单向地往上推,而往往还要上下互推。譬如亲属语言 A 和 B 都有 x 音类,假定可排除语言接触因素,便大致可判断其祖语也有 x 音类(先不谈音值构拟),这是往上推;要是 A 语言有 y 音类而 B 语言不明显,则可以有不同的判断: (1) 两种语言分化以后,A 语言独自产生了 y;(2) y 在祖语中已存在,而 B 语言没继承下来(这种情况应罕见);(3) B 语言原来也有 y,由于年代久远或其他原因,消磨掉了。如果相信(3),就要从 A 上推祖语,再从祖语往下推 B 语言。假如往下推成功,则基本上可以证明对祖语中的 y 的构拟也是成功的;如果失败,则很可能连祖语有 y 的假设也不能成立。往下推能否成功,有关的因素可以很多,最根本的一条是要看在 B 语言里是否能找到一定的支持 y 的证据,至少是 B 语言的材料与此假设能相容。例如利用民语材料研究上古汉语的复辅音,必须有汉字谐声等材料的支持。以复辅音研究为例,从民语看原始汉藏语是往上推为主,从汉字谐声等材料和民语材料看原始汉藏语和上古汉语则是上下互推。上下互推(或者说是"层级构拟"与"溯层级构拟"相结合)不仅是符合历史比较原则的,在许多情况下还是必不可少的。

目前学术界构拟原始汉藏语,对藏缅语材料的倚重,确实超过了汉语材料。这至少有两个原因:一,由于汉民族与藏缅各民族社会发展不平衡,语言发展也不平行,跟汉语相比,藏缅语的语言特性会较接近于原始汉藏语;二,古藏、缅文是拼音文字,而汉字不是。

有的学者坚持,构拟汉语古音应该只根据汉语本身的材料。事实上,以往的研究基本上是这样的,而且也的确是卓有成效的。但大家已越来越意识到,有些问题在这个范围内是难以解决的。汉语上古音研究到了今天,要想在不利用汉藏语比较研究成果的情况下有一个大的突破,实在看不到令人乐观的前景。还举复辅音问题为例:一些声母与来母的谐声关系到底是复辅音的表现,抑或仅仅是与语音无关的特殊谐声,或与时、地有关的语音通转,在观念不同的情况下,光凭谐声材料本身是很难定下来的,但与民语比较就有可能使问题变得很清晰。可见,王力和李方桂对汉藏语比较在汉语上古音研究中可能起的作用抱有很大希望,是很可以理解的。当然,分化出来以后的汉语不会同于原始汉藏语,所以我们不能按构拟后者的方法来构拟前者。笔者觉得应该这么说:对刚分化的原始汉语(或远古汉语)的构拟应与原始汉藏语的构拟相衔接(原始汉藏语的特点更多地在民语材料中表现出来),而周秦汉语(一般所说的“上古汉语”)的构拟应与原始/远古汉语的构拟相衔接,衔接得越好就越可信。

总之,从原则上说,依靠汉语本身的材料进行的与建立在汉藏语比较研究基础上进行的汉语上古音构拟,这两者不是对立的,而是互补的。在今天的汉语历史音韵学界,后者是薄弱环节,需要投入更大精力。

与此相关的问题是:在民族语言的古音系统构拟尚未完善的情况下,汉藏语比较研究能否进行? 其实答案已经蕴含在上面的讨论里了。民语与汉语的比较研究也是民语古音研究的一个部分。民语的历史比较研究实际上也包含内部比较与外部比较两个方面,前者固然是主要的,而后者也是不可或缺的。

3.3 关于汉藏语比较研究与汉语历史文献研究的结合。历史比较要与文献考证相结合,自无疑义,但在汉藏语比较的背景下如何结合,是个新问题。下面说的只是一个侧面。

汉语历史文献中的上古汉语材料是研究的基础之一。一切在亲属语言材料中映射或推导出来的、有关原始/远古汉语或上古汉语的假设,都要能够同汉语本身的材料相容,出入之处要能有所解释。

但研究者也不能为历史文献材料所囿。这里有三层意思:(1)汉语文献的载体汉字有其局限性,上古音构拟不得不借重亲属语言材料。(2)汉藏语比较结果所指向的年代与汉语历史文献有一定距离。现见最早的文献(包括出土文献)只能达到殷商,数量也有限,而汉语与亲属语言的分化肯定比这要早。如果原始汉藏语和原始/远古汉语的一些语言特点在殷商以后有了改变或者只剩下残迹,自然不奇怪。所以只要有解释之途,就不必要求两方面完全吻合。(3)以古音构拟解释历史文献材料并非我们研究的目的。我们的目的是了解语言的历史,希望汉语上古音的构拟有利于对汉语语音史以至于整个汉藏语历史演变规律的认识。其实,若真能做到这一点,一定也会反过来有利于对历史文献材料的解释。

有一个重要的问题:随着学术的进步,我们对文献的解读也需要不断地调整、改进,而汉藏语比较研究在这方面可以给我们很多帮助。我们过去更多是按中古以后的汉语的模式来理解上古汉语,这当然是有道理的,但也并不是没有问题的,因为确实有很多迹象表明汉语从上古到中古发生过类型上的转变,例如,上古汉语的形态跟后世的汉语就很可能是很不一样的。将上古/原始汉语放在亲属语言乃至人类语言的大背景之下来进行研究,有利于更好地探求文献文字材料所反映的古代语言真相,最大限度地避免被文献所局限。

总之,对原始汉藏语和原始/远古汉语的研究应以汉藏语比较为主,同时结合文献考证,希望能实现亲属语言中的现象与文献中反映出的汉语现象的对接。

3.4 关于亲属语言文字材料的年代和历史时代层次。曾有人提出:古藏文创制于 7 世纪,古缅文创制于 12 世纪,年代上晚于汉语的上古时期,表现了汉藏语分化以后很久的藏语和缅语的状态,它们可以用来与汉语上古音作比较吗?

先要明确一点:材料的实际年代与历史语言学上说的"历史时代层次"的

"历史时代"是不同的概念。好比现代北京话跟现代广州话是同年代的,但广州话的许多音韵特点跟北京话完全不在同一个历史时代层次。古藏文的实际年代相当于汉语中古时期,但就整体或多数特点而言,它所记录的当时的藏语的相对历史时代层次(以原始汉藏语为参照点),却基本上相当于上古汉语。这是由于语言发展的不平衡性,亲属语言分化以后,各自演变的速度和方式存在差异造成的。两个亲属语言的历史时代层次同与不同,是就其语言特点说的,至于实际年代,除有时可作判断历史时代层次的参考外,关系是不太大的。⑦

当然,不同历史时代层次的材料也可以互相比较,即进行跨层次比较。事实上,人们还常常拿现代亲属语言的材料来与上古汉语比较,在原则上,这同样不违反历史比较法的精神。而利用了亲属语言的古文字、古文献,是把比较材料的年代和时代都推到更早了。

不同年代或不同历史时代层次的亲属语言材料之间能不能作比较,以及比较结果是否有效,首先要看所比较的语言现象能否在语言之间形成对应关系,从而排除语言分化后才出现的因素,其次要分辨各自的历史时代层次,以确定其可能的相对先后关系。这两者也是相辅相成的。

历史时代层次问题是个很大的问题,需要专门的研究,本文不能详细讨论了。

3.5　关于形态。古藏语形态相当丰富,现代多数藏缅语言的形态也比现代汉语丰富。可以推测,原始汉藏语有丰富的形态,汉藏语系的形态在发展过程中不断失落。由此可以假设上古/远古汉语也有比较丰富的形态。

事实上,在历史文献中也能看到上古汉语有形态的痕迹。例如上古汉语中有一批词,是浊声母为自动词、清声母为使动词(王力 1965,潘悟云 2000: 129 ~ 131)。⑧古藏文中有以 s-前缀或浊声母变清表示使动的形态,现代藏缅语各语言里也普遍存在以 s-前缀(或与之类似的 sə-/ʃə-等前缀)、或清声母/送气声母、或紧元音等表使动的形态(马学良 1991),这些语音形式之间估计是有相同的发生学来源,与上述上古汉语中的形态也很可能有对应关系。看来除同源词研究外,形态比较也是汉藏语比较研究应积极尝试的一条路子(参看金理新 2000)。

形态与语音有密切的关系,就是存在形态音位,而且形态音位与基本的音韵音位常常互相重叠,形态音位还有可能转化为音韵音位。例如古藏文中有一些复辅音声母,是由前缀和基本声母组合而成的。假设原始汉语/上古汉语也有前缀,那么一定会对谐声现象和假借现象发生影响,就是说,有些谐声、假借现象表现出的声母状况反映的可能不是当时的基本声母,而是前缀与基本声母的组合。形态变化的不同形式之间总存在语音对应,但并不一定是发音相近的语音变换。这不同于一向谈谐声、假借关系时所强调的语音相近同。假如上古还存在元音转换的形态形式,那么这话也适用于韵母方面。有鉴于此,与形态有关的谐声、假借原则恐怕需要重新认识。形态音位的研究,在未来上古音研究和汉藏语比较研究中都将会是一个极其重要的方面。

在研究和构拟汉语上古音时把形态因素考虑进去,这是一件极其富于挑战性的工作。首先的障碍在于汉字这种书写形式很少能表现出古汉语的形态。其次的困难是作出的假设要求符合双重的对应:除语音外,还有形态意义。潘悟云(2000)在讨论形态音位时,最大的缺陷是一部分形态意义没说清楚。另外,汉语的形态(尤其是构形形态)到周秦时代可能已经衰落,已经失去能产性,其语音形式已融入相应的词根当中;此外,有的形态形式在漫长岁月里经历了再三变迁(如梅祖麟1980认为去声别义有不同的历史层次),情况相当复杂,不易摸清。还有一个方面,就是对作为比较对象的亲属语言中的形态(尤其是古代的情况),我们目前所知也有限⑨,这自然会影响比较。不过在这几方面,目前都已有一定的研究成果,一步步的深入是可以预见的。

3.6 关于同源词与上古借词在历史比较研究中的不同地位。同源词与上古借词是两个不同的概念。由于两者不易区别,民族语言学界常使用一个比较含糊的"关系词"的概念。能否有效辨别同源词和借词?这对利用汉藏语比较材料构拟汉语上古音有什么影响?

历史比较法认定同源词的标准是语音对应、语义相关。语音对应不一定相似,语义相关不一定相同,而且语音对应而不相似、语义相关而不相同,更易于被认定为同源而不是借贷。不过汉藏语跟印欧语不很一样,有自己的特点:分化得早,频繁地接触也早,大量的早期借词也可以形成语音对应,且借入后经长期演变也可能不相似(这种情况可能少一些),所以上述标准实施不易。

然而,正由于这个特点,早期的借词对汉语上古音研究的作用并不因为它们不是同源词而减弱,相反可能更为有利。假如语言之间的借词已形成对应关系,而语音上还是与源语言相似,则正好可用来进行古音构拟。所以,就上古汉语语音构拟工作而言,同源词与上古借词区分不清楚,未必会造成真正的障碍。

邢公畹创立的"语义学比较法"(或"深层对应法"、"同源体系研究法"),会对分辨同源词与借词有帮助。邢公畹提出,在两种语言中的音韵形式对应而意义不同的成组的词,必具同源关系(邢公畹 1999:2~3,邢凯 2004)。这种方法(也是一种理论)在实际研究中已获得相当成绩,尽管也存在问题。质疑的声音认为,大面积的借贷也会形成近似深层的对应,且会有偶合的情况。笔者以为,只要坚持语义深层对应与语音对应并重的原则,少数的偶合不足以动摇结论在总体上的可靠性。真正的问题是如何辨别大面积借贷的时代性,就是说,要小心区别中古以后的借词与上古关系词(同源词或上古借词)。这个问题处理不好,的确很容易把研究引入歧途。在这方面,龚群虎(2002)进行了有价值的尝试,可以参考。

这个问题涉及同源关系与接触关系的研究。我们假定汉藏语诸语言是同源的,而它们之间的接触又是大量的。这两者之间会如何相互影响?这种影响对于利用汉藏语比较来研究汉语历史音韵的工作意味着什么?这作为一个既是理论的又是实践的问题,还在等待学术界的全面回答。[⑩]

3.7 关于同源词或上古借词的音义择对。所谓"择对",也就是在不同语言中找到对应的词,其中有语音和语义两方面的考虑。应当如何择对?

郑张尚芳(1995)曾讨论过这个问题,他的意见大致是:a. 以核心词作比较(该文后附他所拟的"华澳语言比较三百核心词表"征求意见稿);b. 正确地选择与亲属语言对应的汉语词;c. 语音对应规律方面,重要的是找出变异成分的对应;d. 语义方面要求相通而非等同,有理据可寻的变转恰是同源词而非借词的佳证;e. 比较"同源异形词"和"异源同形词"很重要[⑪];f. 不要忽视一些有深厚文化基础的文化词;g. 注意形态词缀的对应。

黄行(2001)提出确定同源词的几个原则:语音对应规律的概率论原则,同源词的语值变异和集合原则,构拟的非线性原则,构拟无标记项优先原则。

这些都是很重要的意见。下面仅就其中几点谈谈笔者不成熟的想法:

(1) **关于核心词比较**　这是建立语音对应的基础,有了这个基础,才能避免"看着有点像就凑上"。笔者还建议建立多阶词表。可以从核心词到一般基本词汇、再到普通词汇,给一批词(实际上是概念)分出不同的"阶",譬如第 1～100 概念为第一阶,第 101～300 概念为第二阶,第 301～700 概念为第三阶,第 701～1500 概念为第四阶,等等。比较时可以由第一阶开始,根据所得语音线索到下一阶中继续寻找可能的关系词。

(2) **关于选择汉语词**　这是最易惹出争议的问题。这里只说两点:① 字词语音上的选择会受现有的古音构拟体系的影响。如以一个带-m 尾的藏语词,依王力,可以到谈、侵、冬部去选对应的汉语词;但若依李方桂,则须把构拟为-ŋ 尾的中部(即冬部)排除;而按陆志韦的观点,就不妨把比较范围扩大至蒸部乃至东部。这说明基于内部材料的汉语上古音研究成果对于汉藏语比较的重要性。② 在字词的时代上,有学者指出,后起的词不能与亲属语言比较。这在理论上是对的,有的研究者对这一点确实注意得不够。不过,某个字词在文献上后出,只要有证据显示它有较早的词源,比较仍是可以进行的。因为历史文献上出现得迟,不一定意味着其源头也同样迟。事实上,就有一些不见于先秦文献和《说文》、曾被认为晚出的字词,却在古文字材料中出现。对这个问题需要有一个理论上的认识,同时需要一个得到学术界认可的工作程序。

(3) **关于语义变转**　我们常能看到同一个词在汉语的不同方言中,意义有各种各样的变形。可以理解,大跨度的时间间隔能使亲属语言中的同源词向不同方向发展的距离变得很大。而且,语义有所变转与语义相同比起来,是同源词而不是借词的概率还高一些。显然,不能要求对应的词意义上完全相同。但是首先,当然不能凭感觉随心所欲地选择,其次,也确实有一些词语是在意义上完整地对应的。所以,梳理出适用于汉藏语比较的语义对应条例,是迫切的需要。希望能根据汉语方言的词汇对应情况,现有的汉藏语比较的经验和教训,以及词义演变的一般理论,归纳和推导出一些条例和一些理据类型来,以供比较时的参考和指导。

择对问题还有不少可斟酌之处,例如,如何看待复辅音声母在择对中的作用等,这里不能细谈。总之,一套适用于汉藏语比较的、学界公认的、严谨的、具有可操作性和可检验性的择对方法是很必要的,它目前尚在建立中,还需不断改进完善。

4.

4.1 汉藏语比较研究为汉语历史音韵学已经带来了什么,以及可能将要带来什么? 还是从前文1.1谈到的四个方面来说:

(1) **研究材料** 新材料中既有活语言材料——现代的亲属语言材料,也有历史文献材料——古代少数民族文字及其文献。

(2) **研究方法和理论** 在汉藏语比较走来之前,汉语历史音韵学已经同所有与历史语言学有关的方法和理论有过接触。在这方面,现在的问题不是汉藏语比较能把什么带来,而是它与汉语音韵研究结合以后会产生什么。以笔者之陋,只能尝试有限地提及已经或可能产生重要方法和理论的领域:一个是同源词研究,目前最显前景的是"语义学比较法",已如前述。一个是历史音变的模型和规律的研究,江荻(2002a)已作过一些有益的工作。一个是汉藏语言的语音结构(包括音系结构和音节结构)和韵律问题的研究。

还有一种目前尚未成形的方法和理论——历史层次比较,可能会在将来的研究中起重要作用。亲属语言材料与原始汉藏语的时代距离并不是相同的,不同的语言不必说,同一个语言中的各音韵、词汇或语法成分,也存在处于不同的历史时代层次中的可能。如果有历史时代层次而分不清,就会导致材料的误用。只有把历史时代层次区分清楚,才好按层次进行比较研究。这里有如何判断历史时代层次和如何区分层次两个问题。例如,鱼部字对应藏文的a和o元音,到底是上古汉语的鱼部有两种元音,还是藏语本身有两个层次? 假定是后者,则它们是什么层次? 与汉语如何对应? 问题召唤着方法和理论。随着研究的深入,各种方法和理论会不断出现。[12]

(3) **作为研究对象的历史时段** 一般笼统地把中古以前叫上古,汉语上古音以"先秦"实际上是周代音为核心。现在越来越多学者意识到,还应在实际上是周秦汉语的"上古汉语"之前划出远古汉语或者原始汉语阶段,尽管在目前,作清晰的划分还有许多困难。尤其重要的是,还可以把原始汉藏语包括在汉语史研究的范围内。这种上溯和再划分就不单纯是年代加长和阶段划细,还把研究的眼光也大大地拓宽了。

(4) **学术观念**　拓宽眼光,也就是拓宽学术的观念。我们不仅要寻绎汉语语音发展的规律,还希望能窥探整个汉藏语语音发展的规律;"野心"再大一点,还想从而摸索人类语言中更具普遍性的东西。这样的"野心",即使我们这一代人难以实现,我们也可以尽力地多少做一些工作,帮助下一代学者比我们走得远一点。

总之,汉藏语比较研究为汉语历史音韵学注入了新鲜血液、提供了新的推动力、激发了新的学术冲动。

4.2　为了向前走,我们需要做些什么? 上面已经谈到过一些,下面再补充几点:

(1) **汉藏语系内各亲属语言的研究工作要不断刷新**　笔者眼下能想到的四个问题是:

① 汉藏语系的范围。尤其是南岛语与汉藏语到底有没有亲属关系,南岛语与汉语、藏缅语、壮侗语、苗瑶语各是什么关系,这或许会成为原始汉藏语研究的关键问题,我们期待对此有一个深入的、甚至是激烈的讨论。

② 汉藏语内部的亲疏关系。大多数学者承认汉语跟藏缅语关系密切,构拟原始汉藏语更多地利用藏缅语材料,这样构拟出来的似乎是"原始汉-藏缅语"。这自然是合理的,然而也提醒我们,应考虑按亲疏分层次进行构拟。

③ 亲属语言的古音构拟和语音演变规律。目前已有一些研究成果(如 Li 1977,王辅世、毛宗武 1995,吴安其 2002,江荻 2002b 等),但还远不足够。这方面研究的关键性是不言而喻的: 对于基于汉藏语比较的汉语古音研究来说,亲属语言的历史音韵研究成果是最重要的平台。

④ 汉藏语的类型学研究。各亲属语言的音节构成类型、元音系统类型、形态类型,以及它们自古至今在类型上的演化转变,都跟汉语历史音韵研究直接相关。这方面似乎还没看到有形成总体架构的研究。[13]

（2）**民族语言研究界与汉语史研究界要建立互动关系**　长期以来,中国语言学界的这两个领域的学者们互相尊重多于互相交流。当前学术的发展非常需要加强交流,互相学习。对于汉语历史音韵学界来说,是要在更深层次上熟悉亲属语言。目前在汉语学界,除少数学者外,主要还是在利用民族语言学界的研究成果来进行汉藏语比较研究,虽说这也不失为一种补救办法,但这样的研究难于深入,且易出现错误,不是长久之计。

现在的感觉是汉语史研究和民族语言研究兼通的两栖人才不足。也许"两栖人才"的说法也已经有点落伍,汉藏语比较作为一个学术领域,要"栖"于此本就须两面兼通。为了未来,学界应对培养和激活这样的人才有个长远的通盘考虑,包括体制方面的考虑。

（3）**需要做全面的资料整理工作**　到目前为止,各家考出的同源词数量已经相当不少了,但每有彼此意见歧异之处,材料的可信度也参差不一,需要去粗取精、择善而从。又,许多资料、包括汉语与不同亲属语言比较的资料散见于各家著作中,不便互相比对和使用。如果能组织一支队伍,立一个项目,把这些资料集中整理,给汉藏语同源词比较研究的初步成果来个汇总、爬梳,即使是粗略的,也将大有利于今后的研究。

4.3　最后谈几句属于学术外围的话。

汉藏语比较研究走进汉语历史音韵学为时未久。对于汉藏语研究来说,汉语古音构拟是一片新天地;对于汉语音韵学来说,汉藏比较更是一个新加盟者。两者之间还需要有一个磨合期。既然是磨合,就不免会出差错,还会有一些磕磕碰碰。这是正常现象。回顾 20 世纪初期,新的研究方法、理论刚刚走进中国传统音韵学的大门时,差错自难避免,磕碰也不断(我们至今还会时时回顾由汪荣宝 1923 和章炳麟 1924 引起的那场大辩论),但我们的前辈们都克服了。这一次,我们当然也会克服的。

在 20 世纪初,汉语历史音韵学从传统转向现代之时,起主导作用的是西方汉学家。这是当时中外学术界的状况所决定的。无论如何,今天的时代不同了。尽管国外语言学家在汉藏语比较及利用汉藏语比较研究的成果于汉语古音研究方面仍先走了一步,但国内的研究也并不落后。中国学者在汉语历史音韵和汉藏语比较研究方面当然握有先天的优势。我们要在学习国外学术界的长处的同时,发挥自己的优势。我们将能掌握这一历史机遇。问题是:必须抓紧!

附　注

* 　在本文写作过程中,承吴安其、洪波、潘悟云、刘丹青等先生提出宝贵意见,特此鸣谢!

① 近年秦汉简帛大批出土,其中蕴含大量古音信息,值得历史音韵学者大力研究。不过这些材料同样有基于汉字的局限性,性质上并未超出传世文献,且年代略偏晚,并不能填补史前文献的空白。

② 本文所言"对",一般指一个藏语词和一个与之对应的汉语词。不过少数情况下其中一方(多是藏缅语)有两个以上的同族词(在同一语言中的)或同源词(在不同语言中的)与另一方的一个词对应。

③ 有学者认为,汉语和藏缅语的声调是分化以后各自产生的,没有发生学关系,无法作历史比较,所以从藏缅语的-s 尾看汉语去声的来源,在方法论上不成立。笔者按:有两点需要说明:一、汉语和藏缅语的声调发生机制不同,因而不能对应,这正好为汉语的某个声调(譬如去声)与藏缅语的某个非声调音素(譬如-s 尾)存在对应关系的可能性提供了空间;二、在语言/方言分化以后才出现的音素之间所进行的研究并非一定不适用历史比较方法,要具体而论,关键要看造成新音素的条件是否在分化之前就已经存在。

④ 潘悟云(1999)为原始汉藏语构拟出一种"次要音节"。他从复辅音研究开始,后来把一部分复合的辅音声母改拟为复合的音节。他实行构拟的一个参照系是南岛语,因为他认为南岛语与汉藏语有亲缘关系。这是从另一角度审视原始汉藏语的音节结构。这一观点仍在证明中。

⑤ 一般把与来母有关的复辅音拟为 Cl-类。也有学者根据藏文,建议拟为 lC-类(王珊珊2004)。

⑥ 不过应考虑到有的是基本声母,有的则可能是形态前缀与基本声母的组合。

⑦ 关于材料的实际年代与谱系树上的节点的相对分化层次的关系,在介绍构拟原始印欧语的经典历史比较法的著作中都会谈到,可以参看。

⑧ 有的学者认为,上古汉语中自动与使动之别可有多种形式表达,所以用声母的浊/清表达自动/使动不是一条规律。笔者按:这是误解。在一种语言中有多个形式表达同一个语

法范畴,是正常现象。古藏文的自动/使动就是如此,这在现代藏缅语各语言中也常见。

⑨ 有的民族语言古音构拟系统显得过于繁杂,可能就是没把基本音位与形态音位区别开来。

⑩ 顺便提到:非亲属语言的接触影响对于汉语古音构拟的作用,以及这种影响与亲属语言的接触影响有什么不同,也是需要研究的。尤其是在一部分学者认为壮侗等语族不属于汉藏语系的背景下,这样的研究更显得必要。

⑪ 笔者按:此近于邢公畹的"语义学比较法"。其中两个"源"字改成"族"可能更合适。

⑫ 在本文杀青后,笔者才读到黄行(2004)。这是一篇在研究方法上值得重视的论文。

⑬ 一些区域性(可能包括非汉藏语系的语言)的类型特征也是值得注意的。

第十五章
历史层次分析法与汉语方言研究

谢留文

1.　层次的概念及类别

　　汉语方言经历了数千年的演变、接触与融合。汉语方言的共时系统不是一个纯质的单一的系统,而是一个由不同方言层次累积而成的复杂系统。"一个平面的系统,并不相当于立体的横切而是相当于立体的压扁。"(王洪君1992:153)由于历史和地理的原因,汉语方言的复杂性和层次多样性在南方汉语方言中显得尤为突出。区分方言中的层次,便成为汉语方言研究者必须面临的课题,也是汉语方言研究走向深入的必然结果。"语言层次的研究,是数十年来汉语方言学中最受关切的课题之一。"(何大安2000:261)

　　历史层次分析法是长期以来在对汉语方言文白异读研究的基础上深化、发展而来的分析汉语方言语音的方法。关于历史层次分析法的理论与方法,目前海内外汉语方言研究者还没有取得完全一致的意见。本文综合学者们的研究成果,对层次的基本内容及一些相关概念以及历史层次分析法在方言研究中的具体运用作一个简要介绍。

　　很早以来学者们就注意到了汉语方言有文(读书音)白(口语音)异读现象(赵元任1928,罗常培1930)。20世纪七八十年代,经过海内外学者的共同努力,文白异读的研究取得了许多重要成果。罗杰瑞较早地注意到了汉语方言语音中的层次问题。他在《闽语词汇的时代层次》(1979)一文中指出,《切韵》的昔韵有些字在厦门话里有两读、三读甚至四读,比如说"石"字,口语中单说用[tsio$?_⊃$],意思是"石头","石砚"的"石"读[sia$?_⊃$],"石"字文读[sik$_⊃$]。其中

[io ʔ]是最古老的层次，[ia ʔ]是较晚的第二个层次，[ik]是最近的层次。"一个方言的层次也许不只文白两层(何大安 1981)；方言层次的构成十分复杂，远非'文白'二字所能概括(杨秀芳 1982)；现代汉语方言之形成，系多层次累积的结果(徐芳敏 1991)；层次间可能会以'叠置'方式完成其竞争、取代的过程(徐通锵 1991，王洪君 1992)；但也可能形成'混血音读'，而使得层次分析更见困难(王洪君 1987，杨秀芳 1993)；利用方言比较构拟古音时，首需釐清层次对应(张琨 1984、1991，Chang Kuang-yu 张光宇 1987、1990、1996)；许多看似异常的音韵变化，都可以从方言接触、融合的角度得到更圆满的解释(何大安 1986，Hsu Hui-li(许慧丽) 1990，Wang and Lien(王士元，连金发) 1993，王福堂(1994)。"(何大安 2000：263) 正是由于对方言文白异读理解的不断深入，引发了学者们对于方言层次的关注。而利用方言材料构拟古音或构拟某一方言的祖语，如果没有把方言间语音的对应层次搞清楚，构拟出来的结果很可能出现偏差甚至是错误的。

在一个方言里，如果具有同一古音(这里的古音一般指以《切韵》为代表的中古音)来源的一个字或一组字在方言的共时语音系统中有不同语音形式的若干音类，那么这不同语音形式的若干音类之间就可能存在层次关系。方言语音的层次从大的方面看可以分为两类：异源层次和同源层次(本章关于层次的概念及分类主要采用王福堂[2003]的观点)。

异源层次是指语音层次中来自异方言的层次，最常见的是文白异读，就一般情形来说，白读是本地方言固有的，可以称之为"固有层次"，文读是来自异方言的，可以称之为"异源层次"，也就是外来层次。有些方言中字音还不止文白两个层次，而是存在多个层次，情况就更加复杂。文白异读是不同方言(语言)音类叠置的结果，不是前后之间直接继承的变化，文读层与白读层之间不存在语音演变关系，而是由方言(语言)接触造成的，是一种竞争关系。除了文白异读，底层也属于异源层次。"底层原是地理学名词，指最深层的地质层次，有时会有露头。语言学借用这一名词，用来指历史上已经被替换掉的语言留下来的痕迹(大多体现为音值特点或个别词汇)。"(王福堂 2003：2)比如上海郊县和浙江南部吴语帮、端母读 ʔb、ʔd，声母浊化并吸气(关于这类音的声学、生理学属性，可参考本书第十一章)，"这种变化是汉语的历史演变不能解释的。但壮侗语声母塞音中双唇音和舌尖音只有浊音,其他部位只有清音,则是普遍现象"(王福堂 2003:2)。可以认为这是早期壮侗语和吴语接触后留下的遗迹,是吴语中的壮侗语底层。国内较早讨论这一现象并将其归结于百越语底层的是郑张尚芳 1988 年的论文《浙南和上海方言中紧喉浊塞音声母 ʔb、ʔd 初探》,可以参看。

同源层次是指由于方言自身演变而形成的音类叠置,这不同的音类之间属于同源层次。它们之间的关系属于音变关系,一般是可以从语音演变的角度来解释的,具有可解释性。比如说"北京话零声母 uei 韵母阳平字向阴平调的演变采取一部分字一部分字、一个阶段一个阶段的方式进行,这是一种扩散式的音变。"(王福堂 2003:7)对于历史读音的遗留沉积成分,本文也归入同源层次。这些音类是由于语音演变到一定阶段后由于各种原因,演变停滞不前而造成的,属于滞古现象。这些音类与同源层次的其他音类之间不存在演变的可解释性,它反映的是同源音类之间的历时差异,在具体分析时要注意甄别。

关于由于方言自身演变而形成的音类叠置或音类异读算不算层次,学术界还有不同的看法。不过早期讨论历史层次的文章如郑张尚芳(1983)所讨论的内容实际上都属于本文上面所界定的同源层次范围,下文还会提及。从这个意义上说,把由于方言自身演变而形成的音类叠置或音类异读也看成是层次的一种,不仅能丰富历史层次分析法的内容,而且在具体分析语音层次时,实际上也不能把这一类异读撇在一边不管,只注意其他层次的问题。

潘悟云(2004)提出历史层次有几种,一种是音变滞后层,另一种是外来借用层,这两个以外的是主体层。音变滞后层和外来借用层虽然来源不同,但是有很相似的性质,主张把它们处理成历史层次中两种不同的类型。本文把潘文的音变滞后层归入同源层次中的滞古层,把外来借用层归入异源层次,分属两种不同的层次类型。"主体层次说以方言的连续变化为前提",潘文的主体层相当于本文的同源层次中的由于方言自身演变而造成的音类异读层次。

另外,一个字有异读,不一定就是层次关系,比如"轻重"的"重"和"重复"的"重",中古属于不同的反切,意义也不同,实际上是同形字。而由于训读、误读、避讳等原因造成的字音变化也不是层次现象,因为这些都是个别的、孤立的、偶然的语音现象,不受语音演变条件的制约,其读音与本字语音之间没有任何关系。

层次不仅存在于语音中,词汇和语法中也有层次的问题。本章主要谈语音的层次问题。

历史层次分析法,更合适的说法,应该叫层次分析法,其实质就是区分方言的语音层次以及方言之间的层次对应。但是在汉语方言中,因为有一个《切韵》(《广韵》)的音韵系统可以作为参照框架,在讨论语音层次的时候,经常地会与《切韵》(《广韵》)系统甚至更早的汉语语音的历史发生联系,层次分析不自觉地便带有"历史"的意味,所以一般称其为历史层次分析法。其实方言语音中的层次不一定都能与中古或更早的历史发生联系。

2. 历史层次分析法的具体运用

学者们在讨论历史层次的时候,通常主要关注异源层次的问题,对于同源层次,更多地也只是关注其中的历史沉积成分也就是滞古层的语音现象,而对于其中由于方言自身演变造成的异读并不怎么关注,而仅仅认为只是一种音变关系。其实这里面的问题也是很复杂的,尤其是当这种异读与来自异源层次的异读混在一起时,有时候就很不好区分。本章在介绍历史层次分析法在汉语方言中的具体运用时,同时兼顾同源层次和异源层次。

运用历史层次分析法,可以分析某一方言中的语音层次问题,也可以用来分析某一片方言中的语音层次问题。下文举几个例子,看他们是怎样运用历史层次分析法具体分析方言的层次问题的。

郑张尚芳(1983)是国内较早运用历史层次分析法分析方言语音层次的文章。温州方言歌韵一等今有 15 个韵母,可以分为两类: 1, u、o、ɣu、ɸy、ɸ、m、n、ŋ、uɔ、oŋ、uŋ; 2, a、ɛ、ai、e。第一类按本文的层次分类应属于同源层次,韵母的不同是由于声母的原因而产生变化,是一种音变关系。第二类韵母代表更早一层的读法,是历史读音的遗留沉积成分,按本文的观点,也属于同源层次。作者通过对温州方言歌韵分化的整体观察,把歌韵一等 15 个韵母分为老新两大层,五个阶段性的小层。老层包括最老层 ai→e 和次老层 ɛ→a,新层

包括渐新层 ɔ→o→(uɔ oŋ)、次新层 u→ɸ、最新层 ɤu→ɸy。

文章认为,温州歌韵字的分化情况表明,语音演变大多是先有部分字发生两读现象,然后扩及声韵相同的字。声母不同,对韵母的变化影响很大,同一韵母可因其声母部位不同而有不同的变化方式和发展速度。一个古韵和今方言韵类的对当关系不都是 1∶1,而可能是 1∶x。x 表示一个古韵今读所分化成的好些韵。摸清各个古韵类的方言韵值网即读法分布范围,有助于进行方言比较,研究对应关系以及考求白读字的变化。

与此相类似的,讨论一个单点方言古韵类今韵母演变的有代表性的文章还有项梦冰的《连城(新泉)客家话古遇摄合口一等字的今读》(2004:179~195)一文。连城(新泉)客家话古遇摄合口一等字的今韵母有"øə ie ɿ̩ə au aŋ u auʔ ʮə"八种读法。其中读"au(限于精组和明母)auʔ ʮə"韵母的字,其读音与读半边字或根据声符类推读音或者是来自不同的反切有关,可以看成是例外。其余韵母"øə ie ɿ̩ə au(限于疑母) aŋ u"的音韵分布可以概括成下表(引自项文表三)。

连城(新泉)客家话遇摄一等字今韵母的音韵分布

		øə	ie	ɿ̩ə	au	aŋ	u
帮 组		+					
端 组			+				
泥 组			+				
精 组				+			
见 组	见 溪	+	(+)				
	疑				+	+	+
晓 组		+					
影 组		+					
字 音 总 数		66	36	10	3	4	4

“除见组外，连城（新泉）客家话古遇摄合口一等字的今读是相当整齐的，即逢帮组、晓组、影组今读-øə，逢端组、泥组今读-ie，逢精组今读-ʅə，见组逢见母、溪母今读-øə，但有个别字读-ie，逢疑母今读-au，-aŋ，-u。”（188 页）从作者的分析可以看出，遇摄一等韵母的今读的音韵分布（øə　ie　ʅə）呈现一种互补关系。从层次的角度看，依本文的观点，不同韵母之间是同源层次之间的演变（疑母字读-au　-aŋ　-u 作者后文另有讨论），是可以从语音演变的角度来解释的。然后作者进一步分析，这些韵母之间经历了怎样的一个演变过程。作者首先假设古遇摄合口一等早期读音为＊u（虽然古遇摄合口一等各家拟音不同，但从多数客家方言古遇摄合口一等今都读 u 来看，假设是没有问题的），从*u 开始，连城（新泉）客家方言古遇摄合口一等韵母经历了以下音变历程（引自项文 191 页）：

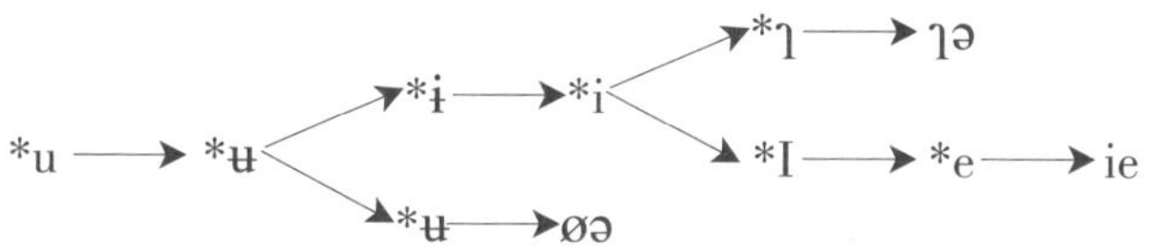

从*u 到*ʉ 是元音央化，闽西清流（长校江坊）客家话古遇摄合口一等今韵母读 ʉ 可以作为代表。帮组和见系的*ʉ 复元音化变为 øə（实际音值是 ʉə，ʉ 舌位略偏前、偏低），由*ʉ 到*ɨ 是元音展唇化，闽西永定（下洋）客家话古遇摄合口一等今韵母读 ɨ 可以作为代表。连城（新泉）客家方言只有端、泥、精组和个别见母字发生了展唇化。*ɨ 再往下发展，前化为 i，然后再按声母分化：逢精组舌尖化为*ʅ（新泉$_{\text{官庄}}$、新泉$_{\text{乐江}}$以及新泉周围的庙前$_{\text{芷溪}}$、庙前$_{\text{水北}}$方言可以作为代表），逢端组、泥组低化为*e（其中经历了由*I 至*e 的阶段，新泉$_{\text{官庄}}$、新泉周围的宣和$_{\text{下曹}}$方言可以作为代表），*ʅ 复元音化就成了 ʅə，*e 增加介音就成了 ie。

以上说的是古遇摄合口一等主要的今读韵母-øə　-ie　-ʅə 的来历，作者接着讨论-aŋ　-au　-u 三个韵母的来历，这三个韵母只与鼻音声母［ŋ］相拼。鼻音声母与高元音韵母（i　u）相拼往往容易失落元音，成为一个自成音节的鼻音。新泉方言“五伍”读［aŋ］韵母可能是自成音节的鼻音再增生元音的结果。即*ŋ→*ᵊŋ→*əŋ→*ɐŋ→Aŋ（aŋ）。这项音变当发生在遇摄合口一等的*u 央化之前，因为“五”读自成音节鼻音的客家话遇摄合口一等的 u 多数都没有央化。-au 韵母与[ŋ]相拼只有"蜈、梧"二字,这个韵母是属于滞古还是创新,作者认为还需要进一步研究。-u 韵母[ŋ]相拼常用字只有"吴"字,作为姓氏,新泉没有吴姓的老住户,但在新泉周围一带姓吴的村子不少,"吴"字读-u 韵母可能没有参与以 *u 为起点的音变。

以上两篇文章,依本文的观点,讨论的都是属于同源层次的音变问题。

潘悟云(2002)实际上是一篇讨论字源的文章。"囡"实际上是"女儿"的合音。通过对"女"字读音的分析,指出,在长江以南地区,麻韵的读音有两个比较大的层次,在前中古期曾经读 ɛ 类音,与佳同韵。中古层次读 a,与佳不同韵。后来在中原读音的影响下,吴语区的麻韵字几乎都变成了 a,而且在许多吴语中进一步从 a 变作 o,只有极个别的方言词,如"女儿"的"女",在温州、丽水还读同佳韵。属于前中古层次。

这篇文章还有一点需要说的是,该文提到了"历史层次分析法"这个概念。文章认为,汉语各方言有其特殊的形成历史,各地移民从上古至今一直不断,每个时代的较大规模移民都会在方言中留下他们的影响,形成多个层次的叠加。尤其是中古以前的方言,在方言中留下了最深的底层,影响到整个方言的发展,这是汉语各方言最显著的特点。各个历史层次有不同的历史来源,在汉语方言中进行历史比较的时候,首先必须把各个历史层次分开,以历史层次分析法来弥补历史比较法的不足。

陈忠敏《吴语及邻近方言鱼韵的读音层次》(2003)是一篇"用层次的概念及历史层次比较法来讨论吴语及其邻近方言鱼韵韵母读音"的长篇论文。"具体的方法是:选择鱼韵读音层次最为复杂的一个吴方言点作深入的剖析,梳理出该方言点鱼韵读音的四个层次;然后在四个层次里选出层次代表字,由近到远逐层跟别的吴方言及邻近其他方言作层次对应和层次比较。"

关于鱼虞韵问题,罗常培(1931)、潘悟云(1983)、梅祖麟(1993、1995、2001a、2001b)等都做过不同程度、不同方面的研究。本文是对鱼虞问题大规模的个案研究。

《切韵》鱼、虞是两个不同的韵部,反映了当时方言鱼、虞韵母是有差别的。这种差别在现在的南方方言里还有不同程度的反映。一方面鱼韵的文读层与虞韵韵母相同,鱼韵的白读层与虞韵韵母不同,另一方面在鱼韵的白读层中,其韵母又有不同的读音类型,这其中的关系比较复杂,是属于不同的层次还是同一层次的不同变体,需要仔细区分。

作者先讨论了吴语 13 个点的鱼韵文读层(鱼虞相混层)韵母的读音,对庄组和知章组后韵母的变化作了解释,然后以浙南开化吴语方言作为具体对象进行研究,并以此为出发点,来比较其他吴语鱼韵的读音。

开化方言鱼韵韵母十分复杂,有-ɑ -ɤ -i -ie -ʅːə -u -y -ui 八个韵母(-ʅːə 韵母中,ʅ 是主要元音,ə 是滑音)。其中-u -y -ui 是文读层读音,属于鱼虞相混的层次,-ɑ -ɤ -i -ie -ʅːə 是白读音。开化方言知组声母后今韵母有-ɑ 和-ie 的对立;在见、晓匣组声母后有-ɤ 和-ie 的对立。这种音韵分布上的对立,说明它们之间不是同源层次内部的演变,而是属于不同层次的现象,属于异源层次。根据开化方言与周围吴语的比较,可以把开化方言鱼韵白读今韵母分为 ABC 三个层次,如下表所示:

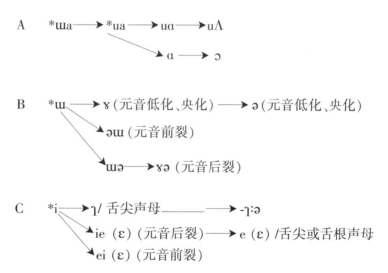

"开化话鱼韵读-ɑ 代表吴语中鱼韵韵母读音的最早层次,因为它的读音跟上古汉语鱼部主元音读音 *a 类似。""整个吴语里,鱼韵元音读-ɑ 或低元音的地方……都在吴语的西南角,在地理上连成一片,正好相当于吴语处衢片中的龙衢小片。我们把鱼韵读 ɑ—ɔ—uʌ—uɑ 等低元音的那个层次称为鱼韵 A 层次。

这些方言的 A 层次韵母中，都有一个圆唇的元音，要么是介音-u，要么是主元音-ɑ 或-ɔ。联系到上古汉语鱼部主元音是 *a，我们设立 *ua 作为它的最早形式，以后的演变是受介音-u 的影响使得整个韵母元音后高化、圆唇化。"

B 层次开化方言 ɤ，在广丰、常山、玉山、江山等方言读 ə、əɯ、ɯə、ɤə，这些韵母在它们的方言中都和-ie 韵母对立，分属两个层次：ɤ、ə、ɯə、əɯ、ɤə 属于一个层次，-ie 是另外一个层次的韵母（见下文）。作者设立 *ɯ 作为它们的共同来源，这些韵母是元音低化或元音裂化（前裂或后裂）的一系列音变。

C 层次的最早形式拟测为 *i，由于元音的裂化（前裂或后裂）和失落介音，形成吴语方言今韵母有 ŋ、ie(ɛ)、ie(ɛ)、-ŋ:ə、e(ɛ)的结果。

开化方言鱼韵韵母读音实际上有四层，ABC 三层是鱼韵白读的层次，D 层是鱼虞相混的层次-u -y -ui。"有 ABCD 四个层次的方言点集中在吴语的西南角的江西上饶地区的上饶、玉山、广丰；浙江衢州地区的开化、常山、江山、龙游以及浙江丽水地区的龙泉、遂昌等。有 BCD 四个层次的方言点是浙江丽水地区的丽水、庆元、缙云，金华地区的金华、永康、武义、东阳、义乌、汤溪，衢州地区的衢州等。温州地区、台州地区以及整个北部吴语都只有 C、D 两个层次。"

作者在讨论了吴语鱼韵白读的层次之后，又依据吴语的 ABCD 四个层次相继讨论了跟吴语接壤的江淮官话、徽、赣、闽方言鱼韵韵母读音层次。

作者的观点可能有些人未必完全赞同，但是作者分析鱼韵层次所运用的区分历史层次的分析方法还是有其可取之处的。

以上两位讨论的都是韵母的层次问题，其中一个讨论的是一个方言的韵母同源层次的演变问题，另一个是由点及面，讨论多个方言的韵母的层次问题，其中有异源层次的问题，主要是文白读，尤其是白读层次的问题，也有在同一层次中不同韵母之间的音变问题。从以上讨论中可以看出，在判断方言韵母的层次时，要注意以下几点：

（1）如果一个方言某一个韵韵母只有一个读音，这里面不存在层次的问题，或者说不是本文所关注的层次。如果一个方言某一个韵韵母有若干不同的音类，这里面可能就有层次的问题。当然前提是要排除那些由于训读、误读、避讳等不属于层次的现象。

（2）如果不同音类之间在声母后面呈互补的音韵分布，那么不同韵母之间可能是同源层次的关系。这种关系是一种纯粹的音变关系，具有语音演变的可解释性。在确定语音演变的起点时，既要照顾到汉语语音发展的历史，同时又不能拘泥于早期的语音构拟。

（3）如果不同韵母之间在某一组声母后面是一种对立关系，那么韵母之间就是一种异源层次的关系，也就是我们通常所说的文白异读，这是不同方言（语言）接触的结果，也是历史层积的结果，不是音变关系，不能从语音演变的角度去解释。不过同源层次的滞古层声母后面的韵母有时也会存在对立关系，这一点也需要注意。

（4）如果不同韵母之间在某一组声母后面呈现多种对立关系，那么韵母之间的层次不止一个，有可能存在多个层次。

（5）异源层次之间韵母的对立现象一般不会仅仅存在于一个方言之中，往往在周围方言中也有类似的表现，当然在具体的字的对应上并不一定完全一致。

（6）韵母具有多个层次的方言，多个层次之间有个层次早晚的问题，依照一般的方言经验来看，层次越早，其覆盖面越小，层次越晚，覆盖面越大。层次早晚的判定，一方面要照顾到汉语语音的历史，另一方面还要看与周围方言之间层次的对应。

（7）在讨论同源层次中音类之间的演变时，音类之间的每一个演变阶段，最好能有邻近方言的语音现象作为证据，这样解释音变才更有说服力。同理，在讨论异源层次时，某一层次的音类在不同方言中，音值不一定相同，不同的音值之间不仅仅是满足于音理上的音变解释，而且不能与不同的音值在各自方言中的语音演变事实相矛盾。

以上说的只是判定方言韵母层次的一般规则，但是在有的方言中，韵母的同源层次和异源层次杂糅在一起，很不好区分，需要寻求语音以外的其他条件来帮助区分两种层次，苏州话歌韵字就有这种情况。王福堂（2003）对此进行了讨论。

əu		驼搓歌
ɒ		他哪那
əu文	ɒ白	多拖
əu文	i白	左
ɒ文	əu白	大

　　"韵母中共有əu、ɒ、i三个语音形式,但文白的配合并不单纯。i只见于白读。əu有时单独出现,有时是与ɒ或i交替的文读,与ɒ交替的白读,看来也像是一个被新文读推挤的旧文读。即:白读i,旧文读əu,新文读ɒ。但韵母同样为ɒ的'多'、'拖'和'大'则文白情况相反,成为矛盾。从词语来看,ɒ韵母实际上应当分为两类:'多~呢'、'拖~箱子'的读音是口语中旧有的白读,'大伟~'和'他哪那'等的读音本地口语不用,只见于书面语,应为新起的文读。ɒ韵母的这种或文或白并不是其他韵母推挤的结果,而是借入异方言字音造成的。这样歌韵字的三个语音形式就应当分成四个层次:əu、i、ɒ白、ɒ文。就苏州话歌韵字中古以后的历史演变来看,韵母曾经经历过一个高化的过程,其中əu是这一演变的结果,白读ɒ是旧语音形式的残留,白读i是原读ɒ韵母的某些字后来衍生出i介音再变化的结果,文读ɒ则是由官话借入的。这样,ɒ白、i、əu应该属于同源层次,ɒ文属于异源层次。其中ɒ白和ɒ文(ɒ文在官话中其实也是旧语音形式的残留)语音形式相同,但由于文白的差异,得到了区分。综上所述,苏州话的歌韵字的层次就应为:ɒ白1、i白1-2、əu白2、ɒ文。"

　　方言之间的相互接触,有时会使方言产生结构性的变化。何大安(1988:67~70,77~92)讨论了四川永兴方言送气浊声母的形成。永兴是四川境内由移民而形成的一个湘方言岛,它的四周都是西南官话。这个方言具有湘方言的一般特点,比如说保留了不送气浊音声母。但是永兴方言与众不同的是,还有一套送气的浊音声母,这是一般湘语所没有的。通过研究发现,不送气浊音声母可以出现在相当于中古音的平、上、去、入四种声调里,而送气浊音声母只能配相当于中古音的平声字——以今天永兴的调类来讲,就是阳平调。在今天的阳平调里,哪些字读不送气浊音声母,哪些字读送气的浊音声母,是不混的,也就是说,送气和不送气是呈互补分布的。从这里可以推想,送气的浊音声母是从不送气的浊音声母分裂出来的,造成这种分裂的原因是西南官话的影响。

中古的浊音声母、西南官话和永兴湘语有下面的对应关系:

	西南官话	永兴湘语
去声(中古上、去声字)	p t k······	b d g······
阳平(中古平声字)	ph th kh······	bh dh gh······
阳平(中古入声字)	p t k······	b d g······

如果永兴原来只有不送气浊音声母,那么这个不送气浊音声母一面对当于不送气清声母(去声、阳平),一面又对当于送气清声母(阳平)。送气与不送气,在西南官话的这几组对当中是有分别的。又由于西南官话是四川的优势方言,说湘语的只有少数几个地方,那么在西南官话的持续影响之下,永兴开始模仿送气与不送气的分别,便是可以理解的一种行为。阳平调的 bh dh gh······就是受到了 ph th kh······影响,从 b d g······中逐渐分裂出来的[以上主要内容引自何大安(1988:67~68 页),何文对这个问题有相当详细的讨论]。

方言之间的接触影响,也可能导致方言声母和声调呈现复杂的情形,比如说福建浦城(石陂水北)方言(郑张尚芳 1985)。浦城位于闽浙赣三省接壤地区,石陂水北属闽北方言,但其中又有不少吴语的特点,显然是与吴语方言接触的结果。(Ho, Dah-an 何大安)(1996:215~234)有详细的研究,可以参看。

3. 历史层次分析法在汉语方言研究中的前景及展望

从 20 世纪 20 年代以来,汉语方言的调查取得了巨大的成果,积累了极为丰富的方言资料,同时汉语方言的研究也取得了很大的成绩。但是,如前文所说,汉语方言经历了数千年的演变、接触与融合,其内部已经不是一个纯质的单一的系统,而是一个可能具有各种不同层次的复杂的层积系统,如何认识纷繁复杂的汉语方言现象,梳理其中不同的语言层次,成为汉语方言学者必须面对的课题。历史层次分析法在汉语方言中的运用,可以说是汉语方言逐步走向深入的结果,也是汉语方言研究进一步深化的必然要求。在汉语方言研究中,运用历史层次分析法,可以在以下几方面取得进展:

（1）对某一具体方言中的复杂语音现象,剖析其语音层次。属于同源层次的,说明其音变过程,属于异源层次的,说明其是与哪一个方言接触的结果。汉语方言单点的材料已有不少,很多方言的语音现象也很复杂,但是对其中的语音层次问题有些还缺乏深入的分析。单点方言语音层次的清楚辨析是正确的方言比较研究的基础。

（2）对某一片关系密切的方言,剖析其语音层次。某一具体方言和它周围的一片关系密切的方言在语音层次的表现上往往有很多一致的地方。在剖析某一具体方言的语音层次时,"可以借助于相关方言的层次表现"。"而把一组有关系的小方言结合起来,观察它们在历史上的接触、发展,是研究个别方言史一个很重要的后续工作。丁邦新先生提出所谓方言区域史的研究,它的意义正在于此。"（杨秀芳 1993）

（3）汉语古音的拟测,汉语方言的语音是重要的参考依据。但是长期以来,方言语音由于自身的发展和与其他方言（语言）不断地接触融合,形成了复杂的层次,如果把属于不同层次的正常的语音现象当成是同一层次的异常语音现象去进行构拟,或者是在判断层次早晚的问题上观察不够细致,必然会导致错误的结果。用历史层次分析法辨析语音的层次,对拟测古音能提供必要的帮助。

（4）考订一些特殊字音的字源问题。甚至能从中发现一些重要的语音现象,如上文提到的潘悟云（1995a）。

运用历史层次分析法能解决汉语方言语音研究中的许多问题,但是历史层次分析法不是汉语方言研究的灵丹妙药,在实际运用中也有它的局限性,其中"最大的困难之一,是在不同的音类中,我们如何知道某音类的某读法,和另一音类的某读法,是否同属一个层次的遗留。同一个音类的不同读法很可能是不同层次的遗留,例如（厦门方言,括号中的字为笔者所加）清韵白话ĩːiã 的异读（精 $_c$ts ĩ ː : $_c$tsiã）为不同层次读音,它们和庚韵的 ĩ、iã 异读是否分别为同一层的读法? 若是,则在这两层中,清庚韵分别都合流;若非,则或有可能清韵的 ĩ 和庚韵的 iã 为同一层的两种韵母,或者清韵的 iã 和庚韵的 ĩ 为同一层的两种韵母,甚或它们之间并无同属一层的关系。如果它们不同层,则清韵的 ĩ 和庚韵的

ɿ只是不同层次读音的巧合,甚或是晚进的层被调整和早先的ɿ读同一韵母。"（杨秀芳1993）以上说的是一个方言内部不同音类之间的层次难以判定,其实在不同方言的同一韵类之间也存在类似问题。同为鱼韵字,我们如何知道 A 方言的 i 和 B 方言的 ie 一定是同一层或者一定不是同一层呢? 或者是 A 方言的 i 和 B 方言的 i 一定是同一层还是一定不是同一层呢?

虽然在辨认层次上存在一些困难,但是用历史层次分析法来分析汉语方言的语音层次仍然不失为一种切实可行的方法。"汉语方言在大致相同的空间里经历了长时间的接触与融合,其所造成的层次构造上的多样性以及这些多样性在语言演变理论上的价值,是其他语言难以相比的。汉语有着三千年以上的不曾间断的文献传统,可以对层次分析提供最有利的凭借,这也是其他语言的研究者所无法企及的。我们期待'语言层次学'的研究,将因汉语方言学的加入,使其内涵更加丰厚;而语言史的重建,也将因更为丰厚的内涵,展现出'更上层楼'的辽阔、深邃的景观。"（何大安2000）

第十六章
社会语言学与汉语方言学的新阶段

游汝杰

1. 汉语方言学的性质和特点

汉语方言学史可以分为传统方言学和现代方言学两大阶段。

从汉代扬雄《方言》到清末民初章太炎《新方言》,中国传统方言学的研究目的在于以今证古,即以今方言证释古文献,或以古证今,即以古文献中的材料解释今方言。传统方言学属于语文学(philology)的范围。古代的民族学著作如地方志,虽然也记录一些口语词汇等,但其研究框架仍是语文学。

用现代语言学的眼光来研究汉语方言,肇始于19世纪中期以后纷至沓来的西洋传教士,他们用西方语言学的学理和概念来记录和分析汉语方言的语音,记录和整理方言口语词汇,研究方言句法,还进行方言比较和分类研究。但是他们的研究与中国传统方言学并没有传承关系,他们的研究方法和目标与传统方言学也大异其趣。

西洋传教士的研究工作和中国学者的描写方言学,虽然在时间的先后上有相衔接的关系,但是后者并没有直接继承前者研究成果的明显迹象,中国学者是另起炉灶重新研究各地方言的。早期现代学者如林语堂、罗常培等人也曾注意到西洋传教士的成绩,并且撰有专文介绍。不过也许他们认为传教士只是准方言学家而已,至多只是将传教士的记录作为一种参照系罢了。

现代中国学者的方言研究工作肇始于1923年。当年创办北京大学研究所国学门的沈兼士提倡调查民间歌谣,而方言是调查、记录、研究歌谣不可或缺的工具,他认为:"研究方言可以说是研究歌谣的第一步工夫。"由此提出调查、记录方言的要求。1923 年《歌谣》周刊及其增刊相继发表多篇关于调查研究方言的文章。其中最重要的是沈兼士的《今后研究方言的新趋势》和林语堂的《研究方言应有的几个语言学观察点》。

1924 年 1 月北京大学国学研究所成立了"方言调查会",同年该会发表方言调查宣言书,提倡调查研究活的方言口语。林语堂等人还设计了以国际音标为基础的方音字母草案,并且用这一套字母标注了北京、苏州、厦门等 14 种方音作为实例。不过没有见到他们继而发表过什么实际的方音调查报告。以方言调查会为中心的学者可以称为歌谣派。歌谣派的历史虽然很短,只有三年(1923 ~ 1925),实际工作也做得不多,但是它的诞生却是中国方言学研究的历史转折点,标志着以今方言和古文献互相证合为目的的中国传统方言学的结束,同时也是注重调查研究活的方言口语的现代方言学的滥觞。

但是中国的现代方言学则发端于赵元任的《现代吴语的研究》(1928)。他在该书的自序中开宗明义地说:"研究中国语音最详细又最多的,大概要首推瑞典的中国音韵学家高本汉(Bernhard Karlgren)。他的成绩都发表在 1915 ~ 1926 陆续出来的 Etudes sur la phonologie chinoise。不过一个全国的方言调查不是个把人一年工夫或一个人年把工夫可以做得完的。高本汉的所得材料可以够使他考定隋唐时代的古音的大概,但是假如要做中国的方言志,那还得要许多人许多年有系统的调查跟研究才做得好呐。这种事业的重要,无论是本身的重要,或是在国学上地位的重要,或是应用于教育上的重要,也已经有好些人谈过的了。"这一段话明白无误地表明,当年调查研究方言的目的有三,一是描写方言("本身的重要""方言志");二是研究历史音韵("国学");三是推广国语等"教育上的重要"。

反观欧洲现代方言学,则肇始于方言地理学,目的在于验证新语法学派"语音演变没有例外"的著名论断。1876 年莱斯金(Leskien)提出"语言演变没有例外"的著名论断。就在同一年,另一位德国语言学家温克(Georg Wenker)给莱因州(Rhineland)的所有小学教师寄出一份问题表,表上列有 40 个短句和 300 个单词。要求被询问的教师用普通的字母记录本地的方言。调查的范围很快就扩展到整个德国。最后共收到四十四万多份答卷。温克首先想到把语言特征的地理分布标记在地图上。温克坚信"语音演变没有例外"的论断,他希望自己的研究能为这个论断提供证据。虽然标准的文学语言中的语音演变因为受到外来的影响,显然是不规则的,但是温克仍然以为在没有受外来影响的"真正的方言"中,他可以找到完全规则的变化和语音结构。

可是温克的期望并没有实现。第一批地图是载录莱因州方言的,出版于1881年。如果新语法学派的论断是正确的话,那么同属某一种语音变化规律的词汇,在地理分布上的境界线应该是相同的。但是温克的地图和后出的别的地图都说明,同属某一种语音演变规律的每一个词汇地理分布境界线各不相同,也就是说在同一个地点方言中,这些词汇的语音演变并不是一律的。例如高地德语和低地德语的音变规律并没有南北分界线,在有些地区既有按高地德语语音变化的词汇,又有按低地德语语音变化的词汇;换句话说,南北之间有一过渡带。在这个过渡带里,只有部分词汇,遵循 p、t、k 变为塞擦音和丝音的规律,温克的地图完全否定了新语法学派的信念,这种信念认为,如果某一个语音发生变化,那么所有包含这个语音的词汇也都会发生相同的变化。

美国的方言研究是 20 世纪初期展开的,就北美洲英语方言的调查研究和地图绘制而言,其理论和方法都是从欧洲输入的,应该说只是欧洲方言学的余绪。但是,另一方面,以鲍阿斯(Boas)和萨丕尔(E. Sapir)为代表的美国学者对美洲印第安语的研究,可以说是开创了方言学的新纪元。不过习惯上把他们的研究称为描写语言学和人类语言学(Anthropological Linguistics),其实印第安语言也是有方言分歧的,如 Gitksan 语就分东、西两种方言。调查和研究印第安语言自然也得从方言入手。他们的研究和欧洲学者的共同点是:两者都以方言口语为研究对象,都从实地调查取得材料;其不同点是:欧洲学者的研究方向侧重于方言地理学,以及今方言和语言历史的关系,美国学者的研究方向则侧重于方言的描写、语言的分类、语言与文化的关系、语言与思维的关系。美国学者的这种研究方向发展的结果,就形成描写语言学和人类语言学。

中国现代方言学的源流显然跟欧洲的方言地理学无关,它应该是在美国描写方言学的直接影响下诞生、发展的。1927 年 10 月清华学校研究院派赵元任和杨时逢到吴语区实地调查方言。次年赵元任出版《现代吴语的研究》,对各地吴语语音的描写所达到的精微程度,比之同时代的国外描写语言学(Descriptive Linguistics),可以说是有过之而无不及。此书材料可靠,审音精细,表格详明,方法新颖,慧眼独具,是第一部用现代语言学的知识研究汉语方言的划时代的经典著作,所创立的调查记录和分析汉语方言的规范一直为后来的方言学家所遵循。

但是从西方的描写语言学的观点来看,中国的描写方言学从一开始,就不是纯粹的描写语言学。调查字音的表格是从方块汉字在中古切韵音系的地位出发制定的,分析和归纳音类也都离不开中古音系的名目。从设计调查表格,到归纳声韵调系统、整理调查报告,从方言之间的互相比较,到构拟方言的较古阶段,都要借助传统音韵学知识,都离不开中古的切韵系统。方言研究的全过程几乎都跟历史语言学牵连。中国的描写方言学实际上是西方描写语言学和中国传统历史语音学相结合的产物,并且两者的结合是非常成功的。

2. 描写语言学与社会语言学

虽然欧洲传统方言学的诞生是在描写语言学之前,但是它的记录和描写方言的理念与后出的描写语言学并无二致,上世纪20年代诞生的中国现代方言学尤其如此。

描写语言学(descriptive linguistics)是结构主义语言学(structural linguistics)三个流派之一,又称美国学派,与布拉格学派和哥本哈根学派并列。结构主义语言学创始人瑞士语言学家索绪尔(F. de. Saussure 1859~1913)曾认为语言学可以分为"内部语言学"和"外部语言学"两大类。"内部语言学"只研究语言系统的内部结构,而"外部语言学"则把地理因素、社会因素等与语言结合起来研究,它企图从人类学、社会学、心理学等社会学科来研究语言。结构语言学属于内部语言学。

美国描写语言学大师布龙菲尔德也说:"我们并不寻求一个语言形式在言语社团的各种场景的用处。"(L. Bloomfield 1927)他并不在社会环境中研究语言。总之描写语言学只研究语言本体,即语言自身的结构。

索绪尔又有"语言"(langue)和"言语"(parole)之分,前者是指语言系统,是抽象的,后者是指个人的说话,是具体的。描写语言学优先考虑的是语言而不是言语。

社会语言学可以说是反其道而行之,它优先考虑的是言语而不是语言,提倡联系语言本体之外的社会因素研究语言,研究在社会生活中实际的语言是如何运用的。拉波夫认为社会语言学是"一种现实社会的语言学(socially realistic linguistics)"。(Labov 1972)"如果研究资料取自日常生活中的语言,语言学一定会更快地沿着科学的轨道发展。"(《拉波夫语言学自选集·致中国读者》)拉波夫不仅以日常生活中的语言作为研究资料,而且联系语言及其使用者的社会背景:社团、阶层、地位、性别、年龄、人种、方言、地域、风格等。社会语言学的宗旨是在语言集团的社会环境中,在共时的平面上研究语言运用的规则和演变,试图建立能够解释这些规则和演变的语言学理论,例如研究纽约百货公司中 r 音的社会分层、黑人英语的语法特点等。

从索绪尔的观点来看,社会语言学即是外部语言学。

总之,结构语言学属于内部语言学,优先研究语言及其系统。社会语言学是外部语言学,优先研究言语而不是语言。

需要指出的是,社会语言学跟描写语言学只是研究方向、范围和方法不同而已,它不仅不认为描写语言学一无是处,而且认为对方言的描写是社会语言学的基础工作。例如对社会方言的分层研究,必须以对语言变体的准确描写为基础。

3. 方言学与社会语言学异同

3.1　方言学与社会语言学的相同之处

虽然现代方言学的诞生比社会语言学要早得多,但是它与后出的社会语言学的研究对象和研究目的却是相同的。

第一,欧洲传统方言学的初衷是试图从语言地理的角度,来研究语言演变的历史,从而验证新语法学派"语音演变没有例外"的论点。方言学对历史语言学起到了极大的推动作用。故与社会语言学的目标之一是一致的。

1922 年德国语言学家格里木(Jacob Grimm)在《德语语法》的修订版中提出印

欧语言语音演变的规则,即清塞音变为清擦音,浊塞音变为清塞音,送气浊塞音变为浊塞音或浊擦音,被称为"格里木定律"。1876 年莱斯金(August Leskien)进一步提出"语言演变没有例外"的著名论断,这也是新语法学派(Neo-grammarians)的重要主张。就在同一年,另一位德国语言学家温克(Georg Wenker)调查莱因州(Rhineland)的方言。他首先想到把语言特征的地理分布标记在地图上。温克坚信"语音演变没有例外"的论断,他希望自己的研究能为这个论断提供证据。虽然标准的文学语言中的语音演变因为受到外来的影响,显然是不规则的,但是温克仍然以为在没有受外来影响的"真正的方言"中,他可以找到完全有规则的变化和语音结构。可是温克的期望并没有实现。各种方言地图集都无法证明新语法学派"语音演变没有例外"的论断。据此,法国方言学家席业隆(Jules Gilieron)认为语音有规律地演变只是一种幻想。1906 年他和 Marlo Roques 合著《语音学幻想》,反对语音演变有规律的说法,试图用外部演变来解释语音演变的结果。法国方言学家 Albert Dauzat 在所著《语言地理学》(1922)一书中,也持相同的观点。他反对地点方言连续不断发展的观点,主张现代社会里标准语言对方言的影响,造成方言混杂,这种现象在历史时期也同样发生,中心城市的方言会影响其他方言。甚至史前的各语系或语族在某种程度上也是如此。他认为,所谓真正的方言只有内部有规律的连续发展,这是一种幻想。

社会语言学也认为语言结构既不是永恒不变的,也不是瞬息即变的。相关的变异在相当长的时间里互动共变,它在地理上的反映即是同言线(isogloss)的扩散。(Weinreich 1968)语音演变是会受到语言自身的历史和社会两方面的制约的,因此研究语音演变必须兼顾历史和社会两方面。

社会语言学的目标之一也是研究语言演变,研究语言有哪些变体?如何演变?有什么规律?不过它不是从地理的角度,而是从社会的角度来研究语言的历史演变及其原因。例如拉波夫在麻省 Martha 的葡萄园岛调查双元音 ay 和 aw 中的前一元音 a,在不同年龄、不同职业和不同民系的人群的读音如何分布、如何变化,结论认为元音 a 有央化的倾向。同时社会语言学也不排除从语言系统的内部因素来研究语言演变。拉波夫近年来正在撰写三卷本的《语言变化原理》(Principles of linguistic change),第一卷《内部因素》已于 1994 年出版;第二卷《社会因素》已于 2000 年出版;第三卷将探讨(Labov 1994)心理因素和语言演变的关系。看起来他最终的研究目标仍然是当年与他的老师 Weinreich 提出的问题:语言变化的启动、变化的制约、变化的过渡、变化的嵌入、变化的评价。就此而言,社会语言学和传统方言学可以说有异曲同工之妙。

不过汉语方言学,从现有的研究成果来看,基本上还是属于描写语言学的范围,通过记录下来的方言材料来研究语言演变的成果可以说是凤毛麟角。社会语言学研究语言演变的目标和已取得的成果,对于汉语方言学有很重要的启发意义。

第二,社会语言学的研究对象是社会生活中实际使用的语言。语言是抽象的,方言是具体的,实际使用的语言即是方言。所以社会语言学和方言学的研究对象是相同的。社会语言学的三位先锋:拉波夫、特鲁杰(Peter Trudgill)和海姆斯(Dell Hymes),其中有两位实际上是在研究方言的基础上创建社会语言学的。拉波夫主要研究的是纽约的城市方言,特鲁杰研究的是英国诺里奇方言。海姆斯的背景是人类学,而人类语言学也是以实际使用的语言或方言为研究对象的。拉波夫的老师、早期的社会语言学家 Max Weinreich 研究的则是中欧的 Yiddish 语(一种犹太人使用的语言)。

第三,社会语言学注重调查研究社会方言,其中有一项是语言的年龄差异(age grading)。其实汉语方言学早就有人调查所谓新派和老派方言,比较两者的差异,从而研究方言的历史演变。例如上世纪 80 年代为了研究上海方言的年龄差异和历史演变,曾调查 500 个年龄层次不同的上海人,语言变项多达 33 项,调查结果为研究上海方言的历史演变提供了充足的证据。这些独立的研究成果,跟上世纪 60 年代在美国诞生的社会语言学并没有直接的关系。

3.2 方言学与社会语言学的相异之处

社会语言学与传统方言学在理念、旨趣和调查方法等方面至少有以下不同之处。

第一,描写语言学认为语言是同质有序(ordered homogeneity)的,社会语言学认为语言是异质有序(ordered heterogeneity)的。"同质有序"是指一种语言或方言的系统在内部是一致的,在同一个语言社区里,所有的人群在所有的场合,他们所使用的语言或方言的标准是统一的,而其结构和演变是有规律的。例如苏州城里的苏州人不管男女老少所说的苏州话内部是一致的,换句话说,苏州话只有一个标准。"异质有序"是指一种语言或方言的系统在内部是不一致的,会因人群、因场合而异,不同的阶层有不同的标准,内部是有差异的,但其结构和演变仍然是有规律的。例如苏州城里的苏州人因年龄、性别、教育程度、使用场合等不同,所说苏州话也是不同的,换句话说,苏州话不只一个标准。

第二,描写语言学的旨趣是描写共时的同质的语言。社会语言学的旨趣是研究共时的异质的语言,即研究语言的变异或变体(variant),并通过研究语言变异与各种社会因素的相互关系,以及变体扩散的社会机制,从共时的语言变异中,去研究历时的语言演变规律。最终建立语言演变理论。社会语言学认为语言结构的涵义是一个言语社区中语言使用者和使用风格的有规律的差异,掌握语言意味着掌握异质有序的结构。(Weinreich 1968)

第三,传统方言学全面调查一种方言的语音,以归纳音系为直接目的。社会语言学并不一定着重全面调查、归纳、研究语音系统,而是着重调查研究不同阶层、不同年龄、不同场合的语言差异,即语言变项。

传统方言学从描写语言学的立场出发,调查一种方言的时候,要求尽可能全面记录这种方言,从而归纳这种方言的音位、声韵调系统等,目的是描绘这种方言系统的全貌。一份完整的地点方言调查报告,至少要求包括以下内容:声韵调系统、声韵调配合关系、连读变调、同音字表、今方音与中古音的比较。

社会语言学注重探索语言变异,从而研究语言的层化特征,建立层化模型,它并不以全面描写方言系统为己任。只要求调查研究有社会分层意义的一个或若干个语言变项(linguistic variable)。例如特鲁杰在英国诺里奇市调查16个语音变项,只包括3个辅音、13个元音。拉波夫在纽约调查-r的变项。两人都没有全面调查和描写两地的语音系统。

社会语言学的旨趣是研究分层的社会方言,侧重点不是方言的地域差异,它注重探索层化特征的语言变项,认为方言学对方言的记录和描写仅仅是社会语言学的起点而已。

第四,方言学家和社会语言学都采用实地调查的方法,但是因为理念不同,具体做法也大相径庭。方言学的被调查人(informant)是经严格的程序人为选定的,并且是一地一人调查定标准。发音人的性别、职业、阶层等可以不必顾及。理想的发音人应该具备下述条件:

(1)他(或她,下同)的发音器官健康正常,没有影响发音的缺陷。(2)本地方言是他的母语,他从学会说话以后一直说纯粹的本地话。(3)他应该是中年人,最好是老年人。(4)他应该受过中等以上的教育。(5)他最好是一个喜欢谈天说地并且熟悉地方文化的人。方言学家认为这样的发音人所说的话即是当地的标准方言。

社会语言学家也从事实地调查,但对发音人的要求跟方言学家大不一样。上述发音人的五大条件,除了(1)之外,都不必顾及。其特点是多阶层和多人次的随机抽样调查。例如特鲁杰曾在英国诺里奇市(Norwich)调查方言,他的调查对象有 60 个人,其中 50 个是随机从四个地区的选民登记名册上抽样的,另 10 个是学童。然后进行定量分析,用概率统计来说明语言规则。实际上是借用社会学和统计学的方法来调查研究语言。

第五,方言学醉心于偏僻的乡下方言和老年人的方言的调查,希望能找到古老的演变缓慢的语言现象,用于历史语言学研究,早期的欧洲方言学尤其如此。方言地理学则更重视农村地区方言点的调查材料,绘制同言线(isogloss)必须有这些资料作为基础,才能达到细密的要求。例如《湖北方言调查报告》(赵元任等撰,商务印书馆 1948 年版)调查点不一定设在县城,多数在乡下。比较而言,社会语言学一般致力于调查和研究大中城市或城镇的方言,因为城市里有更丰富的社会现象,有更纷繁的社会阶层,有更为多姿多彩的社会方言。并且并不倾向调查老年人的方言,老年只是年龄分层调查中的一个层次而已。

第六,传统方言学上的方言区与社会语言学上的言语社区有所不同。方言区是方言地理学和方言分类学上的概念,是根据语言结构特征划分出来的单位。社会语言学上的言语社区(speech community)是根据语言层化特征、交往密度、自我认同划分出来的单位。方言区一旦划定,其同言线和边界都是明确的,不能改变的,除非根据新的标准重新划分方言区。言语社区的范围可大可小。正如甘柏兹(Gumperz J. J)所说的,"大多数持久的集团,不论是小到面对面交往的伙伴,还是大到还可以分地区的现代国家,或是同业公会,地段团伙,只要表现出值得研究的语言特色,均可视为言语社区。"(转引自祝畹瑾编1987)在方言地理学上,双方言区要么归属其中一种方言,要么当作两种方言的过渡区来处理。在社会语言学上,双方言区可以独立自成一个言语社区,即在同一个言语社区允许存在双语或多语现象。例如新加坡是一个言语社区,所使用的语言有四种:华语、英语、马来语、泰米尔语。

第七,社会语言学的"语言变体"与描写方言学的"音位变体",观念完全不同。结构语言学认为"音位变体"没有区别意义的作用,即同属一个音位的两个或多个读音不能区别词义。这是就语言本身的结构和系统而言的。社会语言学所谓"语言变体"是能够区别社会意义的。例如北京话零声母合口呼有[ø]和[v]两个变体,"中文"的"文"可以读成 uen,也可以读成 ven。(林焘 1982)对这两个变体,结构语言学认为,就音位而言,没有区别的必要,社会语言学则认为应探索是否能够区别社会意义。探索的结果是读[v]变体的多是女性,也就是说,uen 或 ven 有区别男女的社会功能,即有辨别社会成员的意义。所以社会语言学的"语言变体"可以说是"能够辨别社会功能的语言变体",是具有相同社会分布的一组语言形式。

第八,社会语言学注重定量研究和分析,主要是出于两方面的原因。一方面,社会语言学要研究语言变项和社会变项的关系,用数理统计的方法更能说明两者的相关性。用定量分析来研究相关性也是一般科学的方法。另一方面,社会语言学要求多人次地调查语言变体,调查所得的大量资料只有通过数量化、概率统计、定量分析,才能说明问题。定量分析可以用于社会语言学的许多课题,例如社会变项的数量化、语言变项的数量化、权数的设定和计算、语言态度的数量化、语言接近率的计算、语言竞争力的计算、词汇演变的计量说明等。用于不同课题的计算方法或计算公式也可能不同。下面以用于调查香港青年人日常用语的定量分析为例加以说明。

先看"香港青年日常用语调查表"(表1)

表1 香港青年日常用语调查表

调查人姓名　　　　　　调查时间

被调查人姓名　　　年龄　　　职业　　　　性别　　教育程度

社会变项(语域)	粤　语	英　语	国　语	其　他	权　数
一　家庭					
1　与配偶/朋友					1
2　与子女					0.9
3　与兄弟姐妹					0.8
4　电视、电影					0.7
5　与父母					0.6
6　报纸杂志					0.5
7　信件					0.4
8　与邻居					0.3
合计					
平均(百分比)					
二　工作					
1　与同事谈业务					1
2　公务会议					0.9
3　写工作报告					0.8
4　与同事闲谈					0.7
5　写便条					0.6
合计					
平均(百分比)					

（续表）

社会变项(语域)	粤 语	英 语	国 语	其 他	权 数
三 其他					
1 购物					1
2 酒楼餐厅					0.9
3 流行歌曲					0.8
4 政府部门					0.7
5 电话公司等					0.6
6 公共交通					0.5
7 警察、保安					0.4
合计					
平均(百分比)					
总计(平均)					

此表的左端是使用语言的场合(domain),即社会变项,分为三大类:家庭环境、工作环境和其他环境。每一类又分若干变项,以工作环境为例,分为 5 个场合(变项)。不同的场合使用语言的时间或多寡也会不同。根据使用语言时间的多少,将各个场合分成不同的级别。使用语言最多的场合级别定为 1 级,较多的为 2 级,以此类推。在工作环境类的各场合中,与同事谈业务应该是最经常的,定为 1 级,公务会议可能数天开一次,定为 2 级,写工作报告,可能两周才写一次,定为 3 级,工作期间闲谈是不允许的,每天只能偶尔为之,定为 4 级,写便条的机会就更少了,所以定为 5 级。当然不同的人会有不同的情况,这里是根据概率的原则分级。级别越高的给予的权数也越多,1 级为 1,2 级为 0.9,此后每级递减 0.1。

在每一个场合使用每一种语言,最多得分为 5 分,最低为 0 分。假定"与同事谈业务"用粤语得分为 4,那么 4 乘以权数 1,最后得分为 4,又如"与同事闲

谈"用粤语,得分为5,那么5乘以权数0.7,最后得分为3.5。余以此类推。表
中的"平均"是将各项合计化为百分比。表2是某一个说话人在工作场合使用
语言调查量化的样本。量化的结果表明,此人在工作期间英语的使用率最高,
达52.3%,国语的使用率最低,仅12.9%。如抽样调查50人,每人都必须如法
炮制,最后将50人的数据综合统计,便可得出结论。

表2　工作环境使用语言调查结果量化样本

二　工　作	粤　语	英　语	国　语	其　他	权　数
1　与同事谈业务	3	2	1	0	1
2　公务会议	1	4	0	0	0.9
3　写工作报告	0	5	0	0	0.8
4　与同事闲谈	4	1	0	0	0.7
5　写便条	1	2	3	0	0.6
合计	7.3	11.5	2.8	0	
平均(百分比)	33.8%	52.3%	12.9%	0%	

　　第九,传统方言学几乎不研究"阶层方言、语言忠诚、语言态度、语码转换、
语言计划"等问题,而它们却是社会语言学的不可或缺的组成部分。

4. 汉语方言学调查方法的危机

4.1　单人次调查和多人次调查

　　传统方言学认为语言是同质有序的。传统方言学认为一个地点方言内部
语音系统必定是一致的,只要找到一个标准的本地话发音人,就可以调查出标
准本地话。但是田野工作的经验告诉我们,不同的本地人语音系统往往不是完
全一致的。例如上海金山朱泾镇的两个老派发音人,其中一位有八个声调,另

一位只有七个声调,阳上归阳去;一位多出一个圆唇的 ŋ 韵,另一位多出一个 y ẽ 韵。当发现互有抵牾的时候,他们通常各自坚持自己的发音是标准的本地话,而指责别人的发音不标准。碰到这种情况,调查人往往觉得以谁的发音为标准难以确定。其实按社会语言学的方言学的观点来看,地点方言的内部差异是客观存在的。传统方言学囿于自身的成见,在调查地点方言时,只能要求一开头就择定一个标准的发音人,从一而终。实际上只有多人次的层化调查,才能更准确、更全面地记录某一个地方的方言。词汇调查尤其需要多人次的层化调查,与语法和语音比较,词汇的系统性不强,词汇的数量和品种会因人而异、因职业而异。

就研究语言演变的目的而言,只有通过多人次调查,才能见微知著,发现语言演变的种种复杂面貌和演变方向。下面举一个实例。

为了调查研究现代上海方言语音的演变,在 1983 年曾有人使用社会语言学的方法,调查上海方音的内部差异。他们设计的"社会变项"(social variable)有三项:年龄(35～45 岁、46～55 岁);性别(男、女);教育程度(大专、中学、小学)。被调查人多达 500 人。"语言变项"(linguistic variable)有 33 项,包括声母6 项、韵母 21 项、声调 6 项,另有单字读音 19 项。对每一个变项的不同反应都有人数百分率的统计。社会变项、被调查人的人数及百分比见表 3。

表 3 上海方言内部差异调查社会变项表

社会变项	年　　龄		性　　别		教　育　程　度		
	35～45 岁	46～55 岁	男	女	大专	中学	小学
人　数	247	253	141	359	60	361	79
百分比	49.40%	50.60%	28.20%	71.80%	12%	72.20%	15.80%

表 4 是其中 7 个语言变项及被调查人实际使用情况的百分比。

表 4 上海方言内部差异调查语言变项表

语言变项	无缩气塞音	尖团不分	无 dz 声母	烟＝衣	打≠党	谷＝角	无阴上调
百分比	90% 以上	80% 以上	90% 以上	40% 以上	90% 以上	90% 以上	80% 以上

调查结果表明 33 个语言变项中的 29 项,有 70% 的中年人有共同的演变方向。(石汝杰、蒋剑平 1987)

4.2　字本位调查法和词本位调查法

4.2.1　字本位的方言调查法

汉语方言调查的方法,自 20 世纪 20 年代以来,习惯上都是先记录某些事先选定的字的字音,求出声韵调系统,再调查词汇和语法。预先选定的字被安排在一本方言字音调查表格里。这种表格最初是 1930 年中央研究院历史语言研究所制定的,后来经过增补修改,而成目前通用的《方言调查字表》。这个表格是按以《切韵》为代表的中古音系安排的,预先选定的字按它们的音韵地位填在表格的一定位置上。制作这个调查字表,用于调查汉语方言有两个基本的认识:一是切韵音系是现代汉语方言的总源头,二是语音演变是有规律的。所以现代方言和切韵音系存在语音对应关系,因此从切韵音系出发来调查整理和研究现代方言音系应该是合理而方便的。

利用这个字表调查方言语音,还有一个好处是能在较少的时间里,大致了解方言语音系统的全貌。例如一个受过训练的调查者,可以在半小时之内,了解一个方言单字调的调类和调值。

但是这种调查方法实际上是从文字出发来调查语言,调查所得的结果理论上只能算是某地方言中的汉字读音系统,可以称为"字本位的方言调查法"。这有几方面的原因:各地方言普遍有文白异读现象,而发音人一般的习惯是看着字,读文读音。有些字,甚至是很普通的字,方言口语根本不用,如"坏"字温州口语不用,"晚"字上海口语不单用。有些字从来不单用,如"宵"字,上海只用于"元宵、宵夜"。对这些单字的读音的声调因受连调影响常常没有把握。或者只能给出这个字在连读字组中的变调值,有些口语中常用的音节,向来没有汉字可写,或只有方言俗字可写。例如河北昌黎话"罗□[luo^{35} lən^{0}]"(给人添麻烦),"□[tsou^{35}]"(洗,特指洗纺织品等)。这些字不可能包括在调查字表之中。

这种调查字表使用至今已有 70 年的历史。在旧时代,各地私塾和中小学语文教学很重视识字和字音,字音多是用本地方言教的,颇重视四声的辨别。方言调查字表实际上只适用于受过旧教育的识字较多、注意分辨字音声调的人。随着中小学普通话教学越来越普遍,学校里不再教学生一个字用本地方言土音如何读,所以理想的发言人越来越难寻觅,调查字表的适应性和效果也越来越下降。

这种从文字出发,而不是从语言使用的实际出发的调查法,在调查时会遭遇困难,赵元任早在 20 年代调查吴语时就发现了。例如许多字在实际口语中是不单用的,只用于两字组或多字组,如果要发音人读单字,他所读的声调很可能是变调值,而不是单字调。近 20 年来的调查实践表明,情况越来越严重,不仅单字的声调读法混乱,许多字已不能用方言读音来读,年轻人更是如此。

4.2.2 词本位的方言调查法

文字只是语言的符号,调查研究语言不能凭借文字,而应该从口语出发。语言学家从口语出发调查语言已经有许多经验,例如调查美洲印第安语,调查国内某些少数民族语言等。那么调查汉语方言能不能严格按照描写语言学的原则和调查程序,离开汉字,完全从口语出发呢?

董同龢在 1946 年曾采用上述方法调查记录四川华阳(今双流县)凉水井客家话,并用调查所得材料写成《华阳凉水井客家话记音》一书(1947 年出版)。全书内容包括"前言""标音说明""记音正文"和"语汇"四大部分。"前言"对调查和记录的方法有所说明。"标音说明"是对声母、韵母、声调、字音的连读变化、句调和音韵表的说明。"记音正文"包括 20 段话语内容有对话、独白式的闲谈、祭祖时的祷词、童谣、故事,每段每行先用国际音标标音,再逐字用书面语译注。"语汇"部分载录 4000 个左右词语。

华阳凉水井客家人(自称广东人)的客家话(俗称土广东话)已与文字脱离关系。没有人会用客家话读书,小学和私塾都以普通的四川话教读。所以从调查口语入手较为合理。作者完全离开方块汉字的依傍,调查时不用字表,调查的步骤是"先问一些事物的名称或说法,以便在较少的词语或句子中辨别出各种最基本的语音。在对辨音有了相当的把握后,即开始成段或成篇的语言记录",以期在自然流露的情况下包罗万象。最后从成篇的语料中截取词语和语音。这种调查方法可以称为"词本位的方言调查法",其好处是,调查所得的结果较接近自然语言的真实面貌,但是在调查时间上不经济,迄今似乎还罕有别的研究汉语方言的学者采用同样的方法。

　　词本位调查法更接近社会语言学调查语言实际使用情况的理念。因为字本位实际上是兼顾语言的历史,而词本位完全抛开历史,只是调查语言在当前的存在状态。

5. 社会语言学是方言学发展的新阶段

5.1　汉语方言学界的社会语言学研究

　　中国的现代方言学家从社会学角度研究方言也曾取得不少成果,但其中有些跟20世纪60年代在美国诞生的社会语言学可能没有直接的关系,这些研究成果,比较多的属于以下两个研究方向,一是方言年龄层次的调查研究,例如上世纪80年代为了研究上海方言的年龄差异和历史演变,曾调查500个年龄层次不同的上海人,从而研究上海话的演变;林焘曾调查北京城区和近郊55人的去声连读变调,发现其中三分之一发音人把前一音节读成升调。这种读法和地区、年龄、文化程度、性别都有关系(林焘1985)。二是"方言与地方文化"研究,自拙著《方言与中国文化》(1986年)出版以来,已有大量的论文和专著陆续面世。陈原于1983年出版《社会语言学》(学林出版社),此书率先使用社会语言学这个学科名称。黎锦熙在20世纪20年代曾调查研究过北京的"女国音"。赵元任在《现代吴语的研究》中提到绍兴的"惰民"方言,他说:"绍兴、宁波等处有一种阶级叫'惰民',前清时不许入场考试,清末解放过后他们也可以进学堂。绍兴的同仁学校是专门为他们设的。他们的语音跟所在地一般的语音不同,在绍兴者名'凡字眼'。但是这些学校的教员都是普通人,所以他们的'凡字眼'也渐渐地失掉了。据普通阶级人所说,跟同仁学校学生局部的证明,只得到一种发音特别的地方,就是'tz'系齐撮(西、须)不变颚化音(绍兴普通音都变,西=希,须=虚),而仍读舌尖音,如苏州、上海。有没有别种特别的地方,没有调查出来。"

　　赵元任有好几篇研究语言与社会关系的论文是在社会语言学诞生之前撰就的,后来Anwar S. Dil将他在20世纪50年代至70年代所写的相关论文编成论文集"Aspects of Chinese Sociolinguistics"(1976年)。在美国的社会语言学诞生之前撰就的论文如"Cantian ldiolect：An Analysis of the Chinese Spoken by a Twenty-eight-months-old Child"（1951 年），此文描写和研究一个女孩的个人方言，包括她的语音系统、语法系统和她所用的词汇。又如"Chinese Terms of Addresses"（1956 年），此文研究称呼语，包括人称代词、人名、一般称谓（先生、太太、老爷之类）、亲属称谓。"The Phonology and Grammar of Skipants"则是最早研究中英语码混合的论文。

方言学和社会语言学可以说有一种天然的联系。

20 世纪 80 年代以来，在社会语言学直接影响下，方言学界已经取得的研究成果涉及以下内容：阶层方言（尤其是年龄层次的分层调查研究）、双语和双方言、语言的性别差异、配对变语法、语言态度、大陆和港台词语的比较研究、海外的华人社会和华语等。

方言学界可以说已经迈入了社会语言学的新阶段。

5.2　汉语方言学的新阶段

广义的西方方言学史似应包括三个主要阶段，即欧洲的方言地理学、北美的描写方言学和社会语言学。狭义的西方方言学只是指 19 世纪末期在欧洲兴起的方言学和北美描写方言学，以及后来以此为规范所进行的调查和研究。

社会语言学大大地改变了方言学家的作用。方言学家不再仅仅只是公布他们的材料，而是注意将他们的材料与社会发展相联系，并且从中探讨理论问题。社会语言学革新了方言学只研究地域方言的传统，将研究旨趣转向社会方言，例如城市方言的社会层次分层研究。社会语言学应该成为方言学发展的新阶段，事实已经有人将社会语言学纳入方言学的范围。

W. N. Francis 所著 Dialectology：An Introduction（1983）共分八章，即 1. 导言；2. 语言变体；3. 语言抽样；4. 发音人抽样；5. 搜集材料；6. 发表调查结果；7. 方言学与语言学理论：传统语言学、结构语言学、生成语法。最后一章即是"方言学与语言学理论：社会语言学"。作者介绍了拉波夫在纽约所作的城市方言调查研究和特鲁杰在英国诺里奇所作的小城市方言调查研究。此书的结语认为，社会语言学的研究方向大大地提高了方言学的功能。今后方言学的作用不再仅仅止于完美无缺地记录和公布方言资料，以前从地理的角度研究一直占方言学的统治地位,今后将参与从社会阶层或别的社会语言学角度,研究语言的演变。方言学不再是席业隆所说的语言学的小妾,而是语言学大家庭里够格的成员。

J. K. Chambers 和 Peter Trugill 合著的 Dialectology(1998),就章节安排和内容来看,更接近社会语言学。全书分三大部分,各章内容如下。第一部分为"背景":1. 方言与语言;2. 方言地理学;3. 方言学与语言学;4. 城市方言学。第二部分为"社会变异":5. 社会分层与语言;6. 社会语言学与语言创新;7. 方言边界;8. 过渡。第三部分为"语言变异的途径":9. 变异性;10. 社会语言学和词汇学上的扩散;11. 地理扩散;12. 方言学内部的一致性。作者把传统的方言地理学和社会语言学有机地结合起来,在统一的理论原则之下,将两者熔于一炉,开创了方言学的新阶段。这个新阶段的方言学也许可以称为"现代方言学"。

汉语方言学应以同样的理由,引进社会语言学,革新自己的理念、旨趣和研究方法,进入崭新的发展阶段。新阶段的汉语方言学一方面要采用社会语言学现成的方法来研究方言;另一方面也必须注意,社会语言学是从社会的角度研究语言,而中国社会和西方社会在许多方面大不相同,所以中国的社会语言学应该自有特色,不能照搬欧美社会语言学的某些范式。下面各举一例。

社会语言学的研究方法之一是社会网络(social network)的调查。一个人日常与哪些人打交道,与哪些人说话,通常有一定的对象或范围。例如某人的说话对象通常是家庭成员、朋友、邻居、同事、某个民间组织成员等。他与这些人就构成一个社会网络。一个网络可以与别的网络没有语言来往,或来往不多,也可以来往很密切。社会网络对一个人的语言习得、语言行为和语言演变会产生很大的影响,对于儿童尤其如此。这方面有一项早期的经典研究是英国社会语言学家米尔罗伊完成的。(Milroy 1980)

社会网络调查研究跟层化特征调查研究的出发点不同,前者的着眼点是语言变项的产生和演变与实际的交际圈子密切联系,后者的着眼点是同属一个阶层的人群会有相同的语言变项。当然同属一个阶层的人群互相交际的机会很可能比较多。语言是用于交际的,新的变项总是在交际中形成和发展的。因此网络调查法对于研究变项来说应该是更严密、更合理。

近年来中国有许多新兴的城镇,还有大规模的移民运动,例如三峡移民。来自各地的移民带来不同的方言,本地人也有本地的方言,不同的方言最后是某一种方言取胜,或者融合成一种新的方言,这是值得研究的课题。研究这种语言转移的过程就可以借用网络调查的方法,但应加上长期追踪这个要求。

拉波夫在纽约百货公司调查尾音 r 的发音,结果保留(r)音的富人比穷人多,白人比黑人多,女人比男人多,职位高的比低的多。在旧时代汉语方言可能有贫富分层的现象,赵元任曾提到他小时候江苏常州的一种阶层方言的语音特点。他说:"常州话里的绅谈和街谈代表两种社会阶层,所用的连读变调不同,例如'好佬'(something good)hau¹ lau⁰,绅谈说55 - 0.2,街谈说55 - 0.5。本地人大半儿都不知道有这两种变调。'绅谈','街谈'是外地人起的名词。"这两种变调型并存于常州城里,家庭出身不同的学生在学校里相互交际的结果,使这两种变调型部分混杂。所谓"绅谈"即是经济地位和社会地位较高的绅士的说话型式,所谓"街谈"则是平民百姓的说话型式。但是在当代中国社会汉语却不见得以贫富分层。

其实在华人社会里阶层方言的主要差别表现在两方面,一是教育程度不同,文理和土白的使用频率也不同;二是上下级或上下辈相互称呼的不平等关系。

"文理"和"土白"分层是汉语特有的社会方言现象。文理和土白的对立有三层意思。

一是指读书时用文读音读汉字,说话时则离开汉字使用方言口语。据董同龢20 世纪40 年代的调查,四川成都附近的凉水井客家人读书时用四川官话,说话时则用客家方言,这是一种特殊的文理和土白的对立现象。有的地方文理和土白自成系统,与外地人说话用文读系统,与本地人说话则用白读系统。例如江苏的丹阳和浙江的金华。丹阳的文读声母系统塞音和塞擦音只有送气清音和不送气清音两类,与官话相同。但是白读声母系统塞音和塞擦音却分送气清音、不送气清音和浊音三类。

二是指在日常口语中,词汇和表达方式有文理和土白之分。如在普通话里

"腹泻"是文理,"拉肚子"是土白。方言里的土白词产生的时代较早,是原有的;文理词产生的时代较晚,是外来的。在上海话里"厨房、卫生间"是文理词,"灶披间、马桶间"是土白词。"文理"词汇可分两小类,一类是平时口语常用的,如上述上海话的"厨房、卫生间";另一类是口语不用的书面语词汇,即所谓"转文"。如北京人平时口语说"喝酒",如果说"饮酒"则是转文。在吴语区"花草树木、蛇虫百足"是口语,"植物、昆虫"是转文。

三是表达方式也有文理和土白之分,例见表5。

表5 文理和土白表达方式比较

文理表达方式	土白表达方式
请问尊姓大名? 免贵姓李,小名大光。	你姓什么? 叫什么名字? 姓李,李大光。
府上哪里?	你什么地方人? /老家哪里?
令尊大人还健在吗?	你父亲还在吗?
敢问贵庚? 虚度三十。	你几岁啦? 三十。
久违了。	长久不见了。
愚弟某某上(书信落款)	弟某某
您家千金什么时候相的亲?	你女儿什么时候找的对象?

教育程度较高的阶层多用"文理",教育程度较低的阶层多用"土白"。或者在较庄重、客气、正式、文雅的场合多用文理成分。方言学界早就注意研究"文白异读",但几乎仅限于语音层面。"文理和土白"的社会语言学研究应该是很有意义的。当代汉语的社会分层,教育程度这个社会变项应该是最重要的,其次应该是级别或辈分。

上下级或上下辈相互称呼有一种不平等关系,即上级对下级或上辈对下辈可以直呼其名,反之不可以直呼其名。对上级一般在姓氏后面加头衔,如李科长、王经理、张老师,或直呼头衔。对上辈则只用称谓,回避姓名。如果是平辈亲属则分长幼,长者对幼者可以直呼其名,反之则不可以,只能用称谓本身,或在称谓前加排行,如大哥、二姐等。这种情况与英语语境大不相同,在英语语境中,上下级之间或上下辈之间是可以直呼其名的。只是对担任顶级职位的人物,在军队里或在正式场合,才在姓名前加头衔。例如 President Bush, General Bower。两者的差异与东西方文化背景不同有关。在中国的传统文化里,历来有"长幼有序、敬老孝悌"观念。

6. 结论

方言学和社会语言学都以实际使用的语言为研究对象,而研究目的之一也都是为了探索语言的演变。但是两者在理念、旨趣和调查方法等方面有不少不同之处,其中最重要的是:描写语言学认为语言是同质有序的,社会语言学认为语言是异质有序。社会语言学的诞生使传统方言学面临新的挑战,社会语言学应该成为方言学发展的新阶段。传统方言学和社会语言学相结合,将使方言学在语言学园地里大放异彩。同时应该强调方言学的传统研究方向仍然需要继续,某些领域甚至需要进一步加强。新的汉语方言学的特点应该是历史语言学、描写语言学和社会语言学三结合。

7. 余论

方言学今后要朝社会语言学的方向发展,这并不意味着方言学的传统研究方向应该取消。描写方言学是社会语言学的基础,不能取消,也是取消不了的。对于中国社会来说,方言的地域差异比社会差异要严重得多,地域方言差异造成沟通或通话困难是常见的社会现象。在同一个言语社区里,社会方言的差异,相比之下,对通话程度的影响是微乎其微的。何况方言的地域差异研究远未达到成熟的程度,在方言比较、方言历史和方言地理方面尤其如此。所以传统研究方向仍然需要继续,某些领域甚至需要进一步加强,例如方言语法研究、方言历史、方言地理、方言比较等。今后的方言研究除了应引进社会语言学的理论和研究方法以外,还应引进类型学的理论和研究方法,开展方言比较研究,并注意与邻近学科,主要是古代汉语和现代汉语相沟通。

参 考 文 献

白　硕　1995　《语言学知识的计算机辅助发现》,科学出版社。

白　硕　1996　《语言实用主义》,罗振生、袁毓林主编(1996)《计算机时代的汉语和汉字研究》,清华大学出版社。

白宛如　1982　《广州方言连读音变举例》,《方言》第 1 期。

包拟古(N. C. Bodman)　1980　《原始汉语与汉藏语》,[中译本]中华书局 1995。

毕永峨　1989　《"也"在三个话语平面上的体现:多义性或抽象性》,戴浩一、薛凤生主编 1994。

曹广顺　1995　《近代汉语助词》,语文出版社。

陈保亚　1996　《论语言接触与语言联盟》,语文出版社。

陈昌来　2002　《现代汉语动词的句法语义属性研究》,学林出版社。

陈妹金　1993　《汉语与一些汉藏系语言疑问句疑问手段的类型共性》,《语言研究》第 1 期。

陈佩玲、陶红印　1998　《台湾官话叙事体中音律单位的语法构成及其规律初探》,《语言研究》第 1 期。

陈　平　1987a　《描写与解释:论西方现代语言学研究的目的和方法》,《外语教学与研究》第 1 期。陈平 1991。

陈　平　1987b　《释汉语中与名词性成分相关的四组概念》,《中国语文》第 2 期。陈平 1991。

陈　平　1987c　《话语分析说略》,《语言教学与研究》第 3 期。陈平 1991。

陈　平　1987d　《汉语零形回指的话语分析》,《中国语文》第 5 期,陈平 1991。

陈　平　1988　《论现代汉语时间系统的三元结构》,《中国语文》第 6 期。陈平 1991。

陈　平　1991　《现代语言学研究——理论、方法与事实》,重庆出版社。

陈　平　1994　《试论汉语中三种句子成分与语义成分的配位原则》,《中国语文》第 3 期。

陈　平　1996　《汉语中结构话题的语用解释和关系化》,《国外语言学》第 4 期。

陈其光　2001　《汉语苗瑶语比较研究》,丁邦新、孙宏开主编 2001。

陈忠敏　2003　《吴语及邻近方言鱼韵的读音层次——兼论"金陵切韵"鱼韵的音值》,《语言学论丛》第二十七辑,商务印书馆。

程　工　1994　《Chomsky 新论:语言学理论最简方案》,《国外语言学》第 3 期。

程　工　1999　《语言共性论》,上海外语教育出版社。

储泽祥、邓云华　2003　《指示代词的类型和共性》,《当代语言学》第 4 期。

戴浩一　1985　《时间顺序和汉语的语序》,[中译本]《国外语言学》1988 第 1 期。

戴浩一、薛凤生主编　1994　《功能主义与汉语语法》,北京语言学院出版社。

戴庆厦、傅爱兰　2002　《藏缅语的形修名语序》,《中国语文》第 4 期。

戴庆厦、徐悉艰　1992　《景颇语语法》,中央民族学院出版社。

邓思颖　2000　《自然语言的词序和短语结构理论》,《当代语言学》第 3 期。

邓思颖　2003　《汉语方言语法的参数理论》,北京大学出版社。

丁邦新　1995　《重建汉语中古音系的一些想法》,《中国语文》第 5 期。

丁邦新　1998　《丁邦新语言学论文集》,商务印书馆。

丁邦新　2000　《汉藏系语言研究法的检讨》,《中国语文》第 6 期。

丁邦新、孙宏开主编　2000　《汉藏语同源词研究(一)——汉藏语研究的历史回顾》,广西民族出版社。

丁邦新、孙宏开主编　2001　《汉藏语同源词研究(二)——汉藏、苗瑶同源词专题研究》,广西民族出版社。

丁邦新、孙宏开主编   2004   《汉藏语同源词研究（三）——汉藏语研究的方法论探索》，广西民族出
版社。

董秀芳   2003   《北京话名词短语前阳平"一"的语法化倾向》，吴福祥、洪波主编《语法化与语法研究》
（一），商务印书馆。

董秀芳   2004   《汉语的词库与词法》，北京大学出版社。

范继淹   1985   《无定 NP 主语句》，《中国语文》第 5 期。

范继淹   1986   《范继淹语言学论文集》，语文出版社。

范继淹、徐志敏   1980   《自然语言理解的理论和方法》，《国外语言学》第 5 期。

范继淹、徐志敏   1981   《关于汉语理解的若干句法、语义问题》，《中国语文》第 1 期。

范继淹、徐志敏   1982   《RJD－80 型汉语人机对话系统的语法分析》，《中国语文》第 3 期。

范 晓   2000   《动词配价研究中的几个问题》，沈阳主编《配价理论与汉语语法研究》，语文出版社。

方 梅   1985   《关于复句中分句主语省略的问题》，《延边大学学报（社科版）》第 1 期。人大复印资
料，1986.1。

方 梅   2000   《从"V 着"看汉语的不完全体的功能特征》，《语法研究和探索》（九），商务印书馆。

方 梅   2002   《指示词"这"和"那"在北京话中的语法化》，《中国语文》第 4 期。

方 梅   2004   《汉语口语后置关系从句研究》，《庆祝〈中国语文〉创刊五十周年学术论文集》，商务印
书馆。

方 梅   2005   《认证义谓宾动词的虚化》，《中国语文》第 6 期。

方 梅、宋贞花   2004   《语体差异对使用频率的影响——汉语对话语体关系从句的统计分析》，*Journal
of Chinese Language and Computing.*

房 青   2004   《湘潭方言的声调及连读变调的优选论分析》，路继伦、王嘉龄主编《现代语音学与音系
学研究》，天津社会科学院出版社。

冯胜利   1997   《汉语的韵律、词法与句法》，北京大学出版社。

冯胜利   2003   《韵律制约的书面语与听说为主的教学法》，《世界汉语教学》第 1 期。

冯志伟   1992   《计算语言学对理论语言学的挑战》，《语言文字应用》第 1 期。

冯志伟   1996   《自然语言的计算机处理》，上海外语教育出版社。

高本汉（B. Karlgren）   1915～1926   《中国音韵学研究》，[中译本]商务印书馆1940。

耿振生   2005   《汉语音韵史与汉藏语的历史比较》，《湖北大学学报（哲学社会科学版）》第 1 期。

龚煌城   1980   A Comparative Study of the Chinese, Tibetan, and Burmese Vowel Systems. 《汉藏语研究论
文集》，北京大学出版社2004。《汉、藏、缅语元音的比较研究》[中译本]，《音韵学研究
通讯》第 13 期，1989。

龚千炎   1995   《汉语的时相、时制、时态》，商务印书馆。

龚群虎   1994   《论元结构理论介绍》，《国外语言学》第 1 期。

龚群虎   1996   《生成语法及词库中动词的一些特性》，《国外语言学》第 3 期。

龚群虎   2002   《汉泰关系词的时间层次》，复旦大学出版社。

顾 钢   1999   《"乔姆斯基理论"四十年发展概述》，《天津师大学报》第 4 期。

顾 阳   2000   《导读》，Andrew Radford 编《句法学：最简方案导论（Syntax：a minimalist introduction）》，
外语教学与研究出版社。

顾 阳、沈 阳   2001   《汉语合成复合词的构造过程》，《中国语文》第 2 期。

桂诗春、宁春岩   1997   《语言学方法论》，外语教学与研究出版社。

郭 锐   2002   《现代汉语词类研究》，商务印书馆。

郭必之　2003　《香港粤语疑问代词"点[tim³⁵]"的来源》,《语言学论丛》第二十七辑,商务印书馆。

郭必之　2004　《辨认汉语方言语言层次年代的几个问题》,《中国语文研究》第 1 期。

郭承铭　1993　《认知科学的兴起与语言学的发展》,《国外语言学》第 1 期。

郭锡良　2002　《历史音韵学研究中的几个问题》,《古汉语研究》第 56 期。

郭锡良　2003　《音韵问题答梅祖麟》,《古汉语研究》第 60 期。

何大安　1981　《澄迈方言的文白异读》,台湾省《中央研究院历史语言研究所集刊》第 52 本 1 分册。

何大安　1986　《论永兴方言的送气浊声母》,台湾省《中央研究院历史语言研究所集刊》第 57 本 3 分册。

何大安　1988　《规律与方向：变迁中的音韵结构》,台湾省《中央研究院历史语言研究所专刊之九十》。

何大安　2000　《语言史研究中的层次问题》,台湾省《汉学研究》第 18 卷特刊。

何九盈　2004　《汉语和亲属语言比较研究的基本原则》,《语言学论丛》第二十九辑,商务印书馆。

何晓炜　2000a　《Chomsky 最简方案的新发展——〈最简方案之框架介绍〉》,《外语教学与研究》第 2 期。

何晓炜　2000b　《最简方案新框架内的句法推导——Chomsky（1998）〈语段推导评述〉》,《现代外语》第 3 期。

胡建华　1999　《限制性句法：句法反对称理论》,《当代语言学》第 2 期。

胡明扬　1993　《语体和语法》,《汉语学习》第 2 期。

黄伯荣、廖序东　1981　《现代汉语（修订本）》,甘肃人民出版社。

黄建烁　1991　《计算语言学研究综述》,《国际学术动态》第 4 期。

黄居仁　2004　《词类歧义的本质与解释——以大量语料库为本的分析研究》,石锋、沈钟伟主编《乐在其中：王士元教授七十华诞庆祝文集》,南开大学出版社。

黄树先　2002　《从史实看汉缅语关系》,《语言研究》第 48 期。

黄树先　2003　《汉缅语比较研究》,华中科技大学出版社。

黄树先　2005　《从核心词看汉缅语关系》,《语言科学》第 4 卷第 3 期。

黄　行　2001　《确定汉藏语同源词的几个原则》,《民族语文》第 4 期。

黄　行　2004　《汉藏语言关系的计量分析》。丁邦新、孙宏开主编 2004。

黄　奕　1985　《认知过程的语言》,《国外语言学》第 3 期。

黄　勇　2002　《汉语侗语关系词研究》,天津古籍出版社。

姬东鸿、黄昌宁　1996　《汉语形容词和名词的语义组合模型》, *Communications of COLIPS*《中文与东方语言信息处理学会通讯》Vol. 6, No. 1.

江　荻　2000　《论汉藏语言历史比较词表的确定》,《民族语文》第 3 期。

江　荻　2002a　《汉藏语言演化的历史音变模型——历史语言学的理论和方法探索》,民族出版社。

江　荻　2002b　《藏语语音史研究》,民族出版社。

江蓝生　1998　《后置词"行"考辨》,《语文研究》第 1 期。

江蓝生　1999　《从语言渗透看汉语比拟式的发展》,《中国社会科学》第 4 期。

江蓝生　2003　《语言接触与元明时期的特殊判断句》,《语言学论丛》第二十八辑,商务印书馆。

姜先周　2005　《高频及物动词与低频及物动词的及物性差异》,中国社会科学院研究生院博士论文。

蒋　平　1999a　《汉语诸方言声调系统的优选解释》,陈恩泉主编《中国的语言和方言》,北京语言文化大学出版社。

蒋　平　1999b　《形容词重叠的优选解释》,邢福义主编《汉语语法面面观》,北京语言文化大学出版社。

蒋绍愚　1994　《近代汉语研究概况》,北京大学出版社。

蒋绍愚　1995　《内部构拟法在近代汉语语法研究中的运用》,《中国语文》第 3 期。

蒋　严　2002　《论语用推理的逻辑属性——形式语用学初探》,《外国语》第 3 期。

蒋严、潘海华　1998　《汉语语句的类型表达》，黄昌宁主编《1998 中文信息处理国际会议论文集》，清华大学出版社。下载网址 http://www.cbs.polyu.edu.hk/ctyjiang/file/jnptypesimp.doc

蒋严、潘海华　2005　《形式语义学引论》，中国社会科学出版社，修订版。

金理新　2000　《论形态在确定汉藏同源词中的重要意义》，《民族语文》第 3 期。

金理新　2001　《从核心词看汉语和藏语缅语的亲疏关系》，《民族语文》第 6 期。

金理新　2002　《上古汉语音系》，黄山书社。

金立鑫　2000　《动词的语义域及其价值的推导》，沈阳主编 2000。

科姆里（Comrie，Bernard）　1981　《语言共性和语言类型》，沈家煊译，华夏出版社 1989。英文第二版 1989 尚无中译本。

孔江平　2001　《论言语发声》，民族出版社。

拉波夫　2001　《拉波夫语言学自选集》，北京语言文化大学出版社。

黎锦熙　1924　《新著国语文法》，商务印书馆。

李兵　1998　《优选论的产生、基本原理与应用》，《现代外语》第 3 期。

李方桂　1971　《上古音研究》，商务印书馆 1980。

李家治　1985　《国外认知科学介绍》，《思维科学》第 2 期。

李家治、郭荣江、陈永明　1982　《机器理解汉语——实验Ⅰ》，《心理学报》第 1 期。

李敬忠　1994　《语言演变论》，广州出版社。

李临定　1988　《汉语比较变换语法》，中国社会科学出版社。

李思敬　1986　《汉语"儿"[ɚ]音史研究》，商务印书馆。

李亚非　1994　《核心移位（X⁰-movement）与生成句法的发展》，石锋主编《海外中国语言学研究》，语文出版社。

李兆同、徐思益　1981　《语言学导论》，新疆人民出版社。

梁敏、张均如　1996　《侗台语族概论》，中国社会科学出版社。

廖秋忠　1984　《现代汉语中动词的支配成分的省略》，《中国语文》第 4 期。廖秋忠 1992。

廖秋忠　1986a　《篇章中的框—棂关系与所指的确定》，《语法研究和探索》（三）。廖秋忠 1992。

廖秋忠　1986b　《现代汉语篇章中指同的表达》，《中国语文》第 2 期。廖秋忠 1992。

廖秋忠　1986c　《现代汉语篇章中的连接成分》，《中国语文》第 6 期。廖秋忠 1992。

廖秋忠　1991a　《也谈形式主义与功能主义》，《国外语言学》第 2 期。廖秋忠 1992。

廖秋忠　1991b　《篇章语用和句法研究》，《语言教学与研究》第 4 期。廖秋忠 1992。

廖秋忠　1992　《廖秋忠文集》，北京语言学院出版社。

林大津、谢朝群　2003　《互动语言学的发展历程及其前景》，《现代外语》第 4 期。

林华　1998　《"调素"论及普通话连读变调》，《中国语文》第 1 期。

林焘　1982　《普通话里的 V》，《汉语学习》第 6 期。

林焘　1985　《北京话去声连读变调新探》，《中国语文》第 2 期。

林祥楣　1991　《现代汉语》，语文出版社。

刘丹青　1987　《形名同现及形容词的向》，《南京师大学报》第 3 期。

刘丹青　2001　《论元分裂式话题结构初探》，《语言研究再认识——庆祝张斌先生从教 50 周年暨 80 华诞》，上海教育出版社。徐烈炯、刘丹青主编 2003。

刘丹青　2002　《汉语类指成分的语义属性和句法属性》，《中国语文》第 5 期。

刘丹青　2003a　《语序类型学与介词理论》，商务印书馆。

刘丹青　2003b　《差比句的调查框架与研究思路》，戴庆厦、顾阳主编《现代语言学理论与中国少数民族语言研究》，民族出版社。

刘丹青　2003c　《试谈汉语方言语法调查框架的现代化》，《汉语方言语法研究和探索——首届国际汉语
　　　　　　　方言语法学术研讨会论文集》，黑龙江人民出版社。

刘丹青　2004　《话题标记从何而来？——语法化中的共性与个性》，石锋、沈钟伟主编《乐在其中——
　　　　　　　王士元教授七十华诞庆祝文集》，南开大学出版社。

刘丹青　2005　《汉语关系从句标记类型初探》，《中国语文》第1期。

刘　坚、江蓝生、白维国、曹广顺　1992　《近代汉语虚词研究》，语文出版社。

刘鑫民　2004　《现代汉语句子生成问题研究——一个以语序为样本的探索》，华东师范大学出版社。

刘勋宁　1988　《现代汉语词尾"了"的语法意义》，《中国语文》第5期。

刘一之　1988　《关于北方方言中第一人称代词复数包括式和排除式对立的产生年代》，《语言学论丛》
　　　　　　　第十五辑，商务印书馆。

刘　倬　1981　《JFY-Ⅱ型英汉机器翻译系统概述》，《中国语文》第3、4期。

鲁　川　2001　《汉语语法的意合网络》，商务印书馆。

鲁国尧　2003　《论"历史文献考证法"与"历史比较法"的结合》，《古汉语研究》第58期。

陆丙甫　1993　《核心推导语法》，上海教育出版社。

陆丙甫　2004　《作为一条语言共性的"距离—标记对应律"》，《中国语文》第1期。

陆俭明　1982　《汉语口语句法里的易位现象》，《中国语文》第3期。

陆俭明　1985　《关于"去+VP"和"VP+去"句式》，《语言教学与研究》第4期。陆俭明1993。

陆俭明　1993　《现代汉语句法论》，商务印书馆。

陆俭明　1998　《〈现代汉语配价语法研究　第二辑〉序》。袁毓林、郭锐主编1998。

陆俭明、沈　阳　2003　《汉语和汉语研究十五讲》，北京大学出版社。

陆镜光　2000　《句子成分的后置与话轮交替机制中的后续手段》，《中国语文》第4期。

陆镜光　2004　《说"延伸句"》，《庆祝〈中国语文〉创刊五十周年学术论文集》，商务印书馆。

陆志韦　1947　《古音说略》，《陆志韦语言学著作集》（一），中华书局1985。

吕公礼　2003　《形式语用学浅论》，《外国语》第4期。

吕叔湘　1941　《释"您"、"俺"、"咱"、"喒"，附论"们"字》，《汉语语法论文集》（增订本），商务印书
　　　　　　　馆1984。

吕叔湘　1942　《中国语法要略》，商务印书馆，1979年重印。

吕叔湘　1944a　《个字的应用范围，附论单位词前一字的脱落》，《汉语语法论文集》（增订本），商务印书
　　　　　　　馆1984。

吕叔湘　1944b　《文言与白话》，《国文杂志》3卷1期。《吕叔湘语文论集》，商务印书馆1983。

吕叔湘　1944c　《"个"字的应用范围，附论单位词前"一"字的脱落》，《金陵、齐鲁、华西大学中国文化汇
　　　　　　　刊》第4卷。《汉语语法论文集》（增订本），商务印书馆1984。

吕叔湘　1946　《从主语、宾语的分别谈国语句子的分析》，《开明书店二十周年纪念文集》。《汉语语法
　　　　　　　论文集》（增订本），商务印书馆1984。

吕叔湘　1979　《汉语语法分析问题》，商务印书馆。

吕叔湘　1985　《近代汉语指代词》（江蓝生补），学林出版社。

罗常培　1930　《厦门音系》。

罗常培　1931　《〈切韵〉鱼虞的音值及其所据方言考》，《中央研究院历史语言研究所集刊》第2本第3
　　　　　　　分册。

罗仁地、潘露莉　2002　《信息传达的性质与语言的本质和语言的发展》，《中国语文》第3期。

马庆株　1998　《动词的直接配价和间接配价》，袁毓林、郭锐主编1998。

马希文　1983　《关于动词"了"的弱化形式/·lou/》，《中国语言学报》第1期。

马学良主编　1991　《汉藏语概论》,民族出版社。第 2 版,2003。

麦　耘　1992　《论重纽及〈切韵〉的介音系统》,《语言研究》第 23 期。

梅祖麟　1980　《四声别义中的时间层次》,《中国语文》第 6 期。

梅祖麟　1988　《北方方言中第一人称代词复数包括式和排除式对立的来源》,《语言学论丛》第十五辑,商务印书馆。

梅祖麟　1993　《南北朝的江东方言和现代方言》,Paper presented at ICCL－2,Paris.

梅祖麟　1995　《方言本字研究的两种方法》,《吴语和闽语的比较研究》(中国东南方言比较研究丛书第 1 辑),上海教育出版社。

梅祖麟　2000　《中国语言学的传统与创新》,《学术史与方法学的省思》(台湾省中央研究院历史语言研究所七十周年研讨会论文集)。

梅祖麟　2001a　《江东方言在现代吴语、闽语、北部赣语里的遗迹》,香港科技大学讲课稿。

梅祖麟　2001b　《现代吴语和"支脂鱼虞,共为不韵"》,《中国语文》第 1 期。

潘悟云　1983　《中古汉语方言中的鱼和虞》,《语文论丛》第二辑,上海教育出版社。

潘悟云　1987　《关于汉藏语历史比较中的几个声母问题》,《语言研究集刊》第 1 辑,复旦大学出版社。

潘悟云　1991　《上古汉语和古藏语元音系统的历史比较》,《语言研究》增刊:《汉语言学国际学术研讨会论文集》。

潘悟云　1995a　《温处方言和闽语》,《吴语和闽语的比较研究》(中国东南方言比较研究丛书第 1 辑),上海教育出版社。

潘悟云　1995b　《对华澳语系假说的若干支持材料》,*Journal of Chinese Linguistics*(U. S. A.) *monograph series* 8:*The Ancestry Chinese Language.*

潘悟云　1999　《汉藏语中的次要音节》,《中国语言学的新拓展》,香港城市大学出版社。

潘悟云　2000　《汉语历史音韵学》,上海教育出版社。

潘悟云　2002　《"图"所反映的吴语历史层次》,《著名中年语言学家自选集·潘悟云卷》,安徽教育出版社。本文最早发于 1995 年《语言研究》第 1 期。

潘悟云　2004　《汉语方言的历史层次及其类型》,石锋、沈钟伟主编《乐在其中——王士元教授七十华诞庆祝文集》,南开大学出版社。

蒲立本(E. G. Pulleyblank)　1962　《上古汉语的辅音系统》,[中译本]中华书局 1999。

钱　锋　1990　《计算语言学引论》,学林出版社。

钱乃荣主编　1990　《现代汉语》,高等教育出版社。江苏教育出版社 2000,修订版。

桥本万太郎　1978　《语言地理类型学》,[中译本]北京大学出版社 1985。

屈承熹　1984　《汉语的词序及其历史变迁》,《语言研究》第 1 期。

屈承熹　2000　《话题的表达形式与语用关系》,《现代中国语研究》第 1 期。

屈承熹　2001　《"及物性"及其在汉语中的增减机制》,戴昭铭、陆镜光主编《语言学问题集刊》第一辑。

瞿霭堂、劲　松　2000　《汉藏语言研究的理论和方法》,《语言研究》第 39 期。

全广镇　1996　《汉藏语同源词综探》,台湾学生书局。

沙加尔(L. Sagart)　1993　《论汉语、南岛语的亲属关系》,[中译本]《汉语研究在海外》,北京语言学院出版社 1995。

沙加尔(L. Sagart)　2004　《汉藏南岛语系:对汉藏语和南岛语关系的补充解释》,《上古汉语词根》[中译本]附文,上海教育出版社。

邵敬敏　1998　《"语义价"、"句法向"及其相互关系》,袁毓林、郭锐主编 1998。

沈　阳　1994a　《现代汉语空语类研究》,山东教育出版社。

沈　阳　1994b　《动词的句位和句位变体结构中的空语类》,《中国语文》第 2 期。

沈　阳　1994c 《句法结构中隐含成分的语义所指关系》,《语言研究》第 2 期。

沈　阳　1995a 《数量词在名词短语移位结构中的作用和特点》,《世界汉语教学》第 1 期。

沈　阳　1995b 《领属范畴及领属性名词短语的句法作用》,《北京大学学报(哲社版)》第 5 期。

沈　阳　1996 《汉语句法结构中名词短语部分成分移位现象初探》,《语言教学与研究》第 1 期。

沈　阳　1997a 《名词短语的多重移位形式及把字句的构造过程与语义解释》,《中国语文》第 6 期。

沈　阳　1997b 《动词的题元结构与动词短语的同构分析》,《世界汉语教学》第 4 期。

沈　阳　1998 《带方位处所宾语的动词及相关句式》,《语言学论丛》第二十辑,商务印书馆。

沈　阳　主编 2000 《配价理论与汉语语法研究》,语文出版社。

沈　阳　2001 《名词短语分裂移位与非直接论元句首成分》,《语言研究》第 3 期。

沈　阳　2002 《再议句法结构中名词短语的分裂移位》,《语法研究和探索》(十一)。

沈　阳　2003a 《"V 着 A"结构分化的语法条件》,《语法研究和探索》(十二)。

沈　阳　2003b 《题元指派与"VP 的"转指的句法条件》,《庆祝〈中国语文〉创刊五十周年纪念论文集》,商务印书馆。

沈　阳、董红源　2004 《直接统制与"他"的句内所指规则》,《中国语文》第 1 期。

沈　阳、何元建、顾　阳　2001 《生成语法理论与汉语语法研究》,黑龙江教育出版社。

沈　阳、郑定欧主编　1995 《现代汉语配价语法研究》,北京大学出版社。

沈家煊　1989 《不加说明的话题——从对答看"话题-说明"》,《中国语文》第 5 期。

沈家煊　1994 《"语法化"研究综观》,《外语教学与研究》第 4 期。

沈家煊　1995a 《"有界"与"无界"》,《中国语文》第 5 期。

沈家煊　1995b 《正负颠倒和语用等级》,《语法研究与探索》(七)。

沈家煊　1997 《形容词句法功能的标记模式》,《中国语文》第 2 期。

沈家煊　1998 《语用法的语法化》,《福建外语》第 2 期。

沈家煊　1999a 《"在"字句和"给"字句》,《中国语文》第 2 期。

沈家煊　1999b 《"转指"和"转喻"》,《当代语言学》第 1 期。

沈家煊　1999c 《语法化和形义间的扭曲关系》,《中国语言学的新拓展》,香港城市大学出版社。

沈家煊　1999d 《不对称与标记论》,江西教育出版社。

沈家煊　2000a 《说"偷"和"抢"》,《语言教学与研究》第 1 期。

沈家煊　2000b 《句式和配价》,《中国语文》第 4 期。

沈家煊　2000c 《"N 的 V"和"参照体—目标"构式》,《世界汉语与教学》第 4 期。

沈家煊　2001a 《语言的"主观性"和"主观化"》,《外语教学与研究》第 4 期。

沈家煊　2001b 《跟副词"还"有关的两个句式》,《中国语文》第 6 期。

沈家煊　2002a 《如何处置"处置式"? ——论"把"字句的主观性》,《中国语文》第 5 期。

沈家煊　2002b 《著名中年语言学家自选集·沈家煊卷》,安徽教育出版社。

沈家煊　2003a 《复句三域"行、知、言"》,《中国语文》第 3 期。

沈家煊　2003b 《现代汉语"动补结构"的类型学考察》,《世界汉语教学》第 3 期。

沈家煊　2003c 《从"分析"和"综合"看〈马氏文通〉以来的汉语语法研究》,载《〈马氏文通〉与中国语言学史》,外语教学与研究出版社。

沈家煊　2004a 《动结式"追累"的语法和语义》,《语言科学》第 6 期。

沈家煊　2004b 《语法研究的目标——预测还是解释?》,《中国语文》第 6 期。

沈家煊　2004c 《再谈"有界"和"无界"》,《语言学论丛》第三十辑,商务印书馆。

沈　政、林庶之　1992 《脑模拟和神经计算机》,北京大学出版社。

施向东　2000 《汉语和藏语同源体系的比较研究》,华语教学出版社。

石纯一、黄昌宁、王家廞　1993　《人工智能原理》，清华大学出版社。

石定栩　1999　《主题句研究》，徐烈炯主编《共性与个性——汉语语言学中的争议》，北京语言文化大
　　　　学出版社。

石定栩　2002　《乔姆斯基的形式句法——历时进程与最新理论》，北京语言文化大学出版社。

石汝杰、蒋剑平　1987　《上海市区中年人语音共时差异的五百人调查》，《语言研究集刊》，复旦大学出
　　　　版社。

石毓智　1995　《论汉语的大音节结构》，《中国语文》第 3 期。

史有为　1995　《主语后停顿与话题》，《中国语言学报》第 5 期。

宋国明　1997　《句法理论概要》，中国社会科学出版社。

孙朝奋　1985　《论汉语普通话的所谓"主宾动"词序——语篇定量研究及其意义》(*On the so-called SVO
　　　　word order in Mandarin Chinese*, *Language* 1985)，戴浩一、薛凤生主编 1994。

孙朝奋　1988　《汉语数量词在话语中的功能》(*The discourse function of numeral classifiers in Mandarin
　　　　Chinese*, *Journal of Chinese Linguistics*. 1988)，戴浩一、薛凤生主编 1994。

孙朝奋　1994　《〈虚化论〉评介》，《国外语言学》第 4 期。

孙宏开　2001　《原始汉藏语中的介音问题》，《民族语文》第 6 期。

孙宏开、江　荻　2000　《汉藏语系研究历史沿革》，丁邦新、孙宏开主编 2000。

太田辰夫　1958　《中国语历史文法》，[中译本] 北京大学出版社 1987。

陶红印　1994　《言谈分析，功能主义及其在汉语语法研究中的应用》，石锋主编《海外中国语言学》，语
　　　　文出版社。

陶红印　1999　《试论语体分类学的语法学意义》，《当代语言学》第 3 期。

陶红印　2000　《从"吃"看动词论元结构的动态特性》，《语言研究》第 3 期。

陶红印　2002　《汉语口语叙事体关系从句结构的语义和篇章属性》，《现代中国语研究》(*Contemporary
　　　　Research on Modern Chinese*) 第 4 期。

陶红印　2003　《从语音、语法和话语特征看"知道"格式在谈话中的演化》，《中国语文》第 4 期。

陶红印、张伯江　2000　《无定式把字句在近现代汉语里的地位问题及其理论意义》，《中国语文》第
　　　　5 期。

万　波　1998　《赣语声母的历史层次研究》，香港中文大学中国语言及文学学部哲学博士论文。

万　波　2001　《赣语 t　tʰ 声母的来源及其历史层次》，香港科技大学人文及社会科学学部学术报告。

汪荣宝　1923　《歌戈鱼虞模古读考》，《国学季刊》一卷二号。

王福堂　1994　《闽北方言中弱化声母和第九调的我见》，张光宇编《第三届国际学术研讨会论文集》。

王福堂　1999　《汉语方言语音的演变与层次》，语文出版社。

王福堂　2003　《汉语方言语音中的层次》，《语言学论丛》第二十七辑，商务印书馆。

王辅世、毛宗武　1995　《苗瑶语古音构拟》，中国社会科学出版社。

王洪君　1987　《山西闻喜方言的白读层与宋西北方音》，《中国语文》第 1 期。

王洪君　1992　《文白异读与叠置式音变》，《语言学论丛》第十七辑，商务印书馆。

王洪君　1994　《汉语常用的两种语音构词法》，《语言研究》第 1 期。人民大学复印资料 1994.8。

王洪君　1999　《汉语非线性音系学——汉语的音系格局与单字音》，北京大学出版社。

王洪君　2004　《普通话节奏与词法句法的关联》，未刊。

王洪君　2001/2005　《韵律层级模型中的最小自由单位及其类型学意义》，第一届肯特岗国际汉语语言
　　　　学圆桌会议，新加坡。徐杰主编《汉语研究的类型学视角》，北京语言大学出版社 2005。

王　还　1985　《"把"字句中"把"的宾语》，《中国语文》第 1 期。

王嘉龄　1995　《优选论》，《国外语言学》第 1 期。

王嘉龄　2002　《优选论和天津话的连读变调及轻声》,《中国语文》第 4 期。

王理嘉　1983　《北京话的中元音音位》,《语文研究》第 1 期。

王理嘉　1991　《音系学基础》,语文出版社。

王　力　1958　《汉语史稿》,中华书局 1980。

王　力　1963　《汉语音韵》,中华书局。

王　力　1965　《古汉语自动词和使动词的配对》,《龙虫并雕斋文集》第三册,中华书局。

王　力　1983　《再论日母的音值,兼论普通话声母表》,《中国语文》第 3 期。

王　森　2001　《甘肃话中的吸气音》,《中国语文》第 2 期。

王珊珊　2004　《也谈古汉语特殊谐声关系》,《音韵论丛》,齐鲁书社。

王　伟　1994　《"修辞结构理论"评介(上)》,《国外语言学》第 4 期。

王　伟　1995　《"修辞结构理论"评介(下)》,《国外语言学》第 2 期。

王　伟　1998　《"能"的个案:现代汉语情态研究的认知维度》,中国社会科学院研究生院语言系硕士
学位论文。赵汀阳主编《论证》第 3 期,广西师范大学出版社 2003。

王晓琳　1991　《瑞典语语法》,外语教学与研究出版社。

王志洁　1999　《北京话的音节与音系》,徐烈炯主编《共性与个性——汉语语言学中的争议》,北京语
言文化大学出版社。

温宾利　2002　《当代句法学导论》,外语教学与研究出版社。

翁富良、王野翔　1998　《计算语言学导论》,中国社会科学出版社。

吴安其　2000　《汉藏文化的历史背景和汉藏语的历史分布》。丁邦新、孙宏开主编 2000。

吴安其　2002　《汉藏语同源研究》,中央民族大学出版社。

吴福祥　1996　《敦煌变文语法研究》,岳麓书社。

吴福祥　1998　《重谈"动 + 了 + 宾"格式的来源和完成体助词"了"的产生》,《中国语文》第 6 期。

吴福祥　2002　《汉语能性述补结构"V 得/不 C"的语法化》,《中国语文》第 1 期。

吴福祥　2003　《汉语伴随介词语法化的类型学研究》,《中国语文》第 1 期。

吴为章　2000　《汉语动词配价研究述评》,沈阳主编 2000。

伍雅清　2002　《疑问词的句法和语义》,湖南教育出版社。

项梦冰　2002　《连城客家话完成貌句式的历史层次》,《语言学论丛》第二十六辑,商务印书馆。

项梦冰　2004　《闽西方言调查研究》第一辑,韩国新星出版社。

邢公畹　1984　《汉藏系语言及其民族史前情况试析》,《语言研究》第 7 期。

邢公畹　1991　《关于汉语南岛语的发生学关系问题》,《民族语文》第 3 期。

邢公畹　1995　《汉苗语义学比较法试探研究》,《邢公畹语言学论文集》,商务印书馆 2000。

邢公畹　1999　《汉台语比较手册》,商务印书馆。

邢公畹　2001　《汉藏语同源词初探》。丁邦新、孙宏开主编 2001。

邢　凯　2004　《语义学比较法》。丁邦新、孙宏开主编 2004。

熊　燕　2003　《客、赣方言蟹摄开口四等字今韵母的层次》,《语言学论丛》第二十七辑,商务印书馆。

熊　燕　2004　《客赣方言语音系统的历史层次研究》,北京大学中文系博士论文,未刊。

徐芳敏　1991　《闽南厦漳泉次方言白读层韵母系统与上古音韵部关系之研究》,台湾大学中国文学研
究所博士论文。

徐　峰　2004　《汉语配价分析与实践——现代汉语三价动词探索》,学林出版社。

徐　杰　2001　《普遍语法原则与汉语语法现象》,北京大学出版社。

徐赳赳　1990　《叙述文中"他"的话语分析》,《中国语文》第 5 期。

徐赳赳　1995　《话语分析二十年》,《外语教学与研究》第 1 期。

徐赳赳　2001　《〈汉语话语语法〉评介》，《外语教学与研究》第 5 期。

徐赳赳　2003　《现代汉语篇章回指研究》，中国社会科学出版社。

徐赳赳　2005　《汉语联想回指分析》，《中国语文》第 3 期。

徐烈炯　1988　《生成语法理论》，上海外语教育出版社。

徐烈炯　1990/1995　《语义学》，语文出版社。

徐烈炯　1992　《汉语语义研究的空白地带》，《中国语文》第 5 期。

徐烈炯　主编 1999　《共性与个性——汉语语言学中的争议》，北京语言文化大学出版社。

徐烈炯　2002a　《功能主义与形式主义》，《外国语》第 2 期。

徐烈炯　2002b　《汉语是话语概念结构化语言吗?》，《中国语文》第 5 期。徐烈炯、刘丹青主编 2003。

徐烈炯、刘丹青　1998　《话题的结构与功能》，上海教育出版社。

徐烈炯、刘丹青主编　2003　《话题与焦点新论》，上海教育出版社。

徐烈炯、沈　阳　1998　《题元理论与汉语配价问题》，《当代语言学》第 3 期。

徐　琳、赵衍荪　1984　《白语简志》，民族出版社。

徐　蓉　2003　《宁波城区大众语码转换之调查分析》，《中国语文》第 4 期。

徐通锵　1991/1996　《历史语言学》，商务印书馆。

徐通锵　2001　《声调起源研究方法论问题再议》，《民族语文》第 5 期。

许余龙　2005　《篇章回指的功能语用探索——一项基于汉语民间故事和报刊语料的研究》，上海外语教育出版社。

薛凤生　1986　《北京音系解析》，北京语言学院出版社。

雅洪托夫(S. E. Yakhontov)　1960a　《上古汉语的复辅音声母》，[中译本]《汉语史论集》，北京大学出版社 1986。

雅洪托夫(S. E. Yakhontov)　1960b　《上古汉语的唇化元音》，[中译本]同上。

雅柯布森(Jacobson, Roman)　1959　《类型学研究及其对历史比较语言学的贡献》，钱军、王力译注《雅柯布森文集》，湖南教育出版社 2001。

严学宭　1988　《原始汉语研究的方向》，《严学宭民族研究文集》，民族出版社。

阎淑琴　2002　《固原话中的吸气音》，《语言研究》第 4 期。

杨　抒　1988　《自然语言的认知模型》，《计算机科学》第 3 期。

杨　宁　1990　《现代汉语动词的配价》，复旦大学博士论文。

杨　宁　2000　《语法配价、参与者和价语》。沈阳主编 2000。

杨秀芳　1982　《闽南语文白系统的研究》，台湾大学中国文学研究所博士论文。

杨秀芳　1993　《论文白异读》，《王叔岷先生八十寿庆论文集》，大安出版社(台北)。

游汝杰　2002　《汉语方言学导论》(修订本)，上海教育出版社。

游汝杰、邹嘉彦　2004　《社会语言学教程》，复旦大学出版社。

余廼永　1985　《上古音系研究》，香港中文大学出版社。

余志鸿　1983　《元代汉语中的后置词"行"》，《语文研究》第 3 期。

余志鸿　1987　《元代汉语"一行"的语法意义》，《语文研究》第 2 期。

余志鸿　1992　《元代汉语的后置系统》，《民族语文》第 3 期。

余志鸿　1999　《元代汉语假设句的后置标记》，《语文研究》第 1 期。

俞　敏　1980　《汉藏两族人和话同源探索》，《俞敏语言学论文集》，商务印书馆 1999。

俞　敏　1984a　《后汉三国梵汉对音谱》，同上。

俞　敏　1984b　《等韵溯源》，同上。

俞　敏　1989　《汉藏同源词谱稿》，同上。

袁毓林　1992　《现代汉语名词的配价研究》,《中国社会科学》第 3 期。

袁毓林　1993　《自然语言理解的语言学假设》,《中国社会科学》第 1 期。

袁毓林　1994a　《一价名词的认知研究》,《中国语文》第 4 期。

袁毓林　1994b　《句法空位和成分提取》,《汉语学习》第 3 期。袁毓林 1998c。

袁毓林　1995a　《词类范畴的家族相似性》,《中国社会科学》第 1 期。

袁毓林　1995b　《现代汉语二价名词研究》,沈阳、郑定欧主编 1995。袁毓林 1998c。

袁毓林　1995c　《谓词隐含及其句法后果——"的"字结构的称代规则和"的"的语法、语义功能》,《中国语文》第 4 期。袁毓林 1998c。

袁毓林　1996a　《语言的认知研究和计算分析》,《语言文字应用》第 1 期。

袁毓林　1996b　《话题化及相关的语法过程》,《中国语文》第 4 期。袁毓林 1998c。

袁毓林　1998a　《汉语动词的配价层级和配位方式研究》。袁毓林、郭锐主编 1998。

袁毓林　1998b　《汉语动词的配价研究》,江西教育出版社。

袁毓林　1998c　《语言的认知研究和计算分析》,北京大学出版社。

袁毓林　1998d　《关于配价语法研究答客问》。袁毓林 1998b。

袁毓林　2002a　《论元结构和句子结构互动的动因、机制和条件——表达精细化对动词配价和句式构造的影响》,徐杰主编《词汇语法语音的相互关联——第二届肯特岗国际汉语语言学圆桌会议论文集》,北京语言大学出版社。

袁毓林　2002b　《汉语话题的语法地位和语法化程度》,《语言学论丛》第二十五辑。徐烈炯、刘丹青主编 2003。

袁毓林　2004　《容器隐喻、套件隐喻及相关的语法现象——词语同现限制的认知解释和计算分析》,提交第 12 届国际中国语言学年会(2002,日本·名古屋)。《中国语文》第 3 期。

袁毓林、郭　锐主编　1998　《现代汉语配价语法研究》第二辑,北京大学出版社。

曾晓渝　1994　《汉语水语关系词研究》,重庆出版社。

翟润梅　2004　《太原方言声调的优选论分析》,路继伦、王嘉龄主编《现代语音学与音系学研究》,天津社会科学院出版社。

张伯江　1997　《性质形容词的范围和层次》,《语法研究和探索》(八)。

张伯江　2000　《汉语连动式的及物性解释》,《语法研究和探索》(九)。

张伯江　2002a　《施事角色的语用属性》,《中国语文》第 6 期。

张伯江　2002b　《"死"的论元结构和相关句式》,《语法研究和探索》(十一)。

张伯江、方　梅　1996　《汉语功能语法研究》,江西教育出版社。

张光宇　1990　《切韵与方言》,商务印书馆(台北)。

张光宇　1996　《闽、客方言史稿》,南天书局(台北)。

张国宪　1993a　《谈隐含》,《中国语文》第 2 期。

张国宪　1993b　《现代汉语形容词的选择性研究》,上海师范大学博士论文。

张国宪　1995　《论双价形容词》,沈阳、郑定欧主编 1995。

张　琨　1984　《论比较闽方言》,台湾省《中央研究院历史语言研究所集刊》第 55 本 3 分册。

张　琨　1985　《论吴语方言》,台湾省《中央研究院历史语言研究所集刊》第 56 本 2 分册。

张　琨　1991　《再论比较闽方言》,台湾省《中央研究院历史语言研究所集刊》第 62 本 4 分册。

张　敏　1998　《认知语言学与汉语名词短语》,中国社会科学出版社。

张　敏　2001　《广西玉林话的否定词——兼论南北方言里几项相关的类型差别》(未刊稿)。

张　敏　2002　《上古、中古汉语及现代方言里的"否定—存在演化圈"》,载 *Proceedings of International Symposium on the Historical Aspect of the Chinese Language*: *Commemorating the Centennial*

Birthday of the Late Professor Li Fang-Kuei, Vol Ⅱ. Edited by Anne Yue. University of Washington, Seattle.

张　敏　2003　《历时类型学与汉语历史语法的新课题》，"汉语史研究的回顾与展望"国际学术研讨会论文。

张淑敏　1999　《兰州话中的吸气音》，《中国语文》第 4 期。

张新婷　2004　《乌回话连读变调和轻声的优选论分析》，路继伦、王嘉龄主编《现代语音学与音系学研究》，天津社会科学院出版社。

章炳麟　1924　《与汪旭初论阿字长短音书》，《华国月刊》（上海）一卷五期。

章士嵘　1992　《认知科学导论》，人民出版社。

赵元任　1928　《现代吴语的研究》，北平清华学校研究院。

赵元任　1929　《韶州和湾头村的调查手稿》，转引自余霭芹《韶关方言的变音初探》，中国东南部方言比较研究第九届国际研讨会论文（杭州），2002 年 3 月。

赵元任　1934　《音位标音法的多能性》[中译本]，《赵元任语言学论文集》，商务印书馆 2002。英文原文载《史语所集刊》第四本第四分 1934。

赵元任　1935　《中国方言当中爆发音的种类》，《史语所集刊》第五本第四分。

赵元任　1968　*A Grammar of Spoken Chinese*，吕叔湘《汉语口语语法》，商务印书馆 1979。

赵元任　1979　《汉语口语语法》，吕叔湘译，商务印书馆。

赵元任　1980　《语言问题》，商务印书馆。

赵元任　1985　《赵元任语言学论文选》，中国社会科学出版社。

郑张尚芳　1964　《温州音系》，《中国语文》第 1 期。

郑张尚芳　1983　《温州方言歌韵读音的分化和历史层次》，《语言研究》第 2 期。

郑张尚芳　1984　《上古音构拟小议》，《语言学论丛》第十四辑，商务印书馆。

郑张尚芳　1985　《浦城方言的南北分区》，《方言》第 1 期。

郑张尚芳　1987　《上古韵母系统和四等、介音、声调的发源问题》，《温州师院学报》第 4 期。

郑张尚芳　1988　《浙南和上海方言中紧喉浊塞音声母 ʔb、ʔd 初探》，《吴语论丛》，上海教育出版社。

郑张尚芳　1995　《汉语与亲属语同源根词及附缀成分比较上的择对问题》，*Journal of Chinese Linguistics*（U.S.A.）单刊第 8 号：*The Ancesty Chinese Language*。

郑张尚芳　2002a　《方言介音异常的成因及 e > ia、o > ua 音变》，《语言学论丛》第二十六辑，商务印书馆。

郑张尚芳　2002b　《汉语方言异常读音的分层及滞古层次分析》，《南北是非：汉语方言与变化》，第三届国际汉学会议论文集语言组。

郑张尚芳　2003a　《汉语与亲属语言比较的方法问题》，《南开语言学刊》第 2 期。

郑张尚芳　2003b　《上古音系》，上海教育出版社。

钟荣富　1995　《优选论与汉语的音系》，《国外语言学》第 3 期。

周光召　1995　《迈向科技大发展的新世纪》，《中国科学报》5 月 29 日。

周同春　1982　《北京语音的音位系统》，《语言文字论文集（下）》，北京师范大学出版社。

朱德熙　1956　《现代汉语形容词研究》，《语言研究》第 1 期。《现代汉语语法研究》，商务印书馆 1980。

朱德熙　1961　《说"的"》，《中国语文》第 12 期。

朱德熙　1982　《语法讲义》，商务印书馆。

朱德熙　1985　《语法答问》，商务印书馆。

朱德熙　1986　《现代书面汉语里的虚化动词和名动词》，《语法丛稿》，上海教育出版社 1990。

朱德熙　1987　《现代汉语语法研究的对象是什么?》，《中国语文》第 5 期。

朱伟华　1987　《马泰休斯》，《国外语言学》第 2 期。

朱晓农　1987　《音标选用和术语定义的变通性》，《语文导报》第 3 期。

朱晓农　1996　《上海音系》，《国外语言学》第 2 期。

朱晓农　2002a　《论汉语元音大转移》，首届历史语言学会议论文（温州）。

朱晓农　2002b　《我看流派》，中国语言学岳麓论坛论文（长沙）。

朱晓农　2003a　《颚近音的日化》，《汉语史学报》总第三辑。

朱晓农　2003b　《从群母论浊声和摩擦：实验音韵学在汉语音韵学中的实验》，《语言研究》第 23 期。

朱晓农　2003c　《解开紧喉之谜》，第三届吴语国际学术研讨会论文。

朱晓农　2004a　《基频归一化：如何处理声调的随机差异?》，《语言科学》3.1。

朱晓农　2004b　《论分域四度标调制》，第 12 届国际中国语言学学会年会暨第 2 届汉语语言学国际研讨会论文。

朱晓农　2004c　《亲密与高调：对小称调、女国音、美眉等语言现象的生物学解释》，《当代语言学》第 3 期。

朱晓农　2004d　《浙江台州方言中的嘎裂声中折调》，《方言》第 3 期。

朱晓农　2004e　《唇音齿龈化和重纽四等》，《语言研究》第 3 期。

朱晓农　2004f　《汉语元音的高顶出位》，《中国语文》第 5 期。

朱晓农　2005　《元音大转移和元音高化链移》，《民族语文》第 1 期。

朱晓农、寸　熙　2003　《韶关话的小称调和嘎裂声》，戴昭铭主编《汉语方言语法研究和探索——首届国际汉语方言语法学术研讨会论文集》，黑龙江人民出版社。

祝畹瑾主编　1987　《社会语言学译文集》，北京大学出版社。

祝畹瑾　1992　《社会语言学概论》，湖南教育出版社。

邹嘉彦、游汝杰　2001　《汉语与华人社会》，复旦大学出版社，香港城市大学出版社。

Anderson, Stephen R.　1981　Why phonology isn't "natural". *Linguistic Inquiry* 12:4.

Aoun, Joseph & Hornstein, Norbet & Sportiche, Dominique　1981　Some aspects of wide scope quantification. *Journal of Linguistic Research* 1.3.

Arnold, Jennifer E & Wasow, Thomas　2000　Heaviness vs. newness: the effects of structural complexity and discourse status on constituent ordering. *Language* 76-1.

Asher, Nicholas. & Lascarides, Alex　2003　*Logics of Conversation*. Cambridge University Press.

Bach, E.　1986　The algebra of events. *Linguistics and Philosophy* 9:5-16.

Bach, E. & Jelinek, E. & Kratzer, A. & Partee, B. H. (eds.)　1995　*Quantification in Natural Languages* Vols: 1&2. Dordrecht: Kluwer Academic Publishers.

Bach, Kent　2000　Quantification, qualification and context: a reply to Stanley and Szabó. *Mind and Language* 15, Nos. 2 and 3.

Barwise J. & R. Cooper　1981　Generalised Quantifiers and Natural Language. *Linguistics and Philosophy* 4.

Baxter, W. H. Ⅲ (白一平)　1977　*Old Chinese Origins of the Chinese Chongniu Doublets: A Study Using Multiple Character Readings*. Cornell University Ph. D. Dissertation.

Bayer, Samuel Louis.　1997　*Confesstons of a Lapsed Neo-Davidsonian: Events and Arguments in Compositional Semantics*. New York: Garland Publishing Inc.

Benedict, P. K. (白保罗)　1972　*Sino-Tibetan: A Conspectus*. Cambridge University Press. 中译本《汉藏语言概论》,署"P. K. 本尼迪克特著"、"J. A. 马提索夫编","乐赛月、罗美珍译"、"瞿霭堂、吴妙发校",中国社会科学院民族研究所语言室 1984 年印行。

Berlin, Brent & Kay, Paul　1969　*Basic Color Terms: Their Universality and Evolution*. Berkeley: University of California Press.

Bernardo, Robert　1979　The function and content of relative clauses in spontaneous narratives. *Proceedings of Fifth Annual Meeting of the Berkeley Linguistics Society*.

Bettye, Adrian & Roberts, Ian (eds.).　1995　*Clause Structure and Language Change*. New York: Oxford University Press.

Bezuidenhout, Anne　2002　Truth-conditional pragmatics. In James Tomberlin (ed.) *Philosophical Perspectives, Volume* 16: *Language and Mind*. Oxford: Blackwell.

Bhat, D. N. S.　2000　*Word classes and sentential functions*. In Vogel & Comrie (eds.).

Biq, Yung-O　1990　Question-words as hedges in conversational Chinese: a Q and R exercise. In Lawrence B. Bouton and Yamuna Kachru, eds., *Pragmatics and language learning*. Urbana: University of Illinois Press.

Biq, Yung-O　1990　The Chinese Third-Person Pronoun in Spoken Discourse, CLS 26, *Proceedings of the 26th Annual Meeting of the Chicago Linguistic Society*.

Biq, Yung-O　1991　The multiple uses of the second person singular pronoun in conversational Mandarin. *Journal of pragmatics* 16.

Biq, Yung-O　1995　Chinese causal sequencing and *yinwei* in conversation and press reportage. *Berkeley Linguistics Society* 21.

Biq, Yung-O　1996　Recent Development in Functional Approaches to Chinese (co-authored with James H-Y. Tai and Sandra A. Thompson). *New Horizons in Chinese Linguistics*. Dordrecht: Kluwer.

Biq, Yung-O　2000　Recent developments in discourse-and-grammar. 汉学研究 [*Chinese Studies*] 18.

Bisang, Walter　2002　*Typology*, lecture text for the 7th Summer Institute of the German Linguistic Society.

Blakemore, Diane　1992　*Understanding Utterances*. Oxford: Blackwell.

Bloch, Bernard   1948   A set of postulates for phonemic analysis. *Language* 24.

Bloomfield, L.   1927   Literate and Illiterate Speech, *American Speech* 2:4.

Blutner, Reinhard. and Henk Zeevat   2004   *Optimality Theory and Pragmatics*. Houndmills, Hampshire & New York: Palgrave Macmillan.

Bolinger, Dwright   1977   *Meaning and form*. (English language series, 11.) London: Longman.

Brazil, D.   1995   *A Grammar of Speech*. Oxford: Oxford University Press.

Brinton, Laurel J.   1996   *Pragmatic Markers in English: Grammaticalization and Discourse Functions*. Mouton de Gruyter.

Bunt, Harry   1995   Formal pragmatics. In Jef Verschueren, Jan-Ola Östman and Jan Blommaert (eds.) *Handbook of Pragmatics (Manual)*. Amsterdam/ Philadelphia: John Benjamins Publishing Company.

Brown, G. & Yule, G.   1983   *Discourse Analysis*. Cambridge: Cambridge University Press.

Bybee, Joan L.   1985   *Morphology: A Study of the relation between meaning and form*. (Typological studies in language, 9.) Amsterdam: Benjamins.

Bybee, Joan L. & Hopper, P. (eds.)   2001   *Frequency and the Emergence of Linguistic Structure*, Amsterdam/Philadelphia: John Benjamins.

Bybee, Joan L. & Perkins, R. & Pagliuca, w.   1994   *The Evolution of Grammar—Tense, Aspect, and Modality in the Languages of the World*. Chicago: The University of Chicago Press.

Campbell, Lyle   1999   *Historical Linguistics: An Introduction*. Cambridge, Massachusetts: The MIT Press.

Carston, Robyn   1988   Implicature, explicature, and truth-theoretic semantics. In Ruth Kempson (ed.) *Mental Representations: the Interface between Language and Reality*. Cambridge: Cambridge University Press.

Carston, Robyn   1995   Postcript to Carston (1988). In Asa Kasher (ed.) (1998) *Pragmatics: Critical Concepts*. Vol. IV. London and New York: Routledge.

Carston, Robyn   2000   Explicature and semantics. In Corinne Iten and Ad Neeleman (eds.) *UCL Working Papers in Linguistics*, *Volume* 12. Department of Linguistics and Phonetics, University College, London. Also in S. Davis & B. Gillon (eds.) (forthcoming) *Semantics: A Reader*. Oxford: Oxford University Press.

Carston, Robyn   2002   *Thoughts and Utterances: the Pragmatics of Explicit Communication*. Oxford: Blackwell.

Catford, John C.   1988   *A Practical Introduction to Phonetics*. Oxford: Clearendon.

Chafe, Wallace   1979   The flow of thought and the flow of language. In T. Givon, ed., *Discourse and Syntax*. NY: Academic Press.

Chafe, Wallace   1987   Cognitive constraints on information flow. In R. Tomlin, ed., *Coherence and Grounding in Discourse*. Amsterdam: John Benjamins.

Chafe, Wallace   1994   *Discourse, Consciousness and Time: The Flow and Displacement of Conscious Experience in Speaking And Writing*. Chicago: University of Chicago Press.

Chafe, Wallace & Nichols, J (eds.)   1986   *Evidentiality: The linguistic coding of epistemology*. Ablex, Norwood, NJ.

Chambers, J. K. & Trugill, Peter   1998   *Dialectology*, 2nd edition, Cambridge University Press.

Chang, Kuang - yu (张光宇)   1987   "Comparative Min Phonology" Ph. D. dissertation. University of California, Berkeley.

Chao, Yuen Ren   1968   *A Grammar of Spoken Chinese*. Berkeley: University of California Press.

Chao, Yuen Ren　1976　*Aspects of Chinese Sociolinguistics*：Essays by Yuen Ren Chao. Stanford University Press, California.

Chao, Yuen Ren　1982　*The dialectal nature of two types of tone Sandhi in the Kiangsu Changchow dialect.* (载《清华学报》纪念李方桂先生八十岁生日特刊,新 14 卷。)

Chen, Matthew Y. (陈渊泉)　2000　*Tone Sandhi*：*Patterns across Chinese Dailects*, Cambridge University Press. 外语教学与研究出版社,2002 年。

Chen, Ping　1986　Referent Introducing and Tracking in Chenese Narrative, Los Angeles：UCLA Ph. D. dissertation.

Chen, Ping　1996　Pragmatic interpretations of structural topics and relativization in Chinese. *Journal of Pragmatics* 26.

Chen, Ping　2004　Identifiability and definiteness in Chinese, *Linguitics* 42(6).

Cheng, C-C(郑锦全)，1973　*A Synchronic Phonology of Mandarin Chinese.* Mouton：The Hague.

Cheng, Lisa Lai-Shen(郑礼珊)　1991　On the typology of *wh*-questions. Doctoral dissertation, MIT.

Chomsky, Noam　1957　*Syntactic structures.* The Hague：Mouton.

Chomsky, Noam　1965　*Aspects of the Theory of Syntax.* Massachusetts：The MIT Press.《句法理论的若干问题》,黄长著　林书武　沈家煊译,中国社会科学出版社,1985 年。

Chomsky, Noam　1975　*Reflections on language.* New York：Pantheon.

Chomsky, Noam　1979　《句法结构》,中国社会科学出版社。

Chomsky, Noam　1981　*Lectures on government and binding.* Dordrecht：Foris Publications.

Chomsky, Noam　1986　《句法理论的若干问题》,中国社会科学出版社。

Chomsky, Noam　1991　Some notes on economy of derivation and representation. In Robert Freidin, ed.，*Principles and parameters in comparative grammar.* Cambridge, Mass.：The MIT Press.

Chomsky, Noam　1993a　A minimalist program for linguistic theory. In Kenneth Hale and Samuel Jay Keyser, eds.，*The view from Building 20*：*essays in linguistics in honor of Sylvain Bromberger.* Cambridge, Mass.：The MIT Press.

Chomsky, Noam　1993b　《支配和约束论集》,中国社会科学出版社。

Chomsky, Noam　1995　Categories and transformation. In *The Minimalist Program.* Cambridge, Mass.：The MIT Press.

Chomsky, Noam　1998　Some observations on economy in generative grammar. In *Is the best good enough?* *Optimality and competition in syntax*, eds. Pilar Barbosa et al. Cambridge, Mass.：The MIT Press and MITWPL.

Chomsky, Noam　2000　Minimalist inquiries：the framework. In Roger Martin, David Michaels, and Juan Uriagereka, eds.，*Step by step*：*essays on minimalist syntax in honor of Howard Lasnik.* Cambridge, Mass.：The MIT Press.

Chomsky, Noam　2001　Derivation by phase. In *Michael Kenstowicz ed.，Ken Hale*：*a life in language.* Cambridge, Mass.：The MIT Press.

Chomsky, Noam　2004　Beyond explanatory adequacy. In *Adriana Belletti, ed. Structures and beyond.* Oxford：Oxford University Press.

Chomsky, Noam & Halle, Morris.　1968　*The Sound Pattern of English*(SPE). New York：Harper and Row.

Chomsky, Noam & Lasnik, Howard　1993　The theory of principles and parameters. In Joachim Jacobs, et al.，eds.，*Syntax*：*an international handbook of contemporary research.* Berlin and New York：Walter de Gruyter.

Chu, Chauncey 1976 Some Semantic Aspects of Action Verbs. *Lingua*, Vol. 40.

Chu, Chauncey 1998 *A Discourse Grammar of Mandarin Chinese.* New York: Peter Lang Publishing.

Clark, John & Yallop, Colin 1995 *An Introduction to Phonetics and Phonology*, 2nd edition. Oxford: Blackwell.

Clements, G. N. 1990 The role of sonority cycle in core syllabification. In J. Kingston and M. Beckman (eds), *Papers in Laboratory Phonology I: Between the Grammar and Physics of Speech.* Cambridge University Press.

Coblin, W. S. 1986 *A Sinologist's Handlist of Sino-Tibetan Lexical Comparisons.* Monumenta Serica Monograph Series 18. [前两章有中译本：汉藏语系词汇比较手册：Ⅰ. 导论Ⅱ. 原始汉藏语音系,《音韵学研究通讯》第 19、20 期合刊,1996]

Comrie, Bernard. 1981 *Language universals and linguistic typology: Syntax and morphology.* (2d ed., 1989)Chicago: University of Chicago Press.《语言共性和语言类型》,沈家煊译,华夏出版社, 1989 年。

Croft, William 1990 *Typology and Universals.* Cambridge: Cambridge University Press. 国内英文版(中文书名《语言类型学与语言普遍特征》),外语教学与研究出版社 2001,含沈家煊中文导读。

Croft, William 1991 The evolution of negation. *Journal of Linguistics* 27.

Croft, William 1995 Intonation units and grammatical structure, *Linguistics*, Vol.

Croft, William 1996 Typology and grammar. In: Keith Brown & Jim Miller(ed.). *Concise Encyclopedia of Syntactic Theories.* Oxford: NewYork: Pergamon.

Croft, William 2000 *Parts of speech as language universals and as language-particular categories.* In Vogel & Comrie(eds.).

Croft, William 2000 *Explaining Language Change: An Evolutionary Approach.* London: Longman.

Croft, William 2003 *Typology and Universals*, 2nd edition. Cambridge: Cambridge University Press.

Cun, Xi 2004. *Phonetic Characteristics of the Implosives in Wuchuan Yue.* MPhil thesis, The Hong Kong University of Science and Technology.

Dahl, Östen 1985 Tense and aspect systems. Oxford: Blackwell.

Davidson, Donald. 1967 The Logical Form of Action Sentences. In N. Rescher(ed.) *The Logic of Decision and Action.* Pittsburgh: University of Pittsburgh Press. Reprinted in: D. Davidson 1980 *Essays on Actions and Events.* Oxford: Claredon Press.

de Lacy, Paul. 1999 Tone and prominence. *ROA* - 333. Available online: http://roa.rutgers.edu/.

DeLancey, Scott 1981 An interpretation of split-ergativity. *Language* 57.

Dik, Simon C. 1978 *Functional grammar.* (North-Holland linguistic series, 37) Amsterdam: North-Holland.

Dik, Simon C. 1997 *The Theory of Functional Grammar. Part* 1: *The Structure of the Clause. ed. By Kees Hengeveld, Second, revised version.* Berlin & New York: Mouton de Gruyter.

Dixon, R. M. W. 2004 Adjective classes. In R. M. W. Dixon & Alexandra Y. Aikhenvald(eds.) *Adjective Classes: A Cross-linguistic Typology.* Oxford University Press.

Dowty, David 1979 *Word Meaning and Montague Grammar.* Dordrecht: Reidel.

Dowty, David 1982 Grammatical Relations and Montague Grammar. In P. Jacobson and G. Pullum(eds.) *The Nature of Syntactic Representation.* Dordrecht: Kluwer.

Dowty, David 1989 On the Semantic Content of the Notion of"Thematic Role". In G. Chierchia, B. P. Jacobson and G. Pullum(eds.) *The Nature of Syntactic Representation.* Dordrecht: Kluwer.

Dowty, David 1991 Thematic proto-roles and argument selection, *Language* 67.

Dryer, Matthew S. 1992 The Greenbergian word order correlations. *Language*. Vol. 68, Num. 1.

Dryer, Matthew S. 2003 Word order in Sino-Tibetan languages from a typological and geographical perspective. In Graham Thurgood and Randy LaPolla (eds.) *Sino-Tibetan Languages*. Richmond: Curzon Press from a typological and geographical perspective.

Duanmu, San 1990 *A Formal Study of Syllable, Tone, Stress and Domain in Chinese Languages*, Doctoral Dis sertation, MIT.

Duanmu, San 1997 Phonologically Motivated Word Order Movement: Evidence from Chinese Compounds, *Studies in the Linguistic Sciences*, Vol 27, No1.

Duanmu, San 2000a *The Phonology of Standard Chinese*, Oxford: Oxford University Press.

Duanmu, San 2000b Tone: An Overview. in *The First Glot International State-of-the-Article Book*: The Latest in Linguistics, ed. Lisa Lai-Shen Cheng and Rint Sybesma.

Du Bois, John W. 1980 Beyond definiteness: the trace of identity in discourse. In Chafe, ed., *The Pear Stories: Cognitive, Cultural, and Linguistic Aspects of Narrative Production*. Norwood: Ablex Publishing Corporation.

Du Bois, John W. 1987 The discourse basis of ergativity, *Language* 63.

Du Bois, John W. & Thompson, Sandra A. 1993 Dimensions of a theory of information flow. University of California, Santa Barbara. MS.

Egerod, S. 1983 The Nanxiong dialect. *Fangyan* 2.

Erbaugh, Mary S. 1987 Psycholinguistic evidence for foregrouding and backgrounding, *Coherence and Grounding in Discourse*. John Benjamins.

Fallon, Paul D. 2002 *The synchronic and Diachronic phonology of ejectives*. New York: Routledge.

Fauconnier, G. 1985 *Mental Spaces: Aspects of Meaning Construction in Natural Language*. Cambridge, Mass.: MIT Press.

Ferguson, Charles A. 1963 Assumptions about nasals: a sample study in phonological universals. In Greenberg, ed. *Universals of Language*. Cambridge, Mass.

Finegan, Edward 1995 Subjectivity and subjectivisation: an introduction. In Stein & Wright 1995.

Fodor, D. Janet 1995 Comprehending Sentence Structure, in Lira R. Gleitman and Mark Liberman (1995) *An Invitation to Cognitive Science*, Vol. I: *Language*. The MIT Press.

Fodor, Jerry 1975 *The Language of Thought*. New York: Crowell.

Foley, James 1977 *Foundation of Theoretical Phonology*. Cambridge University Press.

Foley, William A. & Robert, D. & Van Valin, Jr. 1984 *Functional syntax and universal grammar*. (Cambridge studies in linguistics, 38) Cambridge & New York: Cambridge University Press.

Ford, Cecilia. & Thompson, Sandra A. 1986 Conditionals in discourse: A text-based study from English. In E. C. Traugott, Meulen A. ter, Reilly J. S., Ferguson C. A. (eds.) *On conditionals*. Cambridge: Cambridge University Press.

Ford, C. A., Fox, B. A. & Thompson, S. A. 2002 Constituency and the grammar of turn increments. In C. A. Ford, B. A. Ford and S. A Thompson (eds.) *The Language of Turn and Sequence*. New York: Oxford University Press.

Fox, Barbara A. & Thompson, Sandra A. 1990a A discourse explanation of the grammar of relative clauses in English conversation. *Language* 66.

Fox, Barbara A. & Thompson, Sandra A. 1990b On formulating reference: an interactional approach to relative clauses in English conversation. *Pragmatics* 4.

Francis, W. N.　1983　*Dialectology: An Introduction*, Longman.

Fraser, Bruce　1996　Pragmatic Markers, *Pragmatics* 6.

Gabbay, Dov. (forthcoming). *A Practical Logic of Cognitive Systems. Volume 2. The Reach of Abduction: Insight and Trial.* Amsterdam et al.: North-Holland(Elsevier Science).

Gabbay, Dov. & Woods, John　2003　*A Practical Logic of Cognitive Systems. Volume 1. Agenda Relevance: a Study in Formal Pragmatics.* Amsterdam et al.: North-Holland(Elsevier Science).

Gardner　1985　*Mind's New Science*, Basic.

Gazdar, G. & Mellish, C.　1987　Computational linguistics, in J. Lyons, etc. (ed.) *New Horizons in Linguistics* 2. Penguin Books.

Gerritsen, Marunel & Stein, Dieter (eds.).　1992　*Internal and External Factors in Syntactic Change.* Berlin; New York: Mouton de Gruyter.

Givón, Talmy　1971　Historical syntax and synchronic morphology: an archaeologist's field trip. *ChicagoLinguistic Society* 7.

Givón, Talmy　1975　Serial verbs and syntactic change: Niger-Congo. In Charles N. Li(ed.) *Word Order and Word Order Change.* Austin and London: University of Texas Press.

Givón, Talmy　1977　The drift from VSO to SVO in Biblical Hebrew: The pragmatics of tende-aspect. In Li.

Givón, Talmy　1979　*On Understanding Grammar.* New York: Academic Press.

Givón, Talmy　1983　Topic continuity in discourse: an introduction. In Givon, Talmy ed. *Topic Continuity in Discourse: A quantitative cross-language study.* John Benjamins Pulishing Co.

Givón, Talmy　1984　*Syntax: A functional-typological introduction*, vol. 1. Amsterdam: Benjamins.

Givón, Talmy　1987　Beyond foreground and background, In Russell S. Tomlin (ed.) *Coherence and Grounding in Discourse.* John Benjamins.

Goldberg, Adele E.　1995　*Constructions: A Construction Grammar Approach to Argument Structure.* Chicago: The University of Chicago Press.

Goldsmith, John　1976　*Autosegmental Phonology.* PhD. dissertation, MIT. 又见于: the Indiana University Linguistics Club, Bloomington, Indiana.

Greenberg, Joseph H.　1963　Some universals of grammar with particular reference to the order of meaningful elements. In Greenberg(ed.) *Universals of Language.* Cambridge, Mass. : M. I. T. Press. 中文本《某些主要与词序有关的语法普遍现象》,陆丙甫、陆致极译,《国外语言学》1984 年第 2 期。

Greenberg, Joseph H.　1978　How does a language acquire gender markers. In J. Greenberg, C. Ferguson, and Emor-avcsik(eds.)Universals of human language,Vol. Ⅲ. Stanford: Stanford University Press.

Greenberg, Joseph H.　1980　Circumfixes and typological change. In Elizabeth Traugott,Rebecca Labrum and Susan Shepherd (eds.) *Papers from the Fourth International Conference on Historical Lingtuistics.* Amsterdam: Benjamins.

Greenberg, Joseph H. et al., eds.　1978　*Universals of human language.* 4 vols. Stanford, Calif. : Stanford University Press.

Grice, Paul　1975　Logic and conversation. In Peter Cole and Jerry Morgan(eds.) *Syntax and Semantics* 3: *Speech Acts.* New York: Academic Press. Also in Grice 1989.

Grice, Paul　1978　Further notes on logic and conversation. In Peter Cole (ed.) *Syntax and Semantics* 9: *Pragmatics.* New York: Academic Press. Also in Grice 1989.

Grice, Paul　1989　*Studies in the Way of Words*. Cambridge, Mass.　: Harvard University Press.

Grishman, Ralph　1986　*Computational Linguistics: An Introduction*. Cambridge University Press.

Haboud, Marleen　1997　Grammaticalization, clause union and grammatical relations in Ecuadorian Highland Spanish, in Givón ed. *Grammatical relations: a Functionalist Perspective*. Amsterdam; Philadelphia: J. Benjamins.

Haiman, John　1985　*Natural syntax: Iconicity and erosion*. (Cambridge studies in linguistics.) Cambridge & New York: Cambridge University Press.

Halle, Morris　1962　Phonology in Generative Grammar. *Word* 18.

Halle, Morris　1973　A Window into Man's Mind, in Eric P. Hamp (ed.) *Themes in Linguistics: 1970s*, Mouton.《洞察人类心智的窗口》,《国外语言学》1984 年第 1 期。

Halliday, Michael A. K.　1985　*An introduction to functional grammar*. London: Arnold.

Halvorsen, Per-Kristian　1988　Computer applications of linguistic theory, in F. J. Newmeyer (ed.) *Linguistics: The Cambridge Survey*, Vol. Ⅱ, *Linguistic Theory: Extentions and Implications*. Cambridge University Press.

Hardcastle W. & Laver, J. (eds.)　1997　*The Handbook of Phonetic Sciences*. Oxford: Blackwell.

Harris, Alice. C.　2003　Cross-linguistic perspectives on syntactic change. In Joseph & Janda.

Harris, Alice. C. & Lyle, Campbell　1995　*Historical Syntax in Cross-linguistic Perspective*. Cambridge: Cambridge University Press.

Haspelmath, Martin　2000　Coordination. To appear in: Timothy Shopen (ed.) *Language typology and linguistic Description*. 2nd ed. Cambridge: Cambridge University Press.

Hauser, Marc D. & Chomsky, Noam & Fitch, W. Tecumseh　2002　The faculty of language: what is it, who has it, and how did it evolve? *Science*.

Hawkins, John A.　1983　*Word Order Universals*. New York: Academic Press.

Hawkins, John A.　1990　A parsing theory of word order universals, *Linguistic Inquiry*.

Hawkins, John A.　1994　*A Performance theory of Order and Constituency*. Cambridge: Cambridge University Press.

Hayes, B.　1984　The Phonology of Rhythm in English. *Linguistic Inquiry*. Vol. 15.

Heim, I. R.　1982　*The Semantics of Definite and Indefinite Noun Phrases*. PhD. Dissertation, University of Massachusetts, Amherst.

Heine, Bernd　1994　*A Performance theory of Order and Constituency*. Cambridge: Cambridge University Press.

Heine, Bernd　1997　*Cognitive Foundations of Grammar*. New York: Oxford University Press.

Heine, Bernd　2003　*Grammaticalization*. In Joseph & Janda.

Heine, Bernd & Kuteva, Tania　2002　*World lexicon of grammaticalization*. Cambridge: Cambridge University Press.

Heine, Bernd & Reh, Mechthild　1984　*Grammaticalization and Reanalysis in African langues*. Hamburg: Helmut Buske Verlag.

Heine, Bernd & Clandi, Ulrike & Hunnemeyer, Friederike　1991　*Grammaticalization: A conceptual Framework*. Chicago: University of Chicago Press.

Herburger, Elena　2000　*What Counts: Focus and Quantification*. Cambridge: MIT Press.

Herring Susan C.　1991　The grammaticalization of rhetorical questions in Tamil. In Traugott & Heine 1991a.

Higginbotham, James & May, Robert　1981　Questions, quantifiers and crossing. *Linguistic Review* 1.

Higginbotham, James & May, Robert　1983　The logic of perceptionual reports: an extensional alternative to situation semantics. *Journal of Philosophy* 80.

Higginbotham, James & Pianesi, F. & Varzi, A. C. (eds.)　2000　*Speaking of Events.* Oxford University Press.

Ho, Dah-an　1996　Stages and Strata in Dialect History—Case Studies of Heng County, Da County and Shipo, *English Translation by George hayden*, in James Huang & Audrey Li(eds.) *New Horizons in Chinese Linguistics.* Dordrecht: Kluwer.

Hobbs, Jerry　2004　Abduction in natural language understanding. In Laurence Horn and Gregory Ward (eds.) *The Handbook of Pragmatics.* Oxford: Blackwell.

Hodge, Carleton T.　1970　The linguistic cycle. *Language Sciences* 13.

Holt, David Eric.　1997　*The Role of The Listener in The Historical Phonology of Spanish and Portuguese: An Optimaltiy-Theoretic Account.* Doctorial Dissertation, Georgetown University.

Hombert, Jean-Marie　1978　Consonant types, vowel quality, and tone. In Fromkin, V. (ed), *Tone: A Linguistic Survey.* New York: Academic Press.

Hombert, Jean-Marie & Ohala, John & Ewan, William　1979　Phonetic explanations for the development of tones. *Language* 55.

Hopper, Paul J.　Aspect and foregrounding in discourse. In Talmy Givon (ed.) Syntax and Semantics, Vol. 12: *Discourse and Syntax.* Academic Press.

Hopper, Paul J.　1979　Aspect and foregrounding in discourse, T. Givon ed. *Syntax and semantics*, Vol. 12.

Hopper, Paul J.　1987　Emergent grammar, *Berkeley Linguistic Society* 13.

Hopper, Paul J.　1988　Emergent grammar and the A Priori Grammar constraint. In Deborah Tannen, ed., *Linguistics in context: connecting observation and understanding.* Norwood, NJ: Ablex.

Hopper, Paul J.　1991　On some principles of grammaticalization. In: Traugott & Heine (1991b).

Hopper, Paul J.　1997　Diachronic and typological implications of foregrounding construction, The International Conference on Historical Linguistics, Hamburg.

Hopper, Paul J.　1998　Emergent grammar. In Michael Tomasello, ed., *The new psychology of language: cognitive and functional approaches to language structure.* Mahwah, NJ: Lawrence Erlbaum.

Hopper, Paul J. & Thompson, Sandra A.　1980　Trasitivity in grammar and discourse, *Language vol.* 56, *No.* 2.

Hopper, Paul J. & Traugott, Elizabeth C.　1993　*Grammaticalization.* Cambridge: Cambridge University Press.

Hopper, Paul J. & Traugott, Elizabeth C.　2003　*Grammaticalization*, 2nd edition. Cambridge: Cambridge University Press.

Hornstein, Norbert　2001　*Move! A minimalist theory of construal.* Malden, Mass. and Oxford: Blackwell.

Hsu. Hui-li(许慧丽)　1990　*Dialect Mixture—A Case Study of the initial System of the Jiajyang Dialect* M. A. thesis. National TsingHua University.

Huang, C.-T. James　1982　Logical relations in Chinese and the theory of grammar. Doctoral dissertation, MIT.

Huang, Y.　1994　The *Syntax and pragmatics of anaphora.* Cambridge: Cambridge University Press.

Huang, Y.　2000　*Anaphora: a cross-linguistic study.* Oxford University Press.

Jakobson, R. & Fant, G. & Halle, M.　1952　*Preliminaries to Speech Analysis, the Distinctive Features and their Correlates*, MIT Acoustic Laboratory, Tech. Report no. 13.

Jakobson, Roman.　1962　*Selected Writings* 1: *phonological studies*. The Hague: Mouton.

Jespersen, Otto　1904　*Lehrbuch der Phonetik*. Leipzig and Berlin. Cited in Lavoie 2001.

Jiang-King, Ping.　1996　*An Optimality Account of Tone-Vowel Interaction in Northern Min*. Doctoral Dissertation, University of British Columbia.

Jiang-King, Ping.　1998　An Optimality Account of Tone-Vowel Interaction in Fuzhou. *Proceedings of South Western Optimality Theory Workshop*. University of Arizona Coyote Working Papers.

Jiang-King, Ping.　1999a　*Tone-Vowel Interaction in Optimality Theory*. LINCOM Studies In Theoretical Linguistics, Monograph 16. Muenchen: LINCOM EUROPA, Germany. Reprint 2002.

Jiang-King, Ping.　1999b　Universal constraints on tonal inventories across Chinese dialects. Paper presented at the 22*nd Colloquium of the General Linguistics in the Old World* (*GLOW* 22). ZAS, Berlin, Germany.

Jiang-King, Ping.　1999c　Sonority constraints on tonal distributions across Chinese dialects. *WCCFL XVII*, Stanford University CSLI Publication.

Johnson, Mark　1987　*Body in the Mind: The bodily Basis of Meaning, Imagination, and Reason*. Chicago University Press.

Joos, Martin (ed.)　1957　*Readings in Linguistics*. Washington: American Council of Learned Societies.

Joseph, Brian D & Janda, Richard D. (eds.)　2003　*The handbook of Historical Linguistics*. Blackwell Publishing.

Kayne, Richard S.　1994　*The antisymmetry of syntax*. Cambridge, Mass.: The MIT Press.

Keenan, Edward L.　1985　Relative clause. In Shopen ed., *Typology and Syntactic Description Vol.* Ⅱ: *Complex Construction*. Cambridge University Press.

Keenan, Edward L. & Comrie, Bernard　1977　Noun phrase accessibility and universal grammar. *Linguistic Inquiry* 8.

Kehler, Andrew.　2002　*Coherence, Reference, and the Theory of Grammar*. Stanford, California: CSLI Publications.

Kemmer, Suzanne　1993　The middle voice: A typological and diachronic study. Amsterdam: Benjamins.

Kempson, Ruth　1996　Semantics, pragmatics, and natural language interpretation. In Shalom Lappin (ed) *The Handbook of Contemporary Semantic Theory*. Oxford: Blackwell.

King, Robert　1969　*Historical Linguistics and Generative Grammar*. Englewood Cliffs; NJ: Prentice Hall.

Kiparsky, Paul　1968　Tense and mood in Indo-European syntax. *Foundations of Language* 4.

Klima, Edward　1964　Relatedness between grammatical systems. *Language* 45.

Klima, Edward　1965　*Studies in diachronic transformational syntax*. Harvard University dissertation.

Kortmann, Bernd　1999　Typology and Dialectology. In B. Caren (ed.): *Proceedings of the* 16*th International Congress of Linguists*, *Paris* 1997. CD-ROM. Amsterdam: Elsevier Science. 中译文刊于《方言》2004 年第 2 期,刘海燕译,刘丹青校注。

Kratzer, Angelika　1991　The Representation of Focus. In A. von Stechow and D. Wunderlich (eds.) *Semantik/Semantics: An International Handbook of Contemporary Research*. Berlin: Walter de Gruyter.

Kuno, Susumu　1980　Functional syntax. In Edith A. Moravcsik & Jessica R. Wirth (eds.) *Current approaches to syntax* (Syntax and semantics, 13). New York: Academic Press.

Labov, W.　1972　*Sociolinguistic Patterns*. Philadelphia: U. of Pennsylvania Press.

Labov, W.　1994　*Principals of Linguistic Change*: Internal Factors. Cambridge, MA: Blackwell. (volume 1, Internal factors, Oxford Basil Blackwell.)

Ladefoged, Peter　1982　*A course in Phonetics*. 2nd edi., London.

Ladefoged, Peter　1997　Linguistic phonetic description. In Hardcastle, W. & J. Laver(eds) 1997.

Lai, Wing-Sze.　2004　*Tone-Stress Interaction: A Study of English Loanwords in Cantonese.* M. Phil Thesis, Chinese University of Hong Kong.

Lakoff, George　1987　*Women, Fire, and Dangerous Things.* Chicago University Press.

Lakoff, George & Johnson, Mark　1980　*Metaphors We Live By.* Chicago University Press.

Lakoff, Robin.　1968　*Abstract Syntax and Latin Complementation.* Cambridge: MA: MIT Press.

Landman, Fred　2000　*Events and Plurality: the Jerusalem Lectures.* Dordrecht: Kluwer.

Landman, Fred　1992　The progressive. *Natural Language Semantics* 1.

Langacker, Ronald　1987　*Foundations of Cognitive Grammar.* Vol. 1. Stanford: Stanford University Press.

Lasnik, Howard　1999　*Minimalist analysis.* Malden and Oxford: Blackwell Publishers.

Lavoie, Lisa M.　2001　*Consonant strength.* New York: Garland.

Leben, W.　1971　Suprasegmental and Segmental Representation of Tone. *Studies in African Linguistics*, supp. 2.

Leben, W.　1973　*Suprasegmental Phonology*, PhD. dissertation, MIT.

Lee, Thomas Hun-tak　1986　Studies on quantification in Chinese. Doctoral dissertation, University of California, Los Angeles.

Leech, Geoffrey　1983　*Principles of Pragmatics.* London: Longman.

Lehiste, Ilse　1970　*Suprasegmentals.* Cambridge, MA: MIT Press.

Lehmann, Christian　1985　Grammaticalization: synchronic variation and diachronic change. Lingua e Stile 20.

Lehmann, Christian　1989　Towards a typology of clause linkage. In Haiman & Thompson, eds. *Clause Combining in Grammar and Discourse.* Amsterdam: Benjamins.

Lehmann, Christian　1995[1982]　*Thoughts on Grammaticalization.* Munich: Lincom Europa.

Lerner, Gene H.　1991　On the syntax of sentences-in-progress. *Language in Society* 20.

Leuschner, Torsten　1998　At the boundaries of grammaticalization: What interrogatives are doing in concessive conditionals. In Anna Giacalone Ramat & Paul J. Hopper (eds.) *The limits of grammaticalization.* Amsterdam and Philadelphia: Benjamins.

Lewis, David.　1969　*Convention: a Philosophical Study.* Oxford: Blackwell.

Lewis, David.　1975　Adverbs of Quantification. In E. Keenan (ed.) *Formal Semantics of Natural Language.* Cambridge: CUP.

Li, Charles N. (ed.)　1975　Word order and word order change. Austin: University of Texas Press.

Lewis, David.　1976　*Subject and Topic.* New York: Academic Press.

Li, Charles N. & Thompson, Sandra A.　1974a　*An explanation of word order change.* Foundations of Language 12.

Li, Charles N. & Thompson, Sandra A.　1974b　Historical change of word order: a case study of Chinese and its implications. In J. M. Anderson and C. Jones(eds.) Historical linguistics: proceedings of the first International Conference on Historical Linguistics, vol. I: Syntax, morphology, internal and comparative reconstruction. Amserdam: North Holland.

Li, Charles N. & Thompson, Sandra A.　1976a　Development of the causative in Mandarin Chinese: Interaction of diachronic processes in Syntax. In Masayoshi Shibatani(ed.) The grammar of causative constructions. New York: Academic Press. (Syntax and Semantics, vol. 6)

Li, Charles N. & Thompson, Sandra A.　1976b　*Subject and topic: a new typology of language.* In Li (ed.) 1976.

Li, Charles N. & Thompson, Sandra A.　1979　Third-person pronouns and zero anaphora in Chinese discourse. In *Syntax and Semantics Vol.* 12: *Discourse and Syntax*, Academic Press.

Li, Charles N. & Thompson, Sandra A.　1981　*Mandarin Chinese: a functional reference grammar*, Berkeley and Los Angeles: University of California Press.

Li, Charles N. & Thompson, Sandra A. & Thompson, R. McMillan　1982　The Discourse Motivation for the Perfect Aspect: the Mandarin Particle *le*, in Paul J. Hopper ed. *Tense-Aspect: Between Semantics and Pragmatics*, Amsterdam: John Benjamms Publishing Company.

Lichtenberk, Frantisek.　1991　On the gradualness of grammaticalization. In Traugott & Heine (1991b).

Li, F.-K.　1937　Languages and Dialects of China. *Journal of Chinese Linguistics* (U. S. A.), Vol. 1.

Li, F.-K.　1977　*A Handbook of Comparative Tai*, The University Press of Hawaii.

Lightfoot, David.　1979　Principles of diachronic syntaxt. Cambridge, UK: Cambridge University Press.

Li, Yen-hui Audrey　1990　*Order and constituency in Mandarin Chinese.* Dordrecht: Kluwer Academic Publishers.

Lin, H. (林华)　1992　*On the Nature of Mandarin Tone and Tone Sandhi.* PhD. dissertation, University of Victoria, Canada.

Liu, Danqing　2004　Identical Topics: A More Characteristic Property of Topic Prominent Languages. *Journal of Chinese Linguistics* 32.

Lu, Bingfu　1998　*Left-right Asymmetries of Word Order Variation: A Functional Explanation.* PhD. Dissertation, University Of Southern California.

Lu, Bingfu & Duanmu, San　1991　A Case Study of the Relation between Rhythm and Syntax in Chinese. Paper presented at the Third North America Conference on Chinese Linguistics, Ithaca.

Lyons, John　1968　*Introduction to Theoretical Linguistics*, Cambridge University Press.

Lyons, John　1977　*Semantics.* 2 vols. Cambridge: Cambridge University Press.

Lyons, John　1982　Deixis and subjectivity: Loquor, ergo sum? In R. J. Jarvella & W. Klein (eds.) *Speech, place, and action: Studies in Deixis and related Topics.* Chichester and New York: John Wiley.

Maddieson, Ian　1984　*Patterns of Sounds.* Cambridge University Press.

Mallinson, Graham, & Blake, Barry J.　1981　*Language typology: Cross-linguistic studies in syntax.* (North-Holland linguistic series 46) Amsterdam: North-holland.

Mann, William & Thompson, Sandra　1988　Rhetorical structure theory: toward a functional theory of text organization. *Text* 8 (3).

Martin, Roger & Uriagereka, Juan　2000　Some possible foundations of the minimalist program. In Roger Martin, David Michaels, and Juan Uriagereka, eds., *Step by step: essays, on minimalist syntax in honor of Howard Lasnik.* Cambridge, Mass. : The MIT Press.

Mathesius, Vilém　1930　On linguistic characterology, with illustrations from modern English, In *A Prague School reader in linguistics*, edited by Josef Vachek. , Bloomington: Indiana University Press 1964.

Matisoff, James A.　2003　*Handbook Proto-Tibeto-Burman—System and Philosoptly of Sino-Tibetan Reconstruction.* University of California Press.

May, Robert　1985　*Logical Form: its structure and derivation.* Cambridge, Mass. : MIT Press.

McCarthy, John J. & Prince, Alan.　1993　Prosodic Morphology I: Constraint Interaction and Satisfaction. Report No. RuCCS-TR-3. New Brunswick, NJ: Rutgers University Center for Cognitive Science.

McCarthy, John J.　2002　*A Thematic Guide to Optimality Theory.* Cambridge: Cambridge University Press.

McCawley, James　1992　Justifying parts-of-speech assignments in Mandarin Chinese, *Journal of Chinese*

Linguistics, Vol. 20, No. 2.《汉语功能语法》,张伯江、方梅译,江西教育出版社 1996。

Mei, T. L.　1970　Tones and prosody in Middle Chinese and the origin of the rising tone. *Harvard Journal of Asian Studies* 30.

Meillet, Antione　1912　L'évolution des formes grammaticales. reprinted in Meillet 1958 Linguistique historique et linguistique générale. Paris: Champion.

Meyer, Charles F. & Tao Hongyin　2005　Response to Newmeyer's "Grammar is grammar and usage is usage". *Language*, 81.

Miller, Jim & Weinert, Regina　1998　Spontaneous Spoken Language: syntax and discourse, Clarendon Press, Oxford.

Milroy, L.　1980　*Language and Social Networks.*

Mithun, Marianne　1991　Active/agentive case marking and its motivations. *Language* 67.

Nakajima, M.　1983　The southern Chekiang dialect. *Institute for the study of languages and cultures of Asia and Africa.* Tokyo: Tokyo Gaikokugo Daigaku.

Nespor & Vogel　1986　*Prosodic Phonology.* Foris.

Newman, John.　1993　The semantics of giving in Mandarin. In R. A. Geiger and B. Rudzka – Ostyn(eds.) Conceptualizations and mental processing in Language. Berlin and New York: Mouton de Gruyter.

Newmeyer, J. Frederick.　1999　Some remarks on functionalist—formalist controversy in linguistics. *Functionalism and Formalism in Linguistics*, edited by Darnell, Michael, Edith Moravscik, Michael Noonan, Frederick J. Newmeyer and Kathleen M. Wheatley. John Benjamins.

Newmeyer, J. Frederick.　2003　Crammar is grammar and usage is usage. *Language* 79.

Nichols, Johanna, & Woodbury, Anthony(eds.)　1985　*Grammar inside and outside the clause: Some approaches to theory from the field.* Cambridge & New York: Cambridge University Press.

Noonan, Michael　1999　Non-structuralist Syntax. *Functionalism and Formalism in Linguistics*, edited by Darnell, Michael, Edith Moravscik, Michael Noonan, Frederick J. Newmeyer and Kathleen M. Wheatley. John Benjamins.

Norman, Jerry　1979　《闽语词汇的时代层次》,《方言》第 4 期(原文为英文,梅祖麟 1994 年译为中文,发表在台湾《大陆杂志》88 卷第 2 期)。

O'Dowd, Elizabeth M.　1998　*Prepositions and particles in English: a discourse-functional account.* Oxford University Press.

Ochs, Elinor & Schegloff, Emanuel & Thompson, Sandra A.(eds.)　1996　*Interaction and Grammar*, Cambridge: Cambridge University Press.

Ohala, John　1981　The listener as a source of sound change. In *Papers from the Parasession on Language and Behavior, Chicago Linguistic Society*, eds. by C. Masek *et al.* Chicago Linguistic Society, the University of Chicago.

Ohala, John　1983　The origin of sound patterns in vocal tract constraints. In P. E. MacNeilage(ed) *The Production of Speech*, New York: Springer Verlag.

Ohala, John　1989　Sound change is drawn from a pool of synchronic variation. L. E. Breivik & E. H. Jahr (eds.), *Language Change: Contributions to the Study of its Causes.* Berlin: Mouton de Gruyter.

Ohala, John　1990　There is no interface between phonology and phonetics: a personal view. *Journal of Phonetics* 18.

Ohala, John　1993　The phonetics of sound change. In Charles Jones(ed.), *Historical Linguistics: Problems and Perspectives.* London: Longman.

Ono, Tsyoshi & Thompson, Sandra A. 1994 What can conversation tell us about syntax? In Philip W. Davis ed. , *Descriptive and Theoretical Modes in Alternative Linguistics*, John Benjamins.

Padgett, Jaye. & Zygis, Marzena 2003 The evolution of sibilants in Polish and Russian. In Hall, T. A. & S. Hamann(eds.). *ZAS Papers in Linguistics* 32.

Pan, Haihua 1993 Interaction between Adverbial Quantification and Perfective Aspect. In Stvan L. S. (ed.) *Proceedings of the thind Annual Linguistics Society of Mid-America Conference*, Northwestern U. Bloomington: Indiana U Linguistics Club Publications.

Parikh, Prashant 2001 *The Use of Language*. Stanford, California: CSLI Publications.

Parsons, Terence 1990 *Events in the Semantics of English. A Study in Subatomic Semantics.* Cambridge. The MIT Press.

Parsons, Terence 1986 Ambiguous pseudoclefts with unambiguous "be". In S. Berman, J. W. Choe and J. McDonough(eds.) *Proceedings of NELS* 16.

Partee, Barbara H. 1986 "Ambiguous pseudoclefts with unambiguous 'be'. " In S. Berman, J. W. Choe and J. McDonough(eds) *Proceedings of NELS* 16.

Parsons, Terence 1989 Many Quantifiers. *Proceedings of ESCOL'* 88. Linguistics Department, Ohio State University, Columbus.

Parsons, Terence 1991 Topic, Focus and Quantification. In S. Moore and A. Wyner(eds) *Proceedings of Semantics and Linguisti Theory (SALT)* 1, Cornell Working Papers in Linguistics 10, Department of Modern Languages and Linguistics, Cornell University, Ithaca.

Parsons, Terence 1995 Quantificational Structures and Compositionality. In E. Bach, E. Jelinek, A. Kratzer and B. H. Partee (eds) *Quantification in Natural Languages*. Dordrecht: Kluwer Academic Publishers.

Payne, Thomas E. 1997 *Describing Morphosyntax: A Guide for Field Linguistics*, Cambridge University Press.

Peyraube, Alain 1997 Cantonese post-verbal adverbs. In Anne O Yue and Mitsuki Endo, eds. , *In memory of Mantaro J. Hashimoto*. Tokyo: Uchiyama Shoten.

Piattelli-Palmarini, Massimo(ed.) 1980 *Language and Learning: The Debate between Jean Piaget and Noam Chomsky*, Harvard University Press.

Pollock, Jean-Yves 1989 Verb movement, Universal Grammar, and the structure of IP. *Linguistic Inquiry* 20.

Potts, Christopher 2003 *The Logic of Conventional Implicatures*. Ph. D. dissertation, University of California at Santa Cruz.

Prince, Alan. & Smolensky, Paul 1993 *Optimality Theory: Constraint Interaction in Generative Grammar.* Technical report, Rutgers University Center for Cognitive Science. Available on Rutgers Optimality Archive, ROA – 537.

Prince, Alan. & Smolensky, Paul 1997 Optimality: From Neural Networks to Universal Grammar. *Science* Vol. 275.

Prince, Alan. & Smolensky, Paul 2004 *Optimality Theory: Constraint Interaction in Generative Grammar.* Malden, Mass. , and Oxford, UK: Blackwell. [Revision of 1993 Technical report, Rutgers University Center for Cognitive Science]

Recanati, Francois 1993 *Direct Reference: from Language to Thought.* Oxford: Blackwell.

Recanati, Francois 2002 Unarticulated constituents. *Linguistics and Philosophy* 25.

Recanati, Francois   2003   Literalism and contextualism: some varieties. In Gerhard Preyer (ed.) *Contextualism. Oxford University Press.*

Recanati, Francois   2004   *Literal Meaning.* Cambridge University Press.

Roberts, Ian   1993   A formal account of grammaticalization in the history of Romance futures. Folia Linguistica Histrrica 13.

Rose, Phil   1992   Bidirectional Interaction between Tone and Syllable-Coda: Acoustic Evidence from Chinese. In J. Pittam ed. *Proc. 4th Australian Intl. Conf. on Speech Science and Technology.* Australian Speech Science and Technology Association.

Rose, Phil   2002   *Forensic speaker identification.* London: Taylor & Francis.

Rothstein, Susan   1995   Adverbial quantification over events. *Natural Language Semantics* 3.

Rothstein, Susan   (ed.)   1998   Events and Grammar. Dordrecht: Kluwer Academic Publishers.

Rothstein, Susan   2001   Predicates and their Subjects. Dordrecht: Kluwer Academic Publishers.

Rothstein, Susan   (ed.)   2004   *Structuring Events.* Oxford: Blackwell Publishing.

Sacks, H. & Schegloff, E. A. & Jefferson, G.   1974   A simplest systematics for the organization of turn-taking for conversation, *Language* 50.

Saeed, John.   1997   *Sementics.* Blackwell Publishers.

Sagart, Laurent   1986   On the departing tone. *Journal of Chinese Linguistics* 14, 1.

Schiffrin, Deborah   1987   *Discourse Markers.* Cambridge University Press.

Schwartz, Linda   1981   Readings in language typology/language universals. *Innovations in Linguistics Education* 2. Shopen, Timothy, ed. 1985 Language typology and syntactic description. 3 vols. Cambridge & New York: Cambridge University Press.

Selkirk E.   1978   On Prosodic Structure and its Relation to Syntax Structure. in *Nordic Prosody* II, Fretheim, T. ed. , Trondheim.

Shi, Dingxu   1989   Topic chain as a syntactic category. Journal of Chinese Linguistics, 17(2)

Shi, Dingxu   2000   Topic and topic-comment constructions in Mandarin Chinese, *Language* 76.

Shopen, Timothy, ed.   1985   *Language typology and syntactic description.* 3vols. Cambridge & New York: Cambridge University Press.

Simpson, Andrew   2001   Focus, presupposition and light predicate raising in East and Southeast Asia. *Journal of East Asian Linguistics* 10.

Smith, Carlota S.   1991/1997   *The Parameter of Aspect.* 2nd ed. Dordrecht: Kluwer Academic Publishers.

Sommerstein, A. H.   1977   *Modern phonology.* Baltimore: University Park Press.

Sperber, Dan. & Wilson, Deirdre   1986/1995   *Relevance: Communication and Cognition.* Oxford: Blackwell. Second Edition. 《交际：关联与认知》，丹·斯波伯、迪杰尔·威尔逊(合著)，蒋严(译)，中国社会科学出版社，即出。

Stanley, Jason   2000   Context and logical form. *Linguistics and Philosophy* 23.

Stanley, Jason   2002   Making it articulated. *Mind and Language* 17, Nos. 1 and 2.

Stanley, Jason & Szabó, Zoltán   2000   On quantifier domain restriction. *Mind and Language* 15, Nos. 2 & 3.

Stein, Dieter & Wright, Susan (eds.)   1995   *Subjectivity and Subjectivisation in Language.* Cambridge: Cambridge University Press.

Stockholm, Lund   1964   *Dialect Study and Linguistic Geography*, 载 *New Trends in Linguistics.*

Stone, Matthew   1998   *Modality in Dialogue: Planning, Pragmatics and Computation.* Ph. D. Dissertation,

University of Pennsylvania.

Sun, Chao-Fen & Givón, Talmy　1985　On the called SOV word order in Mandarin Chinese: a quantified text study and its implications. *Language* 61.

Sun, Jingtao　1999　*Reduplication in Old Chinese*(《古汉语重叠之研究》) PhD. dissertation, Vancouver: University of British Columbia, Canada.

de Swart, H.　1993　*Adverbs of Quantification: A Generalized Quantifier Approach.* Doctoral Dissertation, Rijksuniversiteit Groningen.

Sweetser, Eve　1990　*From Etymology to Pragmatics: Metaphorical and Cultural Aspects of Semantic Structure.* Cambridge: Cambridge University Press.

Tai, J. & Hu, W.　1991　Functional motivations for the so-called "inverted sentences" in Beijing conversational discourse. *Journal of the Chinese Language Teachers' Association* 26.3.

Tai, J. & Thompson, Sandra A. & Biq, Yung-O　1996　Recent Development in Functional Approaches to Chinese. *New Horizons in Chinese Linguistics*, edited by James Huang & Audrey Li. Dordrecht: Kluwer.

Talmy, L.　2000　*Toward a Cognitive Semantics.* Vol. 1 & 2. Cambridge, Mass. : MIT Press.

Tang, Sze-Wing (邓思颖)　2002　Extraction in control structures in Chinese. *Cahiers Linguistique-Asie Orientale* 31(2).

Tao, Hongyin　1996　*Units in Mandarin Conversation: Prosody, Discourse, and Grammar.* Amsterdam: John Benjamins.

Tao, Hongyin　1999　The grammar of demonstratives in Mandarin conversational discourse: a case study. *Journal of Chinese Linguistics*, Vol. 27.

Tao, Hongyin & McCarthy, Michael J.　2001　Understanding non-restrictive which-clause in spoken English, which is not an easy thing, *Language Sciences* 23.

Tao, Hongyin & Thompson, Sandra A.　1994　The discourse and grammar interface: preferred clause structure in Mandarin conversation. *Journal of the Chinese Language Teachers Association* 29.3: 1-34.《语法和话语的关联: 汉语会话中常用的小句结构》,《国外语言学》第 4 期。

Tenny, Carol & James Pustejovsky(eds.)　2000　*Events as Grammatical Objects*, CSLI Publications.

Thomason, Richmond　1997　Nonmonotonicity in linguistics. In Johan van Benthem and Alice ter Meulen (eds.) *Handbook of Logic and Language.* Elsevier Science and the MIT Press.

Thomason, Sarah G.　2001　Language contact: An introduction. Edinburgh University Press.

Thomason, Sarah G. & Kaufman, Terrence.　1988.　Language contact, creolization, and genetic linguistics. Berkeley: University of California Press.

Thompson, Sandra A.　1992　Functional Grammar. *Oxford International Encyclopedia of Linguistics*, edited by William Bright, Oxford: Oxford University Press.

Thompson, Sandra A.　1998　A discourse explanation for the cross-linguistic differences in the grammar of interrogation and negation, In Anna Siewierska and Jae Jung Song, eds. , *Case, Typology, and Grammar* 309-341. Benjamins.

Thompson, Sandra A. & Hopper, P.　2001　Transitivity, clause structure, and argument structure: Evidence from conversation, in Bybee & Hopper eds.

Ting, Pang-Hsin.　1982　Some aspects of tonal development in Chinese dialects. *BIHP* 53.4.

Tomlin , Russell S.　1985　Foreground-background information and the syntax of subordination. *Text* 5(1-2).

Traugott, Elizabeth C.　1965　Diachronic syntax and generative grammar. Language 41.

Traugott, Elizabeth C. 1969 Toward a grammar of syntactic change. Lingua 23.

Traugott, Elizabeth C. 1972 A history of English syntax: Transformational approach to the sentence structure. New York: Holt, Rinehard, and Winston.

Traugott, Elizabeth C. 1985 On regularity in semantic change. *Journal of Literary Semantics* 14.

Traugott, Elizabeth C. 1988 Pragmatic strengthening and grammaticalization. In Axmaker, Jaisser, and Singmaster(eds.) Proceedings of the Fourteenth annual meeting of the Berkeley Linguistics Society. Berkeley: Berkeley Linguistics Society.

Traugott, Elizabeth C. 1996 Grammaticalization and lexicalization. In Keith Brown & Jim Miller (ed.) Concise encyclopedia of syntactic theories. Oxford; NewYork: Pergamon.

Traugott, Elizabeth C. 1999 From subjectification to intersubjectification. Paper presented at the Workshop on Historical pragmatics, Fourteenth International Conference on Historical Linguistics, Vancouver, Canada, July 1999.

Traugott, Elizabeth C. 2000 From etymology to historical pragmatics. *Paper presented at the Conference on Studies in English Historical Linguistics*, UCLA, May 27th 2000.

Traugott, Elizabeth C. & Dasher, Richard B. 2002 Regularity in semantic change. Cambridge University Press.

Traugott, Elizabeth C. & Heine, Bernd (eds.) 1991b Approaches to grammaticalization. Vol. 1, 2. Amsterdam: Benjamins.

Travis, Charles 2000 *Unshadowed Thought: Representation in Thought and Language.* Cambridge, Massachusetts: Harvard University Press.

Trudgill, P 1974 *The social differentiation of English in Norwish*, Cambridge University Press.

Tsai, Wei-Tien 1994 On economizing the theory of A-bar dependencies. Doctoral dissertation, MIT.

van Rooy, Robert 2003 Questioning to resolve decision problems. *Linguistics and Philosophy* 26.

Van Valin, R. D. JR. and D. P. Wilkins 1996 The Case for "Effector": Case Roles, Agents, and Agency Revisited. in M. Shibatani and S. A. Thompson(eds.) *Grammatical Constructions: Their Form and Meaning.* Oxford: Clarendon Press.

Vendler, Zeno 1967 *Linguistics in Philosophy.* Ithaca, NY: Cornell.

Verkuyl, Henk. J. 1972 *On the Compositional Nature of the Aspects.* Dordrecht. Kluwer.

Verkuyl, Henk. J. 1993 *A Theory of Aspectuality.* Dordrecht: Kluwer.

Vlach, Frank 1983 On situation semantics for perception. *Synthese* 54.

Vogel, Petra A. & Comrie, Bernard (eds.) 2000 *Approaches to the Typology of Word Classes.* Berlin: Mouton de Gruyter.

Wang, William S. Y. (王士元) & Chinfa Lien(连金发) 1993 "Bidirectional Diffusion in sound Change" In Charles Jones (ed.). Historical Linguistics: Problems and Perspectives. London and New York: Longman.

Weinreich, U. & Labov, W. & Herzog, M. I. 1968 *Empirical foundation for a theory of language change*, in *Directions for historical linguistics*, W. P. Lehmann and Yakov Malkiev(eds). Austin and London: University of Texas.

Williams, E. 1971 （出版于 1976）Underlying tone in Margi and Igbo, *Linguistic Inquiry* 7.

Winograd, Terry 1983 *Language as a Cognitive Process.* Addison-Wesley Publishing Company, Inc. 中文简介请看黄奕 1985。

Woo, N. 1969 *Prosody and Phonology*, Ph. D. dissertation, MIT.

Xu, Liejiong & D. Terence Langendoen　1985　Topic Structures in Chinese, Sections 4, Language 61.

Xu, Yulong　1987　A Study of Referential Functions of Demonstratives in Chinese Discourse, *Journal of Chinese Linguistics*, Vol. 15.

Xu, Yulong　1995　Resolving Third-Person Anaphora in Chinese Text: Toward a Functional. Pragmatic Model. Ph. D. diss. , Hong Kong Polytechnic University.

Yang, Suying　1995　*The Aspectual System of Chinese.* Doctoral Dissertation, University of Victoria.

Yeh, Meng　1993　*The Experiential guo in Mandarin: a Quantificational Approach.* Ph. D. dissertation, University of Texas at Austin.

Yip, Moria　1980　*The Tonal Phonology of Chinese*, PhD. dissertation, MIT, Published by Garland Press: New York, 1990.

Yip, Moria　2004　The symbiosis between perception and grammar in loanword phonology. Submitted to *Lingua.*

Yue-Harshimoto, A. O.　1980　Word play in language acquisition: a Mandarin case. *Journal of Chinese Linguistics* 8(2).

Zec, Draga.　1988　*Sonority Constraints on Prosodic Structure.* Ph. D. dissertation, Stanford University.

Zec, Draga.　1995　Sonority Constraints on Syllable Structure. *Phonology* 12.

Zhang, Hongming　1992　*Topics in Chinese Phrasal Tonology*, Ph. D. dissertation of UCSD, San Diego.

Zhang, Ming(张敏)　2000　The grammaticalization of give in Chinese dialects: A cognitive approach. Paper presented at the 9th International Conference on Chinese Linguistics (the 9th Annual Meeting of IACL), Singapore, June 2000.

Zhu, Xiaonong　1992　Intrinsic vowel F0 in a contour tone language. *Proceedings of the 4th Australian International Conference on Speech Science and Technology.*

Zhu, Xiaonong　1999　*Shanghai Tonetics.* Muenchen, Germany: Lincom Europa.

Zhu, Xiaonong　2002　Normalization of F0, intensity and duration. 潘悟云主编《东方语言与文化》,上海:东方出版中心。

Zhu, Xiaonong　2006　Creaky voice and the dialectal boundary between Taizhou and Wuzhou Wu. *Journal of Chinese Linguistics*, Vol. 34.

图书在版编目（CIP）数据

语言学前沿与汉语研究 / 刘丹青主编. — 上海:上海教育出版社, 2020.9（2023.1重印）
ISBN 978-7-5720-0211-3

Ⅰ.①语… Ⅱ.①刘… Ⅲ.①语言学 – 文集 Ⅳ.①H0-53

中国版本图书馆CIP数据核字(2020)第120044号

责任编辑　徐川山
封面设计　陈　芸

语言学前沿与汉语研究
刘丹青　主编

出版发行　上海教育出版社有限公司
官　　网　www.seph.com.cn
地　　址　上海市闵行区号景路159弄C座
邮　　编　201101
印　　刷　启东市人民印刷有限公司
开　　本　700×1000　1/16　印张 26.75
字　　数　392 千字
版　　次　2020年9月第1版
印　　次　2023年1月第2次印刷
书　　号　ISBN 978-7-5720-0211-3/H·0007
定　　价　106.00 元

如发现质量问题，读者可向本社调换　电话：021-64373213